teilung oder Anerkennung?
litisch-philosophische Kontroverse
Honneth / Nancy Fraser

분배냐,
인정이냐?

2 악셀 호네트 선집

분배냐, 인정이냐?

정치철학적 논쟁

낸시 프레이저·악셀 호네트 지음
김원식·문성훈 옮김

사월의책

분배냐, 인정이냐?

1판 1쇄 발행 2014년 3월 25일
1판 4쇄 발행 2024년 1월 10일

지은이 낸시 프레이저·악셀 호네트
옮긴이 김원식·문성훈
펴낸이 안희곤
펴낸곳 사월의책

편집 박동수
디자인 김현진

등록번호 2009년 8월 20일 제2012-000118호
주소 경기도 고양시 일산서구 중앙로 1388 동관 B113호
전화 031)912-9491 | 팩스 031)913-9491
이메일 aprilbooks@aprilbooks.net
홈페이지 www.aprilbooks.net
블로그 blog.naver.com/aprilbooks

ISBN 978-89-97186-02-0 94100

* 책값은 뒤표지에 있습니다.
* 이 도서의 국립중앙도서관 출판시도서목록(CIP)은 서지정보유통지원시스템 홈페이지(http://seoji.nl.go.kr)와 국가자료공동목록시스템(http://www.nl.go.kr/kolisnet)에서 이용하실 수 있습니다.
(CIP제어번호: CIP2014005486)

없어서는 안 될 또 다른 토론자인
세일라 벤하비브에게

/

낸시 프레이저

지난 25년 전부터 비판적 동반자인
한스 요아스에게

/

악셀 호네트

차례

진보적 사회변혁 운동이 표류하고 있는 오늘날 이 책이 중요한 의미를 갖는다면, 이는 여기서 진보적 사회변혁의 규범적 방향에 대해 미국과 독일을 대표하는 두 명의 비판이론가가 논쟁하고 있기 때문이다. 낸시 프레이저는 모든 사회 구성원의 동등한 사회 참여를 가능하게 하는 물질적, 상호주관적 조건 확보를 사회 정의로 규정하면서 경제적 불평등 해소와 문화적 인정 확대를 사회변혁의 규범적 목표로 설정한다. 이에 반해 악셀 호네트는 모든 사회 구성원의 동등성과 특수성이 제도적으로 인정됨으로써 사회적 포함의 범위가 확대되고 개성의 신장이 이루어지는 것을 한 사회의 도덕적 진보로 규정한다. 물론 이러한 진보는 사회적으로 무시당한 사람들의 인정투쟁을 통해 추동된다. 과연 사회변혁의 규범적 목표는 어떻게 설정되어야 할까? 과연 어떤 입장이 사회변혁 운동의 실천적 전략과 규범적 목표를 설정하고, 이를 정당화하는 데 철학적 토대가 될 수 있을까?

우리는 지금 신자유주의적 지구화가 급속히 진행되면서 복잡하고 다층화된 갈등 상황에 놓여 있다. 전 지구적으로 볼 때 뉴욕 월가의 점령 운동이 상징하듯이 '1% 대 99%'라는 극심한 경제적 불평등에 대한 저항이 확대되고 있으며, 전 세계적 이주와 다양한 문화의 확산과 더불어 인종·민족·종교·성 등 각종 정체성의 차이에 대한 인정 요구 역시 강력히 분출되고 있다. 이는 한국 사회에서도 마찬가지이다. 1997년 IMF 사태 이후 벌어진 비정규직의 비약적 증가와 실업의 확대는 심각한 경제적 양극화와 이에 대한 저항감을 강화하고 있으며, 민주화라는 새로운 조건 하에서 사회적 소수자들의 권리 주장 또한 부상하고 있다. 분명 이런 시대적 변화 속에서 사회변혁 운동의 규범적 목표가 무엇인가 하는 점을 다시금 반성해보는 것은 현존 사회를 비판하고 더 나은 사회를 건설하려는 비판이론의 핵심적 주제라고 할 수 있다.

사회 정의나 사회 진보에 대한 서로 다른 입장을 갖고 있는 낸시 프레이저와 악셀 호네트의 논쟁을 사회변혁의 규범적 목표가 무엇인가 하는 차원에서 일목요연하게, 그것도 생산적인 방식으로 정리하는 것은 쉬운 일이 아니다. 논쟁의 차원이 너무 광범위할 뿐 아니라, 다양한 문제들이 서로 맞물리고 착종되는 가운데 수많은 이론적 배경, 입장, 논증들이 교차하고 있으며, 이에 대한 오해와 곡해로 인한 허수아비 논증 역시 빈번하게 등장하기 때문이다. 그리고 낸시 프레이저나 악셀 호네트 입장 모두 강한 설득력을 지니고 있기 때문에 이 둘의 논쟁은 어느 한편에 서게 될 때 다른 한편이 그토록 부조리하게 보이다가도, 이내 다른 편에 서게 되면 앞의 입장이 너무나 초라해 보이는 아이러니를 경험하게 한다. 더구나 이 둘의 문장 구사 방식 또한 확연히 다르지만 어느 한쪽을 선호하기 어렵게 만들 정도로 각기 장단점을 갖고 있다. 낸시 프레이저의 글이 보여주는 명료함에 매료되면 악셀 호네트의 글은 너무나 난해해 보이고, 악셀 호네트의 글이 보여주는 정교한 분석에 이끌리면 낸시 프레이저의 글은 너무나 도식적으로 보일 수 있다.

하지만 낸시 프레이저와 악셀 호네트가 벌이고 있는 다양하고 복잡한 논쟁 지형 속에서 항상 핵심 준거점이 되는 문제는 이 책의 제목처럼 '분배냐, 인정이냐'에 있다. 만약 분배와 인정이 서로 다른 독립적 문제라면 이는 낸시 프레이저가 주장하는 인정-분배 이원론을 정당화하고, 만약 분배가 인정의 표현이라면 악셀 호네트가 주장하는 인정 일원론에 무게가 실린다. 따라서 이 둘의 논쟁에서 어느 한쪽을 선택하려 한다면 단적으로 말해서 분배를 인정의 표현으로 볼 수 있느냐, 그렇지 않느냐 하는 문제가 해결되어야 한다.

낸시 프레이저의 입장에 따르면, 분배와 인정은 서로 밀접히 연관되어 있지만 동시에 서로에게 환원될 수 없는 독립적 문제이다. 프레이저는 기존의 분배 패러다임으로 환원될 수 없는 새로운 사회정치적 요구들이 분출하면서 이러한 요구들이 기존의 분배 요구와 상충하고 대립하고 있는 오늘날의 현실에 대응하고자 한다. 이러한 복잡한 현실에 대응하는 데서 분배 일원론이나 인정 일원론과 같은 환원론적 입장은 실패할 수밖에 없다. 때문에 프레이저는 분배와 인정을 서로 밀접하게 연관되어 있으면서도 구별되는 독자적 범주로 설정하면서, 오늘날 자본주의 경제 질서와 문화 질서가 밀접한 상호관계 속에서 산출하고 있는 복합적이고 다차원적인 사회적 불의들을 분석하고 비판하면서 이에 대응하고자 한다.

이에 반해 악셀 호네트는 경제적 불평등을 단지 경제 구조에 기인하는 것으로 보는 것이 아니라, 더욱 심층적 차원에서 경제 구조의 토대가 되는 인정 질서에 주목한다. 자본주의 경제 구조가 불평등을 야기하는 것은 비록 노동과 자본이 만나 생산이 이루어지지만, 자본가는 작업장에서 노동자에 대한 명령권을 가질 뿐 아니라, 노동자가 생산한 잉여가치를 이윤이란 이름으로 독점하기 때문이다. 노동자가 이러한 불평등에 저항할 수 있는 방법은 자신의 업적에 대한 정당한 평가를 요구하는 것이며, 더 나아가 자본주의적 불평등의 근본적 원인이 노동자를 자유롭고 평등한 존재가 아니라, 노동력이라는 상품으로 취급하는 왜곡된 인정 질서에 있다고 본다면, 이제 노동자를 동등한 권리 주체, 동등한 생산 주체로 보는 새로운 인정 질서를 분배구조 개선을 위한 대안으로 볼 순 없을까?

분배냐, 인정이냐에 대한 이러한 논쟁은 점차 옳음과 좋음을 둘러싼 도덕철학적 문제, 사회적 저항의 동력이나 사회 정의의 정당성 문제, 자본주의 경제와 문화의 상호관계, 그리고 계급 정치와 정체성 정치의 관계에 대한 문제로 발전하면서 거대한 비판이론 패러다임 간의 논쟁으로 확산된다. 과연 어느 입장이 옳을까? 하지만 이 책을 읽으면서 더욱 중요한 것은 이 두 가지 철학적 입장 중 어느 하나를 택하느냐가 아니라, 이 두 가지 입장 모두를 통해 얼마나 현실에 대한 이해의 폭과 깊이를 확대시키고, 얼마나 대안적 사회에 대한 전망을 구체화시킬 수 있느냐 하는 점일 것이다. 따라서 논쟁의 소모성이 아니라 논쟁의 생산성에 관심을 기울인다면, 이 책은 더 나은 사회를 창출하길 바라는 많은 사람들에게 아주 값진 이론적 자원이 될 것이다.

끝으로 이 책의 출간을 기꺼이 결정한 사월의책 안희곤 대표와 이 책이 만들어지기까지 모든 수고를 다한 박동수 팀장에게 감사의 말을 전한다.

2014년 2월
김원식 · 문성훈

"인정"은 우리 시대의 핵심어가 되었다.[1] 최근 정치이론가들에 의해 부활된 헤겔 철학의 유서 깊은 범주인 인정 개념이 동일성과 차이를 둘러싼 오늘날의 투쟁들을 분석하는 데 핵심적 개념이 되고 있기 때문이다. 문제가 되는 것이 원주민의 토지권이든, 여성의 돌봄 노동이든, 동성애 결혼이든, 아니면 이슬람교도의 히잡이든 점점 더 많은 도덕철학자들이 이런 정치적 요구의 규범적 토대를 밝혀내기 위해 인정이라는 용어를 사용하고 있다. 이들은 상호주관성이라는 측면에서 주체의 자율성 형성 조건인 인정 범주가 오늘날 수많은 갈등의 도덕적 핵심을 잘 드러내고 있다는 사실을 알게 되었다. 그렇기 때문에 급속히 지구화하는 자본주의가 기존의 해석 도식들을 파괴하고, 가치 지평들을 다원화하고, 동일성과 차이를 정치화하면서 문화들 사이의 접촉을 가속화하는 이 시기에 "인정투쟁"이라는 헤겔의 오래된 도식이 새롭게 관심의 대상이 된 것은 전혀 놀라운 일이

1 이 책에 실린 낸시 프레이저의 글은 원래 영어로, 그리고 악셀 호네트의 글은 독일어로 쓰였으며, 2003년 영어 본과 독일어 본으로 미국과 독일에서 동시에 번역 출간되었다. 본 역서에서는 낸시 프레이저의 글은 영어 본을, 그리고 악셀 호네트의 글은 독일어 본을 사용하였다—옮긴이.

아니다.

그동안 "인정"이 핵심 개념이 되고 있다는 사실에는 논란의 여지가 없지만, 그것이 "분배"[2]와 가지는 관계는 이론적으로 거의 해명되지 않았다. "분배"라는 용어는 포드주의 시대의 정치철학과 사회적 투쟁에서 중심적 지위를 갖고 있었다. 세계대전 이후 등장한 평등주의적 자유주의라는 위대한 철학적 기획들에서 명확하게 표현된 바와 같이 분배 정의의 패러다임은 당시 노동자들과 하층 계급의 요구를 분석하는 데 적합한 것처럼 보였다. 의심의 여지없이 국민국가에 토대를 둔 민주주의적 복지국가에서는 제반 갈등들이 주로 자원 분배와 관련되면서 이러한 갈등들은 보편주의적 원칙 하에서 분배 범주를 통해 해결될 수 있었다. 따라서 흔히 차이의 문제는 부수적인 것으로 취급되었고, 평등주의적 분배 요구만이 정의의 의미를

2 이 글에서 '분배'라는 단어는 독일어 'Umverteilung'과 영어 'redistribution'을 한국어로 번역한 것이다. 하지만 독일어 'Verteilung'과 영어 'distribution'을 '분배'로 번역하면서 'Umverteilung'과 'redistribution'을 '재분배'로 번역하는 경우도 많다. 그런데 재분배라는 표현은 분배가 먼저 존재하고, 이를 국가의 개입에 의해 다시 분배하는 것을 의미한다. 재분배에 대한 이러한 해석은 자유주의 정치·경제학자들의 전통적인 어법으로서 소득 분배를 시장에 의한 자유로운 교환의 결과로 보고, 이에 반해 국가의 개입은 자유로운 교환에 반하는 강제력 행사로 이해하려는 입장이 전제되어 있다. 그러나 시장 내에도 많은 강제가 존재한다. 대기업의 횡포에서부터 시장 행위자들의 불완전한 정보, 제한된 선택 등도 일종의 강제 요소이다. 그리고 국가의 시장 개입은 단지 시장에 강제력만을 행사하는 것이 아니라 시장 질서를 보호하기 위한 것이기도 하며, 국가의 개입은 단지 사후적 개입이 아니라 이미 시장 내에서의 분배 과정 자체에 영향을 미치고 있다. 이런 점에서 시장에 의한 순수한 분배와 국가에 의한 재분배 사이에 명확한 구분이 있는 것은 아니다. 따라서 분배란 사실 시장, 개인, 국가가 동시에 함께 작용한 결과라 할 수 있다(브루스 액커만 외, 『분배의 재구성』, 나눔의집, 2010, 5-6쪽 참조). 이 책 역시 분배와 재분배 간의 특별한 구별을 전제하지 않고 있기 때문에 본 역서에서는 'Umverteilung'과 'redistribution'을 분배와 구별되는 재분배가 아니라 포괄적인 의미에서 분배로 번역한다—옮긴이.

예시하는 것처럼 보였다. 따라서 당시에는 분배 요구와 인정 요구의 관계를 검토할 필요성은 전혀 감지되지 않았다.

그러나 오늘날에는 분배와 인정의 관계에 대한 검토가 강력히 요구되고 있다. 비록 고통스런 방식이지만 9·11 테러가 명백하게 만들어주었듯이, 종교, 민족, 젠더를 둘러싼 투쟁들이 상호 중첩되면서 더 이상 인정의 문제는 무시될 수 없게 되었다. 차이라는 횡단 축이 매우 강력하게 정치화되고 있기 때문에 인정 문제는 앞으로도 지속적인 논란의 중심에 서게 될 것이다. 그러나 이와 동시에 분배적 불의 역시 사라지지 않았다. 신자유주의 세력들이 기업 위주의 지구화를 촉진하고, 개별 국가 내에서 모종의 분배를 가능하게 했던 협치구조를 뒤흔들면서 경제적 불평등은 오히려 확대되고 있기 때문이다. 이러한 상황 속에서 분배 정의의 문제가 무시될 수는 없다. 결국 결론은 인정도 분배도 현재의 상황에서는 간과될 수 없다는 것이다. 정치철학자들은 이 두 문제를 모두 다룰 수밖에 없게 만드는 사건들에 압박을 받고 있기 때문에 양자의 관계를 검토하는 것 외에 다른 선택지는 없다.

이런 점에서 분배와 인정의 관계 문제를 다루는 것이 바로 이 책의 과제가 되었다. 북미의 철학자와 유럽의 철학자 사이의 논쟁을 담은 이 책은 분배와 인정 사이의 관계를 올바로 이해할 수 있는 방법이 무엇인지를 보여준다. 우리 두 저자들이 공유하는 기본 전제는 정의를 제대로 이해하기 위해서는 최소한 두 가지 부류의 정치적 관심들, 즉 포드주의 시기의 분배투쟁과 오늘날의 인정투쟁 모두를 포괄해야 한다는 것이다. 우리는 또한 이 양자의 관계에 대한 기존의 설명 중 다음과 같은 관점은 적절치 못하다는 데 동의한다. 즉 우리 모두는 인정투쟁을 분배투쟁의 단순한 부수 현상으로 환원시키는 경제주의적 관점을 거부한다.

그러나 우리의 동의는 여기서 끝난다. 우리 둘 중 한 사람, 즉 악셀 호네트는 분배를 파생적인 것으로 다루면서 인정을 모든 것에 우선하는 근본적 도덕 범주로 간주한다. 따라서 그는 분배라는 사회주의적 이념을 인정투쟁의 하위 변종으로 재해석하게 된다. 다른 한 사람, 즉 낸시 프레이저는 분배가 인정에 포섭될 수 있다는 주장을 부정한다. 따라서 그녀는 분석적 차원에서 두 범주를 동등하게 근원적이며 상호 환원이 불가능한 정의의 차원들로 보는 "관점적 이원론"을 제안한다. 우리들은 각자의 입장을 장을 바꾸어가며 서술하면서 도덕철학, 사회이론 그리고 정치적 분석의 핵심적 주제들에 대해 논쟁한다.

이 책의 1부는 낸시 프레이저의 글로 시작된다. 이 글은 그녀가 1996년 스탠퍼드 대학에서 행한 태너 강연(Tanner Lectures)을 확장한 것이다. 프레이저는 최근 인정 요구가 분배 요구로부터 분리되고 있다는 그녀의 진단을 재개념화하기 위해 "이차원적" 정의 개념을 제안한다. 이러한 정의 개념은 두 유형의 요구들을 서로에게 환원시키지 않으면서 양자 모두를 포괄한다. 프레이저는 이러한 정의 개념을 자본주의에 관한 이론과 연결시키면서 분석적 차원에서 구별되는 분배와 인정이라는 두 관점을 통합하는 개념적 틀만이 현대 사회에서 점차 확대되어가는 계급 불평등과 위계적 신분관계의 중첩 현상을 파악해낼 수 있다고 주장한다. 이러한 통합 시도의 결론은 불평등한 분배가 무시(無視)와 뒤얽혀 있지만 이것이 무시의 문제로 환원될 수는 없다는 것이다.

2부에서 악셀 호네트는 대안적 접근법을 개진한다. 호네트는 분배와 인정에 관한 프레이저의 "관점적 이원론"과 대조적으로 인정 개념을 통한 "규범적 일원론"을 제안한다. 여기서 호네트는 "사랑"의 요구뿐 아니라 "권리 존중"과 "사회적 가치부여"까지 포괄하는 분화된 인정 개념에서 출발하여 분배의 문제를 인정 개념으로 포섭하고자 한다. 이러한 확장의 결론은, 올바로 이해된 "인정" 개념은 낸시 프레이저 역시 1부에서 염두에 두었던 변형된 형태의 마르크스주의적 경제 분배 패러다임을 통합할 수 있다는 테제이다.

나머지 3부와 4부에서 우리의 논쟁은 한 걸음 더 진척된다. 우리는 서로의 비판에 응답하면서 세 가지 이론적 차원에서 제기되는 서로 다른 문제들을 다룬다. 도덕철학의 차원에서 우리는 규범적 일원론과 규범적 이원론의 상대적 장점, "좋은 것"에 대한 "옳은 것"의 우선성, 그리고 이런 논란들이 가지는 함의들에 대해 논쟁한다. 사회이론의 차원에서 우리는 경제와 문화의 관계, 그리고 이들 사이의 구별이 가지는 지위와 자본주의 사회의 구조에 대해 논쟁한다. 마지막으로 정치적 분석의 차원에서 우리는 평등과 차이의 관계, 경제적 투쟁과 정체성 정치의 관계, 사회민주주의와 다문화주의 사이의 관계에 대해 논쟁한다. 이 각각의 단계에서 우리는 상대방의 논증에 응답하면서 각자의 입장을 심화시키고 정확하게 만들 수밖에 없었다는 점에서 각자의 이론적 지향점들은 단정적 형태를 띠게 된다.

우리들 사이에서 진행된 기나긴 논쟁의 결과가 우리들 사이의 몇 가지 차이점들을 첨예하게 만든 것이었다면, 또 다른 성과는 우리가 서로 공유하는 점을 명확하게 알게 되었다는 점이다. 무엇보다도 이는 흔히 서로 분리된 것이라고 여겨지는 도덕철학, 사회이론, 정치적 분석의 차원들을 자본주의에 대한 비판이론을 통해 결합시키려는 노력이다. 이런 점에서 우리는 비판이론 전통에 속한다고 생각되는 우리의 많은 친구나 동료들과는 의견을 달리한다. 오늘날 그들 중 다수는 도덕이론은 철학자에게, 사회이론은 사회학자에게, 정치적 분석은 정치학자에게 할당하는 학문 영역 간의 분업을 당연한 것으로 전제함으로써 사실상 각각의 학문 영역을 마치 독자적인 영역처럼 취급한다. 이에 반해 우리는 자본주의 사회를 하나의 "총체성"으로 이론화하고자 한다. 따라서 우리는 오늘날 흔히 "거대 이론"을 위한 기획을 인식론적으로 정당화될 수 없는 것으로 보거나 정치적으로 진부한 것으로 보는 견해를 거부한다. 오히려 우리 두 사람 모두가 믿고 있는 것은, 사회 비판이 이론적 타당성과 정치적 목적을 성취하기 위해서는 오늘날 일어나고 있는 투쟁들을 진단할 수 있는 현대 사회에 대한 체계적 이해가 각인된 규범적 개념들을 반드시 사용해야 한다는 점이다.

더 나아가 우리 모두는 이러한 이해를 위한 필수불가결한 근본 범주가 바로 자본주의 사회에 대한 적절한 개념이라고 본다. 그렇기 때문에 분배와 인정의 관계에 대한 토론은 부지불식간에 우리를 또 다른 문제로 인도했다. 이 문제는 답변하기가 매우 어렵지만 도덕이론, 사회이론, 정치적 분석을 연계시키기 위해서 결정적 중요성을 갖는다. 즉 현존하는 자본주의는 경제 질서가 제도화된 문화적 가치 유형들에 의해 더 이상 직접적으로 조정되지 않고, 여타의 사회적 질서들로부터 분리된 사회 체제로 이해되어야 하는가? 아니면 자본주의 경제 질서는 오히려 시초부터 불평등한 인정에 토대를 둔 문화적 가치평가의 결과로 이해되어야만 하는가? 이 책은 가장 심층적 차원에서 대화를 통해 이러한 이론적 질문에 대답하기 위한 시도로서 우리들의 서로 다른 답변들을 평가할 수 있는 공동의 준거 틀을 발전시키고자 한다.

낸시 프레이저 · 악셀 호네트

| 낸시 프레이저 |

1부 · 정체성 정치 시대의 사회 정의

분배, 인정, 참여

오늘날 사회 정의에 대한 요구들은 점차 두 유형으로 갈라지고 있는 것처럼 보인다. 우리에게 가장 친숙한 첫 번째 요구들은 분배 요구들이며, 이런 요구들은 자원과 부에 대한 보다 정당한 분배를 추구한다. 이런 요구들의 사례로는 북에서 남으로의 분배 요구, 부자에서 빈자로의 분배 요구, (지금으로부터 그리 먼 과거라고 할 수 없는 시기에 등장했던) 유산자로부터 노동자로의 분배 요구 등을 들 수 있다. 물론 자유시장을 지향하는 사상이 최근에 부활하게 되면서 분배 옹호자들은 수세에 몰리게 되었다. 그럼에도 불구하고 평등주의적 분배 요구들은 지난 150년간 대부분의 사회 정의 이론들에 전형적인 사례를 제공해왔다.[1]

그러나 오늘날 우리는 "정체성 정치"를 통해 사회 정의에 대한 두 번째 유형의 요구들이 점증하는 상황에 직면하고 있다. 두 번째 유형의 정의 요구들이 목표로 하는 것은 가장 그럴듯한 형태로 표현한

1 이 장은 1996년 4-5월 스탠퍼드 대학에서 행한 인간의 가치에 관한 나의 태너 강연들을 수정하고 확장한 것이다. 이 강연은 Grethe B. Peterson이 편집한 *The Tanner Lectures on Human Values*, vol. 19(Salt Lake City 1998), 1-67에 수록되어 출간되었다. 본래 판본에 해당하는 부분은 승인을 받고 재출판되었다. 나는 태너 재단과 스탠퍼드 대학, 특히 철학과의 윤리학과 사회 프로그램과 Susan Moller Okin 교수에게 이 작업을 지원해준 데 대해 감사를 표한다. 나는 비록 내가 항상 적절하게 답변을 할 수는 없었음에도 불구하고 Elizabeth Anderson과 Axel Honneth 교수가 스탠퍼드에서 보여준 반응들에서 큰 도움을 받았다. Richard Bernstein, Rainer Forst, Axel Honneth, Theodore Koditschek, Steven Lukes, Jane Mansbridge, Linda Nicholson, Eli Zaretsky와의 대화는 본래 강연들을 준비하는 동안 나의 사고의 핵심 부분들에 큰 영향을 주었다. 이 글을 개정하는 과정에서 Seyla Benhabib, Judith Butler, Rainer Forst, Anne Philips, Erik Olin Wright, Eli Zaretsky가 지적한 내용들은 매우 귀중한 가치를 갖는 것들이었다.

다면 차이에 우호적인 세계이다. 이러한 세계는 동등한 존중을 받기 위해서 더 이상 주도적이거나 지배적인 문화적 규범들에 동화될 필요가 없는 세계다. 젠더 차이뿐 아니라 종족적, "인종적", 성적 소수자들의 독특한 시각에 대한 인정 요구들이 이런 정의 요구들의 사례라고 할 수 있다. 이러한 유형의 요구는 최근 들어 정치철학자들 사이에서, 나아가서는 인정을 핵심으로 하는 정의의 새로운 패러다임을 발전시키고자 하는 사람들 사이에서 관심의 대상이 되고 있다.

결국 일반적으로 말하자면 우리는 새로운 상황에 직면해 있다고 할 수 있다. 한때 분배를 중심으로 했던 사회 정의 담론은 이제 점차 한편으로는 분배 요구들로, 다른 한편으로는 인정 요구들로 갈라지고 있는 것이다. 또한 점차 인정 요구들이 지배적인 지위를 차지하는 경향이 나타나고 있다. 공산주의의 종언, 자유시장 이데올로기의 부상, 근본주의적인 형태와 진보적인 형태로 동시에 나타나고 있는 "정체성 정치"의 부상 등 모든 상황 전개는, 비록 평등주의적 분배 요구들을 완전히 소멸시키는 것은 아니지만, 그것들이 가졌던 중심적 지위를 박탈하고 있다.

이러한 새로운 상황 속에서 두 종류의 정의 요구들은 종종 실천적으로나 지적으로나 서로 분리되어 나간다. 예를 들어 여성주의와 같은 사회운동들 내부에서는 남성 지배에 대한 치유책으로 분배에 기대를 거는 행동가들의 경향이 점차 젠더 차이에 대한 인정에 기대를 거는 경향과 분리되어 나간다. 지적인 영역에서도 동일한 현상들이 폭넓게 나타난다. 여성주의 학계에서도 젠더를 사회적 관계로 이해하는 학자들은 젠더를 정체성이나 문화적 코드로 해석하는 사람들과 불편하고 소원한 공존관계를 유지하고 있다. 이런 상황은 평등 정치로부터 차이의 정치가 분리되고, 사회 정치로부터 문화 정치가 분리되는 보다 폭넓은 현상의 한 사례라고 할 수 있다.[2]

뿐만 아니라 경우에 따라 이러한 분리는 극단화되기도 한다. 몇몇 평등주의적 분배 옹호자들은 인정 정치를 노골적으로 거부한다. 그들은 국제연합(UN)이 최근 보고한 지구적 차원에서의 불평등 확대를 언급하면서 차이에 대한 인정 요구를 "허위의식"으로, 사회 정의를 추구하는 데 방해가 되는 것으로 생각한다.[3] 이와 반대로 몇몇 인정 옹호자들은 분배 정치를 경멸한다. 이들은 차이에 무감각한 경제적 평등주의자들이 소수자와 여성을 위한 정의를 보장하지 못한다고 언급하면서 분배 정치가 핵심적인 불의(不義) 경험을 언급하지도 그것에 도전하지도 못하는 낡아빠진 유물론에 불과하다고 생각한다. 이런 경우에 결국 우리는 다음과 같은 이것이냐, 저것이냐? 하는 선택에 직면하게 된다. 분배냐, 인정이냐? 계급 정치냐, 정체성 정치

2 분배와 인정 사이의 정치적 분열은 아마도 다른 그 어느 곳보다도 미국에서 더욱 진전되었을 것이다. 그러나 이것은 단지 미국에만 국한된 문제는 아니다. 오히려 정도는 다르지만 동일한 경향들이 대부분의 세계에서, 심지어는 사회민주주의 정당들이 여전히 강력한 나라들에서조차 발견된다. 사회민주주의 정당들 내부에서 나타나는 신자유주의적 경향의 부상은 인정관계들에서의 상대적으로 제한적인 해방적 개혁들은 추구하는 반면에 오랫동안 지속된 분배 문제에 대한 관심은 내던져 버리겠다는 의지를 예시하고 있다.

3 UN 개발계획, 『인간개발보고서 1996』(*Human Development Report* 1996, Oxford 1996). Barbara Crossette는 이를 통해 발견된 최고의 사실에 대해 다음과 같이 보고하고 있다. "UN의 조사는 세계적으로 부자와 빈자의 간극이 확대되고 있다는 사실을 발견했다." *New York Times*, July 15, 1996, A4. 최근 『인간개발보고서 2003』 자료는 이보다 덜 하기는 하지만 여전히 걱정스러운 것이다. "『인간개발보고서 2003』은 54개 국가에서 10년간 소득이 저하되고 있음을 도표로 보여주고 있다" July 8, 2003. 이는 『인간개발보고서 2003』이 발견한 내용을 보고하고 있으며, http//www.undp.org/hdr2003에서 볼 수 있다.

냐? 다문화주의냐, 사회민주주의냐?

내 생각에 이런 대립은 잘못된 것이다. 나의 일반적인 주장은 오늘날 정의는 분배와 인정 **모두를** 요구하고 있다는 것이다. 그 어떤 것도 한 가지만으로는 충분치 않다. 그러나 이런 주장을 받아들이게 되면 곧바로 이 양자를 어떻게 결합할 것인가 하는 문제가 가장 중요한 문제로 대두된다. 나는 이 두 개념의 문제 틀이 가지는 해방적 측면들이 단일하고 포괄적인 틀 속에서 통합되어야만 한다고 주장할 것이다. 이론적으로 볼 때, 이를 위해서는 정당한 사회적 평등 요구와 정당한 차이의 인정 요구 모두를 수용할 수 있는 이차원적(two-dimensional) 정의관이 고안되어야만 한다. 그리고 실천적으로는 최상의 분배 정치를 최상의 인정 정치와 통합할 수 있는 정치적 기획이 고안되어야만 할 것이다.

나의 논의는 다음과 같이 네 부분으로 나누어진다. 1장에서 나는 분배나 인정 한 가지만으로는 오늘날의 불의를 극복하는 데 충분치 않다는 사실을 주장할 것이다. 따라서 인정과 분배는 어떤 방식으로든 화해되고 결합될 필요가 있다. 2, 3장에서 나는 분배와 인정을 사회 정의에 관한 단일한 포괄적 설명 속에서 통합하려고 숙고할 때 발생하는 몇 가지 도덕철학적 문제들과 사회이론적 문제들을 검토한다. 마지막으로 4장에서 나는 불의를 시정하고자 하는 개혁들에서 그러한 통합된 관점을 제도화하고자 할 때 발생하는 몇 가지 정치적 문제들을 살펴볼 것이다.

1장 분배냐, 인정이냐?

불완전한 정의(正義)에 대한 비판

먼저 용어와 관련된 이야기부터 시작해보도록 하자. 내가 여기서 사용하고 있는 "분배"와 "인정"이라는 용어는 철학적 의미와 정치적 의미를 동시에 갖고 있다. 철학적으로 볼 때, 이 용어들은 정치이론가들과 도덕철학자들이 제시한 규범적 패러다임을 지시한다. 정치적으로 볼 때, 이 용어들은 공론장에서 정치적 행위자들과 사회운동들이 제기하는 일련의 요구들을 지시한다. 그런데 이 의미들 각각은 좀 더 명료화될 필요가 있다.

철학적 용어로서 "분배"와 "인정"은 상이한 기원을 가지고 있다. "분배"는 자유주의 전통, 특히 20세기 후반의 영미권에서 유래한다. 자유주의 전통은 1970년대와 80년대에 존 롤스(John Rawls)나 로널드 드워킨(Ronald Dworkin)과 같은 "분석" 철학자들이 정교한 분배 정의 이론을 전개함으로써 풍부하게 확대되었다. 이들은 개인의 자유에 대한 전통적 자유주의자들의 강조점을 사회민주주의적 평등과

통합시켜 나가면서 사회경제적 분배를 정당화할 수 있는 새로운 정의관을 제시하였다.[4]

반면에 "인정"이라는 용어는 헤겔 철학, 특히 『정신현상학』에서 유래한 것이다. 이 전통에서 인정은 주체들 사이의 이상적 상호관계를 지시하며, 이런 관계 속에서 각자는 타자를 자신과 동등하면서도 분리되어 있는 존재로 바라본다. 이러한 상호관계는 주체성을 구성하는 데 본질적인 것으로 간주된다. 우리는 타인을 인정하고 타인에 의해 인정받음으로써만 개별적 주체가 된다. 따라서 "인정"은 종종 자유주의적 개인주의와는 상충되는 것처럼 보이는 헤겔 철학의 주장, 즉 사회적 관계들이 개인들에 대해 우선성을 가지며, 상호주관성이 주관성에 대해 우선성을 가진다는 주장을 함축하고 있다. 나아가 분배와 달리 인정은 보통 "도덕"과 구별되는 "윤리"에 속하는 것으로, 다시 말해 절차적 정의의 "올바름"(rightness)과 구별되는 자기실현과 좋은 삶이라는 실체적 목표를 촉진하는 것으로 이해된다. 지난 세기 중반 실존주의 사상가들에 의해서 풍부하게 고찰되었던 인정이론은 최근 들어 찰스 테일러(Charles Taylor)나 악셀 호네트(Axel Honneth) 같은 신(新)헤겔주의 철학자들이 "차이의 정치"를 옹호하기 위하여 인정이론을 규범적 사회철학의 핵심으로 삼게 되면서 새로운 부흥기를 맞이하고 있다.[5]

따라서 철학적으로 볼 때, "분배"와 "인정"이라는 용어를 결합하

4 특히 John Rawls, *A Theory of Justice*(Cambridge, MA 1971)와 Ronald Dworkin, "What is Equality? Part 2: Equality of Resources," *Philosophy and Public Affairs* 10, no. 4(1981 가을), 283-345 참조.

는 것은 특이하다고 할 수 있으며, 각기 다른 용어를 옹호하는 사람들은 상대방의 용어를 거부하는 경향이 있다. 분배 정의를 말하는 많은 자유주의 이론가들은 인정이론이 수용 불가능한 공동체주의적 함의들을 수반한다고 주장하는 반면에, 인정을 주장하는 몇몇 철학자들은 분배이론이 개인주의적이고 소비주의적이라고 생각한다. 뿐만 아니라 분배와 인정이라는 각각의 용어들은 또 다른 전통에 속하는 사상가들에 의해 비판을 받기도 한다. 마르크스주의 전통에 속하는 사상가들은 분배라는 범주가 자본주의 사회의 불의를 전면적으로 파악하지 못한다고 주장한다. 왜냐하면 분배 범주는 생산관계를 간과하고, 착취, 지배, 상품화의 문제를 다루는 데 실패하고 있기 때문이다.[6] 이와 비슷하게 후기구조주의를 수용하는 사람들은 인정이라는 개념이 보다 급진적인 비판을 방해하는 표준적인 주체 중심적 가정들을 수반하고 있다고 주장한다.[7]

5 인정에 대한 헤겔의 견해에 대해서는 "Independence and Dependence of Self-Consciousness: Lordship and Bondage," in *The Phenomenology of Spirit* 참조. 중요한 이차문헌들로는 Alexandre Kojéve, *Introduction to the Reading of Hegel,* 특히 "In Place of an Introduction," 3-30과 Axel Honneth, *The Struggle for Recognition: The Moral Grammar of Social Conflicts*, trans. Joel Anderson(Cambridge 1995), 특히 1부, 3-63이 있다. 실존주의자들의 연구로는 Jean-Paul Sartre, *Being and Nothingness*, 특히 "The Look"과 *Anti-Semite and Jew*(New York 1948); Frantz Fanon, *Black Skin, White Masks*, 특히 "The Fact of Blackness"; Simon de Beauvoir, *The Second Sex*. 인정에 관한 최근의 연구로는 Axel Honneth, *The Struggle for Recognition*과 Charles Taylor, "The Politics of Recognition," in Amy Gutmann, ed., *Multiculturalism: Examining the Politics of Recognition*(Princeton 1994). 퀘벡 민족주의자들의 요구를 인정 요구들로 재구성하면서 테일러는 이러한 요구들이 "문화적 생존"이라는 집단적 목적을 촉진한다고 옹호해왔다.

6 대화를 통해 이 점을 역설해준 Eli Zaretsky와 Moishe Postone에게 감사한다.

7 대화를 통해 이 점을 역설해준 Simon Hollis와 Simon Critchley에게 감사한다.

아래에서 나는 분배와 인정은 그것들이 상이한 철학적 전통에서 기원함에도 불구하고 함께 **공존할 수 있다**고 주장하고자 한다. 또한 나는 각각에 대한 비판이 제기하는 반론들을 벗어나는 방식으로 이 두 개념들을 이해할 수 있다고 주장할 것이다.

그러나 나는 잠정적으로 이러한 철학적 논란을 유보하면서 논의를 시작하고자 한다. 나는 철학적 논란 대신에 "분배"와 "인정"이 정치적으로 의미하는 바가 무엇인지를 먼저 살펴보면서 논의를 시작할 것이다. 나는 최근 공론장에서 논의되는 제반 요구들의 이념형적 배치상태를 살펴보는 방식으로 이 개념들에 대해 논의할 것이다. 이런 관점에서 보게 되면 "분배"와 "인정"이라는 용어는 철학적 패러다임이라기보다는 오늘날 시민사회 내에서 벌어지는 제반 투쟁들을 지시하는 **정의에 관한 대중적 패러다임**을 의미한다. 사회운동과 정치적 행위자들이 암묵적으로 가정하는 대중적 패러다임들은 불의를 유발하는 원인과 치유책에 대한 일련의 연관된 견해들을 담고 있다. 나는 분배와 인정에 관한 대중적 패러다임을 재구성함으로써 이러한 관점들이 현재의 정치적 논쟁들에서 상호 대립하는 것으로 설정되어 온 이유와 방식이 무엇인지를 밝히고자 한다.

1. 잘못된 대립에 대한 해부학

대중적 패러다임으로서 분배와 인정은 종종 특정한 사회운동들과 연결되곤 한다. 보통 분배 정치는 계급 정치와 동일시되는 반면에 인정 정치는 "정체성 정치"와 동일한 것으로 이해되며, 다시 정체성 정치는 젠더, 성, 민족, 종족, "인종" 등을 둘러싼 투쟁들과 동일시된다. 그러나 앞으로 우리가 보게 될 것처럼 이러한 통상적인 연결들은 잘못된 것이다. 우선 이런 식의 연결들은 전통적 계급 운동들이 무시해왔던 젠더, "인종", 성에 고유한 경제적 불의들을 시정하기 위해 노력 중인 최근의 대안적 흐름들을 무시하면서 여성주의 운동, 반(反)이성애주의 운동, 반(反)인종차별 운동 내부에 존재하는 인정 지향적 흐름들만을 유일한 것으로 간주한다. 또한 이러한 연결은 계급투쟁에 내재하는 인정의 차원을 간파하기 어렵게 만든다. 계급투쟁이 부의 분배만을 유일한 목표로 삼았던 적은 결코 없었다. 마지막으로 인정 정치를 정체성 정치와 동일시하는 것은 실제적으로는 서로 상이하고 다양한 인정 요구들을 한 가지 유일한 형태로, 즉 집단의 특수성에 대한 인정 요구로 축소시켜버린다.

따라서 아래에서 나는 이러한 통상적인 연결에 대해 유보적인 태도를 취할 것이다. 분배와 인정을 계급 정치 및 정체성 정치와 각각 연결시키는 대신에 나는 각각의 대중적 패러다임을 원칙적으로 **모든** 사회운동 상황에 적용될 수 있는 **사회 정의에 관한 상이한 관점**을 표현하고 있는 것으로 간주할 것이다.

이런 방식으로 보게 되면, 분배 패러다임은 뉴딜 자유주의, 사회민주주의, 사회주의 등과 같은 계급 중심적인 정치적 지향들뿐 아니라, 사회경제적 변혁이나 개혁을 젠더나 인종-종족과 관련된 불의를 시정하기 위한 해결책으로 간주하는 여성주의 및 반인종주의 형태들까지 포괄할 수 있게 된다. 따라서 분배 패러다임은 관습적 의미로 통용되는 계급 정치보다 그 폭이 넓다. 마찬가지로 인정 패러다임은 문화적 여성주의, 흑인문화 민족주의, 게이(gay) 정체성 정치와 같이 부당하게 평가절하된 정체성들에 대한 재평가를 목표로 하는 운동들뿐 아니라, 전통적인 정체성 정치의 "본질주의"를 거부하는 퀴어(queer) 정치, 비판적 "인종" 정치, 해체주의적 여성주의 등과 같은 해체적 경향들까지 포괄할 수 있게 된다. 따라서 인정 패러다임은 관습적 의미로 통용되는 정체성 정치보다 그 폭이 넓다.

이런 방식으로 이해하게 되면, 분배와 인정에 관한 대중적 패러다임은 다음과 같은 네 가지 주요한 측면에서 대조될 수 있다. 첫째, 이 두 패러다임은 각기 상이한 불의 개념을 전제하고 있다. 분배 패러다임은 각 사회의 경제구조에 뿌리를 두고 있는 사회경제적 불의에 집중한다. 그 예로는 착취(누군가의 노동의 결실을 타인이 소유하는 것), 주변화(천하고 임금이 낮은 노동에 구속되는 것, 소득을 제공하는 노동 자체에 접근할 수 없는 상황), 박탈(적합한 물질적 생활수준을 보장받지 못하는 상황) 등을 들 수 있다. 반면 인정 패러다임은 사회적 묘사, 해석, 의사소통 형태들에서 기원하는 것으로 간주되는 문화적 불의들을 목표로 삼는다. 그 예로는 문화적 지배(자기 자신의 문화에 적대적인 다른 낯선 문화와 결합된 해석이나 의사소통 유형들에 종속되는 상황), 불인정(자신의 고유한 문화와 관련된 묘사적, 의사소통적, 해석적 차원의 공적인 관행들을 통해서 배제되는 경우), 경멸(공적 공간에서 일어나는 틀에 박힌 묘사 그리고/혹은 일상생활의 상호작용에서 나타나는 비방이나 비난) 등을 들 수 있다.

둘째, 두 가지 대중적 패러다임은 불의를 시정하기 위해 상이한 종류의 대책을 제안한다. 분배 패러다임에서 불의를 시정하기 위한 대책은 일종의 경제적 개혁이다. 이는 소득 그리고/혹은 부의 분배,

노동 분업의 재조정, 토지 소유의 재분할, 투자결정 절차의 민주화, 그리고 다른 기본적인 경제구조들의 변형 등을 포함한다. (이 다양한 대책들은 현저하게 서로 다른 것이지만, 나는 이 패러다임이 이러한 일련의 대책들을 "분배"라는 포괄적인 명칭 하에 포섭하고 있는 것으로 간주한다.)[8] 반면에 인정 패러다임에서 불의를 시정하기 위한 대책은 문화적이거나 상징적인 변화다. 이는 경멸받는 정체성과 비난받는 집단들의 문화적 산물들에 대한 평가절상, 문화적 다양성에 대한 인정과 긍정적인 평가, 그리고 묘사, 해석, 의사소통의 사회적 유형들을 모든 사람들의 사회적 정체성을 변화시킬 정도로 전면적으로 변혁하는 일 등을 포함한다. (이 대책들 역시 현저하게 서로 다른 것이지만, 나는 이 일련의 대책들도 "인정"이라는 포괄적인 명칭 하에 포섭될 수 있는 것으로 간주한다.)[9]

셋째, 두 가지 대중적 패러다임은 불의로 고통받는 집단들에 관해 상이한 견해를 가지고 있다. 분배 패러다임에서 불의를 겪는 집단적 주체는 계급 혹은 계급과 유사한 집단들이며, 이 집단들은 시장

8 여기서 사용하는 "분배"라는 개념은 자유주의적 복지국가와 결부된 일종의 결과적인 재할당에만 국한되지 않는다. 오히려 분배는 역사적으로 사회주의와 결부되어왔던 일종의 심층 구조적인 경제적 변화까지도 포함하고 있다. 따라서 분배는 근본 메커니즘들을 변화시키지는 않으면서 경제적인 결과들만을 변화시키고자 하는 "긍정적"(affirmative) 접근들과 함께 근본 메커니즘들 자체를 변화시키고자 하는 "변혁적"(transformative) 접근들까지도 포함한다. 긍정적 분배와 변혁적 분배 사이의 구별에 대해서는 Nancy Fraser, "From Redistribution to Recognition? Dilemmas of Justice in a 'Postsocialist' Age," *New Left Review* 212(1995 7/8), 68-93 참조; Nancy Fraser, *Justice Interrupts: Critical Reflections on the "Postsocialist" Condition*(London & New York 1997)에서 재출판. 이 장의 뒷부분에서 나는 이러한 구별에 대해서 약간 상세하게 논의하게 될 것이다. 지금은 단지 "분배"라는 용어가 급진적인 경제적 변화를 수용하고 있기 때문에, 그 용어로는 자본주의적 불의의 핵심을 설명하지 못한다는 마르크스주의자들의 우려들이 완화될 수 있을 것이라는 점에 대해서만 지적해두고자 한다.

이나 생산수단에 대한 상이한 관계를 통해 경제적으로 정의된다.[10] 마르크스주의 패러다임에서의 고전적 사례는 착취당하는 노동 계급이며, 그 구성원들은 생존수단을 얻기 위해 자신들의 노동력을 팔아야만 한다.[11] 그러나 다른 경우들도 역시 여기에 포섭될 수 있다. 이주자나 종족적 소수자 집단과 같이 인종적 차별을 받는 집단도 경제적으로 정의될 수 있으며 이들 역시 이런 사례에 포섭될 수 있다. 이들은 저임금을 받는 비천한 노동자 계층일 수도 있고 정규적인 임금노동에서 전반적으로 배제되어 "불필요"하거나 착취할 가치도 없는 "최하층"으로 간주되기도 한다. 더 나아가 경제의 개념이 부불 노동을 포괄할 정도로 확장된다면, 여기에는 여성들까지 포함되게 된다. 여성은 대가없는 육아노동 부담을 지고 있는 젠더이며, 이로 인해

9 "인정"이라는 용어 역시 주류 다문화주의와 결부되는 일종의 집단의 차이에 대한 긍정에만 제한되는 것이 아니다. 오히려 인정은 해체와 결부되는 상징적 질서의 심층적 변화까지도 포함하고 있다. 따라서 인정 역시 기저에 놓여 있는 틀들은 변화시키지 않고 결과적인 인정 상태만을 변화시키고자 하는 "긍정적" 접근들과 함께 기저의 틀 자체를 변화시키고자 하는 "변혁적" 접근들도 포함한다. 이 장의 뒷부분에서 나는 이러한 구별에 대해서도 약간 상세하게 다루게 될 것이다. 지금은 단지 "인정"이라는 용어가 해체를 수용하고 있기 때문에, 그 용어에 관한 후기구조주의자들의 우려들이 완화될 수 있을 것이라는 점에 대해서만 지적해두고자 한다.

10 이러한 최초의 정식화는 계급에 대한 적절한 이론적 정의와 관련된 문제들을 회피한다. 이런 정식화는 계급이 전통 마르크스주의에서와 같이 생산수단에 대한 관계를 통해서 이해되어야 하는 것인지 아니면 베버적인 의미에서 시장과의 관계 속에서 이해되어야만 하는 것인지 하는 문제에 대해서는 특정한 결정을 내리지 않고 있다. 이 절에서 나는 논증을 단순화하기 위해서 마르크스주의의 정의를 받아들일 것이다. 그러나 다음 절들에서는 베버적인 정의도 사용하게 될 것이며, 그 이유들에 대해서는 그곳에서 설명하도록 하겠다.

11 계급에 대한 마르크스주의의 정의를 간결하고 우아하게 정식화한 것으로는 Karl Marx, "Wage Labor and Capital," in *The Marx-Engels Reader*, ed. Robert C. Tucker(New York 1978) 참조.

결국 고용에서도 불이익을 받게 된다. 마지막으로 여기에는 우리가 계급, "인종", 젠더가 교차된 정치경제를 염두에 둘 때 나타나는 복합적으로 정의된 집단들 역시 포함될 수 있다.

반면에 대중적인 인정 패러다임에서 불의로 인한 희생자들은 마르크스주의에서 말하는 계급보다는 베버주의자들이 말하는 신분(status) 집단과 더 유사하다. 이들은 생산관계보다는 인정관계를 통해 정의되며, 사회 내의 다른 집단들과 비교해 더 열악한 존중, 존경, 특권을 누리고 있다는 점에서 여타의 집단들과 구별된다. 베버의 패러다임에서 등장하는 고전적인 사례는 낮은 신분을 가진 종족 집단이며, 지배적인 문화적 가치 유형들은 이런 집단에 속한 구성원들의 사회적 지위와 이들이 높은 사회적 존경을 획득할 기회들을 희생시키면서 이들을 상이하고 열등한 가치를 가진 존재로 낙인찍는다.[12] 그러나 여기에는 다른 사례들도 역시 포함될 수 있다. 현재의 정치적 상황을 고려하면, 이는 제도화된 낙인이 야기하는 광범위한 효과로 인해 고통받고 있는 게이와 레즈비언의 사례들로까지 확장될 수 있다. 또한 다르고 열등한 존재로 간주되는 인종적 집단들, 하찮게 여겨지고 성적으로 대상화되며 수많은 방식으로 경멸받는 여성들도 포함될 수 있을 것이다. 마지막으로 이는 우리가 인정관계를 "인종", 젠더, 성을 동시에 그리고 문화적으로 상호작용하는 코드로 생각할 때 도출되는 복합적으로 정의된 집단들까지 포함하도록 확

12 신분에 대한 베버의 정의에 대해서는 Max Weber, "Class, Status, Party," in *From Max Weber: Essays in Sociology*, ed. Hans H. Gerth and C. Wright Mills(Oxford 1958) 참조.

장될 수 있을 것이다.

이로부터 네 번째 차이점이 등장하게 된다. 두 가지 대중적 패러다임은 집단의 차이에 대한 상이한 이해방식을 전제하고 있다. 분배 패러다임은 이러한 차이를 부당한 차별로 간주한다. 이러한 차이들은 결코 집단의 내재적 속성들이 아니며 부당한 정치경제로부터 기인하는 사회적 구성의 결과물이다. 따라서 이런 관점에서 보면 우리는 집단의 차이들을 인정하기보다는 그것을 철폐하기 위해 노력해야만 한다. 반면에 인정 패러다임은 차이를 다음과 같은 두 가지 방식 중 하나로 취급한다. 한 방식에서 볼 때, 차이들은 이미 존재하는 바람직한 문화적 변형들이며, 부당한 해석 도식이 이러한 변형들을 악의적인 방식으로 위계적 가치로 변형시킨다. 다른 방식에서 볼 때, 집단의 차이는 그것들에 대한 위계적인 가치평가 방식보다 앞서서 존재하지 않으며 위계적인 가치평가 방식과 동시에 형성된다. 첫 번째 방식에서 정의는 우리가 평가절하된 특성들을 재평가할 것을 요구한다. 결국 우리는 집단의 차이를 제거하는 것이 아니라 축복해야만 한다. 그러나 두 번째 방식에서 볼 때 집단의 차이를 축복하는 것은 효과적이지 않다. 오히려 우리는 현재 차이들을 만들어내고 있는 경계들을 해체해야만 한다.

서두에서 내가 지적한 바와 같이 분배와 인정은 점차 상호 배제적인 대안들로 묘사되고 있다. 리처드 로티(Richard Rorty), 브라이언 배리(Brian Barry), 토드 기틀린(Todd Gitlin)과 같은 몇몇 분배 옹호론자들은 정체성 정치가 진정한 경제적 문제들로부터 비생산적으로 이탈하고 있으며, 집단을 분열시키고, 보편주의적인 도덕적 규범을 거부한다고 주장한다.[13] 이들이 보기에 유일하게 적합한 정치적 투쟁의 목표는 경제뿐이다. 반대로 아이리스 매리언 영(Iris Marion Young)과 같은 몇몇 인정 옹호론자들은 차이를 무시하는 분배 정치는 지배 집단의 규범들을 보편적인 것으로 강요하는 잘못을 범하고, 종속적 집단들이 그러한 규범들에 동화되도록 요구하며, 종속적 집단들의 독특한 특성을 잘못 인식함으로써 불의를 강화한다고 주장한다.[14] 그들이 보기에 특권적 지위를 갖는 정치적 목표는 문화적 변혁이다.

이들 간의 상호 비방과 적대관계는 분배와 인정을 상호 배타적인 대안들로 묘사하게 만든다. 그리고 결국 이러한 적대관계는 두 대안을 양자택일의 문제처럼 보이게 한다. 우리는 계급적 차별을 철폐하고자 하는 분배 정치를 선택해야만 하는가? 아니면 우리는 집단의 차이들을 축복하거나 해체하고자 하는 인정 정치를 수용해야만 하는가? 우리가 이 양자를 동시에 지지할 수 없다는 점은 명백해 보인다. 그렇지만 이는 잘못 설정된 대립일 뿐이다.

13 Brian Barry, *Culture and Equality: An Egalitarian Critique of Multiculturalism*(Cambridge, MA 2001); Todd Gitlin, *The Twilight of Common Dreams: Why America is Wracked by Culture Wars*(New York 1995); Richard Rorty, *Achieving Our Country: Leftist Thought in Twentieth-Century America*(Cambridge, MA 1998) 그리고 "Is 'Cultural Recognition' a Useful Notion for Left Politics?" in Nanacy Fraser, *Adding Insult to Injury: Social Justice and the Politics of Recognition*, ed. Kevin Olson(London & New York 2008).

14 Iris Marion Young, *Justice and the Politics of Difference*(Princeton 1990). 물론 그녀는 "인정"이라는 용어를 사용하지 않으며, 문화적 변혁에 특권을 부여하는 것을 인정하지도 않는다. 그럼에도 불구하고 나는 그녀의 사유가 가지고 있는 심층 논리는 이러한 해석과 특징 부여를 지지하고 있다고 생각한다. 이에 관한 보다 확대된 논증에 대해서는 Nancy Fraser, "Culture, Political Economy, and Difference: On Iris Young's *Justice and the Politics of Difference*," in Fraser, *Justice Interrupts* 참조.

2. 착취당하는 계급, 멸시받는 성 그리고 이차원적 범주들

왜 이렇게 말할 수 있는지 그 이유를 밝히기 위해서 한 가지 사유 실험을 해보도록 하자. 상이한 유형의 사회적 차별들이 개념적 스펙트럼을 형성하고 있다고 한번 상상해보자. 한쪽 끝에는 대중적인 분배 패러다임에 어울리는 차별들이 존재한다. 그리고 다른 쪽 끝에는 대중적인 인정 패러다임에 어울리는 차별들이 존재한다. 중간에는 정의에 관한 두 패러다임 모두에 어울리기 때문에 다루기가 어려운 경우들이 존재한다.[15]

먼저 스펙트럼의 한쪽 끝을 차지하는 분배에 대해 생각해보자. 이 쪽 끝에는 사회의 경제적 구조에서 기인하는 이념형적인 사회적 차별을 할당하도록 해보자. 이런 경우 이 구간에 속하는 모든 사회적 불의의 경우는 우리가 정의한 바에 따라서 그 원인을 정치경제에서 찾을 수 있게 될 것이다. 불의의 핵심은 사회경제적 불평등이 될 것이며, 반면에 다른 모든 부수적인 문화적 불의들은 궁극적으로 볼 때 결국 경제구조로부터 파생된 것에 불과하게 될 것이다. 따라서 사실상 불의를 시정하기 위해서 필요한 대책은 인정과 대립하는 분배가 될 것이다.

이러한 이념형에 근접한 것처럼 보이는 사례는 경제주의적 교조 마르크스주의에서 생각하는 계급 차별이다. (마르크스주의에 대한 이러

15 아래 논의의 내용은 나의 1995년 논문 "From Redistribution to Recognition?"의 한 절을 개정한 것이다.

한 해석이 적합한 것인지 하는 문제는 여기서 다루지 않도록 하겠다. 그리고 계급에 대한 이러한 관점이 노동 계급의 이름으로 현실 속에서 정의를 실현하기 위해 투쟁해온 실제적인 역사적 집단들과 과연 부합하는 것인가 하는 질문도 잠시 유보해두도록 하자.16) 이러한 견해에 따르면 계급 차별은 자본주의 사회의 경제구조에서 기인하는 것이다. 노동 계급이란 잉여 생산물을 자본가 계급이 자신의 이윤으로 전유하는 상황 하에서 자신의 노동력을 팔아야만 하는 대부분의 사람들이다. 이러한 질서에서 나타나는 핵심적 불의는 매우 심층적인 불평등의 한 형태라고 할 수 있는 착취다. 착취관계 속에서 프롤레타리아 자신의 힘은 스스로와 대립하게 되며, 타인에게 이익이 되는 체계를 유지하기 위하여 강탈된다. 물론 프롤레타리아는 심각한 문화적 불의, "감추어진 계급의 상처들" 역시 겪게 된다.[17] 그러나 이러한 문화적 불의는 자율성을 갖는 신분적 불의에서 기인하는 것이 아니라 경제구조에서 파생된 것이다. 이는 착취를 정당화하기 위해 계급의 열등성에 대한 이데올로기들이 확산되는 과정과 마찬가지이다. 따라서 불의를 시정하기 위

16 논의를 위해 나는 계급을 정통적이고 경제주의적인 방식으로 파악하면서 시작하고자 한다. 이는 다음에 논의하게 될 다른 이념형적 집단성의 종류들과의 대조를 첨예하게 만들기 위한 것이다. 따라서 나는 계급이 신분 질서와 대립되는 사회의 경제구조에서 전적으로 기인하는 것으로 간주한다. 물론 이는 계급에 대한 마르크스주의적 이해에 대한 유일한 해석이 결코 아니다. 이후의 논증에서 나는 보다 덜 경제주의적인 해석을 도입하게 될 것이다. 이런 해석은 계급이 가지는 문화적이고 역사적이며 담론적인 차원들에 보다 많은 무게를 두고 있으며, E. P. Thompson, John Wallach Scott과 같은 저자들이 이러한 차원에 대해서 강조한 바 있다. Thompson, *The Making of the English Working Class*(New York 1963); Scott, *Gender and the Politics of History*(New York 1988) 참조.

17 Richard Sennett and Jonathan Cobb, *The Hidden Injuries of Class*(Cambridge, MA 1972).

한 대책은 인정이 아니라 분배다. 계급 착취를 극복하기 위해서는 이익과 부담의 계급 간 분배를 변화시키기 위해 정치경제를 변화시키는 것이 필요하다. 마르크스적 관점에서 이러한 변화는 계급 구조 자체의 폐지라는 급진적 형태를 취하게 된다. 결국 프롤레타리아의 과제는 단지 좀 더 나은 조건의 거래를 도모하는 것이 아니라 "계급으로서의 자기 자신을 폐지하는 것"이다. 프롤레타리아가 필요로 하는 것은 결코 차이의 인정이 아니다. 불의를 시정하는 유일한 방법은 프롤레타리아라는 독특한 집단 자체를 사라지게 만드는 것이다.[18]

이제 개념적 스펙트럼의 다른 쪽 끝을 생각해보자. 이쪽 끝에는 대중적인 인정 패러다임에 어울리는 이념형적인 사회적 차별을 할당하도록 해보자. 이러한 유형의 차별은 경제구조와 구별되는 사회의 신분 질서에서 기인하는 것이다. 따라서 여기에 속하는 모든 구조적 불의의 경우 그 원인을 해당 사회의 제도화된 문화적 가치 유형들에서 찾을 수 있다. 여기서 불의의 핵심은 무시다. 반면에 모든 부수적인 경제적 불의들은 궁극적으로 볼 때 결국 신분 질서로부터 파생된 것들이 된다. 불의를 교정하기 위해 필요한 대책은 분배와 구별되는 인정이다.

이러한 이념형에 근접한 것처럼 보이는 사례는 신분에 대한 베버의 견해를 매개로 할 때 포착되는 성 차별이다. (앞에서와 마찬가지로

18 아마도 그 결과는 프롤레타리아의 폐지가 아니라 보편화라는 반론을 제기할 수도 있을 것이다. 그러나 설령 그렇다고 하더라도 프롤레타리아라는 집단이 가지는 특수성은 사라지게 될 것이다.

성에 대한 이러한 관점이 실제로 이성애주의에 반대하고 있는 현실적 집단들과 부합하는 것인지의 문제는 일단 유보해두도록 하자.[19] 이런 견해에서 보면 이성애자와 동성애자 사이의 사회적 차별은 정치경제에 그 기초를 두고 있지 않다. 왜냐하면 동성애자들은 자본주의 사회의 전체 계급 구조에 분산되어 있고, 노동 분업에서 명확한 위치를 가지고 있지 않으며, 착취당하는 계급들로 구성되어 있지도 않기 때문이다. 제도화된 문화적 가치 유형들이 이성애는 자연스럽고 규범적인 것으로, 동성애는 혐오스럽고 멸시받을 것으로 해석하는 만큼 오히려 이러한 구별은 사회의 신분 질서에서 기인한다고 볼 수 있다. 폭넓게 제도화된 이성애적 가치 유형들은 일반적인 사회적 상호작용들의 구조를 결정하게 된다. (가족법과 형사법을 포괄하는) 많은 법적 영역들에서 명백하게 성문화된 이성애적 가치 유형들은 가족, 친밀성, 사생활, 평등과 관련된 법적 해석들을 특징짓는다. 이러한 가치 유형들은 또한 (이주, 귀화, 망명 정책을 포함하는) 정부 정책의 많은 영역들과 (의학과 정신치료를 포함하는) 일상적 직업 관행들에도 뿌리를 내리고 있다. 이성애를 규범화하는 가치 유형들은 대중문화와 일상적 상호작용에도 역시 확산되어 있다. 그 결과 게이와 레즈비언들은 **멸시받는 성**이 되며, 성적으로 특수한 형태의 **신분 종속**에 처하게 된다. 여

19 여기서도 역시 나는 논증을 위해서 성을 매우 정형화된 문화주의적 방식으로 이해하면서 논의를 시작할 것이다. 이는 계급과의 대조를 첨예하게 만들기 위한 것이다. 따라서 나는 성 차별들이 정치경제와 대립되는 신분 질서에서 전적으로 기인하는 것으로 간주할 것이다. 물론 이것만이 성에 대한 유일한 해석이 아니라는 것은 당연하다. 이후의 논증에서 나는 정치경제에 보다 큰 비중을 두는 대안적 해석들을 도입하게 될 것이다.

기에는 모욕과 폭행, 결혼과 부모가 가지는 권리 및 특권의 박탈, 표현과 결사의 자유에 대한 구속, 대중매체에서의 전형적인 모욕적 묘사, 일상적인 괴롭힘과 비방, 완전한 시민권 부여 및 시민권에 대한 동등한 보호의 거부 등이 포함된다. 이러한 해악들이 무시가 야기하는 불의들이다.

물론 게이와 레즈비언들은 심각한 경제적 불의 역시 겪는다. 그들은 민간 직종이나 군대에서 즉각적으로 해고되며, 가족 제도에 기초한 폭넓은 사회복지 혜택에서 배제되고, 세금 및 상속과 관련하여 중요한 불이익에 직면한다. 그러나 이러한 불의는 결코 사회의 경제 구조에서 기인하는 것들이 아니며 오히려 신분 질서로부터 파생되는 것들이다. 왜냐하면 이성애 규범의 제도화는 멸시받는 사람들의 집단을 산출하고 이들은 자신의 종속적 지위의 결과로 경제적 불이익을 당할 수밖에 없기 때문이다. 따라서 불의를 시정하기 위한 대책은 분배가 아니라 인정이다. 인정관계들을 변화시키게 되면 불평등한 분배도 사라지게 될 것이다. 일반적으로 동성애에 대한 혐오와 이성애주의를 극복하기 위해서는 이성애 규범적인 가치 유형들에 대한 제도화를 해체하고 그것들을 게이와 레즈비언에 대해 동등한 존중을 표현하는 유형들로 대체하면서 성적인 신분 질서를 변화시키는 것이 필요하다.[20]

따라서 개념적 스펙트럼의 양 극단의 경우 문제는 매우 분명하다. 우리가 착취당하는 노동 계급이라는 이념형에 근접한 사회 집단들을 다루는 경우, 우리는 분배 처방을 필요로 하는 분배와 관련된 불의에 직면하게 된다. 이 경우 필요한 것은 분배 정치다. 반면에 우리가 멸시받는 성이라는 이념형에 근접한 사회 집단들을 다루는 경우, 우리는 무시와 관련된 불의들에 직면하게 된다. **여기서** 필요한 것이 인정 정치다.

그러나 우리가 양 극단을 떠나게 되면 문제는 애매하게 된다. 개념적 스펙트럼의 중간에 위치한 사회적 차별 유형을 설정하게 되면, 우리는 착취당하는 계급의 특징들과 멸시받는 성의 특징들이 결합된 혼성 형태에 마주치게 된다. 나는 이런 차별들을 "이차원적"이라고 부르고자 한다. 사회의 경제구조와 신분 질서 모두에서 기인하는 이런 차별들은 양자 모두가 그 원인을 제공하는 불의를 포함한다. 이차원적으로 종속된 집단들은 불평등 분배와 무시 모두로 인해 고통받는다. **여기서는 이러한 불의들 중 그 어느 것도 다른 불의의 간접적 결과가 아니며, 오히려 두 불의들 모두가 근본적이며 동등한 독자성을 가지고 있는 것들이다.** 따라서 이 경우에는 분배 정치나 인정 정치 하나만으로는 충분치가 않다. 이차원적으로 종속된 집단들은 두 가지 정치 모두를 필요로 한다.

내가 보기에 젠더는 이차원적인 사회적 차별이다. 단순한 계급도 단순한 신분 집단도 아닌 젠더는 사회의 경제구조와 신분 질서에 동시적으로 그 기원을 두고 있는 혼성 범주이다. 따라서 젠더와 관련

20 원칙상 이는 한 가지 이상의 방식으로 수행될 수 있다. 예를 들면 동성애의 특수성을 인정할 수도 있고 이성애/동성애라는 이항대립을 해체할 수도 있다. 첫 번째의 경우 치유의 논리는 그것이 가지는 특수성을 인정함으로써 집단의 "집단성"을 긍정하는 것이다. 반면에 두 번째의 경우 치유의 논리는 그것이 집단으로서 가지는 의미 자체를 무시해버리는 것이다. 이 장의 뒷부분에서 이 문제를 다시 논의하도록 하겠다.

된 불의를 이해하고 시정하기 위해서는 분배와 인정 모두에 주목할 필요가 있다.

분배의 관점에서 볼 때, 젠더는 자본주의 사회의 경제구조를 구성하는 기본 원칙으로 기능한다. 한편으로 젠더는 임금을 받는 "생산 노동"과 무임금의 "출산" 노동 및 가사 노동 사이의 기본적 구별 구조를 결정한다. "출산" 노동 및 가사 노동에 대한 일차적 책임은 여성들에게 부과된다. 다른 한편 젠더는 임금을 받는 노동 내부에서도 남성이 지배하는 고임금의 제조업 및 전문 직종과 여성이 지배하는 저임금의 "여성 직종"(pink collar) 및 가사 도우미 직종들 사이의 구별 구조를 결정한다. 그 결과 젠더에 기초를 둔 착취, 경제적 주변화, 박탈을 포함하는 젠더 특유의 분배와 관련된 불의의 형태들을 산출하는 경제구조가 나타난다.

이 경우 젠더는 사회의 경제구조에서 기인하는 계급과 유사한 차별처럼 보인다. 이러한 관점에서 볼 때, 젠더와 관련된 불의는 분배를 통한 시정을 강력히 요구하는 일종의 분배적 불의처럼 보인다. 계급과 매우 유사하게 젠더 정의는 젠더에 기초한 경제구조를 제거하기 위해 경제를 변혁할 것을 요구한다. 젠더에 특유한 불평등 분배를 제거하기 위해서는 젠더에 기초한 노동의 구별을 폐지하는 것이 필요하다. 즉 젠더에 기초한 임금 노동과 무임금 노동 사이의 구별과 더불어 임금 노동 내부에 존재하는 젠더에 기초한 차별도 폐지되어야만 한다. 이를 치유하는 논리는 계급과 관련된 논리와 유사하다. 여기서 목표는 젠더 그 자체를 사라지게 하는 것이다. 만일 젠더가 단지 계급과 유사한 차별에 불과하다면, 결국 정의는 그것의 폐지를 요구하게 될 것이다.

그러나 이것은 반쪽의 이야기에 불과하다. 사실 젠더는 단지 계급과 유사한 구별일 뿐 아니라 신분 차별이기도 하다. 그 자체로 젠더는 계급보다는 성(性)을 생각나게 하는 요소들을 포함하고 있으며, 이는 젠더를 곧바로 인정의 문제 틀 내부에 위치하게 한다. 젠더는 널리 퍼져 있는 문화적 해석과 평가 유형들을 코드화하고 있으며, 이러한 해석과 평가 유형들은 신분 질서 전반에서 핵심적인 지위를 갖는다. 그 결과 단지 여성뿐 아니라 모든 낮은 신분 집단들이 여성화와 그에 따른 평가절하의 위험에 처하게 된다.

따라서 젠더와 관련된 불의의 주요한 특징은 남성중심주의라고 할 수 있다. 남성중심주의는 남성성과 연결된 특징들에는 특권을 부여하는 반면에 "여성적인" 것으로 코드화되는 모든 것들은 평가절하한다. 여성적인 것의 범례가 여성들이기는 하지만 여성들만 여기에 포함되는 것은 아니다. 폭넓게 제도화된 남성중심의 가치 유형들은 광범위한 사회적 상호작용의 구조를 결정한다. (가족법과 형사법을 포함하는) 많은 법적 영역에서 명백히 성문화된 이러한 가치 유형들은 사생활, 자율성, 자기방어, 평등에 대한 법적 이해를 규정한다. 또한 이러한 가치 유형들은 (출산, 이주, 망명 정책을 포함하는) 많은 정부 정책들과 (의학과 심리치료를 포함하는) 일상적 직업 관행에도 뿌리를 내리고 있다. 남성중심의 가치 유형들은 대중문화와 일상적 상호작용에도 폭넓게 침투해 있다. 그 결과 여성들은 젠더에 특유한 형태의 **신분 종속**으로 고통받는다. 여기에는 성 폭력과 가정 폭력, 대중매체에서 전형적으로 나타나는 모욕적 묘사, 일상생활에서의 괴롭힘과 비방, 완전한 시민권 부여 및 시민권에 대한 동등한 보호의 거부 등이 포함된다. 이러한 피해들은 인정과 관련된 불의들이다. 이러한 피해들은 정치경제로부터 비교적 독립적이며 단지 "상부구조적인" 것으로 치부될 수 있는 것도 아니다. 따라서 분배만으로 이러한 불의들을 극복할 수 없으며, 인정과 관련된 추가적이고 독립적인 대책들이 요구된다.

여기서 젠더는 성과 유사한 특성을 가지고 있는 신분 차별처럼 보인다. 이런 측면에서 보면 젠더와 관련된 불의는 인정을 통한 시정을 강력히 요구하는 일종의 무시처럼 보인다. 이성애주의의 경우와 매우 유사하게 남성중심주의를 극복하기 위해서는 성적인 가치 유형들과 관련된 제도들을 해체하고 그것들을 여성에 대한 동등한 존중을 표현하는 유형들로 대체하면서 젠더와 관련된 신분 질서를 변화시키는 것이 필요하다. 따라서 여기서 치유의 논리는 성과 관련된 치유의 논리로서, 이는 인정관계를 변화시킴으로써 남성중심주의를 전복시키는 것을 말한다.[21]

결국 젠더는 이차원적인 사회적 차별이다. 젠더는 그것을 분배의 궤도에 위치하게 하는 계급 차원과 동시에 그것을 인정의 궤도에 위치하게 하는 신분 차원을 결합시킨다. 이 두 차원이 동등한 중요성

21 인정 역시 여러 가지 방식으로 부여될 수 있다. 예를 들면 여성들의 특수성을 긍정적으로 인정할 수도 있고 남성성과 여성성 사이의 이항대립을 해체시킬 수도 있다. 첫 번째 경우 치유의 논리는 앞서와 마찬가지로 집단의 특수성을 인정함으로써 집단의 "집단성"을 긍정하는 것이다. 두 번째 경우 역시 앞서와 마찬가지로 치유의 논리는 집단으로서 그것이 가지는 의미 자체를 무시해버리는 것이다. 이에 대해서도 역시 이 장의 뒷부분에서 다시 논의하도록 하겠다.

을 가지는가 하는 문제에 대해서는 아직 아무런 결정도 내려지지 않은 상태다. 그러나 어느 경우든 젠더와 관련된 불의를 교정하기 위해서는 사회의 경제구조와 신분 질서 모두를 변화시키는 것이 요구된다.

젠더가 가지는 이차원적 특성은 분배와 인정 패러다임 사이의 양자택일을 주장하는 견해를 논파한다. 이러한 견해는 불의를 겪는 집단적 주체들은 계급이거나 신분 집단이지 동시에 두 가지가 될 수는 없다는 생각을 전제하고 있다. 즉 이들이 겪는 불의는 불평등 분배이거나 무시이지 동시에 두 가지 모두를 겪는 것은 아니라는 것이다. 또한 문제가 되는 집단의 차이는 부당한 차별이거나 부당한 가치평가 절하 형태들이지 동시에 이 모두인 것은 아니라는 것이다. 따라서 불의를 해소하기 위한 처방도 분배 혹은 인정이지 이 둘 모두는 아닌 것이 된다. 이제 우리는 젠더가 이러한 일련의 잘못된 대립 모두를 날려버린다는 사실을 알 수 있다. 젠더의 경우에서 우리는 신분과 계급이 복합되어 있는 범주를 발견하게 된다. 여기서 차이는 경제적 차별과 제도화된 문화적 가치 유형들 모두를 통해서 구성된다. 여기서는 불평등 분배와 무시 모두가 근본적이다. 따라서 젠더와 관련된 불의는 분배 정치와 인정 정치 모두를 포괄하는 접근을 통해서만 비로소 치유될 수 있다.

3. 이차원성—예외인가 아니면 표준인가?

그런데 과연 젠더는 얼마만큼이나 특이한 경우일까? 여기서 우리는 일차원적 세계에 존재하는 독특하고 희귀한 사례를 다루고 있는 것인가? 아니면 오히려 이차원성이야말로 표준적인 것인가?

"인종" 역시 신분과 계급이 혼성된 이차원적인 사회적 구별이라는 것은 명백하다. 자본주의 경제구조와 신분 질서 모두에서 동시에 기인하는 인종주의와 관련된 불의들은 불평등 분배와 무시 모두를 포함한다. 경제 영역에서 "인종"은 한편으로 비천한 직업과 그렇지 않은 직업들 사이의 구조적 구별을, 다른 한편에서는 착취할 만한 노동력과 "불필요한" 노동력 사이의 구별을 조직한다. 그 결과 경제구조는 인종 특유의 불평등 분배 형태를 만들어낸다. 인종적으로 차별받는 이주자 그리고/또는 종족적 소수자들은 상대적으로 높은 비율의 실업과 빈곤으로 인해 그리고 저임금의 천대받는 노동 영역에 과도하게 많은 사람들이 종사함으로 인해 고통받고 있다. 이러한 분배적 불의는 오직 분배 정치를 통해서만 시정될 수 있다.

반면에 신분 질서에서 유럽중심의 문화적 가치 유형들은 "백색"과 관련된 특징들에는 특권을 부여하지만, "검은 색", "갈색", "황색"으로 코드화되는 모든 것들에 대해서는 부정적 낙인을 찍는다. 물론 피부색이 대표적인 경우이기는 하지만 그것만이 유일한 사례는 아니다. 그 결과 인종적으로 차별화된 이주자 그리고/혹은 종족적 소수자들은 사회의 완전한 구성원이 될 수 없는 결함 많고 열등한 타자들이 되어버린다. 폭넓게 제도화된 유럽중심의 표준들은 고유한 인종적 형태의 신분 종속을 만들어낸다. 여기에는 부정적 낙인, 물리적 폭력, 문화적 평가절하, 사회적 배제, 정치적 주변화, 일상생활에서의 괴롭힘과 비난, 완전한 시민권 부여 및 시민권에 대한 동등한 보호의 거부 등이 포함된다. 무시가 야기하는 본질적 피해라고 할 수 있는 이러한 불의들은 오로지 인정 정치를 통해서만 시정될 수 있다.

인종주의가 갖는 그 어떤 차원도 결코 다른 차원의 간접적 결과가 아니다. 분배 차원과 인정 차원이 상호작용하는 것은 확실하다. 그러나 인종에 따른 불평등 분배는 단지 신분상 위계질서의 부산물이 아니다. 또한 인종에 따른 무시 역시 그 모두가 경제구조의 부산물인 것도 아니다. 오히려 각각의 차원들은 어느 정도 서로로부터 상대적 독자성을 가지고 있다. 따라서 이것들 중 그 어느 것도 전적으로 한 가지 문제에만 집중하는 대책들을 통해서 간접적으로 교정될 수는 없다. 결국 인종주의가 야기하는 불의들을 극복하기 위해서는 분배와 인정 모두가 필요하다. 둘 중 하나만으로는 결코 충분하지 못할 것이다.

앞에서의 논의들에도 불구하고 계급 역시 이차원적인 것으로 이해될 수 있다. 사실 내가 방법론적 목적으로 도입했던 경제주의적 이념형은 현실 세계가 가지고 있는 모종의 중요한 복합성을 은폐하고 있다. 계급과 관련된 불의를 유발하는 궁극적 원인이 자본주의 사회의 경제구조에 있다는 것은 분명하다.[22] 그러나 결과적으로 나타나는 피해들은 불평등 분배뿐 아니라 무시도 포함하고 있다. 또한 경제구조의 부산물로 발생한 신분상의 피해들은 독자적인 경로를

22 예를 들어 영주와 평민의 구별과 같은 기존의 신분 구별들이 자본주의 체계의 출현을 규정했던 것은 사실이다. 그럼에도 불구하고 자본가와 노동자 사이의 구별은 상대적으로 자율적인 생명력을 가진 분화된 경제 질서가 출현함으로써 비로소 가능해졌다.

따라 전개되어 왔을 것이다. 오늘날 계급과 관련된 무시의 차원들은 인정과 관련된 독자적인 대책들을 요구할 정도로 충분히 자율성을 가지고 기능하고 있다. 나아가 계급적 무시에 대한 간과는 불평등 분배에 저항하기 위한 동원 능력을 저하시킬 수도 있다. 오늘날 경제적 변혁을 위한 폭넓은 지지를 획득하기 위해서는 가난한 사람들과 노동하는 사람들을 천시하는 문화적 태도를 공격할 필요가 있다. 예를 들면 이들은 그저 이들이 받을 만한 대우를 받을 뿐이라는 "빈곤 문화" 이데올로기들을 공격할 필요가 있다. 마찬가지로 가난한 사람들과 노동하는 사람들은 경제 정의를 실현하기 위한 자신들의 투쟁에 대한 지원을 얻기 위해 인정 정치를 필요로 한다. 다시 말해 그들은 감추어진 계급의 상처들을 치유하고 자립에 대한 확신을 형성하기 위해 계급 공동체와 계급 문화를 필요로 할 것이다. 따라서 계급적 형태의 인정 정치는 그 자체로 필요할 뿐 아니라 분배 정치를 진척시켜 나가기 위해서도 역시 필요하다고 할 수 있다.[23]

결국 일반적으로 말하자면 계급과 같이 명백히 일차원적인 경제적 범주 역시 신분과 관련된 요소를 포함하고 있다는 것이다. 물론 이 요소가 경제적 요소보다 덜 중요하고 종속적이라는 것은 분명하다. 그럼에도 불구하고 계급과 관련된 불의를 극복하기 위해서는 인정 정치를 분배 정치와 결합할 필요가 있다.[24] 적어도 분배를 위한 투쟁 과정에서 계급투쟁과 관련된 인정의 동학에 대해 주의 깊게 주

23 이 단락에서의 몇몇 정식화에 (1997년의 사적인 의견교환을 통해서) 도움을 준 Erik Olin Wright에게 감사한다.

목할 필요가 있을 것이다.

그렇다면 성의 경우는 어떠한가? 성 역시 이차원적 범주인가? 이 경우에도 앞서 내가 방법론적 목적에서 묘사한 이념형은 현실 세계의 복합성에 부합하지 않는다. 이성애주의가 야기하는 불의의 궁극적 원인이 자본주의 사회의 경제구조가 아니라 신분 질서에 있다는 점은 분명하다.[25] 그러나 그 결과 나타나는 피해들은 무시뿐 아니라 불평등 분배 역시 포함하고 있다. 신분 질서의 부산물로 발생한 경제적 피해들은 분명히 그것 나름의 중요성을 가지고 있다. 나아가 그러한 경제적 피해들을 간과하는 것은 무시에 저항하기 위한 동원 능력을 떨어뜨릴 수 있다. 게이와 레즈비언은 그들이 자신들의 정체

24 사실 잘 알려진 바와 같이 E. P. Thompson과 같은 역사가들은 실제적인 역사적 계급투쟁들이 항상 인정 차원을 포괄하고 있었음을 보여주었다. 왜냐하면 노동자들은 단지 착취를 완화하거나 폐지하기 위해서 투쟁했을 뿐 아니라 그들의 계급적 문화들을 방어하고 노동의 존엄성을 확립하기 위해서도 투쟁했기 때문이다. 그러한 과정을 통해서 그들은 계급적 정체성을 만들어왔다. 그리고 종종 그러한 정체성은 남성성, 이성애, "백인", 그리고/혹은 다수를 차지하는 사람들의 민족성 등과 같은 문화적 내용들에 특권을 부여하고, 여성 그리고/혹은 성적, "인종적", 민족적 소수자들에 대해서는 문제가 되는 형태를 띠고 있었다. 이런 경우들에서 계급투쟁에 내재하는 인정 차원은 사회 정의를 실현하기 위한 진정한 힘이 아니었다. 오히려 그것은 비록 그것 자체가 만들어낸 것은 아니지만 젠더, 성, "인종" 그리고/혹은 민족과 관련된 무시들을 내포하고 있고 그것들을 강화시키는 것이었다. 물론 젠더, "인종", 성에 집중했던 투쟁들 역시 마찬가지 상황에 처해 있다. 이런 투쟁들은 전형적으로 "백인", 남성, 그리고/혹은 이성애자들과 같이 집단 내에서 우위를 갖는 다른 계층들뿐 아니라 엘리트들과 중간 계급들에게도 특권을 부여하는 형태로 진행된다. 계급투쟁에 내재하는 인정 차원에 대해서는 Thompson, *The Making of the English Working Class* 참조. 무시의 차원과 관련해서는 David R. Roediger, *The Wages of Whiteness: Race and the Making of the American Working Class*(London & New York 1991)와 Scott, *Gender and the Politics of History* 참조. 여성주의와 반인종주의 투쟁들에 내재하는 무시의 차원에 대해서는 예를 들어 Evelyn Brooks Higginbotham, "African American Women's History and the Metalanguage of Race," *Signs* 17, no. 2(1992), 251-74; Elizabeth Spelman, *Inessential Woman*(Boston 1988).

성을 고백하는 순간 경제적 위험에 노출되기 때문에, 신분 종속에 대항하는 그들의 능력 역시 감소된다. 또한 공개적으로 동성애 권리를 옹호하는 이성애주의자 동지들의 경우 역시 게이로 (잘못) 규정되어 경제적 피해를 입을 수 있다는 걱정은 이들의 저항 능력을 감소시킨다. 또한 불평등 분배는 일련의 이성애주의적 억압에 내재하는 "취약점"이 될 수도 있다. 현재 상황에서는 동성애에 대한 혐오를 부추기는 신분과 관련된 심층적 불안감들에 정면으로 도전하는 것보다는 게이와 레즈비언들이 직면하고 있는 분배적 불의를 문제 삼는 것이 보다 손쉬운 일일 것이다.[26] 요약하자면 성적인 신분 질서 변혁에 대한 지지를 구축하기 위해서 경제적 평등을 실현하기 위한 투쟁이 필요할 수도 있다는 것이다. 따라서 성과 관련된 분배 정치는 그 자체로 필요할 뿐 아니라 인정 정치를 진척시켜 나가는 데도 도움이 된다.

25 자본주의 사회에서 성에 대한 규제는 친족관계로부터 분화되어 잉여가치 확대를 지향하는 경제적 관계들을 구성하는 경제구조와는 상대적으로 분리되어 있다. 나아가 최근 자본주의의 "포스트포드주의" 국면에서 성은 점차 "사생활"이라는 상대적으로 새로운 후기 근대적 영역에 자리 잡고 있다. 사생활 영역에서 더 이상 가족과 동일시될 수 없는 친밀한 관계들은 생산 및 출산의 명령과는 무관하게 유지된다. 따라서 오늘날 성에 대한 이성애 규범적(heteronormative) 규제는 점차 자본주의 경제의 명령과 분리되어가며 필수적인 것도 아니게 된다. 그 결과 이성애주의가 야기하는 경제적 해악은 경제구조로부터 직접 도출되지 않게 된다. 오히려 그런 해악들은 점차 경제와는 분리되어가고 있는 이성애적인 신분 질서에서 기인한다. 보다 완전한 논증을 보려면 Nancy Fraser, "Heterosexism, Misrecognition, and Capitalism: A Response to Judith Butler,"와 Judith Butler, "Merely Cultural," *Social Text*, nos. 53/54(Winter/spring 1998) 참조. 이 두 논문은 Fraser, *Adding Insult to Injury*에서 재출판되었다.

26 여기서도 역시 나의 몇몇 정식화들은 (1997년의 사적인 의견교환을 통해서) Erik Olin Wright에게 도움을 받았다.

결국 일반적으로 말해서 성과 같이 명백히 일차원적인 범주들조차 분배와 관련된 요소들을 가지고 있다. 물론 이 요소가 신분과 관련된 요소들보다 덜 중요하고 종속적인 것이라는 점은 분명하다. 그럼에도 불구하고 성적인 불의를 극복하기 위해서는 분배 정치와 인정 정치를 결합하는 것이 당연히 필요하다. 적어도 인정투쟁의 과정 속에서 성적 투쟁들에 내재하는 분배와 관련된 동학들을 주의 깊게 주목해야만 할 것이다.

결국 실천적인 목적을 고려할 때 종속과 관련된 거의 모든 현실적 축들은 이차원적인 것으로 간주될 수 있다. 거의 모든 종속들은 불평등 분배와 무시 모두를 포함하고 있으며, 여기서 각각의 불의들은 그 궁극적 원인이 무엇이든지 간에 각각 어느 정도 독립적인 중요성을 가지고 있다. 물론 모든 종속의 축들이 동일한 방식으로 이차원적인 것은 아니며 또한 같은 정도로 이차원적인 것도 아니다. 계급과 같은 몇몇 종속들은 스펙트럼 상에서 분배 쪽으로 보다 기울어 있으며, 성과 같은 몇몇 다른 종속들은 인정 쪽으로 많이 기울어 있다. 또한 젠더나 "인종"과 같은 또 다른 사례들은 중앙 부근에 밀집해 있다. 경제적 불이익과 신분적 종속의 정확한 비율은 모든 경우 경험적으로 결정될 수밖에 없다. 그럼에도 불구하고 거의 모든 경우 문제가 되는 피해들은 불평등 분배와 무시를 모두 포함하고 있다. 거기서 각각의 불의들 모두는 전적으로 간접적인 방식을 통해서만 시정될 수 없으며, 각각 나름대로 독자적인 실천적 관심을 요구하고 있다. 따라서 실천적 과제로서 불의의 극복은 거의 모든 경우 분배와 인정 모두를 요구하고 있다.

나아가 우리가 종속의 축들을 단일한 것으로 사유하기를 멈추고 그 축들을 종합적으로 고려하기 시작하자마자 이중적 접근의 필요성은 더욱 증대된다. 결국 젠더, "인종", 성, 계급은 서로 말끔하게 분리될 수가 없다. 오히려 이 모든 종속의 축들은 각각의 이해관계와 정체성들에 영향을 미치는 방식으로 서로 교차한다. 그 누구도 이러한 집단들 중 오직 하나에만 속하는 사람은 없다. 사회적 구별의 한 축에서 종속적 위치에 처한 개인들은 당연히 다른 축에서는 지배적 위치에 설 수 있다. 이런 측면에서 보면 분배와 인정이라는 이중적 정치의 필요성은 단지 내생적으로, 즉 단일한 이차원적인 사회적 구별 내부에서만 발생하는 것이 아니다. 이러한 필요성은 외생적으로, 다시 말해 서로 교차하는 차별들을 통해서도 발생한다. 예를 들어 게이인 동시에 노동 계급인 사람들은 우리가 이 범주들 각각을 어떤 방식으로 이해하든지 간에 분배와 인정 모두를 필요로 하게 될 것이다. 나아가 이런 방식으로 생각해보면 불의로 고통받는 거의 모든 개인들은 두 종류의 요구들을 통합할 필요가 있을 것이다. 그리고 더 나아가서는 그들 자신의 개인적인 사회적 지위와는 무관하게 사회 정의에 대해 생각하는 모든 사람들도 이렇게 할 필요가 있을 것이다.

결국 일반적으로 말하자면 우리는 분배와 인정을 서로를 배제하는 대안으로 보는 견해를 단호하게 거부해야만 한다. 오히려 우리의 목적은 사회 정의의 두 차원 모두를 포괄하고 조화시킬 수 있는 통합적 접근을 제시하는 것이 되어야만 한다.

2장 분배와 인정의 통합

도덕철학의 문제들

그러나 분배와 인정을 단일한 포괄적 패러다임 내에서 통합하는 것은 결코 쉬운 문제가 아니다. 이러한 문제에 대한 숙고는 즉각적으로 몇몇 주요한 탐구 영역들에 걸쳐 있는 심층적이고 어려운 문제들에 빠져들게 한다. 예를 들면 도덕철학 영역에서의 과제는 사회적 평등과 차이의 인정에 대한 정당한 요구들 모두에 통용될 수 있는 폭넓은 정의 개념을 고안해내는 것이다. 우리가 앞으로 보게 되겠지만 사회이론 영역에서의 과제는 신분과 계급의 분화와 그들 사이의 상호교차를 동시에 조화롭게 설명할 수 있는 방식으로 현대 사회에 대한 설명을 고안해내는 것이다. 한편 정치이론에서의 과제는 불평등 분배와 무시 모두를 치유할 수 있는 일련의 제도적 배치와 개혁 정책들을 구상하는 것이다. 또한 여기서 우리는 두 종류의 시정 대책들이 동시에 추진될 경우 발생하기 쉬운 상호 교란효과를 최소화해야만 할 것이다. 마지막으로 정치적 실천에서의 과제는 최상의 분배 정치를 최상의 인정 정치와 통합하는 폭넓은 혁신적 프로그램을 형성하기 위해서 기존의 분열들을 넘어서는 민주적 연대성을 강화해 나가는 것이다.

이 장에서 나는 이러한 기획의 도덕철학적 차원과 관련된 몇 가지 문제를 검토할 것이다. 따라서 나는 대중적인 정의 패러다임으로서의 분배와 인정에 대한 정치적 이해 문제는 유보해둘 것이다. 그 대신 지금 나는 분배와 인정을 **규범적 철학의 범주**로 고찰할 것이다.

1. 정의인가, 자기실현인가?

분배와 인정을 통합하려는 모든 시도들은 도덕철학과 관련된 네 가지 중요한 문제들을 다루어야만 한다. 첫째, 인정은 정말로 정의와 관련된 문제인가 아니면 그것은 자기실현의 문제인가? 둘째, 분배 정의와 인정은 명확히 구별되는 독자적인 규범적 패러다임인가 아니면 둘 중 하나가 다른 하나에 포섭될 수 있는 것인가? 셋째, 우리는 어떻게 정당한 인정 요구와 부당한 인정 요구를 구별할 수 있는가? 넷째, 정의는 개인이나 집단이 가지는 특수성을 인정할 것을 요구하는가 아니면 우리가 공유하는 인간성만을 인정하는 것으로도 충분한 것인가?

첫 번째 문제는 도덕철학에서 통용되는 몇 가지 표준적인 구별들을 전제할 때 발생하게 된다. 도덕철학 영역에서 정의에 관한 질문들은 통상 "옳음"의 문제로 이해되며, 옳음의 문제는 정확히 "도덕"의 영역에 속하는 것이다. 반면에 자기실현의 문제는 "좋음"에 관한 문제로 간주되며, 이런 문제들은 "윤리"의 영역에 속하는 것이다. 이런 대조는 일정 부분 범위와 관련된 문제라고 할 수 있다. 정의의 규범들은 보편적 구속력을 갖는다. 칸트의 도덕성(Moralität) 원칙과 같이 정의의 규범들은 행위자들이 고수하는 특정한 가치와 무관하다. 반면에 자기실현에 관한 요구들은 통상 보다 제한적인 것으로 간주된다. 헤겔의 인륜성(Sittlichkeit) 규범과 같이 이러한 요구들은 보편화할 수 없는 문화적이고 역사적인 특수한 가치 지평들에 의존하고 있다. 따라서 인정 요구들을 정의와 관련된 문제로 볼 것인가 아니면 자기실현에 관한 문제로 볼 것인가 하는 문제가 매우 중요하게 된다.

통상 인정은 자기실현의 문제로 간주된다. 현대의 가장 탁월한 두 사람의 인정이론가라고 할 수 있는 테일러와 호네트 모두가 이런 견해를 취하고 있다. 테일러와 호네트 두 사람의 입장에서 볼 때, 다른 사람에게 인정받는 것은 왜곡되지 않은 온전한 주체성을 획득하기 위한 필수 조건이다. 누군가에 대한 인정을 거부하는 것은 그에게서 인간적 번영을 위한 기초적인 예비조건들을 박탈하는 것이다. 예를 들어 테일러의 경우 "불인정이나 무시는 (…) 누군가를 잘못되고 왜곡되고 축소된 존재방식에 가두어두는 억압의 한 형태가 될 수 있다. 단순히 존중의 결여를 넘어서 그것은 자신을 불구화하는 자기혐오를 야기하여 심각한 상처를 줄 수 있다. 합당한 인정은 단지 예의 차원의 문제가 아니라 강력한 인간적 필요와 관련된다."[27] 이와 유

27 Taylor, "The Politics of Recognition," 25.

사하게 호네트의 경우도 "우리의 인격적 불가침성은 (…) 다른 사람들의 승인이나 인정을 받는 것에 의존한다. 인정을 거부당하는 것이 (…) 해로운 이유는 그것이 사람들의 자신에 대한 긍정적 이해를, 상호주관적 수단을 통해 획득되는 자기 이해를 훼손하기 때문이다."[28] 따라서 이 두 이론가들은 무시를 주체성의 손상과 자기 정체성의 훼손으로 해석한다. 그리고 두 사람은 그 상처를 윤리적인 용어로, "좋은 삶"을 이룩할 수 있는 주체의 능력을 훼손하는 것으로 이해한다. 따라서 테일러나 호네트의 경우 인정은 자기실현과 관련된다고 할 수 있다.

테일러나 호네트와 달리 나는 인정을 정의의 문제로 볼 것을 제안한다. 따라서 우리는 "무시가 문제가 되는 이유는 무엇인가?"라는 물음에 대해서 그것이 주체의 "실천적인 자기관계"를 왜곡하여 자기실현을 방해한다는 식으로 대답해서는 안 된다.[29] 오히려 우리는 그들이 동등하게 참여하여 만들어낸 것도 아니고, 그들이 가지는 혹은 그들에게 부과되는 독특한 특성들을 비난하고 있는, 그런 제도화된 문화적 가치 유형들 때문에 특정한 개인들이나 집단들이 완전한 당사자로서 사회적 상호작용에 참여할 수 있는 지위를 박탈당하는 것이 부당하다고 말해야만 한다.

이에 대해 설명해보도록 하자. 인정을 정의의 문제로 보는 것은

28 Axel Honneth, "Integrity and Disrespect: Principles of a Conception of Morality Based on the Theory of Recognition," *Political Theory* 20, no. 2(May 1992), 188-89.

29 Axel Honneth, *The Struggle for Recognition*과 "Integrity and Disrespect" 참조.

인정을 **사회적 신분**의 문제로 다루는 것이며, 인정이 사회적 행위자들의 **상대적 지위**에 미치는 영향을 통해서 제도화된 문화적 가치 유형들을 검토한다는 것을 의미한다. 그러한 문화적 가치 유형들이 행위자들을 다른 사람들과 더불어 동등하게 사회생활에 참여할 수 있는 능력을 가진 **동료**(peers)로 간주한다면, 그 경우 우리는 **상호인정과 신분 평등**에 대해 말할 수 있게 될 것이다. 반면에 제도화된 문화적 가치 유형들이 어떤 행위자들을 열등하고, 배제되고, 전적으로 이질적인 존재로 만들거나 혹은 그저 비가시적인 존재로 만든다면, 그래서 결국 그들이 사회적 상호작용에 완전하게 참여할 수 없게 만든다면, 그 경우 우리는 **무시와 신분 종속**에 대해 말할 수 있게 된다.

나는 이를 **인정의 신분 모델**이라고 부르고자 한다.[30] 신분 모델에 따르면, 무시는 심리적인 왜곡도 윤리적 자기실현에 대한 방해도 아니다. 오히려 무시는 제도화된 **종속**관계이며 정의를 파괴하는 것이다. 따라서 무시의 대상이 된다는 것은 타자에 의해 평가절하됨으로써 정체성의 왜곡이나 주체성의 손상이 발생하게 되어 고통받게 된다는 사실을 의미하는 것이 아니다. 오히려 그것은 **제도화된 문화적 가치 유형들**로 인해서 누군가가 사회생활에 동료로서 참여할 수 없게 된다는 것을 의미한다. 따라서 신분 모델에서 무시는 부정적인 태도나 담론 자체를 매개로 발생하는 것이 아니라 사회 제도나 관습들을 통해서 발생하는 것이다. 더 정확히 말하자면 무시는 제도나

30 신분 모델에 대한 보다 상세한 논의에 대해서는 Nancy Fraser, "Rethinking Recognition: Overcoming Displacement and Reification in Cultural Politics," *New Left Review* 3(2000 5/6), 107-20.

관습의 구조가 동등한 참여를 방해하는 문화적 규범들에 따라서 상호작용을 규제하는 경우에 발생하게 된다. 여기에 속하는 예들로는 동성 사이의 결혼을 불법적이고 잘못된 것으로 간주하는 혼인법, 미혼모를 성적으로 무책임한 사람들로 낙인찍는 사회복지 정책, 특정한 인종과 범죄를 연결시키는 "인종차별적 정보수집"(racial profiling)과 같은 치안 관행 등이 있다. 이러한 사례들 각각에서 상호작용은 특정한 범주의 사람들만을 정상적으로 보고 다른 사람들은 결함이 있거나 열등한 것으로 해석하는 제도화된 문화적 가치 유형들—이성애자는 정상이고 동성애자는 잘못된 것이다, "남성 한 부모 가정"은 문제가 없지만 "여성 한 부모 가정"은 그렇지 못하다, "백인들"은 법을 준수하지만 "흑인들"은 위험하다—을 통해서 규제되고 있다. 이들 각각의 경우에서 결과적으로 평가절하 당하는 집단들이 생겨나게 되며, 그들은 사회생활에 동등한 자격으로 참여하는 것을 방해받게 된다.

따라서 이들 각각의 경우 인정을 요구하는 것은 타당한 일이다. 그러나 우리는 이것이 의미하는 바가 무엇인지에 주목해야 한다. 그것은 심리적 상처를 회복하기 위한 것이 아니라 종속을 극복하기 위한 것이다. 신분 모델에서 인정 요구들은 종속된 사람들이 동등한 시민으로서 다른 사람들과 상호작용할 수 있는 사회생활의 완벽한 당사자가 되는 것을 그 목표로 하고 있다. 다시 말해 인정 요구들은 동등한 참여를 방해하는 **제도화된 문화적 가치 유형들을 해체하고 동등한 참여**(parity of participation)**를 강화하는 문화적 가치 유형들을 통해서 이를 대체하는 것**을 목표로 한다.

2. 신분 종속인가, 손상된 주체성인가?

이 장의 후반부에서 나는 신분 모델이 가지고 있는 정치적이고 제도적인 함축들을 살펴볼 것이다. 여기서는 먼저 신분 모델이 테일러나 호네트의 자기실현 모델에 대해 가지고 있는 개념적 장점들을 설명하고자 한다. 이와 관련해서는 다음과 같은 네 가지 장점들이 특별히 중요하다.

첫째, 신분 모델은 가치 다원주의라는 현대적 상황 하에서 우리가 인정 요구들을 도덕적 구속력을 가지는 것으로 정당화할 수 있게 해준다.[31] 다원주의적 가치가 지배하는 상황에서는 자기실현 혹은 좋은 삶과 관련하여 보편적으로 공유된 단일한 이해란 결코 존재할 수 없다. 또한 자기실현이나 좋은 삶에 관한 공인된 이해방식 역시 결코 확립될 수 없다. 따라서 자기실현이나 좋은 삶에 대한 설명에 호소하여 인정 요구들을 정당화하려는 모든 시도들은 반드시 분파적인 것이 될 수밖에 없다. 이러한 방식을 따르는 모든 접근들은 윤리적 가치에 대해 이론가들이 가지고 있는 견해를 공유하지 않는 사람들에게도 인정 요구들이 규범적 구속력을 갖는다는 사실을 결코 확증할 수 없다.

이런 접근과 달리 신분 모델은 의무론적이고 비분파적(nonsectarian)이다. 현대성의 특징인 "주관적 자유"의 정신을 포용하는 신분 모델에 따르면, 좋은 삶이 무엇인지를 정의하는 책임은 결국 개인이

31 다음 논증을 정식화하는 데 도움을 준 Rainer Forst에게 감사한다.

나 집단들 자신에게 있다. 그리고 그들은 다른 사람들의 자유를 침해하지 않는다는 한계 안에서 그것을 추구하는 방법 역시 그들 스스로 고안해낼 수 있다. 따라서 신분 모델은 자기실현이나 좋음에 대한 이해에 호소하지 않는다. 오히려 신분 모델은 좋음에 대한 상이한 생각들을 가지고 있는 사람들이 수용할 수 있고 또 수용해야만 하는 정의관에 호소한다. 이러한 견해에 따르면 무시가 도덕적으로 올바르지 못한 이유는 특정한 개인들이나 집단들이 다른 사람들과 동등한 자격으로 사회생활에 참여할 수 있는 가능성을 그것이 박탈하기 때문이다. 여기서 언급되는 **동등한 참여**의 규범은 우리가 요구하는 의미에서 비분파적이라고 할 수 있다. 이러한 규범은 가치 다원주의 상황 하에서 동등한 상호작용 규칙을 준수하는 데 동의하는 모든 사람들에 대해서 인정 요구들이 가지는 규범적 구속력을 정당화할 수 있다.

신분 모델은 두 번째 장점도 가지고 있다. 무시를 신분 종속으로 간주하는 이 모델은 문제를 개인 혹은 개인 상호 간의 관계에 대한 심리학이 아니라 사회적 관계들 속에 위치시킨다. 그 결과 신분 모델은 자기실현 모델이 봉착하게 되는 몇 가지 문제들을 극복하게 된다. 만일 무시가 억압받는 사람들의 자기의식 구조 내부에서 발생하는 내적인 왜곡과 동일시되면, 예를 들어 인종적으로 차별받고 있는 사람들 때문에 오히려 자신들이 심리적으로 상처를 받고 있다고 주장하면서 이러한 희생자들을 역으로 비난하게 될 수도 있을 것이다. 이는 상처받은 사람들에게 추가로 모욕을 주는 셈이 될 것이다. 반대로 무시가 억압하는 사람들의 마음속에 존재하는 편견과 동일시되는 경우에는 무시를 극복하기 위해 그들의 신념을 단속하는 것이 필요하게 될 것이며, 이는 비자유주의적이고 권위적인 접근을 함축하게 될 것이다. 하지만 신분 모델에서 무시는 사회의 완전한 성원으로서 가지는 누군가의 지위를 훼손하는 문제이며, 이는 외적으로 명백하고 공적으로 검증할 수 있는 것이다. 그러한 무시를 시정하는 것은 종속을 극복하는 것을 의미한다. 그리고 이는 동등한 참여를 방해하는 문화적으로 제도화된 가치 유형들을 해체하고 동등한 참여를 강화하는 문화적 가치 유형들을 통해 그것들을 대체함으로써 제도와 사회적 관행들을 변화시키는 것을 의미하게 된다.

달리 말하자면 신분 모델은 문제를 심리적인 것으로 만드는 것을 거부한다. 그러나 이것이 의미하는 바에 대해서는 약간의 설명이 필요하다. 신분 모델도 무시가 테일러나 호네트가 기술하고 있는 일종의 윤리적이고 심리적인 효과들을 가지고 있다는 점은 인정한다. 그러나 신분 모델은 무시가 올바르지 못한 이유는 그러한 효과의 존재 여부에 달려 있는 것이 아니라고 주장한다. 결국 신분 모델은 인정 요구의 규범성을 심리학과 분리시키며, 이를 통해 인정 요구들이 가지고 있는 규범적 힘을 강화한다. 만일 인정 요구들이 호네트의 모델에서와 같이 "왜곡되지 않은 정체성 형성에 대한 상호주관적 조건들"에 관한 심리학적 이론에 의존한다면, 인정 요구들은 그러한 이론의 변화에 따라 취약성을 가지게 될 수 있을 것이다. 만일 그 이론이 잘못된 것으로 밝혀진다면 인정 요구들이 가지는 도덕적 구속력도 사라지게 될 것이다. 반면에 내가 제안하는 모델은 인정을 신분의 문제로 간주함으로써 규범적 요구들을 심리적 사실에 관한 문제들에 저당 잡히지 않게 해준다. 우리는 그것들이 억압받는 자들의 주체성을 왜곡하든 그렇지 않든지 간에 제도화된 규범들이 동등한 참여를 훼손하게 만드는 그런 사회는 도덕적으로 정당하지 않다는 사실을 입증할 수 있다.

신분 모델이 가지고 있는 세 번째 장점은 모든 사람이 사회적 존경에 대한 동등한 권리를 가지고 있다는 관점에 반대한다는 것이다. 물론 이런 관점은 그것이 존경이라는 개념 자체를 무의미하게 만든다는 점에서 특히 유지되기가 어려운 생각이다.[32] 그럼에도 불구하고 이러한 생각이 자기실현을 통해 인정을 설명하는 한 가지 유력한 견해로부터 도출될 수 있는 것처럼 보인다. 호네트의 설명에 따르면, 사회적 존경(가치부여)은 왜곡되지 않은 정체성 형성을 위한 상호주관적 조건들 중의 하나이며, 도덕은 이를 보호해야만 한다. 이로부터 모든 사람들은 사회적 존경을 획득할 도덕적 자격이 있다는 결론이 도출된다. 반면에 여기서 제시된 인정에 대한 설명은 그런 불합리성을 전혀 수반하지 않는다. 여기서 제시하는 접근이 **정말로** 함의하는 바는 모든 사람들은 동등한 기회를 보장받는 공정한 조건 하에서 사회적 존경을 추구할 동등한 권리를 갖는다는 사실이다.[33] 제도화된 문화적 가치 유형들이 예를 들어 여성성, "유색인종", 동성

32 여기서 나는 이제 도덕철학에서 상당히 표준적인 것이 된 존중(respect)과 존경(esteem) 사이의 구별을 가정하고 있다. 이러한 구별에 따르면 존중은 공유된 인간성으로 인해 모든 사람들에게 보편적으로 부과된다. 반대로 존경은 개인의 특수한 특성, 업적, 공헌들에 기초하여 차별적으로 부과된다. 따라서 모든 사람들을 동등하게 존중하라는 명령은 전적으로 사리에 맞는 것이지만, 모든 사람들을 동등하게 존경하라는 것은 모순적인 말이다.

애 그리고 문화적으로 이런 것들과 연관되는 모든 것들을 전반적으로 평가절하하는 경우에는 이런 공정한 조건들이 충족될 수 없을 것이다. 만일 이런 상황이라면 여성 그리고/혹은 유색인 그리고/혹은 게이와 레즈비언들은 그들이 존경을 추구하는 데서 다른 사람들은 부딪치지 않는 장해물들에 직면하게 될 것이다. 또한 이성애 백인 남성을 포함하는 모든 사람들 역시 그들이 여성적인 것, 동성애적인 것, 혹은 "백색이 아닌" 것과 관련된 기획들을 추진하거나 그러한 특징들을 계발하려고 하는 경우 보다 심각한 장해물들에 부딪치게 될 것이다.

마지막으로 신분 모델은 현재 우리의 작업에서 중요한 의미를 가지는 네 번째 장점을 제공한다. 신분 모델은 무시를 정의의 파괴로 해석함으로써 인정 요구들을 자원과 부에 대한 분배 요구들과 통합하는 데 도움을 준다. 달리 말하자면 여기서 인정은 분배 정의가 그런 것처럼 의무론적 도덕성이 지배하는 보편적인 구속력을 가지는 영역에 속하는 것으로 이해된다. 이를 통해 두 범주들이 단일한 규범 세계에 편입됨으로써 그것들은 통약 가능하게 되며, 잠재적으로 공동의 틀 안에 포섭될 수 있게 된다. 반면에 자기실현의 관점에서 보면 양자의 개념적 통합에 대한 전망은 어둡게 된다. 우리가 보았

33 이 점은 다음과 같이 고쳐서 진술될 수 있다. 비록 그 누구도 적극적인 의미에서 동등한 사회적 존경을 주장할 권리를 가지고 있는 것은 아니지만, 모든 사람들은 사회적 상호작용의 완전한 당사자로서 그가 가지는 지위를 훼손하는 제도화된 집단적 구별 때문에 존경받지 못해서는 안 된다고 주장할 권리를 갖는다. 나의 이러한 정식화는 (사적인 대화를 통해서) Rainer Forst의 도움을 받은 것이다.

듯이 자기실현의 접근법은 인정을 윤리적 문제로 간주하며, 이는 인정과 분배 정의를 통약 불가능하게 만든다. 그 결과 분배와 인정 **모두를 동시에** 승인하려는 사람들은 누구나 철학적 정신분열증에 걸릴 위험에 처하게 되는 것처럼 보인다.

나는 앞서 철학적 범주로서의 분배와 인정이 매우 상이한 기원을 가진다는 사실을 지적하면서 논의를 시작하였다. 우리가 보았듯이 분배 범주는 영미 자유주의 전통에서 기원하며 자주 칸트적 도덕과 결합된다. 반면에 인정 범주는 현상학적 전통에서 기원하며 통상 헤겔의 인륜성과 결합된다. 따라서 이 두 범주들이 자주 개념적으로 양립 불가능한 것으로 간주되는 것도 놀랄 일은 아니다. 그러나 신분 모델은 양립 불가능성에 관한 이러한 가정을 극복한다. 분배와 인정 모두를 정의의 문제로 간주하는 신분 모델은 두 용어들을 단일한 규범 틀 내부에 설정하는 것을 가능하게 해준다. 그 결과 신분 모델은 두 유형의 요구 모두를 철학적 정신분열증에 빠지지 않고 받아들일 수 있는 전망을 제시한다.

이 모든 이유들 때문에 인정은 자기실현의 문제보다는 정의의 문제로서 더 잘 이해될 수 있다. 그렇다면 이는 정의론에 대해서는 어떤 의미를 가지는가?

3. 환원주의에 대한 반박—정의에 대한 이차원적 이해

이제부터 인정은 정의에 관한 문제라고 생각하도록 하자. 그렇다면 인정이 분배와 가지는 관계는 정확히 어떤 것인가? 이제 도덕철학과 관련된 우리의 두 번째 문제로 관심을 돌려보자. 분배와 인정은 명확히 구별되는 두 가지 정의 개념인가? 아니면 이들 각각은 다른 것으로 환원될 수 있는 것인가?

환원의 문제는 서로 다른 두 측면에서 다루어져야 한다. 한 측면에서 문제가 되는 것은 분배 정의에 관한 표준 이론이 인정의 문제를 적합하게 포섭할 수 있는가 하는 것이다. 내가 보기에 정답은 그럴 수 없다는 것이다. 물론 많은 분배이론가들은 물질적인 행복만이 아니라 신분이 가지는 중요성도 받아들이며 그것을 그들의 설명 속에 담아내려고 노력한다.[34] 그러나 그 결과가 완전히 만족스럽지는 못하다. 대부분의 분배이론가들은 자원과 권리를 정당하게 분배하기만 하면 무시를 충분히 막을 수 있다고 생각하면서 신분에 대해 경제주의적이고 법률 중심적인 경향을 갖는 환원주의적 견해를 받아들이고 있다. 그러나 사실은 우리가 앞서 이미 살펴본 바와 같이 모든 무시가 불평등 분배의 부산물은 결코 아니며, 그것은 불평등 분배와 법적인 차별이 합성되어 만들어낸 산물 역시 아니다. 월스트리트에서 일하는 흑인 은행가가 택시를 잡지 못하고 있는 상황을 생

34 예를 들어 John Rawls는 소득이나 직업과 같은 "기본적 가치들"(primary goods)을 "자존감의 사회적 기초들"로 간주하지만, 때로는 자존감 자체가 분배 정의와 관련된 특별히 중요한 기본 가치라고도 말하고 있다. 마찬가지로 Ronald Dworkin은 "인간의 동등한 도덕적 가치"에 대한 분배적 표현으로서 "자원의 평등"이라는 이념을 옹호한다. 마지막으로 Amartya Sen은 "자긍심"(sense of self)과 "수치심 없이 공중 앞에 등장할 수 있는" 능력 모두가 "역할을 할 수 있는 능력"을 획득하기 위해서 중요한 것들이라고, 다시 말해 기초적 능력들에 대한 동등한 분배를 명령하는 정의의 범위에 속하는 것들이라고 생각한다. John Rawls, *A Theory of Justice*, §67, §82; *Political Liberalism*(New York 1993), 82, 181, 318 이하; Dworkin, "What is Equality? Part 2"; Amartya Sen, *Commodities and Capabilities*(Amsterdam, New York & North-Holland 1985) 참조.

각해보자. 이런 경우를 다루기 위해서는 정의론이 권리와 상품에 대한 분배를 넘어서 제도화된 문화적 가치 유형들을 검토하는 데까지 나아가야만 한다. 정의론은 그러한 문화적 가치 유형들이 사회생활에 대한 동등한 참여를 방해하는지 여부에 대해서 질문을 제기해야만 한다.[35]

그렇다면 이 문제의 또 다른 측면은 무엇인가? 기존의 인정이론들은 분배의 문제를 적합하게 포용하고 있는가? 여기서도 역시 나의 주장은 그렇지 못하다는 것이다. 물론 몇몇 이론가들은 경제적 평등의 중요성을 수긍하고 그들의 설명 속에 그것을 담아내고자 노력한다. 그러나 이 경우에도 그 결과는 전적으로 만족할 만한 것이 아니다. 예를 들어 호네트는 분배에 대해 환원주의적인 문화주의적 관점을 취하고 있다. 그는 모든 경제적 불평등은 다른 노동들과 구별되는 특정한 종류의 노동에만 특권을 부여하는 문화적 질서에서 기인한다고 생각한다. 그는 문화적 질서를 바꾸는 것만으로 충분히 불평

35 Will Kymlicka는 분배 틀 내부에 문화의 문제를 포함시키려고 노력했던 매우 예외적인 이론가다. Kymlicka는 "본래적인(intact) 문화적 구조"에 대한 접근을 공정하게 분배되어야 할 기본적 가치로 간주할 것을 제안한다. 이러한 접근법은 미국과 같은 다종족(polyethnic) 정치와 구별되는 캐나다의 다민족(multinational) 정치를 위해서 제안된 것이었다. 때문에 이러한 접근은 인정을 요구하고 나선 사람들이 상대적으로 제한된 독특한 문화를 가진 집단들로 정확히 구별되지 않는 상황에서는 적용할 수가 없다. 뿐만 아니라 이런 접근은 인정 요구들이 (일정한 수준의) 주권을 요구하는 형태를 취하지 않고 차이와 불평등의 다양한 교차선들이 존재하는 정치 공동체 내부에서의 동등한 참여를 목표로 하는 경우에도 역시 적용될 수가 없다. 본래적인 문화적 구조도 기본적 가치라는 논증에 대해서는 Will Kymlicka, *Liberalism, Community and Culture*(Oxford 1989) 참조. 다민족 정치와 다종족 정치 사이의 구별에 대해서는 Will Kymlicka, "Three Forms of Group-Differenciated Citizenship in Canada," in *Democracy and Difference*, ed. Seyla Benhabib(Princeton 1996) 참조.

등 분배를 막아낼 수 있다고 믿는다.[36] 그러나 앞서 우리가 이미 살펴본 바와 같이 모든 불평등 분배가 무시의 부산물인 것은 아니다. 투기적인 기업 합병으로 인해 공장이 폐쇄되어 직장을 잃게 된 숙련된 백인 남성 산업 노동자의 경우를 생각해보라. 이 경우 불평등 분배의 불의는 무시와는 거의 아무런 상관이 없다. 그것은 오히려 이윤 축적을 그 존재 이유로 삼고 있는 특수한 경제관계의 질서에 내재하는 명령들이 산출한 결과라고 볼 수 있다. 이런 경우들을 다루기 위해서 정의론은 문화적 가치 유형들을 넘어서 자본주의 구조를 검토하는 데까지 나아가야만 한다. 정의론은 특권 구조와는 상대적으로 분리되어 있으며 상대적으로 자율적인 방식으로 기능하고 있는 경제 메커니즘들이 사회생활에 대한 동등한 참여를 방해하는지 여부에 대해서 질문을 제기해야만 한다.

결국 일반적으로 말하자면 분배이론들뿐 아니라 인정이론들 역시 지금까지는 서로가 가지는 관심 사안들을 성공적으로 포섭해내지 못하고 있다.[37] 나아가 실질적 환원이 존재하지 않는 상황에서 그저 말뿐인 포섭들은 아무 쓸모가 없다. 예를 들면 인정 역시 분배되어야만 할 재화일 뿐이라는 의미론적 주장을 펼침으로써 얻어질 것은 아무것도 없다. 반대로 모든 분배 유형은 심층적인 인정의 지반을 표현하고 있다는 식으로 개념적인 문제를 제기하는 것 역시 아무런 쓸모도 없다. 이 두 경우 결과적으로 주어지는 것은 동어 반복일 뿐이다. 첫 번째 경우는 정의(定義)를 통해 모든 인정을 분배로 만들며,

36 Honneth, *The Struggle for Recognition*.

반면에 두 번째 경우는 그 역의 경우를 그저 주장할 뿐이다. 이런 두 경우 모두에서는 개념적 통합이 담고 있는 실질적 문제들이 전혀 다루어지지 않는다.[38]

진정한 환원이 존재하지 않는다면 분배와 인정을 단일한 규범 틀 내에 통합하고자 하는 사람들에게 남아 있는 접근법은 무엇인가? 다른 하나를 배제하는 이 두 패러다임들 중 하나를 선택하는 대신에 나는 내가 정의에 관한 "이차원적" 이해라고 부르고자 하는 접근법을 제시하고자 한다. 이차원적 이해는 분배와 인정을 정의와 정의의 차원들에 관한 서로 다른 관점들로 간주한다. 이러한 이해는 정의의 한 차원을 다른 차원으로 환원하지 않으면서 이 두 차원을 양자를 연결하는 보다 폭넓은 틀 속에서 포괄해낸다.

37 물론 이는 변화될 수도 있다. 나의 언급은 누군가가 문화와 관련된 문제들을 포함할 수 있도록 분배 패러다임을 확장하는 데 성공할 수도 있다는 가능성을 결코 **선험적으로** 배제하지는 않는다. 또한 비록 내가 보기에 이런 일이 일어나기는 좀 더 어려울 것 같기는 하지만, 누군가가 자본주의 구조를 포괄할 수 있도록 인정 패러다임을 확장시키는 데 성공할 수도 있을 것이다. 그러나 어느 경우든 다음과 같은 몇 가지 핵심적인 요구사항들을 동시에 충족시킬 필요가 있을 것이다. 첫째, 문화와 문화적 차이들을 실체화하지는 말아야 한다. 둘째, 가치 다원주의라는 현대적 조건들 하에서는 비분파적이고 의무론적인 도덕적 정당화가 필요하다는 점을 존중해야만 한다. 셋째, 신분과 계급이 분리되는 자본주의 사회가 가지는 분화된 특징을 수용하여야만 한다. 넷째, 모두가 공유하고 모든 제도들과 사회적 관습들에 침투되어 있는 단일한 문화적 가치 유형을 가정하는 관점들, 즉 문화적 통합에 대한 지나친 통합주의적(unitarian) 견해나 뒤르켐적인 견해는 피해야만 한다. 이러한 각각의 요구조건들에 대해서는 뒤에서 논의하도록 하겠다.

38 사실 이렇게 전적으로 개념 정의하고만 관련된 "환원들"은 실제로 이 문제들을 해결하는 데서 방해가 될 수 있다. 이런 접근들은 잘못된 형태의 환원을 수행함으로써 분배 요구와 인정 요구 사이에 존재하는 가능한 긴장과 갈등들을 다루어 나갈 수 없게 만들 뿐 아니라 그것들을 인식조차 하기 어렵게 만든다. 나는 이러한 긴장과 갈등들에 대해서 이 장의 뒷부분에서 검토할 것이다.

앞서 언급한 바와 같이 나의 구상의 규범적 핵심에는 **동등한 참여**라는 개념이 존재한다.[39] 이 규범에 따르면 정의는 (성인인) 모든 사회 구성원들이 다른 사람들과 동료로서 상호작용하도록 해주는 사회 상태를 요구한다. 나는 동등한 참여가 가능하기 위해서는 적어도 두 가지 조건이 충족되어야만 한다고 생각한다.[40] 첫째, 물질적 자원의 분배를 통해 참여자들의 독립성과 "발언권"이 보장되어야 한다. 나는 이를 동등한 참여를 위한 **객관적 조건**이라고 부를 것이다. 이는 동등한 참여를 방해하는 형태나 수준의 경제적 의존과 불평등을 거부한다. 따라서 박탈, 착취, 부와 소득 그리고 여가에서의 지나친 불평등을 제도화하고 그로 인해 특정한 사람들이 다른 사람들과 동료

39 내가 1990년에 이 문구를 사용한 이래로 "동등성"(parity)이라는 용어는 프랑스의 여성주의 정치에서 중요한 역할을 수행하게 되었다. 거기서 이 용어는 여성들이 의회를 포함하여 다른 대의정치 기구들에서 정확히 50%의 자리를 점유할 것을 요구하는 의미로 사용되었다. 반면에 내가 보기에 "동등성"은 **동료**(peer)가 되기 위한, 다른 사람들과 **동등**(par)해지기 위한, 평등한 지위에 서기 위한 조건을 의미한다. 나는 그러한 동등성을 보증하기 위해서 반드시 필요한 평등의 정도와 수준이 무엇인가 하는 문제에 대해서는 논의 가능성을 열어두고자 한다. 나아가 나의 정식화에서 도덕적 요구조건은, 사회 구성원들은 그들이 특정한 활동이나 상호작용에 참여하고자 하는 경우 동등성의 **가능성**을 보장받아야 한다는 것이다. 모든 사람들이 실제로 그와 같은 모든 활동에 참여해야 할 필요는 없다. 동등한 참여에 대한 나의 초기 논의에 대해서는 다음을 참조하라. Nancy Fraser, "Rethinking the Public Sphere: A Contribution to the Critique of Actually Existing Democracy," *Social Text* 25/26(1990 가을), 56-80, 이 글은 Fraser, *Justice Interrupts*에서 재출판되었음. 동등성에 대한 나의 용법과 프랑스적 용법 사이의 차이에 대해서는 Nancy Fraser, "Pour une politique féministe à la de la reconnaissance," *Actuel Marx* 30(2001 9) 참조.

40 나는 두 가지 이상의 조건들이 존재할 가능성을 허용하기 위해서 "**적어도** 두 가지 조건은 충족되어야만 한다"고 말한다. 나는 경제적이거나 문화적인 것과는 달리 "정치적인 것"이라고 명명할 수 있는 동등한 참여를 가능하게 하기 위한 세 번째 조건이 존재할 수 있다는 가능성을 염두에 두고 있다. 나는 이 장의 후반부에서 이 세 번째 조건에 대해서 논의하였다.

로서 상호작용하기 위해서 필요로 하는 수단과 기회를 누릴 수 없게 만드는 그런 사회적 상태는 거부된다.[41]

반면에 두 번째 조건은 제도화된 문화적 가치 유형들이 모든 참여자들에 대해 동등한 존중을 표현하고 사회적 존경을 획득하기 위한 동등한 기회를 보장할 것을 요구한다. 나는 이를 동등한 참여를 위한 **상호주관적 조건**이라고 부를 것이다. 이는 특정한 범주에 속하는 사람들과 그들이 가지고 있는 성질들을 체계적으로 평가절하하는 제도적 규범들을 거부한다. 따라서 그것이 특정한 사람들에게 과도한 "차이"를 부과함으로써 나타나는 것이든 아니면 그들의 특수성을 인정하지 못해서 생겨난 것이든지 간에 특정한 사람들이 상호작용의 완전한 당사자로서 가지는 신분을 부정하는 제도적 가치 유형들은 거부된다.

동등한 참여를 위해서는 객관적 조건과 상호주관적 조건 모두가 필요하다. 두 조건 중 하나만으로는 불충분하다. 객관적 조건은 전통적으로 분배 정의론과 연결된 고려사항들, 특히 사회의 경제적 구조 그리고 경제적으로 정의되는 계급 차별에 속하는 문제들에 관심을 집중한다. 상호주관적 조건은 최근 인정 철학에서 부각되는 사안들, 특히 사회의 신분 질서와 문화적으로 정의되는 신분 위계에 속하는 문제들에 관심을 집중한다. 결국 동등한 참여를 지향하는 정의

41 얼마만큼의 경제적 불평등이 동등한 참여와 조화될 수 있을까 하는 것은 열려 있는 문제다. 어느 정도의 경제적 불평등은 불가피할 뿐 아니라 거부할 수도 없는 것들이다. 그러나 자원 불평등이 동등한 참여를 방해할 정도로 커지게 되는 한계는 존재한다. 그러한 한계가 정확히 어느 정도인가 하는 것은 더 숙고해볼 문제다.

에 대한 이차원적 이해는 양자를 서로에게 환원하지 않으면서 분배와 인정 모두를 포함한다.

이런 접근은 개념적 통합을 성취하는 데 상당한 진척을 보여준다. 분배와 인정을 서로 환원될 수 없는 정의의 두 차원으로 해석하는 이러한 접근은 통상적인 정의에 대한 이해를 확장시켜 객관적인 고려사항들뿐 아니라 상호주관적인 고려사항들까지 포섭해낼 수 있게 해준다. 나아가 이러한 접근은 두 차원 모두를 서로를 연결하는 동등한 참여의 규범 아래 복속시킴으로써 양자를 단일하게 통합된 규범 틀의 범위 안에 위치시킨다. 나는 도덕철학에 속하는 나머지 두 가지 문제들을 살펴보면서 그러한 틀의 구조와 그 속에서 맺어지는 분배와 인정 사이의 관계를 해명할 것이다.

4. 인정 요구들에 대한 정당화

인정에 관한 상호주관적 고려사항들을 포섭하도록 정의에 대한 견해의 폭을 넓히게 되면 이제 우리는 도덕철학과 관련된 우리의 세 번째 문제, 즉 우리는 어떻게 정당한 인정 요구들과 부당한 인정 요구들을 구별할 것인가 하는 문제에 도달하게 된다.

모든 분배 요구가 정당한 것은 아닌 것과 마찬가지로 모든 인정 요구들 역시 정당한 것이 아니라는 점은 명백하다. 두 경우 모두 우리는 정당한 요구들과 부당한 요구들을 구별하기 위한 기준 그리고/혹은 절차에 대해서 설명할 필요가 있다. 분배 정의론들은 공리의 극대화 같은 객관주의적 기준에 호소하든 아니면 담론 윤리와 같이 절차적인 규범들에 호소하든 간에 오랫동안 그러한 설명을 제시하기 위해 애써왔다. 반면에 인정이론들은 이러한 질문에 보다 뒤늦게 직면하게 되었다. 그들은 아직 부당한 요구들과 정당한 요구들을 구별하기 위한 원칙적인 토대를 제공하지 못하고 있다.

이 문제는 인정을 자기실현의 문제로 간주하는 사람들에게 심각한 난점을 유발한다. 예를 들어 호네트의 이론은 이 지점에서 심각한 반박에 노출되기 쉽다. 호네트에 따르면 모든 사람들은 자부심(self-esteem)을 가지기 위해서 자신의 특수성에 대한 인정을 필요로 한다. 여기서 자부심은 (자신감self-confidence 및 자존감self-respect과 더불어) 왜곡되지 않은 자기정체성을 가지기 위한 본질적 요인이다.[42] 이로부터 요구를 제기하는 사람의 자부심을 강화하는 인정 요구들은 정당한 반면 그의 자부심을 축소시키는 인정 요구들은 부당하다는 결론이 도출되는 것처럼 보인다. 그러나 이러한 가설을 받아들인다면 인종차별주의자들의 정체성도 어느 정도는 인정받을 만한 것으로 보이게 될 것이다. 왜냐하면 그런 정체성은 그들과 그들이 보기에 그들보다 열등한 사람들을 비교함으로써 몇몇 가난한 "백인" 유럽인들과 유럽 출신 미국인들로 하여금 자기 가치를 느낄 수 있게 해줄 것이기 때문이다. 반대로 인종차별에 반대하는 주장들은 그것들이 가난한 백인들의 자부심을 위협한다는 이유로 반론에 직면하게 될 것이다. 불행하게도 편견이 심리적인 이익을 가져다주게 되는 이런 사례들은 손쉽게 찾아볼 수 있다. 이런 사례들은 자부심을 강

42 Honneth, *The Struggle for Recognition*.

화하는 것이 인정 요구를 정당화할 수 있는 표준을 제공한다는 견해를 반박하기에 충분할 정도로 많다.

그렇다면 인정 요구들을 어떻게 판결**해야만** 할 것인가? 그러한 요구들의 공과를 평가할 수 있는 적합한 기준은 무엇인가? 여기서 내가 제안하는 접근은 동등한 참여라는 평가 기준에 호소한다. 우리가 살펴본 바와 같이 이 규범은 정의의 두 차원, 즉 분배와 인정을 연결한다. 따라서 두 차원 모두에 대해서 동일한 일반적 기준이 정당한 요구와 부당한 요구를 구별하는 데 이용된다. 문제되는 것이 분배이든 인정이든, 요구를 제기하는 사람들은 현재 상태가 그들로 하여금 다른 사람들과 동등하게 사회생활에 참여하지 못하게 한다는 사실을 입증해야만 한다. 분배를 요구하는 사람들은 기존의 경제 질서가 동등한 참여를 위해 그들이 반드시 필요로 하는 객관적 조건들을 제공하지 않는다는 사실을 입증해야만 한다. 인정을 요구하는 사람들은 제도화된 문화적 가치 유형들이 그들이 필요로 하는 상호주관적 조건을 파괴한다는 사실을 입증해야만 한다. 따라서 두 경우 모두에서 동등한 참여의 규범은 그들의 주장을 정당화하기 위한 기준이 된다.

또한 두 경우 모두에서 동등한 참여는 불의를 시정하기 위해서 제시된 대책들을 평가하는 데 기여한다. 그들이 인정을 요구하든 분배를 요구하든 간에, 이를 주장하는 사람들은 그들이 추구하는 사회적 변화가 실제로 동등한 참여를 확대시킬 것이라는 점을 입증해야만 한다. 분배를 요구하는 사람들은 그들이 옹호하는 경제개혁이 현재는 사회생활에 완전하게 참여하지 못하고 있는 사람들이 앞으로 완전하게 참여하기 위해서 필요로 하는 객관적 조건들을 제공하게 될 것이라는 점을 입증해야만 한다. 물론 이러한 개혁이 부당한 방식으로 다른 차원에서의 불평등을 유발하거나 확대시켜서는 안 될 것이다. 마찬가지로 인정을 요구하는 사람들 역시 그들이 추구하는 사회문화적인 제도 변화들이 상호주관적 조건들을 충족시켜 줄 것이라는 점을 입증해야만 한다. 그리고 여기서도 역시 이러한 변화가 다른 불평등을 부당하게 유발하거나 악화시켜서는 안 될 것이다. 다시 한 번 말하자면 이 두 경우 모두에서 동등한 참여는 특수한 개혁들을 주장하는 것을 정당화하기 위한 기준이 된다.

이제 동성 사이의 결혼으로부터 시작해서 이러한 기준이 현재 인정과 관련하여 벌어지고 있는 논쟁들에 대해 어떻게 기능하는지를 살펴보도록 하자. 우리가 앞서 살펴본 바와 같이 이 경우 이성애주의적인 문화 규범을 제도화하고 있는 혼인법은 게이와 레즈비언들의 동등한 참여를 부정하고 있다. 따라서 신분 모델에서 이런 상황은 독특한 불의이며 인정 요구는 원칙적으로 정당한 것이다. 이러한 인정 요구는 이성애를 규범으로 하는 가치 유형을 해체하고 그것을 동등성을 촉진하는 대안으로 대체함으로써 불의를 치유하고자 한다. 그러나 이는 여러 가지 방식으로 수행될 수가 있다. 한 가지 방식은 동성 사이의 결합을 법적으로 허용함으로써 현재 이성 사이의 결합에 대해서 하는 것과 마찬가지로 동성 사이의 결합에 대해서도 인정을 해주는 것이다. 또 다른 방식은 건강보험 수급 자격을 결혼 여부와 분리시키고 시민권 그리고/혹은 거주와 같은 다른 조건들에 기초하여 그러한 자격을 부과함으로써 이성 결혼만을 인정하는 제도가 야기하는 차별을 해소하는 것이다. 물론 이러한 접근들 중 한 가지를 더 선호할 이유가 존재할 수는 있겠지만, 어쨌든 그 둘 모두는 게이들과 이성애자들 사이의 동등한 참여를 강화하는 데 기여할 것이다. 따라서 양자 모두는 원칙적으로 정당화된다. 물론 이러한 정당화는 그 둘 모두가 부당한 방식으로 다른 차원의 불평등을 유발하거나 강화시키지 않는다는 것을 전제로 한다. 반면에 정당화되지 않는 접근으로는 프랑스의 시민연대협약(PACS)이나 미국 버몬트 주의 "시민결합"(civil union) 법과 같은 것들을 들 수 있다. 이런 접근들은 이성애 부부들에게만 주어지는 특권적인 지위는 그대로 유지하면서 동거인들에 대해서는 단지 부차적인 유사 지위만을 부여하고 있으며, 이러한 유사 지위는 결혼이 제공하는 상징적이거나 물질적인 혜택들을 전부 제공하지 못한다. 물론 그런 개혁들이 기존 법률들과 비교할 때 분명히 진일보한 것이고 그런 점에서 잠정적 조치로서 전략적인 판단에 따라 지지를 해야 하긴 하겠지만, 그것들은 신분 모델을 통해서 이해된 정의의 요구들을 충족시키지는 못한다.

전략적 고려사항들을 제외한다면 동성 결혼의 경우는 신분 모델에 대해서 아무런 개념적 난점도 야기하지 않는다. 오히려 이 사례는 앞서 논의된 신분 모델의 장점을 보여주고 있다. 즉 이 경우 동등한 참여의 규범은 윤리적인 평가에 호소하지 않으면서 게이와 레즈비언의 요구들을 의무론적으로 정당화하고 있다. 다시 말해 이 규범은 동성관계가 윤리적으로 가치 있는 것이라는 내용적인 판단을 필요로 하지 않는다. 반면에 자기실현을 강조하는 접근은 그러한 윤리적 판단을 전제하지 않을 수 없고 따라서 그런 판단을 거부하는 반대 입장들에 대해서는 취약성을 가질 수밖에 없다.[43] 따라서 이런 경우를 다루는 데서 신분 모델은 자기실현 모델보다 우월성을 갖는다.

그러나 이 경우는 아마도 너무 쉬운 사례라고 할 수 있을 것이다. 이제 문화적이고 종교적인 관습들을 포함하기 때문에 좀 더 다루기 어렵다고 생각되는 사례들을 살펴보도록 하자. 이런 경우들에서는 동등한 참여가 정말로 정당화 능력을 가지는 표준으로서 검토될 수 있는 것인지, 다시 말하자면 동등한 참여가 문제가 되는 문화적이고 종교적인 관행들에 대한 윤리적 평가에 기대지 않고도 의무론적으로 그러한 요구들을 정당화하는 데 사용될 수 있는 것인지 하는 문제가 등장하게 된다. 우리가 살펴보게 되겠지만 사실 동등한 참여는 이 경우에도 역시, 만일 그것이 정확히 적용되기만 한다면, 적합한 것으로 입증된다.

여기서 중요한 것은 동등한 참여가 서로 다른 두 수준에서 등장한다는 사실이다. 첫째 수준에서는 **집단들 사이**에서 발생하는 문제가 다루어진다. 이 수준에서 그 규범은 제도화된 문화적 가치 유형들이 다수자와 비교하여 소수자들이 가지는 상대적 지위에 대해서 미치는 영향을 평가할 수 있는 기준을 제공한다. 예를 들어 기마 경관들에게 동일한 모자를 쓰도록 명령하여 결국 시크교도들이 그러한 직업에 종사할 수 없도록 만들었던 과거 캐나다의 법을 생각해보자. 이러한 법이 부당한 **다수자 중심의 공동체주의**가 아닌가 하는 문제를

43 나는 가능한 모든 오해를 미리 막고자 한다. 나 자신은 동성애 관계에 윤리적 가치를 부여하는 관점을 수용한다. 그러나 여전히 나는 시민들이 좋은 삶에 대해 상이한 견해를 고수하고 그들 내부에서 동성 결혼의 윤리적 가치에 대해 의견이 갈리는 사회에서는 윤리적 가치평가를 요구하는 관점이 인정 요구를 적절히 정초할 수 없다고 주장한다.

고려하는 경우 우리는 동등한 참여라는 규범에 호소하게 된다. **집단 내부**의 문제를 다루는 두 번째 수준에서도 역시 동등한 참여는 인정을 요구하는 **소수자들의 관습들이 가지는 내부적 효과**를 평가하는 데 이용된다. 예를 들어 교육에서 성별을 분리하는 정통적인 유대 관습들을 생각해보자. 이런 관습이 유대인 소녀들을 부당하게 주변화하기 때문에 세금 면제나 학교 보조금 등의 문제와 관련하여 그것을 공적으로 인정하지 말아야 하는 것은 아닌가 하는 문제를 다루게 되는 경우 우리는 동등한 참여라는 규범에 호소한다.

종합적으로 고려해보면, 이 두 수준들은 문화적 인정 요구들이 충족시켜야만 하는 두 가지 요구 조건들이라고 할 수 있다. 이를 주장하는 사람들은 첫째, 제도화된 다수자들의 문화적 규범들이 그들로 하여금 동등하게 참여할 수 없도록 만들고 있으며, 둘째, 그들이 인정받고자 하는 관습들 자체는 그 집단의 성원이든 그렇지 않든 간에 동등한 참여를 부정하지 않는다는 사실을 입증해야만 한다. 신분 모델에서 이 두 가지 요구 조건들은 필수적이며, 둘 중 하나만으로는 결코 충분하지가 않다. 그 두 조건 모두를 충족시키는 요구들만이 공적으로 인정받을 자격이 있다.

이러한 두 가지 조건을 적용하기 위해서 프랑스에서 머리 스카프를 둘러싸고 진행되었던 논쟁에 대해 생각해보자. 여기서 문제가 된 것은 공립학교에서 이슬람교도 소녀들에게 머리 두건을 쓰지 못하도록 하는 정책이 종교적 소수자에 대한 부당한 대우에 해당하는가 여부이다. 이 경우 스카프를 인정해줄 것을 요구하는 사람들은 두 논점을 입증해야 한다. 그들은 첫째, 머리 스카프 금지 조치가 부당한 다수자 중심의 공동체주의이며, 이로 인해 이슬람교도 소녀들의 평등한 교육권이 침해되고 있으며, 둘째, 머리 스카프를 허용하는 새로운 정책이 이슬람교 공동체든 사회 전반이든 간에 여성의 종속을 강화하지 않을 것이라는 점을 입증해야만 한다. 이 두 논점을 모두 입증함으로써만 그들은 자신들의 주장을 정당화할 수 있다. 프랑스의 다수자 중심의 공동체주의와 관련된 첫 번째 논점은 별 어려움 없이 입증될 수 있을 것이다. 왜냐하면 공립학교에서 기독교 십자가 착용을 금지하는 유사한 금지 조치가 존재하지 않기 때문이다. 결국 이런 정책은 이슬람교도 시민들의 동등한 지위를 부정하고 있는 것이다. 여성들의 종속을 확대시키지 않는 문제와 관련된 두 번째 논점은 이와 반대로 논쟁의 대상임이 입증되었다. 왜냐하면 몇몇 프랑스 공화주의자들이 머리 스카프 자체가 여성 종속의 표식이며 따라서 인정할 수 없다고 주장했기 때문이다. 그러나 이러한 해석을 논박하는 몇몇 다문화주의자들은 오늘날 프랑스 이슬람교 공동체 내부에서 머리 스카프가 가지는 의미는 보다 일반적으로 젠더관계가 그러한 것처럼 매우 논쟁의 여지가 큰 문제임을 지적했다. 따라서 국가는 그 문제를 이슬람교 해석의 유일한 권위를 결국 남성지상주의자들에게 넘겨주는 가부장적인 관행으로만 일의적으로 해석하지 말고 변화를 겪고 있는 이슬람 정체성의 한 상징으로 간주해야만 한다. 다문화 사회에서 발생하는 문화들 사이의 상호작용을 통해 프랑스 정체성 자체가 논란의 대상이 되고 있는 것과 마찬가지로 이슬람 정체성의 의미 역시 논란의 대상이 되고 있는 것이다. 이런 관점에서 보면 공립학교에서 머리 스카프를 허용하는 것은 젠더 평등에서 벗어나는 것이 아니라 젠더 평등으로 나아가는 한 단계가 될 수도 있을 것이다.

내가 보기에 여기서는 다문화주의자들이 보다 강력한 논증을 제시하고 있다. (첨언하자면 이는 "여성 할례"라고 부르는 것을 인정하고자 하는 사람들의 경우에는 해당하지 **않는다**. 이것은 사실상 성기 절단이며, 이는 부인과 소녀 모두가 성적 쾌락과 건강을 추구하는 데서 누려야 할 동등성을 명백히 부정한다.) 그러나 내가 여기서 이 점을 강조하려는 것은 아니다. 오히려 중요한 논점은 그 논쟁이 동등한 참여를 매개로 해서 올바로 다루어지게 된다는 것이다. 신분 모델에서 논란들이 공유해야만 하는 논점은 바로 이것이다. 동성 간 결혼 문제와 마찬가지로 문화적이고 종교적인 요구들의 경우에도 역시 그 요구를 정당화할 수 있는 적합한 기준은 동등한 참여다. 그것을 해석하는 데서 나타나는 차이들에도 불구하고 동등한 참여라는 규범은 문제가 되고 있는 문화적이거나 종교적인 관습들에 대해 윤리적 판단을 내릴 필요 없이 그러한 인정 요구들을 의무론적으로 평가하는 데 이용된다.

결국 일반적으로 말하자면 신분 모델은 요구들을 정당화하기 위한 설득력 있는 기준을 제공한다고 할 수 있다. 물론 그 기준은 전적으로 의무론적인 것이다. 자기실현 모델과는 달리 이러한 기준은 가치 다원주의라는 현대적 상황 속에서 인정 요구들을 정당화할 수 있다.

5. 결정이론(decision theory)인가, 민주적 토의인가?

이제까지 나는 동등한 참여가 강력한 정당화 능력을 가진 기준이라고 주장해왔다. 또한 앞서 제시한 사례들은 그러한 기준이 일종의 결정 절차와 같이 독백적으로 적용될 수 없다는 사실을 보여준다. 우리가 살펴본 바와 같이 문제는 결국 머리 스카프가 소녀들의 지위에 미치는 영향에 달려 있다. 그러나 그 영향이라는 것이 산술적인 기준이나 방법에 의해서 계산될 수는 없다. 그 영향은 오직 대화를 통해서만, 즉 상충하는 판단들이 검토되고 경쟁적인 해석들이 평가되는 논증의 교환을 통해서만 결정될 수 있다. 좀 더 일반적으로 말하자면, 모두가 인정할 수 있을 정도로 동등한 참여가 이루어졌다고 선언하게 할 만큼 전적으로 투명하고 명백한 표식이란 존재하지 않는다. 그러한 표식이라고 주장하는 모든 것들도 그 자체 해석과 논란의 대상이 될 수밖에 없을 것이다.

따라서 동등한 참여라는 규범은 공적인 논쟁의 민주적 과정들을 통한 대화와 담론을 매개로 적용되어야만 한다. 그러한 논쟁들 속에서 참여자들은 기존의 제도화된 문화적 가치 유형들이 참여자들의 동등성을 훼손하는지, 제시된 대안들이 동등성을 강화할 수 있는지 그리고 그것이 부당하게 또 다른 불평등을 야기하거나 확대하지는 않는지에 대해서 논의한다.[44] 따라서 신분 모델에서 동등한 참여는 정의 문제에 관한 공적인 논쟁과 토론에서 관용구로 기능한다. 좀 더 엄밀히 말하자면, 그것은 **공적 이성의 주도적 관용구**를 대표한다. 분배와 인정 모두에 관한 논란에서 사람들은 민주적인 정치적 논쟁을 하기 위해서 동등한 참여라는 용어를 사용하는 것을 선호한다.

이러한 대화를 통한 접근은 다시 한 번 인정에 관한 다른 대안적 모델과 상당 부분 대비된다. 대화를 통한 접근은 몇몇 정체성 정치의 옹호자들이 주장하는 대중추수적 관점을 거부한다. 정체성 정치의 옹호자들은 인정받지 못한 주체들만이 과연 그들이 인정받아야만 하는지 그리고 그들이 적합하게 인정받는 방법은 무엇인지를 결정할 수 있다고 주장한다. 따라서 자부심을 보호하기 위해 필요한 것이 무엇인지에 대해서는 자부심이 훼손될 위험에 처한 사람들만이 최종적인 결정권을 갖는다는 것이다. 동시에 대화를 통한 접근은 자기실현을 주장하는 몇몇 이론가들이 가정하는 권위주의적 관점도 거부한다. 이러한 견해에 따르면, 인간적 번영을 위해서 필요한 것이 무엇인지를 결정할 수 있고 결정해야만 하는 주체는 전문적인 철학자들이다. 대화적 접근과 구별되는 이러한 두 가지 접근들은 정의

44 사실 여기에는 토의를 통한 해결을 잠재적으로 요구하는 몇 가지 상이한 문제들이 놓여 있다. 1) 무시가 야기하는 불의가 존재한다는 주장이 정당화될 수 있는지, 즉 제도화된 문화적 가치 유형들이 정말로 신분 종속을 강화하고 있는지가 결정되어야 한다. 2) 만일 그렇다고 한다면 제안된 개혁이 문제가 되는 불평등을 완화시킴으로써 정말로 불의를 해소하는지가 결정되어야 한다. 3) 만일 그렇다고 한다면, 제안된 개혁이 정당화할 수 없는 방식과 규모로 참여와 관련된 다른 불평등을 야기하거나 강화하지는 않는지 하는 문제가 결정되어야 한다. 마지막 정식화는 "말끔한 해결책들"이란 없을 수도 있다는 가능성을 인정하기 위한 것이다. 달리 말하자면 현존하는 상황 속에서는 다른 불평등을 야기하거나 강화시키지 않으면서 특정한 불평등을 해소하는 것이 불가능할 수도 있다는 것이다. 그러나 그런 상황에서는 모든 제안된 개혁들이 정당하지 못하다고 말하는 것은 너무 제한적일 수가 있다. 왜냐하면 그런 주장은 주장을 제기하려는 사람들에게 다른 그 무엇보다도 높은 기준을 요구하는 셈이기 때문이다. 오히려 우리는 그런 경우들에서는 원칙적으로 거래가 정당화될 수도 있다는 점을 인정해야만 한다. 제안된 특정한 거래가 정당화 가능한 것인지 여부는 토론을 통한 해결을 요구하는 더 나아간 문제다. 나는 (사적인 의견교환을 통해서) 이러한 해명에 도움을 준 Erik Olin Wright에게 감사한다.

의 요건들을 해석할 권위를 단일한 주체들에게 부여한다는 점에서 모두 독백적이라고 할 수 있다. 이러한 접근들과는 대조적인 신분 모델에 따르면 동등한 참여란 대화를 통해서, 공적인 토론의 민주적 절차를 통해서 적용되는 기준이다. 그것이 요구를 제기하는 사람들의 견해이든 아니면 "전문가"들의 견해이든 변경될 수 없는 것은 없다. 해석과 판단이 불가피하다는 바로 그 이유 때문에 인정 요구들은 관련된 모든 당사자들이 완전히 자유롭게 참여함으로써만 비로소 충분히 정당화될 수 있다. 그러나 동일한 이유 때문에 모든 합의와 다수의 결정 역시 오류가 될 수 있다. 원칙상 개정 가능하고 잠정적인 모든 결정은 사후의 도전들에 대해 열려 있다.

분명히 이 마지막 논점은 우리를 처음의 출발점으로 되돌아오게 한다. 인정 요구들이 가지는 장점에 대한 공정한 민주적 토의는 실질적인 그리고 가능한 토론자들 모두가 동등하게 참여할 것을 요구한다. 그리고 다시 이것은 정당한 분배와 상호인정을 요구한다. 결국 이러한 설명에는 불가피한 순환성이 존재한다. 인정 요구들은 동등한 참여가 이루어지는 조건 하에서만 정당화될 수 있지만, 동등한 참여의 조건은 상호인정을 이미 포함하고 있다. 그러나 이것은 결코 악순환이 아니다. 이러한 순환은 어떤 개념적 결함을 반영하는 것이 아니라 민주주의 관점에서 이해된 정의가 가지는 성찰적 성격을 충실하게 표현하고 있는 것이다. 민주주의 관점에서 볼 때, 정의는 의무를 부여받은 사람들의 상층에서 결정되어 외적으로 부과되는 어떤 요건이 아니다. 오히려 오직 정의의 수혜자들 스스로가 그러한 정의의 저자가 되는 것이 마땅하다고 생각하는 한에서만 그러한 정

의는 구속력을 갖는다.[45]

따라서 이에 대한 해결책은 이론 내의 순환성을 제거하는 것이 아니다. 오히려 사회현실을 변화시킴으로써 그러한 순환성을 실천적으로 제거하기 위해 노력해야만 한다. 이는 물론 분배와 인정에 대한 (일차원적인) 요구들을 제기할 것을 요구한다. 그러나 이는 또한 일차원적인 요구들이 판결되는 조건들에 관한 이차적인 혹은 메타 수준의 요구들 역시 제기할 것을 요구한다. 진정한 민주적인 공적 논쟁을 위한 조건들이 현재 결여되어 있다고 공개적으로 주장함으로써 우리는 그러한 조건을 실현하기 위해 실천적으로 투쟁하는 과정에서 민주적 정의가 가지고 있는 성찰성을 표현한다.

따라서 여기서 제안된 접근은 토의 과정에 대한 메타 수준의 토의까지 포함하게 된다. 그 결과 이러한 접근은 급진적 비판의 가능성을 보존한다는 장점도 제공하게 된다. 정의에 관한 많은 담론은 그 안에 내장된 보수적 편견을 가지고 있다. 그런 담론들은 기존의 사회적 재화들에 대한 공정한 접근을 보장하는 데만 집중하기 때문에 사회적 재화들이 과연 "정당한 재화들"인지 여부는 묻지 않는 경향이 있다. 반대로 여기서 제안된 접근법은 이러한 보수적 경향에 저항할 수 있다. 우리가 이미 살펴본 바와 같이 이러한 접근법은 실제 현존하는 사회적 상호작용 형태들 속에서 동등성 보장을 목표로 하는 요구들과 관련하여 진행되는 민주적 논쟁에 동등하게 참여할 것

45 이 훌륭한 정식화는 역사적으로 볼 때 루소나 칸트와 연결되어 있다. 정의에 대한 민주적 접근법에 대해서 최근에 이루어진 이런 식의 숙고나 옹호에 대해서는 Ian Shapiro, *Democratic Justice*(New Haven 1999) 참조.

을 요구한다. 그러나 이것이 이러한 접근이 요구하는 모든 것은 아니다. 이러한 접근법은 더 나아가 어떤 형태의 상호작용이 존재**해야만** 하는가에 관한 토론을 포함하는 사회 비판의 실천에도 역시 동등하게 참여할 것을 요구한다. 뿐만 아니라 동등한 참여의 규범을 성찰적으로 적용하고, 논쟁에 대해서 다시 논쟁함으로써, 이러한 접근법은 새로운 사회적 관행의 창조가 아니라, 현재 상태의 보존을 선호하는 경향을 포함한 그러한 논쟁들 내부에 구축되어 있는 편견들에 관해서도 명시적으로 토론할 수 있게 만들어준다. 따라서 다른 접근법들과 달리 대화를 통한 접근은 역사적 역동성을 수용하게 된다.

6. 특수성에 대한 인정? 실용주의적 접근

정당화에 관한 지금까지의 설명은 담론 윤리의 정신, 보다 일반적으로 말하자면 민주주의적 실용주의의 정신을 공유하고 있다. 민주주의적 실용주의의 정신은 우리가 다루고자 하는 다음의 네 번째이자 마지막 규범적인 질문에 접근하는 데에도 적합한 것이다. 그 질문은 다음과 같다. 정의는 우리가 공유하는 인간성에 대한 인정을 넘어서 개인이나 집단이 가지는 특수성까지 인정할 것을 요구하는가?

여기서는 동등한 참여가 두 가지 의미에서 보편주의의 규범이라는 점에 주목하는 것이 중요하다. 첫째, 그것은 상호작용에 참여하는 모든 (성인) 당사자를 포괄한다. 둘째, 그것은 인간의 도덕적 가치의 동등성을 전제한다. 그러나 이런 의미에서의 도덕적 보편주의는 동등한 참여를 위한 상호주관적 조건들 중의 한 요소로서 개인이나 집단의 특수성을 인정하는 것이 과연 정의를 위해 필요한 것인가 하는 질문에 대해서는 그 여지를 남겨두고 있다.

내 생각에 이런 질문은 모든 사람들이 항상 필요로 하는 인정이란 무엇인가에 관한 선험적인 설명을 통해서 대답될 수 있는 문제가 아니다. 이런 질문에 대해서는 사회이론의 통찰이 말해주는 바에 입각한 실용주의적 정신으로 접근해야만 한다. 이런 관점에서 볼 때, 인정은 사회적 불의에 대한 치유책일 뿐 일반적인 인간의 요구를 충족시키는 것이 아니다. 따라서 특정한 경우에 정의를 실현하기 위해 필요한 인정 형태(들)는 시정되어야만 하는 무시 형태(들)에 따라서 달라진다. 무시가 특정한 참여자들의 공통적 인간성을 부정하는 것이라면, 그에 대한 대책은 보편주의적인 인정이 될 것이다. 때문에 남아프리카의 흑백분리를 시정하기 위한 일차적이고 가장 기초적인 대책은 "인종을 차별하지 않는" 보편적인 시민권이었다. 반면에 무시가 특정한 참여자들의 특수성을 부정하는 것이라면, 그 대책은 특수성을 인정하는 것이 되어야 할 것이다. 때문에 많은 여성주의자들은 여성들의 종속을 극복하기 위해서는 출산이라는 고유하고 특수한 여성들의 능력을 인정할 필요가 있다고 주장한다.[46] 어떤 경우든 처방은 폐해가 무엇인가에 따라서 결정되어야 한다.

실용주의적 접근은 거울의 상처럼 서로 대립하는 두 가지 서로 다

46 나는 반드시 그럴 필요는 없겠지만 차이에 대한 인정이 해결책이 **될 수도 있다**고 생각한다. 이 장의 뒷부분에서 설명한 바와 같이, 특수성을 부정하는 것에 대해 가능한 다른 해결책도 존재한다. 그러한 해결책에는 현재 차이들을 고찰하는 데 이용되고 있는 용어들 그 자체를 해체해버리는 것도 포함된다.

른 견해들이 가지는 단점들을 극복한다. 첫째, 실용주의적 접근은 정의는 모든 인간이 공유하는 능력들에 대한 제한적인 공적 인정만을 요구한다는 몇몇 분배 이론가들의 주장을 거부한다. 소수자우대 정책에 반대하는 사람들이 선호하는 이런 접근은 몇몇 경우에는 동등한 참여를 방해하는 요인들을 극복하기 위해서 그러한 인정이 필요한 것은 아닌지를 생각해보지도 않고 사람들을 서로 구별하게 만드는 요인들을 인정하는 것을 독단적으로 거부해버린다. 둘째, 실용주의적 접근은 모든 사람들은 자신의 특수성을 인정받을 필요가 있다는 식으로 앞의 경우처럼 맥락을 고려하지 않는 정반대 주장 역시 거부한다.[47] 호네트를 포함하여 대부분의 인정 이론가들이 선호하는 이 두 번째 접근은 모든 사회적 차이가 아니라 특정한 사회적 차이들만이 인정 요구를 야기하는 원인이 무엇인지 그리고 그런 요구들 중 모든 요구들이 아니라 오직 일부만이 도덕적으로 정당한 이유가 무엇인지를 설명할 수가 없다. 예를 들어 이런 식의 접근은 남성이나 이성애자들과 같이 신분 질서에서 우월한 위치를 점하고 있는 사람들이 그들의 특수성이 아니라 보편성만을 주장하지 (젠더나 성에서) 그들이 가진 고유성을 인정해달라고 요구하지 않는 이유는 무엇인지를 설명할 수가 없다.[48] 또한 이러한 접근은 정말로 그들이 그런 인정 요구를 제기하게 될 경우 그들의 요구가 통상 위선적인 것

47 테일러와 호네트 모두가 이런 관점을 가지고 있다. Taylor, "The Politics of Recognition"과 Honneth, *The Struggle for Recognition* 참조.

48 Linda Nicholson, "To Be or Not to Be: Charles Taylor and the Politics of Recognition," *Constellations: An International Journal of Critical and Democratic Theory* 3, no. 1(1996), 1-16.

이 되는 이유가 무엇인지도 설명할 수가 없다. 반면에 여기서 내가 제안한 접근은 실용주의적으로 맥락을 고려하면서 차이에 대한 인정 요구들을 이미 존재하는 특수한 불의들을 시정하기 위한 대응으로 파악한다. 따라서 이런 접근은 종속되어 있는 사회적 행위자들이 필요로 하는 인정은 지배하는 행위자들의 인정 요구와 다르며 동등한 참여를 촉진하는 인정 요구들만이 도덕적으로 정당하다고 판단한다.

따라서 실용주의자들이 보기에 결국 모든 것은 현재 인정받지 못하고 있는 사람들이 동료로서 사회생활에 참여하기 위해서 필요로 하는 것이 무엇인가 하는 데 달려 있다. 그리고 그들 모두가 모든 상황에서 동일한 것을 필요로 한다고 생각할 이유는 전혀 없다. 어떤 경우 그들은 사람들이 과도하게 부각시키거나 해석하는 특수성으로부터 벗어나고자 할 수도 있다. 또 다른 경우에 그들은 사람들에게 이제까지 잘 인식되지 못했던 그들의 특수성을 고려해줄 것을 요구할 필요도 있을 것이다. 나아가 또 다른 경우에 그들은 지배 집단이나 기득권 집단들이 이제까지 자신들의 특수성을 보편적인 것처럼 잘못 과시해 왔다고 주장하면서 관심을 지배 집단이나 기득권 집단으로 돌릴 수도 있을 것이다. 또 이와는 달리 현재 사람들이 각각의 차이에 대해서 생각하는 기준 그 자체를 해체해버리는 것을 필요로 할 수도 있다. 마지막으로 그들은 위의 모든 것들 혹은 몇 가지 것들을 서로 결합하거나 그것들을 분배와 결합시키는 것을 필요로 할 수도 있다. 누가 어떤 상황에서 어떤 인정을 필요로 하는가 하는 문제는 동등한 참여와 관련하여 그들이 직면하고 있는 장해물이 어떤 것인가 하는 데 달려 있다. 그것은 결코 추상적인 철학적 논쟁을 통해서 결정될 수 있는 문제가 아니다. 그것은 오직 규범적인 방향을 가지고, 경험적인 정보를 가지고 있으며, 불의를 극복하고자 하는 실천적 의도에 따라 인도되는 사회비판이론의 도움을 통해서만 결정될 수 있는 문제다.

따라서 나는 다음 장에서 사회이론과 관련된 몇몇 중요한 문제들을 검토하고자 한다. 그러나 이에 앞서 나는 앞서 논증되었던 주요한 주장들을 활용하여 규범적인 철학적 주제들에 대한 논의를 마치고자 한다. 첫째, 인정은 자기실현과 관련된 문제가 아니라 정의와 관련된 문제로 간주되어야만 한다. 둘째, 정의 이론가들은 분배 패러다임과 인정 패러다임 사이에서 양자택일을 해야만 한다는 생각을 버리고 동등한 참여라는 규범에 의존하는 정의에 관한 이차원적인 이해를 받아들여야만 한다. 셋째, 인정을 요구하는 사람들이 그들의 주장을 정당화하기 위해서는 공적인 민주적 토의 과정을 통해서 다음과 같은 사실을 입증해야만 한다. 즉 그들은 제도화된 문화적 가치 유형들이 동등한 참여를 위해서 그들이 필요로 하는 상호주관적 조건들을 훼손하고 있으며, 다른 문화적 가치 유형들을 통해서 기존의 유형들을 대체하는 것이 동등성을 신장시키는 데 기여할 수 있다는 사실을 입증해야만 한다. 마지막으로 네 번째, 원칙적으로 정의는 공통적인 우리의 인간성을 넘어서 특수성까지 인정할 것을 요구한다. 그러나 어떤 경우이든 정말로 그런 인정이 필요한지 여부는 각각의 경우에 동등한 참여를 방해하는 특수한 장해물이 무엇인지를 기준으로 하여 실용주의적으로 결정될 수 있을 뿐이다.

3장 사회이론적 문제들

자본주의 사회에서의 계급과 신분에 대하여

이상의 논의들은 우리를 분배와 인정을 단일한 틀 안에 포섭하고자 할 경우 발생하게 될 사회이론적 문제들로 인도한다. 여기서 주된 과업은 현대 사회에서 불평등 분배와 무시 사이의 관계를 이해하는 일이다. 앞으로 보게 되겠지만 이런 과업은 지구화하는 후기 현대 자본주의에서 계급 구조와 신분 질서가 가지는 관계에 대한 이론을 제시하는 것을 포함하고 있다. 적합한 접근이 되려면 이 관계들의 복잡성 전반을 수용할 수 있어야만 한다. 적합한 접근은 **신분과 계급의 분화에 대한 설명과 더불어 그 양자 사이의 인과관계까지도** 설명해야만 한다. 또한 적합한 접근은 **불평등 분배와 무시의 상호 환원불가능성과 더불어 양자 사이의 실질적인 뒤얽힘까지** 담아내야만 한다.

나아가 그러한 설명은 역사적인 것이 되어야만 한다. 사회 구조와 정치 문화에서 나타난 최근의 변화에 민감한 그러한 설명은 현재 상황이 가지는 독특한 동학이 무엇이고 상충하는 경향들은 무엇인지를 확인해야만 한다. 국가 단위의 세부 상황들, 초국적인 세력과 틀 모두에 대해 주목하는 그러한 접근은 오늘날 사회 갈등의 문법들이 현재와 같은 형태로 나타나게 된 원인을 설명해야 한다. 다시 말해 그것은 최근 인정투쟁이 크게 부상한 이유가 무엇이고, 지금까지 사회생활에서 중심적 지위를 차지하고 있던 평등주의적 분배투쟁이 최근 주변화되고 있는 이유가 무엇인지를 설명해야만 한다. 또한 그러한 접근은 마지막으로 사회 정의를 실현하기 위한 두 종류의 요구들이 서로 분리되어 적대적으로 대치하게 된 이유가 무엇인지도 설명해야만 한다.

그러나 먼저 몇 가지 개념적으로 해명해야 할 부분이 있다. 내가 여기서 사용하는 계급과 신분이라는 용어는 사회적으로 확립된 종속의 질서들을 나타낸다. 한 사회가 계급 구조를 가지고 있다고 말하는 것은 그 사회가 자신의 일부 구성원들에게 그들이 다른 사람들과 동등하게 사회생활에 참여하기 위해서 필요로 하는 수단과 기회들을 제공하는 것을 체계적으로 거부하는 경제 메커니즘들을 제도화하고 있다고 말하는 것과 마찬가지다. 이와 유사하게 한 사회가 신분 위계질서를 가진다고 말하는 것은 그 사회가 자신의 일부 성원들에게 그들이 사회적 상호작용에 완벽하게 참여하는 당사자가 되기 위해서 필요로 하는 인정을 다양한 방식으로 부정하는 문화적 가치 유형들을 제도화하고 있다고 말하는 것과 마찬가지다. 계급 구조나 신분 위계질서의 존재는 동등한 참여를 방해하게 되며 따라서 불의라고 말할 수 있다.

이러한 나의 이해방식은 계급이나 신분과 관련하여 우리에게 보다 친숙한 정의 방식들과는 다른 것이다. 예를 들어 전후 미국 사회에서 등장한 계층이론과 달리 나는 신분을 소득과 같은 경제적인 지표처럼 양적으로 측정 가능한 개별적이고 복합적인 요소들에서 기인하는 특권의 할당으로 이해하지 않는다. 반대로 내 입장에서 신분은 상호주관적 종속의 질서를 나타내며, 이러한 종속의 질서는 특정한 사회 구성원들을 상호작용에 관한 동등한 참여자로 규정하지 않는 제도화된 문화적 가치 유형들로부터 기인한다. 마찬가지로 나는 마르크스주의 이론과 달리 계급을 생산수단들에 대한 관계로 이해하지 않는다. 내 입장에서 계급은 객관적인 종속의 질서이며, 이러한 종속의 질서는 특정한 행위자들에게 그들이 동등한 참여를 위해 필요로 하는 수단과 자원을 제공하는 것을 거부하는 경제 질서로부터 기인하는 것이다.[49]

나아가 내 생각에 따르자면 신분과 계급은 현재 일반적으로 통용되고 있는 사회운동들 사이의 구별들과도 정확히 일치하지 않는다. 예를 들어 성과 인종 차별에 반대하는 투쟁들은 단지 신분 질서의 변혁만을 목표로 하지 않는다. 왜냐하면 젠더와 "인종"은 계급 구조 역시 함축하고 있기 때문이다. 마찬가지로 노동운동이 전적으로 경제적 계급의 문제로 환원될 수 있는 것도 아니다. 왜냐하면 그 문제들 역시 당연히 신분 위계와도 관련되기 때문이다. 보다 일반적으로 말하자면 이미 앞서 내가 지적한 바와 같이 거의 모든 종속의 축은

49 물론 이러한 경제 질서들은 마르크스주의적인 용어들을 통해 이론적으로 설명될 수 있다. 그러나 내가 강조하고자 하는 바는 착취 메커니즘보다는 규범적인 결과들이며, 나는 분배 결과가 사회적 참여에 미치는 영향을 통해서 이러한 결과들을 이해하고자 한다.

비록 서로 다른 비율이기는 하지만 신분 질서와 계급 구조 모두에 동시에 관련된다. 결국 대중적인 구별과는 결코 일치하지 않는 신분과 계급은 분석적으로 구별되는 종속의 질서들을 나타낼 뿐이며, 통상 이러한 질서들은 사회운동 사이의 구별을 넘어서 있는 것이다.

그러나 신분과 계급은 각각 무시와 불평등 분배에 정확히 상응한다. 이들 각각은 동등한 참여를 방해하는 분석적으로 구별 가능한 유형들과 연결되어 있으며, 따라서 분석적으로 구별 가능한 정의의 차원들과 연결되어 있다. 신분은 인정의 차원에 상응하며, 이 차원은 사회적 행위자들의 상대적 지위와 관련하여 제도화된 의미나 규범들과 연관된다. 반면에 계급은 분배의 차원에 상응하며, 이 차원은 경제적 자원 및 부의 할당과 관련된다. 따라서 일반적으로 말하자면, 전형적인 신분과 관련된 불의는 무시지만 이는 불평등 분배를 동반할 수도 있으며, 계급과 관련된 핵심적인 불의는 불평등 분배이지만 이는 다시 무시를 동반할 수도 있다.

1. 문화주의와 경제주의를 넘어서

이런 설명들을 전제로 하여 이제 우리는 앞 절에서 제시된 도덕이론에 대한 사회이론적 대응물을 제시할 수 있다. 핵심은 정의의 두 차원들이 각각 분석적으로 구별되는 사회 질서의 측면들과 연결된다는 점이다. 인정 차원은 사회의 **신분 질서**와 연관된다. 즉 인정 차원은 사회적으로 확립된 문화적 가치 유형들에 의해서 문화적으로 정의되는 사회적 행위자들의 범주들, 즉 신분들의 구성과 연결된다.

신분은 각각 그들이 타인과 비교하여 누리게 되는 상대적인 존중, 특권, 존경을 통해서 구별되어진다. 반면에 분배 차원은 사회의 **경제 구조**에 상응한다. 즉 분배 차원은 소유 제도나 노동시장을 통해서 경제적으로 정의되는 행위자들의 범주나 계급들의 구성과 연결된다. 계급은 자원의 차별적인 보유를 통해서 구별되어진다. 또한 이 각각의 차원은 분석적으로 구별되는 종속의 차원에 상응한다. 인정의 차원은 제도화된 문화적 가치 유형들에서 기인하는 **신분 종속**에 상응한다. 반면에 분배 차원은 경제 체계의 구조적 특징에서 기인하는 **경제적인 계급 종속**에 상응한다.

이러한 상응관계로 인해 우리는 분배와 인정을 통합하는 문제를 폭넓은 사회이론적 틀 속에서 다룰 수 있게 된다. 이런 관점에서 보면 사회는 분석적으로 구별되는 최소한 두 가지 형태의 사회 질서를 포괄하는 복합적인 장으로 나타난다. 한편에는 전략적 명령들의 기능적인 뒤얽힘에 의해서 규제되는 경제적 형태의 질서가 존재하며, 다른 한편에는 제도화된 문화적 가치 유형들에 의해서 상호관계가 규제되는 문화적 형태의 질서가 존재한다. 앞으로 보게 되겠지만 경제 질서는 전형적으로 시장을 통해서 제도화되며, 문화 질서는 친족, 종교, 법률 등을 포함하는 다양한 상이한 제도들을 통해서 작동한다. 모든 사회에서 경제 질서와 문화 질서는 서로 뒤얽혀 있다. 그러나 특정한 사회 형태에서 정확히 이것들이 서로에게 어떤 관계를 맺고 있는가 하는 문제가 등장하게 된다. 경제 구조는 문화 질서에서 제도적으로 분화되는가 아니면 그것들은 효과적으로 융합되어 있는가? 계급 구조와 신분 위계가 서로 분리되는가 아니면 일치하는가? 불평등 분배와 무시는 서로 다른 것으로 전환되는가 아니면 그러한 전환이 효과적으로 차단되어 있는가?

이러한 질문들에 대한 대답들은 고찰의 대상이 되는 사회의 성격에 달려 있다. 예를 들어 그 인류학적 기술들의 정확성 여부 문제는 잠시 미루어두면서 고전적인 인류학 문헌들이 기술하고 있는 이념형적인 국가 성립 이전의 사회에 대해서 생각해보도록 하자. 그런 사회에서 사회관계의 지배적 형태는 친족관계다. 친족은 결혼과 성관계뿐 아니라 노동 과정과 재화의 분배도 조직하며, 권위, 상호성, 책무, 신분과 특권의 상징적 위계 등도 결정한다. 물론 그런 사회가 결코 순수한 형태로 존재한 적이 없는 것은 당연한 일일 것이다. 그럼에도 불구하고 우리는 명확히 구별되는 경제 제도들이나 문화 제도들이 존재하지 않는 사회를 상상해볼 수는 있을 것이다. 여기서는 단일한 사회관계 질서가 (우리가 명명하고자 하는 바) 사회의 경제적 통합과 문화적 통합 모두를 보증한다. 따라서 계급 구조와 신분 질서는 융합되어 있다. 친족관계는 분배까지 포함하는 원칙이기 때문에, 친족 내에서의 신분이 계급적 위치까지 결정하게 된다. 그 어떤 준(準)자율적인 경제 제도들도 존재하지 않는 이런 상황에서는 신분 종속이 즉각 (우리가 명명하고자 하는 바) 분배적 불의로 번역된다. 무시는 직접적으로 불평등 분배를 수반한다.

이제 완전히 시장화된 사회라는 정반대의 극단적 경우를 생각해보자. 이 사회에서는 경제구조가 문화적 가치를 결정한다. 이런 사회에서 주요한 결정 요인은 시장이다. 시장은 노동 과정과 상품의 분배뿐 아니라 결혼과 성관계도 조직하며, 권위, 상호성, 책무와 연관된 정치관계, 상징적인 신분과 특권의 위계질서도 결정한다. 당연히 그런 사회는 결코 존재한 적이 없으며, 결코 존재할 수도 없을 것이다.[50] 그러나 방법론적 목적을 위해서 우리는 한 가지 사회관계의 질서가 사회의 경제적 통합뿐 아니라 문화적 통합까지 보증하는 그런 세계를 상상해볼 수는 있을 것이다. 여기서도 역시 앞의 경우와 마찬가지로 계급 구조와 신분 질서는 효과적으로 융합된다. 그러나 결정은 정반대 방향으로 이루어진다. 시장이 유일하고 포괄적인 가치평가 메커니즘을 구성하기 때문에 시장에서의 지위가 사회적 신분을 직접적으로 결정하게 된다. 그 어떤 준자율적인 문화적 가치 유형들도 존재하지 않는 상황에서 분배적 불의는 즉각적으로 신분 종속으로 번역된다. 불평등 분배는 직접적으로 무시를 수반한다.

이런 두 사회는 한 가지 중요한 특징을 공유하고 있는 서로 반대되는 거울상들을 효과적으로 보여준다. 이 두 사회 모두는 경제 질서와 문화 질서를 구별하지 않으며, 전략적 행위를 우선시하는 제도들과 가치에 의해 규제되는 상호작용을 우선시하는 제도들을 구별하지 않는다. 따라서 두 사회 모두에서 (우리가 명명하고자 하는 바) 계급과 신분은 완벽하게 서로 상응한다. 따라서 (우리가 명명하고자 하는 바) 불평등 분배와 무시 역시 서로 완벽하게 전환될 수 있는 방식으로 상응하게 된다. 그 결과 우리는 이 두 사회 모두를 전적으로 사회생활의 한 가지 차원에만 주목함으로써 합당하게 이해할 수 있게 된

50 완벽하게 시장화된 사회의 가능성에 대한 반론에 대해서는 Karl Polanyi, *The Great Transformation*(Boston 1957) 참조.

다. 완벽하게 친족 제도를 통해서 지배되는 사회의 경우 우리는 문화로부터 직접적으로 경제적 종속의 차원을 판독해낼 수 있다. 우리는 신분으로부터 직접적으로 계급을 추론해낼 수 있으며, 무시로부터 직접적으로 불평등 분배를 추론해낼 수가 있다. 완벽하게 시장화된 사회의 경우 우리는 경제적 종속의 차원으로부터 직접적으로 문화적 종속의 차원을 판독해낼 수 있다. 우리는 계급으로부터 직접적으로 신분을 추론해낼 수 있으며 불평등 분배로부터 직접적으로 무시를 추론해낼 수가 있다. 따라서 전적으로 친족에 의해 지배되는 사회에 고유한 종속의 형태들을 이해하는 데는 문화주의가 완벽하게 적합한 사회이론이 된다.[51] 반면에 우리가 완벽하게 시장화된 사회를 이해하고자 한다면, 우리는 경제주의보다 더 나은 선택을 할 수 없을 것이다.[52]

그러나 우리가 이들과는 다른 유형의 사회들에 주목하게 되면, 그런 단순하고 우아한 접근만으로는 더 이상 충분하지 않게 된다. 그런 단순한 접근들은 특히나 지금 우리들이 살고 있는 사회와는 어울리지 않는다. 우리가 살고 있는 사회에는 전략적 행위가 지배하는 시장화된 영역들과 동시에 가치 지향적 상호작용이 지배하는 비시장적 영역들도 존재하고 있다. 따라서 여기서는 경제적 질서의 영역

51 문화주의라는 용어를 통해서 나는 일원론적 사회이론을 지시하고자 한다. 이 이론은 정치경제가 문화로 환원되며 계급은 신분으로 환원될 수 있다고 주장한다. 나의 독해에 따르면 악셀 호네트는 이런 이론에 찬성한다. Honneth, *The Struggle for Recognition* 참조.

52 경제주의라는 용어를 통해서 나는 일원론적 사회이론을 지시하고자 한다. 이 이론은 문화가 정치경제로 환원되며 신분은 계급으로 환원될 수 있다고 주장한다. 칼 마르크스는 이런 이론에 찬성한 것으로 종종 (잘못) 이해된다.

들이 문화적 질서의 영역으로부터 분화되며, 경제 구조가 문화 질서와 분화된다. 그 결과 분배와 관련된 경제적 메커니즘들이 특권 구조로부터 부분적으로 분리되며, 결국 신분과 계급 사이에 간극이 존재하게 된다. 따라서 우리가 사는 사회에서는 비록 그것들이 서로에게 영향을 주기는 하지만 계급 구조가 더 이상 완벽하게 신분 질서를 반영하지는 않는다. 더 이상 시장이 단일하고 포괄적인 가치평가 메커니즘이 아니기 때문에 시장에서의 지위가 사회적 신분을 결정하지 않는다. 시장에 저항하는 문화적 가치 유형들은 부분적으로나마 분배적 불의가 신분상의 상처로 완벽하게 전환되는 것을 막아준다. 불평등 분배는 비록 그것이 무시에 확실히 영향을 주기는 하지만 직접적으로 무시를 수반하지는 않는다. 반대로 친족관계와 같은 단일한 신분 원칙이 유일하고 포괄적인 분배 원칙을 구성하지 않기 때문에, 신분이 계급적 지위를 규정하지도 않는다. 상대적 자율성을 가지는 경제 제도들은 신분상의 상처가 완벽하게 분배적 불의로 전환되는 것을 막아준다. 무시는 비록 그것이 불평등 분배에 확실히 영향을 주기는 하지만 직접적으로 불평등 분배를 수반하는 것은 아니다. 그 결과 우리는 이러한 사회를 오직 사회생활의 한 측면에만 주목함으로써는 이해할 수가 없게 된다. 우리는 문화적 종속의 차원으로부터 직접적으로 경제적 종속의 차원을 판독해낼 수 없으며, 경제적 종속의 차원으로부터 직접적으로 문화적 종속의 차원을 판독해낼 수도 없다. 마찬가지로 우리는 신분으로부터 직접적으로 계급을 추론해낼 수도 없고, 계급으로부터 직접적으로 신분을 추론해낼 수도 없다. 마지막으로 우리는 무시로부터 불평등 분배를 직접적으로 도출할 수 없고 불평등 분배로부터 무시를 직접 도출해낼 수도 없다.

이로 인해 현대 사회를 이해하기 위해서는 문화주의나 경제주의 모두가 불충분한 것이 된다. 대신에 우리는 모든 수준에서의 분화와 분리, 상호작용을 수용할 수 있는 접근을 필요로 한다. 그러나 이런 접근법에 대해 서술하기 전에 잠시 멈추어 지금까지 논의가 암묵적으로 전제하고 있는 내용에 대해 설명할 필요가 있다.

2. 문화적 현대성과 신분 불평등—혼합, 분화, 논란

이 장의 서술 전반에 걸쳐서 나는 신분의 범주가 현대 사회에서도 여전히 유의미하다고 가정해왔다. 다시 말해 나는 신분 위계가 전적으로 전근대적 현상에 불과하며 "계약"의 출현과 더불어 신분이 사라져버렸다는 식의 생각은 옳지 않다고 본다. 마찬가지로 나는 오늘날 현존하고 있는 신분 종속의 형태들이 단순히 고풍스러운 전근대 시대의 흔적에 불과한 것도 아니라고 생각한다. 오히려 나의 접근은 신분과 관련된 불의들은 오늘날의 지구화 국면까지 포함하여 현대 자본주의 사회 구조 일반에 본질적으로 내재하는 것이라고 전제하고 있다. 이러한 가정에 대해서 설명하고 그것을 정당화해 보도록 하자.

이러한 설명이 필요한 이유는 현대 사회가 본래 신분이라는 개념이 등장했던 "전통 사회들"과는 큰 차이를 가지고 있기 때문이다. 이 차이를 인식하기 위해 잠시 앞서 우리가 가정했던 완벽하게 친족관계에 의해 지배되는 사회의 경우로 되돌아가 보도록 하자. 이런 사회에서는 우리가 살펴본 바와 같이 사회를 통합하는 주된 방식은 문화적 질서이며, 신분 위계가 종속의 근본적 형태였다. 나아가 회고해 보건데 우리는 그 사회를 그려내 보고자 했던 인류학자들이 그 사회의 문화적 질서가 다음과 같은 다섯 가지 주요한 특징들을 가진 것으로 암묵적으로 가정하고 있었음을 알 수가 있다. 첫째, 그러한 문화적 질서는 매우 제약된 것이었다. 문화들 사이의 접촉이 매우 제한적이었기 때문에 유의미한 문화적 혼합이 존재하지 않았고 한 문화가 종결되고 다른 문화가 시작되는 지점이 어디인지를 확정하는 데에도 큰 어려움이 없었다. 둘째, 문화적 질서는 제도적으로 미분화된 상태였다. 친족관계와 같은 하나의 포괄적 제도가 모든 사회적 상호작용 형태를 규제하였기 때문에 단일한 문화적 가치 유형이 신분 질서의 척도를 제공했다. 셋째, 그러한 사회는 윤리적으로 일원론적인 사회였다. 그 구성원들 모두는 공유된 단일한 가치평가의 지평에 따라서 움직였으며, 그러한 지평은 단일한 형태로 전 사회에 침투해 있었다. 그곳에는 대안적인 윤리적 지평을 받아들이는 분리된 하위문화들이 존재하지 않았다. 넷째, 그러한 문화적 질서는 논란의 대상이 되지 않았다. 대안적인 가치평가 지평이 존재하지 않는 상황으로 인해서 제도화된 문화적 가치 지평을 비판할 수 있는 지평도, 논란을 벌이게 만들어줄 관점도 전혀 존재하지 않았다. 마지막으로 다섯째, 제도화된 문화적 가치 유형들이 만들어낸 위계질서는 사회적으로 적법한 것이었다. 그 아래에서 아무리 많은 개인들이 고통받는다 하더라도 그들은 그러한 권위에 도전하기 위해서 필요한 그 어떤 원리적 기초도 갖고 있지 못했다. 종합하자면 우리가 완벽하게 친족관계에 의해 지배된다고 상정한 사회에서 문화적 질서는 매우 제한적이고, 제도적으로 미분화 상태에 있으며, 윤리적으로 일원론적이고, 논란의 대상이 되지 않으며, 사회적으로 적법한 것이었다. 그 결과 신분 질서는 **단일하고 포괄적이며 고착적인 신분 위계질서**의 형태를 취하게 되었다.

이런 상황들 중 그 어느 것도 현대 사회에는 적용되지 않는다. 첫째, 현대 사회의 문화적 질서는 명확히 제한되지 않는다. 문화 간 소통의 흐름들은 더 이상 주변적인 것으로 머물지 않고 사회적 상호작용의 핵심적인 "내적" 공간들로까지 확산되었다. 대규모 이주, 디아스포라, 지구화된 대중매체, 초국적 공론장 등으로 인해서 한 문화가 종결되고 다른 문화가 시작되는 정확한 지점을 확실히 말하는 것은 불가능하게 되었다. 오히려 모든 문화는 내적으로 혼합된 상태에 있다. 둘째, 현대 사회의 문화적 질서는 제도적으로 분화되어 있다. 모든 사회적 상호작용을 효과적으로 지배할 수 있는 친족관계와 같은 단일한 지배적 제도는 존재하지 않는다. 오히려 복수의 제도들이 복수의 행위 영역들을 상이한 문화적 가치 유형에 따라 규제하며, 그러한 가치 유형들 중 적어도 몇몇은 서로 양립할 수 없는 것들이다. 예를 들어 대중매체를 조직하는 성(性)에 관한 해석과 평가 도식은 법률이 지배하는 결혼 제도에 구현된 해석 및 평가 도식과 상이하다.[53] 셋째, 현대 사회의 문화적 질서는 윤리적으로 다원주의적이다. 구성원들 모두가 단일한 형태로 유포되어 있는 공동의 가치평가 지평을 공유하지 않는다. 상이한 하위문화들 혹은 "가치 공동체들"

은 서로 상이하고 때로는 양립할 수 없는 가치 지평들을 받아들인다. 내적으로 동질적이지도 않고 서로 명확하게 구별되지도 않음에도 불구하고 이러한 하위문화들은 혼합과 제도적 분화를 넘어서는 문화적 복합성의 제3의 원천을 구성한다. 넷째, 가치의 유형들과 가치 평가의 지평들은 심각한 논란의 대상이다. 문화들 사이의 혼합, 제도적 분화, 윤리적 다원주의가 결합되면서 지배적 가치들을 비판하기 위해서 이용할 수 있는 대안적 관점들이 유용해진다. 모든 것이 문화적 논란의 대상이 되는 현대 사회는 진정한 문화적 투쟁의 장이다. 거의 모든 이야기, 담론, 해석 도식들이 도전의 대상이 된다. 사회적 행위자들이 그들만의 가치 지평을 공인된 것으로 제도화하기 위해서 투쟁하기 때문에 모든 것들이 논란의 대상이 된다. 마지막으로 현대 사회에서 신분 위계는 불법적이다. 현대 사회에서 정당성을 가지는 가장 기초적인 원리는 자유주의적 평등이며, 이는 동등한 교환, 재능에 따른 직업 선택 등과 같은 시장의 이상과, 동등한 시민권과 신분 평등과 같은 민주주의적 이상에서 동시에 표현되고 있다. 신분 위계는 이 모든 이상을 파괴한다. 신분 위계는 결코 사회적으로 적합한 것이 아니며 시장과 민주주의의 정당성을 구성하는 근본적인 규범들에 위배되는 것이다.[54]

따라서 일반적으로 말하자면 현대 사회는 우리가 친족관계에 의

53 문화 내부의 분화는 앞 절에서 논의했던 분화와 동일한 것이 아니다. 앞 절에서 문제가 된 것은 가치에 의해 규제되는 영역들로부터 시장에 의해 규제되는 영역들이 분화되는 것이었다. 반면에 여기서 문제가 되는 것은 상이한 평가 지평들의 다원성을 제도화하고 있는, 가치에 의해 규제되는 다원적 영역들 내부에서 이루어지는 분화다.

해서 완벽하게 지배된다고 가정했던 사회와는 엄청나게 거리가 멀다. 안정적이고 획일적이며 전면적으로 제도화된 가치 유형을 가지고 있는 그러한 사회의 문화적 질서와 달리 오늘날의 문화는 현대성의 모든 특징들을 소유하고 있다. 혼합되어 있고 분화되어 있으며 다원주의적이고 논란의 대상이 되고 있는 오늘날의 문화는 반위계적인 규범들로 가득 차 있다. 따라서 오늘날의 신분 질서는 친족관계에 의해서 완벽하게 지배되고 있는 사회의 신분 질서와는 상이한 것이다. 친족관계에 의해서 완벽하게 지배되고 있는 사회가 고정되고, 논란의 여지가 없으며, 모든 것을 포괄하는 신분 위계에 대한 실증적 사례라면, 우리가 살고 있는 사회는 주어진 구별들을 횡단하는 신분들이 변화하는 장을 보여준다. 이러한 장 내에서 사회적 행위자들은 미리 정해진 그 어떤 "장소"도 점유하고 있지 않다. 오히려 그들은 **지속적인 인정투쟁이라는 역동적인 체제**에 능동적으로 참여하게 된다.

그러나 모든 사람들이 이런 투쟁에 동등하게 진입하는 것은 아니다. 오히려 부당한 경제 질서로 인해서 몇몇 저항자들은 다른 사람들과 동등하게 참여하기 위해서 필요로 하는 자원들을 소유하지 못하고 있다. 그리고 여기서 보다 중요한 것은 특정한 사람들이 불평

54 물론 이 두 가지 규범들 모두는 반(反)사실적인 것들이다. 그럼에도 불구하고 그 규범들은 현대 자본주의 사회 내의 신분 질서에 심대한 영향을 미치고 있다. 비록 고착된 신분 위계를 불법적인 것으로 간주하기는 하지만, 그러한 가정들은 보다 새로운 형태의 신분 종속들을 은폐하는 데 기여할 수도 있다. 이러한 논점에 대한 더 많은 논의에 대해서는 아래 각주 57을 참조하라.

등하게 제도화된 문화적 가치 유형들로 인해서 사회적 지위를 차지하지 못하게 된다는 점이다. 문화적 모순과 복합성에도 불구하고 동등성을 방해하는 가치 유형들이 가장 중요한 사회적 관습들, 예를 들면 종교, 교육, 법률 등에서 여전히 상호작용을 규제하고 있다. 물론 그런 가치 유형들이 친족관계에 의해서 완벽하게 지배되는 사회의 경우처럼 빈틈없이 정합적이고 포괄적이며 깨뜨릴 수 없는 그물망을 형성하고 있는 것은 아니다. 그리고 그런 가치 유형들이 당연한 것으로 간주되지도 않는다. 그럼에도 불구하고 백인, 유럽인, 이성애주의자, 남성, 기독교인을 선호하는 규범들은 전 세계의 무수히 많은 곳들에서 제도화되어 있다. 그런 규범들은 여전히 동등한 참여를 방해하면서 신분 종속의 축을 규정하고 있다.

결국 일반적으로 말하자면 신분 종속은 비록 다른 모습으로 나타나고 있기는 하지만 현대 사회에서도 여전히 지속되고 있다. 그것은 결코 제거되지 않았으며 단지 질적인 변형을 겪고 있을 뿐이다. 현대적인 통치체제에서는 단체들이나 사회적 신분들로 구성된 안정적인 피라미드는 존재하지 않는다. 또 모든 사회적 행위자들에게 그들의 지위를 전면적으로 규정하는 단일하고 배타적인 "신분 집단"이 할당되어 있는 것도 아니다. 오히려 개인들은 복수의 횡단적인 종속의 축들이 교차하는 결절점이다. 현대적인 통치체제에서는 몇몇 축들에서 빈번하게 불이익을 당하지만 동시에 다른 축들에서는 이익을 보고 있는 그런 사람들이 인정투쟁을 벌이게 된다.

두 가지 폭넓은 과정들이 신분 종속을 근대화하는 데 기여했다. 첫 번째 과정은 시장화이며, 이는 사회적 분화의 과정이라고 할 수 있다. 물론 시장은 언제나 존재해왔지만 근대 자본주의 발달을 통해서 시장의 범위와 자율성 그리고 영향력에서 질적으로 새로운 도약이 이루어졌다. 자본주의 사회에서 경제적 관계들로 이루어진 특수한 영역은 법적인 차원에서 다른 영역과 차별화되며, 시장은 이렇게 차별화된 영역과 관련된 핵심적 제도라고 할 수 있다. 시장화된 이러한 영역에서의 상호작용은 문화적 가치 유형들에 의해서 직접적으로 규제되지 않는다. 개인들은 자기이익을 극대화하기 위해서 행동하기 때문에 상호작용은 오히려 전략적 명령들의 기능적 뒤얽힘을 통해서 지배된다. 따라서 시장화는 기존의 규범 유형들을 파괴하고 전통적 가치들을 잠재적인 도전의 대상으로 만들면서 문화적 질서를 파괴하게 된다. 그러나 자본주의 시장이 마르크스와 엥겔스가 예견한 바와 같이 신분 구별을 그저 "소멸시켜버리는" 것은 아니다.[55] 우선 시장이 사회적 공간 전체를 점령하는 것은 결코 아니며 사회적 상호작용 전체를 지배하는 것도 아니다. 오히려 시장은 신분 구별들을 규정하는 가치들에 의거하여 상호작용을 규제하는 제도들, 특히 가족과 국가라는 제도들과 공존하며, 나아가 그것들에 **의존**한다.[56] 뿐만 아니라 시장은 그 자신의 영역 내부에서조차 신분 구

55 Karl Marx and Friedrich Engels, "The Communist Manifesto," in *The Marx-Engels Reader*.

56 적어도 이 점에 관해서는 헤겔의 논증이 마르크스의 논증보다 더 낫다. 그의 *Elements of Philosophy*, ed. Allen W. Wood, trans. H. B. Nisbet(Cambridge 1991)에서 헤겔은 계약을 통해 정초된 상호작용 영역("욕구의 체계")은 계약에 기초하지 않은 가족과 국가라는 제도들을 전제하고 요구하기 때문에 "계약"이 사회 통합의 유일한 원칙이 될 수는 없다고 주장하였다.

별들을 그저 해소시켜버리지만은 않는다. 시장은 자본주의적 목적을 위해 기존의 문화적 가치 유형들을 변형시키면서 신분 구별을 이용한다. 예를 들어 자본주의보다 훨씬 오래된 인종적 위계질서는 신대륙의 노예제가 폐지되고, 나아가 짐 크로(Jim Crow) 법이 폐지되었음에도 사라지지 않고 시장사회에 적합한 방식으로 새롭게 변형되었다. 인종차별적 규범들은 더 이상 명시적으로 법률로 입법화되지 않고 있으며 사회적인 정당성도 상실하였지만 자본주의 노동시장의 하부구조를 지배해오고 있다.[57] 따라서 시장화의 결과는 신분 종속의 폐기가 아니라 그것의 근대화일 뿐이다.

신분을 근대화하는 두 번째 역사적 과정은 복잡하고 다원적인 시민사회의 출현이다. 이 과정 역시 다른 종류의 분화를 포함하고 있

57 이것은 신분 구별들이 보다 전통적인 방식으로 작동하는 것이 완전히 중단된다는 것을 의미하지 않는다. 예를 들어 미국의 형사법 체계를 보면, 무서울 정도로 집단 폭행을 상기시키는 각본에 따라서, 흑인들이 경찰의 폭력, 투옥, 벌금형, 극형의 대상이 되는 경우가 불평등하게 많다. 또한 역설적이게도 자유주의적 평등에 관한 현대적 규범들이 새로운 형태의 신분 종속을 은폐하는 데 이용될 수도 있다. 예를 들어 최근 미국 내의 논쟁에서 몇몇 보수주의자들은 인종 차별은 짐 크로(Jim Crow) 법의 철폐와 더불어 종식되었으며, 따라서 소수자우대정책(affirmative action)은 불필요하고 부당하며, 소수자의 존엄성을 파괴하는 것이라고 주장하였다. 그들은 보다 새로운 형태의 인종 차별을 은폐하고, 그것을 해소하고자 하는 정책들을 불신하게 만들기 위해서 고착되고 법적으로 성문화된 인종적 신분 위계가 존재하지 않는다는 사실에 호소하고 있다. 그러면서 그들은 남아 있는 모든 인종적 불평등들은 경쟁력과 능력에서의 진정한 차이를 반영하고 있을 뿐이라고 우회적으로 주장하고 있는 것이다. 이와 같은 경우들에서 자유주의적이고 평등주의적인 이상들은 독특한 현대적 형태의 신분 종속들이 자본주의 사회 내에서 고안되고 재생산되는 과정에 기여하게 된다. 미국에서 인종 및 젠더와 관련된 신분 종속이 현대화되는 과정에 대한 설명에 대해서는 Reva Siegel, "Why Equal Protection No Longer Protects: The Evolving Forms of Status-Enforcing State Action," *Stanford Law Review* 49, no. 5(1977 5), 1111-48 참조. 또한 Nancy Fraser and Linda Gordon, "A Genealogy of 'Dependency': Tracing A Keyword of the U.S. Welfare State," *Signs* 19, no. 2(1994 겨울), 309-36, Fraser, *Justice Interrupts*에 재출판 참조.

다. 시민사회를 통해서 비시장적 제도들이 폭넓은 범위에서, 즉 법적, 정치적, 문화적, 교육적 제도들, 협회들, 종교, 가족, 예술, 행정 관련 제도들, 전문가, 지식인 제도들 등의 형태로 등장하게 된다. 이러한 제도들이 자율성을 가지게 되면서, 각각의 제도들은 상대적으로 친숙한 그들 나름의 문화적 가치 유형들을 통해서 상호작용을 규제하게 된다. 물론 이런 가치 유형들이 중첩되기도 하지만 그것들이 전적으로 일치하지는 않는다. 따라서 시민사회에서는 상이한 상호작용의 공간들이 상이한 문화적 가치 유형들을 통해서 지배된다. 사회적 행위자들은 장소마다 다른 지위에 놓이게 되며 여기저기서 동등성을 부정당하고, 그에 따라 주어진 상황에서 우선되는 구별들도 달라진다. 나아가 시민사회의 등장은 종종 관용의 출현과도 연관된다. 관용은 상이한 하위문화들의 공존을 가능하게 해주며 가치 지평들을 다원화하기도 한다. 마지막으로 근대 시민사회는 문화들 사이의 접촉을 신장시키는 경향이 있다. 교역, 여행, 의사소통의 초국적 망들에 적응하면서 근대 시민사회는 문화적인 혼합 과정을 시작하고 그것을 가속화한다. 결국 일반적으로 말하자면 시민사회는 가치 지평들을 다원화하고 혼합시키며, 이를 통해 시장화와 마찬가지로 신분 종속을 근대화하는 데 기여하게 된다.

현대 사회에 대한 비판이론이 신분 종속을 간과할 수 없다는 것은 도덕적 요구이다. 뿐만 아니라 비판이론은 현대의 역동적 체제를 이해하기 위해서 고전적인 사회학적 개념들을 재구성해야만 한다. 따라서 비판이론은 단일하고 포괄적인 문화적 가치 유형에 관한 뒤르켐(Émile Durkheim)의 가정을 거부해야만 한다.[58] 나아가 비판이론은 내적으로 동질적인 문화들이 나란히 공존하면서 서로에게 큰 영향을 주지 않는 방식으로 서로 분리되어 존재한다는 전통적인 다원주의적 가정도 거부해야만 한다.[59] 마지막으로 비판이론은 모든 개인들을 단일한 "신분 집단"에 귀속시키는 종속에 관한 "안정적 피라미드" 상 역시 거부해야만 한다. 이런 것들 대신에 비판이론은 근대적인 형태의 신분 종속을 파악할 수 있는 이해 방식을, 즉 여기서 내가 제안하고 있는 이해 방식과 같은 것을 발전시켜 나가야만 한다.[60]

58 이러한 뒤르켐의 가정을 유지한다는 것은 호네트의 이론이 가지고 있는 또 다른 약점이다. 그의 책 *Struggle for Recognition* 참조.

59 문화의 제한성에 관한 구식 개념에 찬성하는 Charles Taylor와 Will Kymlicka 두 사람 모두는 그들의 인정이론에서 이런 가정을 채택하고 있다. 소수자 문화들의 "생존"과 "자율성"을 옹호하면서 그들은 "독특한 사회들" 혹은 "사회적인 문화들"을 서로 엄밀하게 구별해내는 것이 여전히 가능하다고 생각한다. 또한 그들은 한 문화에 고유한 관습과 신념들을 진정하지 않은 혹은 고유하지 않은 신념이나 관습들과 분명하게 구별할 수 있다고 가정한다. 나아가 그들은 실질적으로 민족 문화들을 내적으로 동질적인 것으로 간주하면서, 민족에 내재하는 그리고/혹은 민족을 횡단하는 젠더나 성과 같은 문화적 차이의 다른 형태들이 가지는 중요성을 적절히 평가하지 못하고 있다. 결국 Taylor와 Kimlicka 모두는 민족을 횡단하기도 하고 민족 단위 하부에 존재하기도 하는 다원성이 가지고 있는 능력, 즉 그들이 그 "생존" 혹은 "자율성"을 보증하고자 하는 민족 문화들을 동요시키는 능력을 충분히 이해하지 못하게 된다. 일반적으로 말하자면, 두 이론가 모두는 현대 사회에 존재하는 평가 지평의 다수성과 혼합의 불가피성을 간과하면서 문화를 사물화시키고 있는 셈이다. Charles Taylor, "The politics of Recognition"; Will Kymlicka, *Multicultural Citizenship: A Liberal Theory of Minority Rights*(Oxford 1995) 참조. Charles Taylor의 저작들에 나타난 문화에 대한 사물화를 비판하는 글로는 Amelie Rorty, "The Hidden Politics of Cultural Identification," *Political Theory* 22, no. 1(1994), 152-6 참조. Will Kymlicka의 저작들에 나타난 문화에 대한 사물화를 비판하는 글로는 Seyla Benhabib, "Nous et 'les autres': The Politics of Complex Cultural Dialogue in a Global Civilization," in *Multicultural Questions*, ed. Christian Joppke and Steven Lukes(Oxford 1999) 참조. 문화를 사물화하는 인정에 관한 이해방식에 대한 일반적 비판으로는 Fraser, "Rethinking Recognition" 참조.

60 인정에 대한 표준적인 "정체성 모델"이 이러한 과업을 수행하는 데서 부적절하다는 점에 관한 보다 확대된 논증을 보기 위해서는 Fraser, "Rethinking Recognition" 참조.

결국 현대 사회에 대한 비판이론은 신분 종속과 계급 종속 사이의 관계, 무시와 불평등 분배 사이의 관계에 대한 설명을 포함해야만 한다. 특히 비판이론은 정의가 양자가 결합될 것을 요구함에도 불구하고 점차 인정투쟁들이 평등주의적 분배투쟁들과 분리되어 나가고 있는 시대에 해방적 변혁의 전망을 보여줄 수 있어야만 한다.

3. 관점적 이원론을 위한 논증

어떤 사회이론이 이러한 과업을 수행할 수 있을 것인가? 어떤 접근이 지구화하는 후기 현대 자본주의에 고유하게 내재하는 신분 종속의 형태들에 대한 이론을 제시할 수 있을 것인가? 또한 어떤 접근이 이러한 사회에 존재하는 신분과 계급, 무시와 불평등 분배 사이의 복잡한 관계를 이론적으로 해명할 수 있을 것인가? 어떤 이론이 이 양자 사이의 개념적 환원불가능성, 경험적 분열, 실천적인 뒤얽힘을 동시에 파악할 수 있을 것인가? 그리고 어떤 이론이 **인정 정치와 분배 정치 사이에 최근 등장하고 있는 분리를 확대시키지 않는 방식으로** 이 모든 일들을 수행할 수 있을 것인가?

앞서 우리는 경제주의나 문화주의는 이러한 과업을 수행할 수 없다는 것을 살펴보았다. 신분을 계급으로 혹은 계급을 신분으로 환원하는 접근을 통해서는 현대 사회를 이해할 수 없다. 이는 내가 "후기 구조주의의 반이원론"이라고 부르고자 하는 제3의 입장의 경우 역시 마찬가지이다. 주디스 버틀러(Judith Butler)와 아이리스 매리언 영(Iris Marion Young)을 포함하여 "이러한 접근을 옹호하는 사람들"은 경제 질서와 문화 질서를 구별하는 것을 "이분법"적인 것으로 보면서 그것을 거부한다. 그들은 문화와 경제는 너무 깊이 상호 연관되어 있고 서로의 구조에 영향을 미치고 있기 때문에 그것들은 결코 유의미한 방식으로 구분될 수가 없다고 주장한다. 또한 그들의 주장에 따르면 현대 사회는 매우 단일하게 체계화되어 있기 때문에 한 측면에서의 투쟁은 필연적으로 전체를 위협할 수밖에 없다. 따라서 인정 요구들과 분배 요구들을 구별하는 것은 서로 간의 불화를 일으킬 뿐이며 생산적이지도 않다. 때문에 후기구조주의의 반이원론은 신분과 계급의 관계를 이론화하는 대신에 그러한 구별들 자체를 해체할 것을 주장한다.[61]

비록 후기구조주의의 반이원론이 경제주의나 문화주의보다 더 유행하고 있기는 하지만 이 역시 현대 사회에 대한 이론을 제시하는데 부적합하기는 마찬가지다. 그저 모든 불의들과 그것을 시정하라는 요구들이 경제적인 동시에 문화적이라고 규정하기만 하는 것은 모든 소들이 회색으로 보이는 밤의 풍경을 그리는 것에 불과하다. 실존하는 신분과 계급의 분열을 모호하게 만드는 이러한 접근은 사회 현실을 이해하기 위해 필요한 개념적 수단들을 포기하는 것에 불과하다. 마찬가지로 현대 자본주의를 완벽하게 연결되고 맞물려 있는 단일한 강압의 체계로 간주하는 것은 그것의 실질적인 복잡성을 은폐할 뿐이다. 이러한 접근은 인정투쟁과 분배투쟁을 연결시키려

61 Iris Marion Young, "Unruly Categories: A Critique of Nancy Fraser's Dual System Theory," *New Left Review* 222(1997 3/4), 147-60; Judith Butler, "Merely Cultural."

는 노력은 하지도 않으면서 현재 분열되어 갈등하는 이러한 두 유형의 투쟁을 어떻게 결합하고 조화시킬 것인가 하는 급박한 정치적 질문을 던지는 것 자체를 불가능하게 만든다.[62]

따라서 일반적으로 말하자면 지금까지 여기서 고려된 이러한 세 가지 접근들은 그 어느 것도 우리가 수용할 만한 현대 사회에 관한 이론을 제공하지 않는다. 이러한 세 가지 접근들은 그 어느 것도 문화적 질서와 경제적 질서, 신분 종속과 계급 종속, 무시와 불평등 분배가 오늘날 맺고 있는 복잡한 관계를 이해하지 못한다. 경제주의도 문화주의도 후기구조주의의 반이원론도 이런 과업을 수행할 수 없다면 과연 어떤 대안적 접근이 가능한 것일까?

두 가지 가능성이 존재하며, 이 두 가지는 모두가 일종의 이원론이다. 내가 "실체적 이원론"이라고 부르고자 하는 것이 첫 번째 접근법이다. 이러한 접근법은 분배와 인정을 상이한 사회적 영역들에 속하는 상이한 두 가지 정의의 영역들로 간주한다. 분배는 사회의 경제적 영역, 생산관계에 속한다. 인정은 문화적 영역, 인정관계에 속한다. 노동시장의 구조와 같은 경제 문제들을 생각하는 경우 우리는 경제구조와 제도들이 사회적 행위자들의 상대적 지위에 미치는 영향들에 주목하면서 분배 정의의 관점을 취해야만 한다. 반면에 MTV에서 여성성이 묘사되는 방식과 같은 문화적 문제들을 생각하는 경우 우리는 제도화된 문화적 가치 유형들이 사회적 행위자들의

62 후기구조주의자들의 반이원론에 대한 보다 상세한 반박은 Fraser, "A Rejoinder to Iris Young," *New Left Review* 223(1997 5/6), 126-29; Fraser, "Heterosexism, Misrecognition, and Capitalism" 참조.

상대적 지위에 미치는 영향들에 주목하면서 인정의 관점을 취해야만 한다.

실체적 이원론은 경제주의, 문화주의, 후기구조주의의 반이원론보다는 더 좋은 선택일 수 있지만 그럼에도 불구하고 그것은 부적절한 것이다. 실체적 이원론은 경제와 문화를 분리된 두 영역들로 간주하면서 그들 사이의 상호 침투를 간과하고 있다. 조금 전에 우리가 살펴본 바와 같이 사실상 경제는 문화와 무관한 영역이 아니라 문화를 이용하고 문화에 새로운 의미를 부과한다. 따라서 "경제"로 간주되는 것들에는 항상 이미 해석과 규범들이 침투되어 있다. 역사적 자본주의에서 매우 근본적인 의미를 가지는 "일"과 "돌봄", "남성의 일"과 "여성의 일" 사이의 구별을 생각해보라. 이런 경우 젠더와 관련된 의미와 규범들은 문화적 질서로부터 차용되어 자본주의적 목적을 위해 변형되었으며, 이는 분배와 인정 모두에 대해 중요한 영향을 주었다. 마찬가지로 "문화"로 간주되는 것들에도 "사업적 고려"가 심층적으로 침투되어 있다. 현대 문화에서 모두 근본적인 의미를 가지고 있다고 할 수 있는 지구적 대중연예사업, 예술시장, 초국적 광고 등을 생각해보라. 실체적 이원론의 주장과는 반대로 명목상 경제적인 문제들은 통상 사회적 행위자들의 경제적인 지위뿐 아니라 신분과 정체성에도 영향을 미친다. 마찬가지로 명목상 문화적인 문제들 역시 신분뿐 아니라 경제적 지위에도 영향을 미친다. 따라서 그 어느 경우에도 우리가 분리된 영역들을 다루고 있는 것은 아니다.[63]

나아가 실천적으로도 실체적 이원론은 문화 정치가 사회 정치로부터 분리되고 있는 최근 상황에 맞서 싸울 수 없다. 오히려 실체적 이원론은 그러한 분리를 강화할 뿐이다. 경제와 문화를 서로 침투 불가능한 것으로 설정하면서 실체적 이원론은 분배 정치를 경제에, 인정 정치를 문화에 할당한다. 그 결과 결국 두 가지 분리된 정치적 투쟁을 요구하는 두 가지 분리된 정치적 과제들이 도출된다. 문화적 불의와 경제적 불의를 분리하고, 문화적 투쟁과 사회적 투쟁을 분리하는 실체적 이원론은 우리가 극복하려는 바로 그 분열을 재생산하고 있다. 결국 실체적 이원론은 우리의 문제에 대한 해결책이 아니라 문제의 한 징후일 뿐이다. 실체적 이원론은 현대 자본주의의 제도적 분화들을 반영하고 있을 뿐 이를 비판적으로 검토하지 않는다.

반면에 진정한 비판적 관점은 분리된 영역들의 출현을 있는 그대로 받아들일 수가 없다. 비판적 관점은 오히려 분배와 인정 사이의 감추어진 연관성을 드러내기 위해서 현상의 근저를 검토해야만 한다. 비판적 관점은 명목상 경제적인 과정들의 문화적 배경과 명목상 문화적인 관행들의 경제적 배경을 모두 가시화하여 **비판할 수 있도록** 해주어야 한다. 비록 반드시 그 비율이 동일한 것은 아니지만 **모든** 관행들을 경제적인·동시에 문화적인 것으로 간주함으로써 비판적 관점은 그것들 각각을 상이한 두 관점에서 평가해야만 한다. 비판적 관점은 한 관점을 다른 관점으로 환원시키지 말고 분배와 인정의 관점 모두를 수용해야만 한다.

63 실체적 이원론의 유력한 사례에 대한 보다 상세한 비판은 Nancy Fraser, "What's Critical About Critical Theory? The Case of Habermas and Gender," in *Unruly Practices: Power, Discourse, and Gender in Contemporary Social Theory*(Minneapolis 1989) 참조.

이러한 접근을 나는 "관점적 이원론"이라고 부르고자 한다. 여기서 분배와 인정은 경제와 문화라는 실체적인 사회적 영역들에 대응하지 않는다. 오히려 분배와 인정은 모든 영역에 해당될 수 있는 두 가지 분석적 관점을 의미한다. 나아가 이러한 관점들은 이데올로기들에 맞서 비판적으로 이용될 수 있다. 우리는 통상 분배와 관련된 경제 정책들로 간주되는 것들이 가지고 있는 문화적인 차원들을 확인하기 위해서 인정의 관점을 이용할 수 있다. 예를 들면 소득지원 프로그램에 내재하는 제도화된 해석과 규범들에 주목함으로써 우리는 그것들이 여성과 이주자들의 사회적 지위에 미치는 영향들을 평가할 수 있을 것이다.[64] 반대로 우리는 통상 인정의 문제로 간주되는 것들과 관련된 경제적 차원들에 주목하기 위해서 분배의 관점을 이용할 수도 있을 것이다. 예를 들어 게이와 레즈비언들은 스스로를 감추고 살아야 하기 때문에 "교제비용"이 많이 들게 된다는 사실에 주목함으로써 우리는 이성애주의자들의 무시가 이들의 경제적 지위에 미치는 영향들을 평가할 수 있을 것이다.[65] 따라서 우리는 관점적 이원론을 통해서 모든 사회적 관행들이 정의로운 것인지 여부를 평가할 수 있다. 그러한 관행의 제도적 위치가 어디이든 간에 분석적으로 구별되는 두 가지 규범적 관점에서 우리는 다음과 같이 물을

64 나는 *Unruly Practices*에 실린 두 편의 논문, 즉 "Women, Welfare, and the Politics of Need Interpretation"과 "Struggles Over Needs"에서 이 문제에 대해 다루었다. 또 Fraser and Gordon, "A Genealogy of 'Dependency'"도 참조하라.

65 Jeffrey Escoffier는 다음 논문에서 이 문제들을 통찰력 있게 다루었다. "The Political Economy of the Closet: Toward an Economic History of Gay and Lesbian Life before Stonewall," in Escoffier, *American Homo: Community and Perversity*(Berkely 1998), 65-78.

수 있다. 문제가 되는 관행은 동등한 참여의 객관적 조건과 상호주관적 조건 모두를 보증하는가? 아니면 그것이 이러한 두 가지 조건들을 침식하는가?

이러한 접근이 가지는 장점은 명백하다. 후기구조주의의 반이원론과는 달리 관점적 이원론은 우리로 하여금 분배와 인정을 구별할 수 있게 해주며, 그로 인해 양자의 관계를 분석할 수 있게 해준다. 그러나 경제주의나 문화주의와 달리 관점적 이원론은 한 범주를 다른 범주로 환원시키거나 그 관계의 복합성을 우회하지 않는다. 마지막으로 관점적 이원론은 실체적 이원론과 달리 경제와 문화를 양분하고 그들의 상호 연관성을 모호하게 만들지도 않는다. 이러한 관점들과 반대로 관점적 이원론은 우리로 하여금 그것들의 개념적 환원불가능성, 경험적 분리, 실천적 뒤얽힘을 동시에 파악하면서 두 가지 종속 질서들 사이의 복잡한 연관을 이론적으로 포착할 수 있게 해준다. 관점적으로 이해된 분배와 인정의 구별은 우리 시대의 이데올로기적 분열을 단순히 재생산하지 않는다. 그것은 오히려 이러한 분열을 검토하고, 끝까지 고민하여, 마침내는 그것을 극복하기 위해서 반드시 필요한 개념적 도구를 제공한다.

4. 의도하지 않은 결과들을 막아내기

관점적 이원론은 또 다른 장점도 가지고 있다. 관점적 이원론은 여기서 고려된 접근들 중 유일하게 정치적 투쟁 과정에서 발생할 수 있는 몇몇 실천적 난점들을 파악할 수 있게 해준다. 경제와 문화를 분화되었지만 상호 침투할 수 있는 질서로 간주하는 관점적 이원론은 분배 요구나 인정 요구 모두가 결코 분리된 영역 내로만 차단될 수 없다는 점을 인정한다. 반대로 그러한 요구들은 의도하지 않은 결과들을 산출할 수도 있는 방식으로 서로에게 영향을 미치고 있다.

첫째, 분배는 인정에 영향을 준다. 거의 모든 분배 요구들은 그것이 의도적인 것이든 아니든 인정에도 어느 정도 영향을 미치게 될 것이다. 예를 들어 사회복지를 통해서 소득을 (재)분배하자는 제안들은 의미와 관련된 환원 불가능한 차원을 가지고 있다.[66] 예를 들면 그러한 제안들은 "아이 기르기"와 "돈벌이"의 경우처럼 상이한 활동들이 가지는 의미와 가치에 대한 해석들을 담고 있다. 뿐만 아니라 그러한 제안들은 "복지혜택을 받는 엄마들"과 "세금 납부자"의 경우와 같이 주체들의 상이한 지위들을 만들어내고 그에 대해 서열을 매긴다.[67] 따라서 분배 요구들은 사회적 행위자들의 경제적 위치뿐 아니라 지위와 정체성에도 영향을 미치게 된다. 만일 불평등 분배를 시정하는 과정이 무시를 강화하는 것으로 귀결되지 않으려면 신분에 미치는 이러한 효과들이 주제가 되어 다루어지고 검토되어야만 할 것이다.

다시 한 번 고전적인 사례가 되는 것은 "복지"다. 특별히 빈곤층을 대상으로 삼고 있는 자산조사 급여는 사회복지의 가장 직접적인

66 이 표현은 (스탠퍼드 대학에서 1996년 4월 30일부터 5월 2일까지 진행되었던 나의 태너 강연에 응답해주었던) Elizabeth Anderson의 도움을 받은 것이다.

67 Nancy Fraser, "Clintonism, Welfare, and the Antisocial Wage: The Emergence of Neoliberal Political Imaginary," *Rethinking Marxism* 6, no. 1(1993), 9-23.

분배 형태이다. 그러나 그러한 급여는 수령자들을 비정상적인 사람이나 동냥아치로 규정하고, 그들을 "나름의 대가를 지불하는" "임금 노동자"나 "세금 납부자"와 차별적으로 구별함으로써 수급자들에 대해서 낙인을 찍는 경향이 있다. 이런 유형의 복지 프로그램들은 물질적인 지원뿐 아니라 공적인 적대감을 조성하기 위해서 빈곤층을 "표적"으로 삼는다. 이러한 상황이 야기하는 빈번한 결과는 박탈의 상처에 무시의 모욕을 덧붙이는 것이다. 배경적인 문화적 가치 유형들이 경제 개혁의 의미를 왜곡하는 경우, 예를 들어 여성의 가사 노동에 대한 평가절하가 문화적으로 확산되어 있어서 편모 가정에 대한 지원이 "아무 일도 하지 않고 얻어먹는 것"으로 왜곡되는 경우, 분배 정치는 무시를 조장하는 효과를 낳게 된다.[68] 이런 상황하에서는 그것이 가사 노동을 새롭게 평가하는 문화적 변화를 위한 투쟁들 그리고 그것을 입법화하려는 여성 단체들과 결합되지 않는 한 그 어떤 복지 개혁도 성공할 수 없을 것이다. 간단히 말하자면 **인정이 없이는 그 어떤 분배도 없다.**

다음으로 인정이 분배에 영향을 주는 반대 경우에 대해서 생각해 보도록 하자. 거의 모든 인정 요구들은 의도적이든 그렇지 않든 분배와 관련된 모종의 효과를 가지게 될 것이다. 예를 들면 남성중심

68 미국의 대표적인 자산조사 복지 프로그램이라고 할 수 있는 아동부양가족지원(AFDC)의 경우가 이에 해당된다. 대부분 빈곤선 이하의 편모 가정들을 대상으로 했던 AFDC는 1990년대의 인종적이고, 성 차별적이며, 반(反)복지적인 정서들의 주된 공격 대상이 되었다. 결국 1997년 AFDC는 빈곤층에 대한 (모종의, 부적절한) 소득 지원을 보장해주었던 연방 차원의 자격 부여를 제거하는 방식으로 "개혁"되었다.

적인 가치평가 유형들을 시정하자는 제안들은 경제적인 함축을 가지고 있으며, 이는 수혜를 제공하고자 한 사람들에게 오히려 해가 될 수도 있다. 예를 들면 여성의 신분을 강화하기 위해서 성매매와 포르노를 금지시키자는 운동들은 성매매 종사자들의 경제적 지위에 부정적 영향을 줄 수 있을 것이며, 반면에 여성의 신분을 강화하려는 여성주의자들의 노력에 걸맞은 것처럼 보이는 무책이혼(no-fault divorce)은 이혼한 몇몇 여성들의 경제적 지위에 부정적 영향을 주어왔다. 물론 그것이 어느 정도인지에 대해서는 최근 논란이 진행되고 있다.[69] 따라서 인정 요구들은 신분에 미치는 영향을 넘어서 경제적 지위에도 영향을 줄 수 있다. 무시를 치유하려는 노력의 과정이 결국 불평등 분배를 강화하는 것으로 종결되지 않으려면 이러한 효과들 역시 검토되어야만 할 것이다. 나아가 인정 요구들은 "그저 상징적인" 것에 불과하다는 혐의를 받기가 쉽다.[70] 만일 그것이 경제적 지위에서 커다란 불평등이 존재하는 상황에서 추진된다면, 특수성을 긍정하는 것을 목표로 하는 개혁들은 공허한 몸짓으로 끝나버리기가 쉽다. 여성을 받들어 모시는 식의 인정과 마찬가지로 그런 개혁들은 심각한 피해를 교정하기보다는 조롱하게 된다. 그런 상황에서 인정과 관련된 개혁들은 분배투쟁과 결합되지 않는다면 결코 성공할 수 없을 것이다. 간단히 말하자면 **분배가 없이는 그 어떤 인정도**

69 Lenore Weitzman, *The Divorce Revolution: The Unexpected Social Consequences for Women and Children in America*(New York 1985).

70 대화를 통해서 이 점에 대해 지적해준 Steven Lukes에게 감사한다.

없다.

이 모든 경우에서 필요한 것은 최근 "남녀 동일임금" 운동의 경우에서와 같이 통합적으로 사고하는 것이다. 이 운동의 경우 남성과 여성 사이에 소득을 분배하자는 요구는 젠더에 의해서 지배되는 문화적 가치 유형들을 변화시키고자 하는 요구와 명백하게 통합되어 있었다. 여기서 기초가 되는 가정은 분배 및 인정과 관련된 젠더 불의들이 너무도 복잡하게 서로 뒤얽혀 있기 때문에 그 어떤 불의도 다른 불의와 전적으로 독립적인 방식으로는 결코 해결될 수가 없다는 사실이다. 따라서 젠더들 사이의 임금 격차를 줄이기 위한 노력들은, 만일 그런 노력들이 전적으로 "경제적인 것으로만" 머물고 전반적으로 지식과 기술을 필요로 하지 않는 저임금 서비스 업종을 여성적인 것으로 규정하는 젠더와 관련된 의미부여 방식들을 문제 삼는 데서 실패한다면, 결코 완전히 성공할 수 없게 될 것이다. 마찬가지로 사람에 대한 감수성이나 양육과 같이 여성적으로 규정된 특징들을 새롭게 평가하고자 하는 노력들도, 만일 그것들이 전적으로 "문화적인" 것으로 제한되어 이러한 특징들을 의존성이나 무력함과 연계시키는 구조적 경제 환경들에 도전하는 데 실패한다면, 결코 성공할 수 없게 될 것이다. "여성적인" 것에 대한 문화적 평가절하를 정확히 경제(그리고 다른 영역들) **내부에서** 교정하려는 접근만이 진지한 분배와 진정한 인정을 제공할 수 있다.

남녀 동일임금 운동은 관점적 이원론의 장점들을 전형적으로 보여주고 있다. 우리가 보아왔듯이 이러한 접근은 분배와 인정을 사회질서의 두 형태들, 즉 경제적 질서와 문화적 질서와 제휴시킨다. 여기서 경제 질서와 문화 질서는 분리된 영역이 아니라 분화되면서도 상호 침투하는 질서들로 파악되고 있다. 그 결과 관점적 이원론은 우리로 하여금 현대 사회의 계급 종속과 신분 종속, 불평등 분배와 무시가 맺고 있는 복잡한 관련성을 완벽하게 파악하도록 해준다. 나아가 관점적 이원론은 분배와 인정을 위한 정치적 투쟁들이 빠져들 수 있는 위험들을 실질적으로 통찰할 수 있게 해준다. 각각의 유형의 투쟁들이 제기하는 요구들을 두 가지 규범적 관점에서 동시에 평가해보게 만드는 이러한 관점적 이원론은 그릇된 정치적 전략들이 산출하는 부정적 효과들을 우리가 예측하고, 가능하다면 그것을 회피하도록 하는 데에도 도움을 줄 수 있다.

5. 최종적인 개념적 성찰들

다음 장에서 나는 이러한 접근이 정치이론적으로 함축하는 바를 진지하게 다룰 것이다. 그러나 먼저 나는 지금까지의 논증이 가지는 몇 가지 개념적 함축들을 설명하고자 한다. 특히 다음과 같은 세 가지 논점에 주목할 필요가 있다.

첫 번째 논점은 계급과 신분, 경제와 문화, 불평등 분배와 무시 사이의 구별과 관련된다. 여기서 제시된 논증들에서 이것들은 존재론적인 구별로 간주되지 않았다. 몇몇 후기구조주의 비판가들의 주장과 달리 나는 분배를 물질적인 것과 그리고 인정을 "단지 상징적인" 것과 대응시키지 않았다.[71] 오히려 나는 신분과 관련된 불의들은 계급과 관련된 불의만큼 물질적이라고 주장했다. 동성애자 학대, 윤간, 대량 학살 등의 경우를 생각해보라. 나는 그러한 구별을 결코 존재론적 구별로 규정하지 않았고 사회 조직 내에서 그러한 구별들이 역사적으로 발전하는 과정을 추적하면서 그것들을 **역사적으로 다루었다.** 나는 문화적 질서와 경제적 질서 사이의 구별의 연원을 가치에 의해 규제되는 사회 제도들로부터 시장이 역사적으로 분화되는 과정에서 추적하였다. 마찬가지로 나는 신분과 계급 사이의 구별의 연원을 경제적 분배의 특수한 메커니즘들이 문화적으로 정의된 특권 구조로부터 역사적으로 분리되어 나가는 과정에서 추적하였다. 마지막으로 나는 불평등 분배와 무시 사이의 구별의 연원을 동등한 참여에 대한 경제적 장해물들이 문화적 장해물들로부터 역사적으로 분화되어 나가는 과정에서 추적하였다. 간단히 말해서 나는 세 가지 구별 모두의 연원을 자본주의의 발생에서 추적하였다. 아마도 자본주의는 두 가지 구별되는 불의의 차원들을 가정하면서 두 가지 분리된 종속의 질서들을 체계적으로 고안해낸 역사상 최초의 사회형태라고 할 수 있을 것이다.[72]

두 번째 논점은 이러한 설명이 가지고 있는 개념적 개방성과 관련된다. 앞의 논증에서 나는 경제 질서와 문화 질서라는 두 가지 형태

71 후기구조주의자와 반이원론자의 오독에 대해서는 Judith Butler, "Merely Cultural," 이에 대한 반박은 Fraser, "Heterosexism, Misrecognition, and Capitalism" 참조.

72 그러나 이것이 전자본주의적 사회 형태들을 논하는 데서는 이러한 구별들이 사용될 수 없다는 의미는 아니다. 오히려 앞서 내가 제시한 바와 같이 우리는 그러한 사회들에서는 사회관계를 지배하는 하나의 질서가 경제적인 통합과 문화적인 통합 모두를 동시에 수행했다고 말할 수 있을 것이다. 이것들은 자본주의 사회에서 상대적으로 분리된다. 사회이론적 범주들을 역사화하는 것이 가지고 있는 함의와 장점에 대한 보다 충분한 논의에 대해서는 Fraser, "Heterosexism, Misrecognition, and Capitalism" 참조.

의 사회 질서에 대해서 고찰하였다. 이 두 질서들은 각각 두 가지 형태의 종속과 동등한 참여에 대한 두 가지 형태의 방해물들에 상응한다. 그러나 나는 추가적인 형태의 질서가 존재할 가능성을 배제하지는 않았다. 오히려 나는 다른 형태의 종속이나 다른 정의의 차원에 상응하는 또 다른 형태의 사회 질서들이 존재할 수 있는지는 열려 있는 문제라고 본다. 세 번째 차원에 대한 가장 그럴듯한 후보는 "정치적인 것"(the political)이다. 동등한 참여에 대한 "정치적 장해물들"은 불평등 분배나 무시가 존재하지 않는 상황에서조차 몇몇 사람들을 체계적으로 배제하는 의사결정 절차를 포함하게 될 것이다. 그 예로는 소수자의 발언권을 거의 영원히 부정해버리는 승자독식의 소선거구 제도를 들 수 있을 것이다.[73] 이에 상응하는 불의는 "정치적 주변화" 혹은 "배제"가 될 것이며 이에 상응하는 처방은 "민주화"가 될 것이다.[74]

다음 장에서 나는 이러한 세 번째 차원에 속하는 몇몇 고려사항들을 다루어볼 것이다. 그러나 여기서는 다만 이 세 번째 차원이 앞서 언급된 반론들에 답할 수 있는 전망을 제시한다는 점만을 지적해두고자 한다. 마르크스주의자들은 여기서 제안된 접근이 불평등 분배

73 이 예에 대한 통찰력 있는 설명은 Lani Guinier, *The Tyranny of Majority*(New York 1994) 참조.

74 동등한 참여에 대한 세 번째 장해물, 즉 정치적인 종류의 장해물이 존재할 가능성은 내가 사용하는 계급과 신분의 구별을 좀 더 베버적인 것으로 만든다. 왜냐하면 베버 자신이 제시한 구별이 두 가지가 아니라 세 가지이기 때문이다. 베버의 "Class, Status, Party" 참조. 나는 (미출판 원고인) "Postnational Democratic Justice: Redistribution, Recognition, and Representation"에서 정치적 차원에 대한 설명을 제시하였다.

와 무시뿐 아니라 착취와 노동에 대한 통제능력 상실까지 포함하는 계급 억압의 문제를 적합하게 다루지 못한다고 반론한다. 그들의 반론에 따르면 이런 문제들은 자본주의적 소유 형태에서 기인하기 때문에, 분배와 인정을 통해서 해결될 수 없으며 오직 자본주의 소유 형태를 폐지함으로써만 해결될 수 있다. 우리는 이러한 반론에 대해서 자본주의 소유 형태라는 개념에 결합되어 있는 몇 가지 불의들을 분리시킴으로써 대응할 수 있다. 첫째, 자본가가 불균등한 비율로 잉여가치를 전유하고 노동자들이 정당한 몫을 가지지 못하게 배제할 권리, 둘째, 작업장에서 노동자에게 명령을 내리고 그들의 노동조건 및 조직 구성과 관련하여 의사결정 절차에서 노동자들을 배제할 권리, 셋째, 사회적 잉여를 어떻게 투자할지를 일방적으로 결정하고 그러한 의사결정에서 시민들을 배제할 자본가 계급의 권리와 관련된 불의들이 존재한다. 이렇게 분리시켜 놓고 보면 이러한 불의들은 "정치적인" 차원으로까지 확장되어 여기서 제안된 틀에 조응할 수 있게 된다. 첫 번째 불의는 불평등 분배의 사례이며, 두 번째와 세 번째 불의는 "정치적인" 불의다. 두 번째 불의는 작업장 민주주의의 결함을 보여주고, 세 번째 불의는 경제생활의 전반적인 방향에 대한 시민들의 통제라는 넓은 의미에서의 경제 민주주의가 가지는 결함을 보여준다. 따라서 불의를 시정하기 위해서 요구되는 처방들은 분배와 민주화, 나아가서는 추정컨대 인정도 포함하게 된다. 이러한 시정이 이루어진 이후에도 과연 자본주의적 소유 형태가 여전히 남아 있게 될 것인지 하는 문제는 다른 곳에서 좀 더 검토해보아야 할 문제다.

세 번째 마지막 논점은 현재의 정치 상황과 관련된다. 여기서 개진된 논증이 함축하는 바는 현재 나타나고 있는 분배 정치와 인정 정치의 분리가 단순한 실수의 산물이 아니라는 점이다. 그러한 분리의 가능성은 오히려 현대 자본주의 사회 구조 내에 내장되어 있다. 우리가 살펴본 바와 같이 신분 위계가 부당한 것이 되어버린 이 사회에서 문화 질서는 혼합되고, 분화되고, 다원적이 되고, 논란의 대상이 된다. 이와 동시에 계급이 신분으로부터, 불평등 분배가 무시로부터 분화되는 것 같이 경제 질서는 제도적으로 문화 질서로부터 분화된다. 종합적으로 보면 우리 사회가 가지는 이러한 구조적 특징들은 오늘날의 정치적 분열의 가능성을 암시하고 있다. 이러한 특징들은 인정투쟁의 확산을 고무하며 또한 다른 한편으로는 인정투쟁이 분배투쟁으로부터 분리될 수 있게 해준다.

그러나 동시에 여기서 제시된 논증은 현대 사회의 구조 속에서는 계급 종속도 신분 종속도 서로 분리되어서는 결코 적절하게 이해될 수 없다는 사실 역시 함축하고 있다. 무시와 불평등 분배는 오늘날 오히려 복잡하게 뒤얽혀 있으며 따라서 그것들 각각은 다른 것들까지 포괄하는 보다 큰 통합적 관점 하에서 파악되어야만 한다. 오직 신분과 계급이 나란히 종합적으로 고려될 때만 현재 우리가 봉착한 정치적 분열들이 극복될 수 있을 것이다.

4장 정치이론적 문제들

민주적 정의의 제도화

이제 우리가 분배와 인정을 하나의 단일한 틀 속에서 포함시키고자 하는 경우 발생하게 되는 정치이론적 문제들에 대해 살펴보도록 하자. 여기서 주된 문제는 다음과 같은 것이다. 어떤 제도적 질서들이 동등한 참여를 위한 객관적 조건들과 주관적 조건들 모두를 보증할 수 있는가? 어떤 정책들과 개혁들이 신분적 불의와 계급적 불의를 동시에 개선할 수 있는가? 어떤 정치적 기획의 방향이 정당한 분배 요구와 인정 요구가 나란히 추구되는 경우 발생할 수 있는 상호 간섭 효과들을 최소화하면서 이 두 가지 요구 모두를 만족시킬 수 있는가?

이러한 질문들을 다룰 준비를 하면서 우리는 우리가 찾고 있는 답이 어떤 종류의 것인지, 그리고 어떤 입장이 이러한 탐구를 주도해야 하는지를 생각해보아야만 한다. 한 가지 가능성은 정의의 요건들을 구현할 책무를 지니고 있는 과거 철인왕의 사고방식을 채택하는 것이다. 이 경우 우리의 질문에 대한 해답들은 포괄적인 제도적 설계에 관한 유토피아적 형태든 아니면 점진적인 개혁을 위한 정책 제안이라는 현실주의적 형태든 간에 일종의 청사진과 같은 것이 될 것이다. 두 번째 가능성은 정의의 요건들을 가장 잘 실현할 방법은 무엇인가에 관한 시민들의 토의를 확대시켜 나가고자 하는 민주적 정의의 관점을 채택하는 것이다. 이 경우 우리의 답변들은 민주적 토론을 조직하는 방법을 발견하는 데 도움을 주는 대화 지침과 같은 것이 될 것이다. 플라톤과 아리스토텔레스 이래로 정치이론가들은 이 두 입장들 사이에서 불편하게 동요해왔으며, 그들 중 몇몇은 첫 번째 입장에 기울었던 반면에 다른 사람들은 두 번째 입장에 좀 더 많이 의존해왔다. 그렇다면 여기서 우리가 선호할 만한 접근법은 과연 무엇인가?

플라톤적 입장은 분명히 그 나름의 장점을 가지고 있다. 공허한 절차주의로 도피하지 않는 플라톤적 입장은 실질적인 정치적 결론들을 제공한다. 나아가 이러한 정치적 결론들은 (아마도) 모든 합리적 탐구자들이 그 타당성을 평가할 수 있는 논거들에 의해서 보증된다. 그러나 이러한 접근은 맥락의 문제에 대해서는 전반적으로 민감하지 못하다. 규범적 원칙들이 그 자신의 적용까지 결정할 수 있다고 소박하게 가정하는 이러한 입장은 그러한 원칙의 이행이 정치적 판단을 요구한다는 사실을 받아들이지 못한다. 나아가 플라톤적 접근은 "다원주의의 사실"(the fact of pluralism)을 간과한다. 정의의 요건들을 가장 잘 해석하는 방법에 관한 합당한 관점들이 다수로 존재한다는 사실을 간과하면서 이러한 입장은 대화적 토의를 부적절한 독백적인 결정 절차로 대체해버린다.[75] 마지막으로 플라톤적 입장은 민주적 정당성이 가지는 중요성을 간과한다. 그러한 입장은 결국 시민들의 역할을 박탈해버리며 이론적 전문가들이 토의 과정을 우회할 수 있도록 공인해버리게 된다. 그렇지만 정의의 요구에 종속된 사람들은 이러한 토의 과정을 통해서만 스스로를 정의의 저자들로 인식할 수 있게 된다.

이 모든 이유들 때문에 언뜻 보기에 아리스토텔레스의 입장이 더 선호될 만한 것처럼 보인다. 이러한 입장은 특히 "차이"의 문제들이 강력히 정치화되고, 정치적 성원권의 경계들이 점차 논란의 대상이 되며, 민주적 정당성의 획득이 새로운 급박한 문제가 되고 있는 현재와 같은 지구화 시대에 잘 부합한다. 이런 상황에서 독백적 접근법들은 비생산적이 되는 반면에 절차주의적 대안의 개연성은 더욱 높아지게 된다. 그러나 절차주의적 대안은 심각한 반론에 대해 취약성을 가지고 있다. 절차주의적 대안들이 가지고 있는 바로 그 민주주의적 태도 때문에 그런 접근들은 손쉽게 공허한 형식주의에 빠져들게 된다. 시민들을 대리할 것을 지나치게 두려워한 나머지 때때로 이런 접근법들은 실질적 내용을 성급히 내던져버리게 된다. 그 결과 정의에 관해서는 거의 아무것도 말해주지 않는 민주적 절차에 대한

75 나는 "다원주의의 사실"이라는 표현을 John Rawls의 *Political Liberalism*에서 차용했다. 그러나 이에 대한 나의 용법은 그의 용법과는 다르다. Rawls의 다원주의는 정의에 관한 논쟁에서 유보 대상이 될 수 있는 (합당한) "포괄적 교리들"과 관련되지만, 내가 말하는 다원주의에서는 그러한 유보가 항상 가능한 것은 아니다. 나는 좋은 삶뿐 아니라 정의의 예비조건을 해석하는 최상의 방법이 무엇인지에 대해서도 합당한 관점들의 다원성이 존재할 수 있다고 생각한다.

추상적 주장만이 남게 된다.

따라서 독백주의도 절차주의도 모두 충분치 않다. 오히려 필요한 것은 두 극단 사이의 적절한 균형을 취하는 접근이다. 권위주의적인 권리 침탈과, 문제를 회피하는 공허함을 모두 극복하면서 이러한 접근은 이론가와 시민 사이의 적절한 노동 분업을 허용해야만 한다. 시민의 영역과 철학자의 영역에 각각의 범위를 설정하는 이러한 접근은 이론적 논쟁이 마땅히 종결되고 대화적인 판단이 시작되어야 하는 지점을 식별해내야만 한다. 그러나 그 지점이 어디인지가 즉각적으로 자명한 것은 아니다.[76] 결국 이론적 논증들이 종종 시민들 사이의 토론에 도입되며 상황에 대한 고려사항들은 이론가들에게 고지될 수 있고 또 고지되어야만 한다. 결국 정치이론과 민주 시민들의 집단적 성찰을 분리시키는 명확한 경계란 존재하지 않는다. 그러나 경험적인 규칙을 말할 수는 있다. 우리가 제도적 문제들을 고려하는 경우 이론은 우리가 정의의 요건들과 양립 가능한 정책과 계획의 범위를 정하는 데 도움을 줄 수 있다. 반면에 그러한 범위들 안에서 선택을 내리는 것은 시민들 사이의 토론과 관련된 문제다. 이러한 노동 분업은 결코 절대적인 것이 아니다. 그것의 핵심은 다음과

76 그 정확한 지점이 어디인지는 Rawls-Habermas 사이의 유명한 논쟁에서 논란이 된 한 가지 핵심 주제다. Jürgen Habermas, "Reconciliation through the Public Use of Reason: Remarks on John Rawls's *Political Liberalism*," trans. Ciaran Cronin, *The Journal of Philosophy* 92, no. 3(March 1995), 109-31 참조, Habermas, *The Inclusion of the Other: Studies in Political Theory*, ed. Ciaran Cronin and Pablo De Greiff(Cambridge, MA 1998), 49-73으로 재출판; John Rawls, "Reply to Habermas," *The Journal of Philosophy* 92, no. 3(March 1995), 132-80, Rawls, *Political Liberalism*, second edition(New York 1996), 372-434로 "편집상의 작은 변화만 있을 뿐 내용상의 변화는 없이" 재출판.

같은 것이다. 허용할 수 있는 선택지의 범위들에 한계를 설정하는 것은 제도적 제안들을 규범적 척도에 따라 평가하는 것을 수반하며, 그것은 전반적으로 개념적 분석 작업에 속한다는 것이다. 반면에 수용 가능한 일련의 선택지들 가운데 하나를 선택하는 문제는 주어진 특수한 문제가 처해 있는 상황을 고려하는 해석학적인 성찰을 수반하게 된다. 이러한 성찰의 대상에는 역사와 전통, 집단 정체성 등을 전제로 시민들이 정의에 추가될 가치가 있다고 평가하는 내용들도 포함되어 있다. 정치이론가들이 자신들의 전문적 역할을 통해 앞의 과제를 해명하는 데 도움을 줄 수는 있을지라도 뒤의 문제는 시민들 스스로 해결해야만 한다.

아래에서 나는 이러한 경험적 규칙을 따르고자 한다. 독백주의의 스킬라(Scylla)와 절차주의의 카리브디스(Charybdis)를 모두 피하면서 나는 변형된 형태의 민주적 정의의 입장을 채택할 것이다. 따라서 분배와 인정을 통합하기 위한 기획안을 고려하면서 나는 제도적 청사진을 고안해내고자 하지는 않을 것이다. 오히려 나는 공적인 토론의 요인들을 해명하는 것을 일차적인 목표로 삼을 것이다. 그러나 동시에 나는 실질적인 결론을 포기하지도 않을 것이다. 오히려 나는 정의의 두 차원 모두에서 동시에 동등한 참여를 신장시키는 데 기여할 수 있는 전망을 보여주는 선택지들의 범위를 보여줄 것이다. 그리고 나는 그러한 선택지들의 상대적 장점을 평가할 수 있는 민주적 토론을 돕기 위한 몇 가지 방법도 제시할 것이다.

1. 긍정인가, 변혁인가?

이런 방향 속에서 이제 우리가 다루어야 할 주제, 즉 어떤 제도적 개혁들이 신분이나 계급과 관련된 불의를 동시에 시정할 수 있는 처방인가 하는 문제를 검토해보도록 하자. 어떤 정치적 전략이 두 가지 목표가 나란히 추구되는 경우 발생할 수도 있는 상호 간섭 효과를 완화시키면서 성공적으로 분배와 인정을 통합할 수 있을 것인가?

다시 한 번 불의를 시정하기 위한 대책에 대해서 생각해보도록 하자. 가장 일반적인 형태로 이러한 대책을 새롭게 언급한다면 불의를 시정하기 위한 대책은 동등한 참여를 방해하는 요인들을 제거하는 것이 될 것이다. 언뜻 보기에도 이것이 의미하는 바는 명백하다. 불평등 분배를 시정하기 위해서 우리는 분배를 통해 경제적 방해물들을 제거해야만 한다. 따라서 우리에게 필요한 것은 동등한 참여의 객관적 조건을 보증하기 위한 경제적 개혁이다. 마찬가지로 무시를 치유하기 위해서는 인정을 통해서 문화적 방해물들을 제거해야만 한다. 여기서 필요한 것은 상호주관적인 예비조건들을 제공할 수 있는 정책들이며, 이는 동등한 참여를 방해하는 문화적 가치 유형들을 해체하고 그것들을 동등한 참여를 신장시키는 가치 유형들로 대체함으로써 가능해진다. 마지막으로 이러한 도식을 "세 번째 차원"에 적용하게 되면, 우리가 정치적 배제나 주변화를 극복하기 위해서는 민주화를 통해서 정치적 장해물들을 제거해야만 한다고 말할 수 있게 된다. 이에 대해서는 뒤에서 다시 논의할 것이다.

그러나 언뜻 보기와는 달리 사실상 분배와 인정의 경우에서조차 모든 것이 분명한 것만은 아니다. 두 경우 모두에서 동등한 참여에 대한 방해물들을 제거하려면 일반적으로 두 가지 이상의 제도에 개입하는 것이 요구된다. 앞서 지적한 바와 같이 경제적 개혁은 소득 그리고/혹은 부를 분배하는 것을 의미할 수도 있고, 노동 분업을 새롭게 조직화하는 것을 의미할 수도 있으며, 소유권과 관련된 규칙들과 자격들을 변화시키는 것을 의미할 수도 있고, 사회적 잉여를 투자하는 방법에 관한 의사결정의 절차들을 민주화하는 것을 의미할 수도 있다. 이와 유사하게 앞서 지적한 바와 같이 무시 역시 여러 가지 방식으로 치유될 수 있다. 현재 기득권층이 누리는 특권을 보편화할 수도 있으며, 그런 특권들을 모두 제거해버릴 수도 있고, 지배적 행위자들이 소유한 특징들에 대한 선호를 제거할 수도 있으며, 그러한 선호를 받아들이면서 종속적 지위에 있는 사람들에게 유리한 규범들을 확립할 수도 있고, 또 차이를 사적인 것으로 만들거나 차이를 완화시키거나 차이를 만들어내는 대립 항들을 해체시켜버릴 수도 있다. 이렇게 많은 해석 가능성들을 고려해보면 제도적 함축은 더 이상 명확하지 않게 된다. 그렇다면 정의의 옹호자들은 불평등 분배와 무시를 해결하기 위해서 어떤 대책을 선택해야만 하는가?

우리가 이에 답하기 위해서는 여러 대안들을 조직화하고 평가할 수 있는 방법이 필요하다. 나는 먼저 분배와 인정이라는 구별 모두에 통용될 수 있는 불의를 해결하기 위한 두 가지 폭넓은 전략, 즉 **긍정**(affirmation)과 **변혁**(transformation) 전략을 구별할 것을 제안하고자 한다.[77] 우선 이 전략들을 포괄적으로 묘사한 후에, 나는 이런 전략들이 분배와 인정에 대한 접근들을 범주화하는 데 어떻게 이용될 수 있는지 설명하도록 하겠다. 마지막으로 이에 기초하여 나는 단일한 정치적 전략 속에서 이러한 정의의 두 차원들을 통합하는 문제에 대해 새롭게 정식화할 것이다.

먼저 긍정과 변혁을 구별하는 데서부터 논의를 시작해보도록 하자. 이러한 구별은 한편으로 근저에 놓여 있는 사회 구조와 다른 한편으로 그것들이 산출하는 사회적 결과물들을 서로 대조시키는 데 의존하고 있다. 불의를 시정하기 위한 긍정 전략은 그것을 산출하는 사회의 근본적 구조들을 훼손함이 없이 사회적 질서가 만들어낸 불평등한 결과들만을 교정하는 것을 목적으로 한다. 반면에 변혁 전략은 근저에서 불의를 산출하는 틀 그 자체를 변화시킴으로써 부당한 결과들을 교정하는 것을 목표로 한다. 이러한 구별은 개혁 대 혁명이라는 구별과 같은 것이 아니며 또한 점진적 변화 대 종말론적 변화라는 구별과도 다른 것이다. 오히려 이러한 대조의 핵심은 불의가 발생하는 수준과 관련된다. 긍정이 최종적인 결과를 그 목표로 삼는 반면에 변혁은 근본 원인들을 문제 삼는다.

긍정과 변혁의 구별은 무엇보다 먼저 분배 정의에 대한 관점에 적용될 수 있다. 분배의 관점에서 볼 때 긍정 전략의 대표적 사례는 소득 이전을 통해서 불평등 분배를 치유하려는 자유주의적 복지국가이다.[78] 공적인 지원에 강력하게 의존하고 있는 이러한 접근은 근본적인 경제구조는 문제 삼지 않으면서 열악한 지위에 있는 사람들

77 아래 논증의 일부는 Fraser, "From Redistribution to Recognition?"에서 끌어온 것이다. 그러나 논증의 중요한 측면들은 개정되었다.

이 소비할 수 있는 몫을 증대시키고자 한다. 반면에 변혁 전략의 고전적 사례는 사회주의다. 여기서 목표는 그것을 발생시키는 틀 자체를 변화시킴으로써 부당한 분배의 근원을 교정하는 것이다. 이러한 접근은 그저 소비할 수 있는 몫과 관련된 최종적 분배 상태를 변화시키는 것이 아니라 노동 분업, 소유 형태, 그리고 경제 체계의 다른 심층 구조들을 변화시키고자 한다.

물론 오늘날에 와서는 사회주의의 전통적인 제도적 내용들 대부분에 문제가 있다는 사실이 입증되었기 때문에 경제적 변혁은 큰 관심 대상이 되지 못하고 있다.[79] 그러나 우리가 심층적인 경제적 변화라는 관념을 그저 내던져버려야만 한다고 생각하는 것은 잘못된 결론이다. 이러한 관념은 불평등 분배의 근본 원인을 그대로 남겨두는 긍정적 (재)분배와 여전히 유의미한 방식으로 비교될 수 있다. 특히 오늘날의 신자유주의적 분위기 속에서 경제적 변혁에 대한 일반적인 관념을 유지하는 것은, 비록 우리가 현재 그것의 정확한 제도적 내용을 알 수는 없다고 하더라도, 중요한 일이다.

긍정과 변혁의 대조는 분배의 관점에서는 직관적으로 친숙한 것이다. 그러나 좀 더 놀라운 일은 그것이 무시에 대한 치유책들에 대

78 "자유주의적 복지국가"라는 개념으로 나는 뉴딜(New Deal)의 여파로 미국에서 확립된 종류의 체제를 지시한다. Gøsta Esping-Andersen은 *The Three Worlds of Welfare Capitalism*(Princeton 1990)에서 이런 체제를 사회민주주의적 복지국가나 보수적인 조합주의적 복지국가와 유용하게 구별한 바 있다.

79 급진주의적 평등주의자들을 포함하여 거의 모든 사람들은 더 이상 시장의 여지를 거의 허용하지 않는 명령 경제를 옹호하지 않는다. 더욱이 평등주의자들은 민주주의적인 평등 사회에서 공적 소유가 가지는 지위와 범위에 대해서도 의견을 서로 달리한다.

해서도 적용될 수 있다는 점이다. 무시의 관점에서 긍정 전략의 사례는 내가 "주류 다문화주의"라고 명명하고자 하는 것이다.[80] 이들의 접근은 부당하게 평가절하된 집단 정체성들을 새롭게 평가함으로써 경멸을 제거하고자 하지만 그러한 정체성의 내용들이나 그러한 내용들의 기초가 되는 집단의 구별 자체를 문제 삼지는 않는다. 이러한 접근은 내가 "해체"라고 부르고자 하는 변혁 전략과 대비될 수 있다.[81] 이 두 번째 접근은 현재 제도화된 문화적 가치 유형들의 근저에 놓여 있는 상징적 대립들을 해체함으로써 신분 종속을 교정하고자 한다. 이러한 접근은 그저 인정받지 못하는 사람들의 자부심을 고양시키는 것이 아니라 기존의 신분 분화를 동요시키고 **모든 사람들**의 자기정체성을 변화시키고자 한다.

80 모든 형태의 다문화주의가 여기서 묘사한 모델과 상응하는 것은 아니다. 여기서 제시한 모델은 내가 다문화주의에 대한 주류적 견해로 간주하는 내용을 이념형적으로 재구성한 것이다. 보통 주요한 공론장에서 논의되는 형태라는 의미에서도 이런 모델이 주류를 대변한다고 할 수 있을 것이다. Linda Nicholson, "To Be or Not To Be"와 Michael Warner et al., "Critical Multiculturalism," *Critical Inquiry* 18, no. 3(1992 봄), 530-36에서는 다른 형태의 다문화주의들이 논의되고 있다.

81 물론 "해체"라는 용어에 대한 나의 용법은 정통적인 것이 아니다. 왜냐하면 나의 용례는 무시에 대한 특정한 형태의 제도적 치유책을 지시하고 있기 때문이다. 때문에 Jacques Derrida는, 특히 최근 들어 그가 해체를 정의와 단적으로 동일시하는 것을 고려할 때, 나의 용법을 인정하지 않을 것이다. 그럼에도 불구하고 나의 용법은 그의 초기 저작들의 풍미를 간직하고 있다. 왜냐하면 나의 용법이 유동적으로 변화하는 차이들에 대한 유토피아적인 문화적 이상을 주장하기 때문이다. 해체적 문화에 대한 유토피아적인 그의 초기 구상에 대해서는 Jacques Derrida and Christie V. McDonald, "Choreographies," *Dialectics* 12(1982), 66-76 참조. 정의와 해체의 관계에 대한 그의 이후 설명에 대해서는 Jacques Derrida, "Force of Law: The 'Mystical Foundation of Authority'," in *Deconstruction and the Possibility of Justice*, ed. Drucilla Cornell, Michel Rosenfeld and David Gray Carlson(New York 1992), 3-67.

해체적 인정에 대한 생각은 그것이 헤겔적인 발상과 데리다적인 발상을 뒤섞어버리기 때문에 약간 모순된 것처럼 보일 수도 있다. 그럼에도 불구하고 이러한 견해는 현대 정치에서 정확하고 유용한 의미를 갖는다. 그것이 가지는 의미를 설명하기 위해 이성애주의를 극복하기 위한 두 가지 대안적 전략들에 대해서 생각해보도록 하자. 한편에는 게이와 레즈비언의 성을 새롭게 평가하고자 하는 게이 정체성 정치의 전략이 있으며, 다른 한편에는 이성애주의와 동성애주의 사이의 이항 대립을 해체하고자 하는 "퀴어(queer) 정치"의 전략이 있다.[82] 긍정적인 첫 번째 전략이 기존의 성적 지향들에 대한 이해를 증대시키고자 하는 반면에 변혁적인 두 번째 전략은 상호 배타적인 성적 지위에 관한 현재의 구별을 동요시키고자 한다. 해체 전략들은 여성주의와 반인종주의 운동에서도 발견될 수 있다. 여기서 해체 전략들은 남성/여성, 흑인/백인이라는 견고한 대립 항들을 복수적 차이들의 변화하는 장으로 대체해버리고자 한다. 물론 이런 전략들은 문제가 되는 신분 구별이 그 자체로 억압적이라고 가정하고 있다. 그러나 신분 구별이 단지 우연적으로만 억압적인 경우에는 앞으로 우리가 보게 될 바와 같이 다른 형태의 변혁이 보다 바람직할 수가 있을 것이다.[83]

결국 일반적으로 말하자면 긍정과 변혁의 구별은 분배와 인정 모두에 동일하게 적용될 수 있다. 우리는 이러한 구별을 불의를 치유

82 또 다른 접근법으로 동성애 권리 휴머니즘(gay-rights humanism)이 있으며, 이는 기존의 성들을 사적인 것으로 만든다.

하기 위한 수많은 대책들을 분류하기 위해서 두 측면 모두에서 이용할 수 있다. 물론 이런 분류의 궁극적인 목적은 무엇을 할 것인지에 대해서 모종의 결론을 내리는 일이다. 그러나 이를 위해서는 먼저 긍정과 변혁이 가지는 상대적 장점들을 평가할 필요가 있다. 어떤 접근이 불평등 분배와 무시 모두를 동시에 더 잘 시정할 수 있는가?

상황과 무관하게 추상적으로 생각해볼 때, 긍정 전략은 적어도 두 가지 중요한 결점을 가지고 있다. 첫째, 무시에 적용되는 경우 긍정적 대책들은 집단 정체성을 강화하는 경향이 있다. 단일한 축에 따라 집단 정체성을 평가하는 이런 대책들은 사람들의 자기 이해를 극단적으로 단순화하면서 사람들의 삶의 복잡성, 그들이 가지는 복수

83 Erik Olin Wright는 몇 가지 추가적인 접근들을 제안하였다. 거기에는 **해체**(두 쌍의 정체성 중 다른 것은 그대로 두고 하나만 해체하기, 예를 들면 정체성의 원천으로서 백인은 해체하고 흑인은 그대로 두는 경우, 또는 정체성 중 특수하게 억압적인 요소들만을 해체하기, 예를 들어 종교적 정체성 중에서 여성 차별적이고 동성애 혐오적인 요소들만을 해체하는 경우), **분리**(사람들 사이의 사회적 상호작용을 감소시키기 위해서 당사자들을 극단적으로 유리시키고 억압적 관행이 발생할 소지를 최소화하는 경우), **탈정치화**(공공연하게 나타나는 적대관계들을 취향이나 믿음에 관한 사적인 문제들로 변형시키기) 등이 포함된다. 나는 이 절의 후반부에서 이러한 대안들 중 몇 가지를 고찰할 것이다. Wright는 무시의 특수한 축들과 특수한 치유책들을 서로 연결시키자는 제안도 하였다. 결국 그의 주장에 따르면, 종족에 대한 무시는 다양성을 인정하는 긍정적 접근에 의해 가장 잘 교정될 수 있고, 성적인 무시는 탈정치화를 수반하는 해체에 의해 가장 잘 교정될 수 있으며, 젠더와 관련된 무시는 해체에 의해 가장 잘 교정될 수 있고, 종교적 무시는 탈정치화에 의해 가장 잘 교정될 수 있고, 인종적 무시는 해체에 의해 가장 잘 교정될 수 있고, 민족적 무시는 분리에 의해 가장 잘 교정될 수 있다. 대개의 경우 이러한 상호관계는 직관적으로 그럴듯해 보인다. 그럼에도 불구하고 내가 보기에 정치적 문제들은 이런 수준의 범주적 논증을 통해서 해결될 수 없을 정도로 상당히 복잡하다. 때문에 나는 이런 결론들을 삼가면서 그런 문제들은 민주적 공중들이 토의를 통해서 해결하도록 남겨둘 것을 제안한다. Erik Olin Wright, "Comments on a General Typology of Emancipatory Projects"(미출판 원고, 1997년 2월), 이하에서는 "Comments"로 약기한다.

의 정체성, 그들 사이의 다양한 상호 협력관계 등을 부정하게 된다. 나아가 최악의 경우 이러한 접근들은 의견의 차이나 실험을 집단에 대한 충실성이 없다는 표식으로 간주하면서 그것들을 포기하게 만들고 결국 개인들로 하여금 한 집단의 유형에 순응하게 만든다. 집단 내부에 존재하는 구별들을 탐구하는 것을 억압하는 이런 접근들은 지배적인 분파가 가지는 권력을 은폐하고 종속의 횡단 축을 강화한다. 결국 무시를 극복하기 위한 긍정 전략들은 차이를 넘어서는 상호작용을 촉진하지 못하고 너무도 쉽게 분리주의나 억압적인 공동체주의로 귀결되어버린다.[84]

긍정적 처방들은 또한 두 번째 이유 때문에도 문제가 있는 것으로 입증된다. 이 전략들은 불평등 분배에 적용되는 경우 종종 무시를 야기하는 역효과를 유발하는 경우가 있다. 예를 들어 자유주의적 복지국가에서 공적 원조 프로그램들은 빈곤층에 원조를 제공하지만 빈곤을 야기하는 심층적 구조들은 그대로 방치해둔다. 때문에 이런 전략들은 표피적인 자원의 분배를 반복해야만 한다. 그 결과 열악한 지위에 있는 사람들은 본래부터 결함이 있고, 항상 점점 더 많은 것을 원하는 탐욕스러운 사람들로 간주된다. 이런 경우 긍정적 접근들은 불평등 분배를 시정할 수 없게 될 뿐 아니라 무시를 강화하게 된다. 이러한 상황의 전체적 결과는 박탈로 인한 상처에다가 경멸이라는 모욕을 덧붙이는 것이다.

84 이런 어려움과 관련된 보다 확대된 논의에 관해서는 Fraser, "Rethinking Recognition" 참조.

반면에 변혁 전략들은 전반적으로 이러한 난점들에서 벗어날 수 있다. 무시에 적용되는 경우 해체적 대책들은 그것들이 차별적인 신분 구별을 동요시키는 것을 목적으로 하기 때문에 원칙적으로 그러한 구별을 강화시키지 않는다. 해체적 대책들은 정체성의 복잡성과 다수성을 인정하기 때문에 흑인/백인, 동성애/이성애와 같은 지배적인 강력한 이항 대립들을 탈중심화된 일군의 작은 차이들로 대체해버린다. 그것이 성공할 경우 이런 개혁들은 주류 다문화주의가 종종 동반하는 순응주의 전반을 패퇴시켜버린다. 이런 개혁들은 결코 분리주의나 억압적 공동체주의를 촉진시키지 않으면서 차이를 넘어선 상호작용을 강화한다.

한편 변혁적 접근들이 불평등 분배에 적용되는 경우 그것은 연대를 지향하는 형태를 취하게 된다. 이런 접근들은 파이를 키우고 노동의 일반적 조건들을 변화시키는 데 집중하게 되면서 권리를 보편적으로 부여하는 경향이 있다. 따라서 이런 접근들은 우선적 원조 수혜자로 간주되는 취약계층이라는 낙인찍힌 계급을 만들어내지 않으면서 불평등을 감소시킨다. 무시의 역효과를 만들어내지 않는 이러한 접근은 사회적 연대성을 강화하는 경향이 있다. 따라서 불평등 분배를 시정하고자 하는 접근이 무시를 교정하는 데, 다시 말해 직접적으로 사회의 경제구조에서 기인하는 무시 형태들을 교정하는 데 도움이 될 수 있다.[85]

85 반대로 신분 질서에서 기인하는 무시 형태들을 교정하기 위해서는 인정과 관련된 독립적인 치유책들이 부가적으로 필요하다.

다른 모든 상황이 동일하다면, 변혁 전략들이 보다 바람직하다. 그러나 변혁 전략들에 아무런 문제도 없는 것은 아니다. 이항 대립들을 해체하라는 요구는 인정받지 못하는 대부분의 주체들이 직접적으로 고민하는 내용과는 너무 거리가 멀다. 그들은 신분 구별을 제거하는 것보다는 평가절하된 정체성을 긍정함으로써 자존감을 갖기를 원한다. 마찬가지로 경제적 변혁에 대한 요구들은 불평등한 분배를 받는 대부분의 주체들의 경험과는 동떨어진 것이다. 그들은 민주적인 사회주의적 계획보다는 소득 이전을 통해 직접적인 혜택을 더 많이 얻기를 바란다. 보다 일반적으로 말하자면 변혁 전략들은 집단행동의 문제와 관련하여 큰 취약성을 갖는다. 적어도 그 순수한 형태에서 볼 때 변혁 전략들은 특수한 상황들에서만, 즉 모종의 사건들로 인해서 수많은 사람들이 동시에 현재의 이해관계와 정체성의 상태에서 이탈하게 되는 그런 상황 속에서만 실행될 수 있다.

변혁 전략들이 원칙상은 바람직하지만 그것을 실행하기가 더 어렵다면, 분명히 둘 중 하나는 포기해야 할 것이다. 과연 우리는 원칙을 현실주의의 제단 위에 바쳐야만 하는 것인가?

2. 비개혁주의적 개혁이라는 중도 노선

다행스럽게도 이러한 난제가 처음 볼 때만큼 그렇게 풀기 어려운 것만은 아니다. 사실 긍정과 변혁의 구별은 절대적인 것이 아니라 맥락에 따라서 달라진다.[86] 추상적으로 볼 때는 긍정적인 것처럼 보이는 개혁들도 만일 그것들이 급진적으로 그리고 일관되게 추진될 경우 변혁적 효과들을 산출할 수 있다. 예를 들면 무조건적인 기본 소득(Basic Income) 지불은 자본주의적 소유권의 심층적 구조를 건드리지 않으면서도 모든 시민들에게 그가 노동력으로 참여하고 있는지 여부와는 무관하게 최저 생활수준을 보장해주게 될 것이다.[87] 추상적으로 보면 이는 긍정 전략처럼 보인다. 나아가 이는 신자유주의 체제의 현실과도 어울리는 것처럼 보인다. 이러한 체제에서 기본 소득 지급은 저임금 노동자, 임시직 노동자들에게 보조금을 효과적으로 지급하는 방편이 될 수 있을 것이며, 전반적으로 임금을 낮추는 효과를 낳을 수도 있을 것이다. 그러나 사회민주주의 체제에서 나타나는 효과는 이와는 매우 상이할 수가 있다. 기본 소득 옹호자들의 주장에 따르면, 만일 지불 수준이 충분히 높아진다면, 기본 소득은 더 큰 변화를 추구할 수 있는 보다 우호적인 조건들을 창출해내면서 자본과 노동 사이의 권력 균형을 변화시킬 수 있다. 결국 장기적인 결과는 노동력의 상품화 자체를 침식하는 것이 될 수도 있다는 것이다.[88] 이런 경우 명백히 불평등 분배를 해결하기 위한 긍정 전략처럼 보이던 것이 경제적인 계급 종속과 관련해서 심층적인 변혁적 효과를 산출할 수도 있을 것이다.

마찬가지로 무조건적 기본 소득 지불은 젠더와 관련해서도 변혁

86 이 점에 대해서 나는 Erik Olin Wright의 도움을 받았다. 나는 이 단락의 몇몇 성식화들을 그의 "Comments"에서 빌려왔다.

87 Philpe Van Parijs, "Why Surfers Should Be Fed: The Liberal Case for an Unconditional Basic Income," *Philosophy and Public Affairs* 20, no. 2(1991 봄), 101-31; *Real Freedom for All: What (If Anything) Can Justify Capitalism?*(Oxford 1995).

88 같은 곳.

적이지 않은 것처럼 보일 것이다. 물론 기본 소득은 일차적으로 돌봄 노동 종사자들이 정기적으로 노동시장에서 빠져나올 수 있게 해줄 것이다. 그러나 그 자체만으로 볼 때 기본 소득은 젠더와 관련한 노동 분업을 변화시키는 데에는 아무런 효과도 없다. 젠더와 관련된 이러한 노동 분업은 남성 수급자들은 자유롭게 놀게 놔두면서 임금도 못 받는 가사 노동은 전적으로 여성들에게만 부담시킨다.[89] 사실 특정한 상황에서 기본 소득은 유동적이고 지속성이 없으며 대체로 여성들이 종사하는 노동력 시장이라고 할 수 있는 "마미 트랙"(mommy track)을 공고화할 수 있으며, 이를 통해 젠더와 관련된 불평등 분배의 심층 구조를 변혁하기는커녕 강화할 수도 있을 것이다.[90] 반면에 사회민주주의적이고 여성주의적인 체제를 구성하는 여러 요인들 중 하나로 그것이 제도화되는 경우 기본 소득은 매우 변혁적인 것이 될 수도 있다. 예를 들어 남녀 동일임금 제도나 질 높고 풍부한 아동 양육 제도와 결합되는 경우 기본 소득은 젠더 사이의 노동 분업에 변화를 불러일으키는 데 기여하면서 이성애 가정들 내부에서의 권력 균형을 변화시킬 수도 있을 것이다.

이런 사례들은 아무것도 선택할 수 없는 어려운 상황에서 우리가 벗어날 수 있는 길을 제시해주고 있다. 이 사례들은 정치적으로 실행 가능하지만 내용적으로 결함이 있는 긍정 전략과 계획상으로는

89 "Why Surfers Should Be Fed"에서 Philppe Van Parijs는 젠더와 관련된 배경을 언급하지 않은 채 네티즌들이라는 사실 자체를 기본 소득 수령을 위한 결정적 기준으로 상정했다.

90 Nancy Fraser, "After the Family Wage: A Postindustrial Thought Experiment," in Fraser, *Justice Interrupts*.

건전하지만 정치적으로 실행 불가능한 변혁 전략 사이에 **중도**의 길이 존재할 수 있다는 가능성을 보여주고 있다. 이러한 대안적 전략의 핵심은 그것이 "비개혁주의적 개혁들"에 의존한다는 점이다.[91] 이런 개혁들은 이중의 얼굴을 가진 정책들이다. 한편으로 이런 정책들은 사람들의 정체성들에 개입하며 인정 및 분배와 관련하여 기존의 틀 안에서 해석된 그들의 욕구들 중 일부를 충족시켜준다. 반면에 이런 정책들은 시간이 지남에 따라서 보다 급진적인 개혁들이 실행될 수 있는 그런 변화의 과정이 시작되게 만든다. 성공적인 경우 비개혁주의적 개혁들은 그것들이 명시적인 목표로 삼는 특수한 제도적 측면을 넘어서는 변화를 가져오게 될 것이다. 나아가 그러한 개혁들은 향후의 투쟁 지형 자체를 변화시키게 된다. 그러한 개혁들은 동기부여 구조와 정치적 기회의 구조를 변화시킴으로써 향후의 개혁이 취할 수 있는 선택의 범위를 확장시킨다. 시간이 감에 따라 그것들이 가지는 누적 효과가 불의를 산출하는 근본 구조들을 변형시킬 수도 있을 것이다.

최상의 경우라면 비개혁주의적 개혁의 전략은 긍정 전략이 가지는 실행 가능성을 불의의 근원을 공격하는 변혁에 대한 급진적 신념과 결합시키게 될 것이다. 포드주의 시기에는 이러한 전략이 사회민주주의에 대한 몇몇 좌파들의 사고방식에 반영되어 있었다. 이런 관점에서 보면 사회민주주의는 한편에는 긍정적인 자유주의적 복지국

91 비개혁주의적 개혁이라는 발상에 대해서는 André Gorz, *Strategy for Labor: A Radical Proposal*, trans. Martin A. Nicolaus and Victoria Ortiz(Boston 1967). Erik Olin Wright의 "comments"는 이와 관련하여 Gorz의 견해를 받아들일 것을 제안해주었다.

가, 다른 한편에는 변혁적인 사회주의 국가가 존재하는 상황에서 취해진 단순한 타협만은 아니었다. 오히려 사회민주주의는 그것의 궤적이 결국에는 변혁에 이르게 될 역동적 체제로 간주되었다. 이들의 생각은 명백히 긍정적인 (재)분배와 관련된 일련의 초기 개혁들을 제도화하자는 것이었다. 거기에는 보편적인 사회복지 수급권, 매우 진보적인 세제, 완전 고용을 위한 거시경제 정책들, 광범위한 비시장적 공공 영역, 주요한 공공 그리고/혹은 집단적 소유 등이 포함된다. 비록 이 모든 정책들 중 그 어느 것도 자본주의 경제구조 그 자체를 변화시키지는 않았지만, 이들이 기대했던 것은 이러한 정책들이 결합되어 권력의 균형점을 자본에서 노동으로 이동시키고 장기적으로 변혁을 고무하는 것이었다.[92] 물론 이런 기대가 적절한 것이었는지에 대해서는 논란의 소지가 있다. 결국 신자유주의가 그런 실험을 효과적으로 종식시켜버렸기 때문에, 그런 기대는 충분히 검토될 수가 없었다. 뿐만 아니라 현재 경제적 지구화의 조건을 고려할 때 단일 국가 내에서의 비개혁주의적 경제개혁이 더 이상 가능하지 않기 때문에 이런 문제는 현실성이 없을 수도 있다. 그럼에도 불구하고 점진적인 자기 변혁적 체제에 대한 일반적인 관념 자체를 불신할 필요는 없다. 오히려 비개혁주의적 경제개혁 전략은 오늘날 초국적 범위에서 충분히 추구해볼 만한 가치가 있다.

이런 접근을 인정 정치의 경우에도 생각해볼 수 있을까? 분명히

92 Esping-Andersen, *The Three Worlds of Welfare Capitalism*에서 이런 형태의 논증이 등장한다.

정체성 정치에 대한 몇몇 옹호자들은 향후에 주어질 변혁적 효과들을 예상하면서 긍정 전략들을 지지한다. 예를 들어 문화주의적 여성주의자들은 여성성과 관련된 특징들에 대한 새로운 평가를 목표로 하면서 인정 정치를 추구한다. 물론 그들 모두가 "여성의 차이"에 대한 긍정을 종국적인 목표로 생각하는 것은 아니다. 몇몇 사람들은 이를 잠정적인 전략으로 생각하며 이것이 종국적으로는 남성/여성이라는 이항 대립을 동요시키게 될 것이라고 기대한다. 그러한 전략 중 하나는 사회적 역할들을 부당하게 젠더화하는 것에 저항하여 여성들이 투쟁할 수 있도록 하기 위한 방편으로 여성성에 대해서 찬양한다. 다른 전략은 남성들도 전통적인 여성적 활동을 담당할 수 있도록 하기 위한 방편으로 여성들의 전통적인 활동들을 긍정적으로 평가한다. 두 경우 모두에서 "전략적 본질주의"를 옹호하는 사람들은 긍정 전략이 장기적으로 변혁적인 효과를 산출하기를 기대한다.[93] 그러나 이러한 기대가 과연 그럴듯한 것인지 여부는 상황적 요인들에, 예를 들면 그러한 정치에 내재하는 물화 경향들에 맞설 수 있을 정도로 충분히 강력한 힘들이 존재하는지 여부에 달려 있다. 젠더의 차이가 자연스러운 것으로 받아들여지는 신전통주의 문화의 맥락 속에서라면 전략적인 문화적 여성주의는 물화에 굴복하기가 쉬울 것이다. 반면에 모든 분류와 정체성들은 구성된 것이고 우연적

93 "전략적 본질주의"라는 용어는 본래 Gayatri Spivak이 사용한 것이다. Gayatri Spivak이 Ellen Rooney와 행한 "In a Word: Interview," *differences* 1-2(1989 여름), 124-56 참조. Iris Marion Young은 "Unruly Categories"에서 정체성에 관한 긍정 정치가 문화적 변혁을 초래할 수 있다는 견해를 옹호하였다.

인 것이라는 생생한 인식이 충만한 포스트모던한 문화라면 전략적인 문화적 여성주의는 변혁을 촉진하기가 쉬울 것이다. 마지막으로 신전통주의와 포스트모더니즘이 경쟁하는 문화적 조류로 공존하는 상황이라면 전략적 본질주의가 기대하는 결과를 낳을지 여부를 예측하기는 더 힘들게 될 것이다. 물론 이 마지막 경우가 바로 오늘날 우리가 당면한 상황이며, 이 때문에 많은 여성주의자들은 이러한 전략에 대해 회의적인 시선을 보내고 있다.[94]

그것이 어느 경우든 인정과 관련된 비개혁주의적 개혁을 이해하는 또 다른 방식 역시 존재한다. 앞서 언급한 전략은 젠더 분화는 본질적으로 강압적이며 결국에는 해체되어야만 한다고 가정하고 있다. 그러나 분화가 그 자체로 강압적이지 않은 곳이라면 사회 변혁이 선호하는 목적 역시 그것을 해체하는 것은 아닐 것이다. 만일 구별들이 오직 우연적으로만 불평등한 참여를 조장하는 제도들과 연관되어 있는 경우라면, 목적은 불평등을 제거하는 것이 될 것이며, 그러한 구별을 조장할지 폐지할지 여부는 다음 세대들이 선택하도록 남겨두면 될 것이다.

다시 한 번 머리 스카프 사건에 대해 생각해보자. 여기서 무시를

94 나는 나 자신이 회의주의자에 속한다고 생각한다. 불행하게도 현재까지 이 문제에 관한 여성주의자들의 논쟁은 대체로 추상적인 수준에 머물고 있다. 문화적 여성주의자들은 여성적 정체성에 대한 긍정을 젠더 차이에 대한 해체로 인도할 그럴듯한 구체적 각본을 아직 제시하지 못하고 있다. 그리고 그 논의는 제도적인 기초를 가지고 진행되지 못해왔다. 주목할 만한 예외로는 Anne Philips를 들 수 있는데, 그는 정치적 대표에서의 젠더 할당에 주목하면서 그것이 가지는 변혁적 전망들과 사물화의 위험성에 대해 사려 깊게 평가하고 있다. Anne Philips, *The Politics of Presence*(Oxford 1995) 참조.

치유하는 것은 기독교와 이슬람 사이의 차이를 해체하는 것이 아니다. 앞서 우리가 살펴본 바와 같이 무시를 치유하는 길은 소수자들을 포용할 수 있는 긍정적 태도를 취함으로써 다수의 관행만을 선호하는 제도를 폐지하는 것이다. 물론 이 과정에서 누군가에게 동화될 것을 요구하거나 여성의 종속을 강화시켜서는 안 될 것이다. 단기적으로 보면 이런 접근은 당연히 긍정 전략처럼 보인다. 왜냐하면 이런 접근은 공교육에 대한 완전한 참여를 위해서 기존 집단의 권리를 긍정하기 때문이다. 그러나 장기적으로 보면 이런 접근은 다문화 사회에 적합한 방식으로 프랑스의 국민 정체성을 재구성하는 변혁적 결과를 산출할 수도 있다. 이는 자유주의적이고 다원적이며 젠더 평등을 추구하는 체제에 적합하게 이슬람을 개조하며 그리고(혹은) 그런 차이들을 일상적이고 세속적인 것으로 만들어서 종교가 가지는 정치적 의미를 일반적으로 축소시켜버림으로써 가능해질 것이다. 물론 앞서와 마찬가지로 그러한 변혁이 이루어질지 여부는 상황적인 요인들에 달려 있다.

어쨌든 여기서 중요한 것은 다음과 같다. 신분 구별이 종속과 분리될 수 있는 경우 비개혁주의적 개혁 전략은 그것들의 궁극적 운명을 미리 예단할 필요가 없다는 것이다. 우리는 주어진 구별이 보존할 만한 가치가 있는 것인지 여부를 미래 세대들이 결정하도록 남겨둘 수 있다. 현재 우리는 단지 제도화된 종속에 의해서 구속받지 않고 자유롭게 그러한 결정이 내려질 수 있을 것이라는 점만을 보증하면 된다. 그러나 이는 일정한 제도적인 제약을 요구한다. 비개혁주의적 개혁은 집단적 권리를 법적 권리로 설정하거나 변경하기 어려

운 신분 구별들을 확정하지는 말아야 한다.[95]

물론 인정과 관련된 비개혁주의적 개혁을 달리 이해하는 방식 역시 존재할 것이다. 여기서 내가 목표로 하는 바는 특정한 입장을 옹호하는 것이라기보다는 그러한 접근에 대해 일반적인 관심을 가지라고 제안하는 것이다. 그 방향이 무엇이든 간에 비개혁주의적 개혁은 신분 질서의 변혁을 고무시킨다. 그것은 즉각적인 제도적 개입을 통해서 직접적으로 이루어질 수도 있고 미래의 인정투쟁이 수행될 지형을 변화시키는 방식으로 정치적으로 진행될 수도 있다. 따라서 분배의 경우처럼 인정의 경우에도 이러한 접근은 양자의 최고의 장점을 결합하는 방식으로 긍정과 변혁 사이의 중도를 표현하고 있다.

3. 통합의 방법들—교차 시정과 경계 인식

따라서 일반적으로 말하자면 비개혁주의적 개혁 전략은 정의의 두 차원 모두에 대해 어느 정도의 희망을 제공한다. 그러나 이 전략은 그저 덧붙이는 방식으로는 적용될 수 없다. 따라서 분배를 위해 한 전략을 개발하고 인정을 위해 또 다른 전략을 개발하는 식의 방법은 불충분한 것이 될 수밖에 없다.[96] 우리가 살펴본 바와 같이 그 자체로만 보면 완벽하게 보이는 불평등 분배에 대한 대책들이 무시를 강화할 수 있으며 그 역도 마찬가지다. 그리고 주어진 차원에서 성공

95 집단의 권리에 대한 입법을 반대하는 설득력 있는 논증으로는 Benhabib, "Nous et 'les autres'" 참조.

적으로 불의에 맞설 수 있는 개별적인 개혁들이 동시에 추구될 경우 서로를 훼손할 수도 있다. 따라서 우리에게 필요한 것은 불평등 분배와 무시를 동시에 시정할 수 있는 통합적인 접근이다.

어떻게 이러한 접근법을 개발할 수 있을까? 우리는 이미 인정과 관련된 개혁이 가지는 분배적 함축과 분배와 관련된 개혁이 가지는 인정에 관한 함축들 모두를 검토할 수 있게 함으로써 이들 간의 통합을 촉진하는 관점적 이원론의 사용법에 대해서 살펴본 바 있다. 통합을 위한 또 다른 두 가지 방법들이 이와 마찬가지의 도움을 줄 수 있다.

첫 번째를 나는 **교차-시정**(cross-redressing)이라고 부르고자 한다. 이는 정의의 한 차원과 연결된 수단들을 다른 차원과 연결된 불평등을 시정하기 위해서 사용하는 것을 의미한다. 즉 무시를 시정하기 위해서 분배를 수단으로 이용하고 불평등 분배를 시정하기 위해서 인정을 수단으로 이용하는 것을 말한다.[97] 교차-시정은 두 가지 형태의 종속을 동시에 완화시키기 위해서 신분과 계급의 뒤얽힘을 이용한다. 물론 그것이 전면적으로 무조건 이용될 수 있는 것은 아니다. 그래서 나는 앞서 분배를 통해서 모든 무시를 교정할 수 있다고

96 나의 글 "From Redistribution to Recognition?"을 읽은 몇몇 독자들은 내가 그러한 덧붙이기 전략을 제안하고 있다고 추론했다. 그 분명한 이유는 내가 "경제에서의 사회주의와 문화에서의 해체주의를" 옹호했기 때문이다. 그럼에도 불구하고 나의 의도가 단지 분배 정치의 어깨 위에 인정 정치를 올려놓고자 하는 것은 아니었다. 오히려 나는 상호 간섭과 타협적 거래의 필요성을 제거할 수 있는 통합적 접근을 추구했다. 여기서 나는 덧붙이는 것처럼 보이는 정식화를 회피함으로써 사전에 이런 종류의 오해를 방지해두고자 한다.

97 "교차-시정"이라는 용어는 나 자신의 것이지만, 그 논점에 대해서는 Erik Olin Wright의 도움을 받았다. 그의 글 "Comments" 참조.

보는 환원주의적 경제주의를 논박했으며 마찬가지로 인정을 통해서 모든 불평등 분배를 시정할 수 있다는 조야한 문화주의적 관점에도 반대하였다. 그러나 좀 더 제한된 범위에서 교차-시정을 이용하는 것은 전적으로 실행 가능한 일이다.

첫째, 분배가 무시를 완화할 수 있는 몇몇 경우들에 대해서 생각해보자. 합리적 선택 이론가들은 소득 증가가 여성이 이혼을 선택할 수 있는 가능성을 확대해주며 가정 내에서 여성들의 협상 능력을 높여준다고 주장한다. 결국 고임금은 가정 폭력이나 부부 강간과 같이 결혼과 연관되어 있는 신분상의 고통들로부터 벗어날 수 있는 여성들의 능력을 강화해준다.[98] 이런 식의 추론에 기초하여 몇몇 정책 분석가들은 개발도상국들에서 가난한 여성들의 신분적 지위를 높이기 위한 가장 확실한 방법은 그녀들이 임금 노동을 할 수 있는 기회를 제공하는 것이라고 주장한다.[99] 물론 때때로 이런 논증은 인정과 관련된 개혁 전체의 필요성을 부정하는 데까지 과도하게 확대될 수 있을 것이며, 이런 형태라면 그 논증들은 분명히 잘못된 것이 될 것이다. 그러나 보다 완화된 형태의 주장이라면, 즉 특정한 경우에 분배는 신분 종속을 완화시킬 수도 있다는 주장이라면, 이러한 논지는

98 Susan Moller Okin, *Justice, Gender and Family*(New York 1989); Nancy Fraser, "After the Family Wage"; Barbara Hobson, "No Exit, No Voice: Women's Economic Dependency and the Welfare State," *Acta Sociologica* 33, no. 3(1990 가을), 235-50. 또 Albert O. Hirschman, *Exit, Voice, and Loyalty: Responses to Decline in Firms, Organizations, and States*(Cambridge, MA 1970)의 탈출구와 발언권에 대한 일반적 논의를 참조하라.

99 Amartya Sen, "Gender and Cooperative Conflicts," in *Persistent Inequalities: Women and World Development*, ed. Irene Tinker(New York 1990).

설득력이 있다.

이러한 결론은 앞서 내가 논의한 변혁적 분배 사례에 의해서도 지지된다. 우리가 살펴본 바와 같이 이러한 접근은 빈곤층에 대한 선택적 지원보다는 보편적인 사회복지 수급권을 선호한다. 이러한 접근은 가난한 사람들에게 낙인을 찍는 대신에 사회적 연대성을 강화한다. 사실 불평등 분배에 대한 변혁적 처방들은 인종주의와 투쟁하는 데 각별하게 도움이 되는 방식으로 무시를 축소시킬 잠재력을 가지고 있다. 그러한 정책들은 전체 몫을 키움으로써 전형적인 인종적 적대감을 강화시키는 경제적 불안정성과 제로섬 갈등들을 완화시킨다. 그리고 이러한 정책들은 경제적 차별을 감소시킴으로써 공동의 물질적 생활 토대를 창출하며, 이를 통해서 인종 간의 경계들을 유지시키려는 충동들을 축소시킨다.[100] 이런 경우 분배 정책들은 전반적으로 무시를 감소시킬 수 있으며, 특히 경제적 조건들과 밀접하게 연관되어 있는 무시 형태들을 감소시킨다.

교차-시정이 정반대 방향으로 작동하는 몇몇 경우들에 대해서도 생각해보도록 하자. 우리가 살펴본 바와 같이 게이와 레즈비언들은 신분 종속으로 인한 심각한 경제적 불이익으로 고통받는다. 따라서 그들의 경우 인정과 관련된 수단들은 불평등 분배를 완화시킬 수 있다. 동성들 사이의 결혼이나 가족 구성을 법적으로 인정하는 조치는 현재 복지 수급권, 세금 및 상속법 등으로 인해 발생하는 경제적 불이익들을 효과적으로 제거할 수 있을 것이다. 고용과 군복무에서 이

100 Wright, "Comments."

성애주의적 차별을 불법화하는 조치는 소득을 올려주고 더 나은 부가급부들을 제공하게 될 것이다. 멸시받는 집단들 전반에 대해서도 이러한 논지는 유효하다. 더 존중해주는 것은 차별을 감소하는 것으로 이어지게 되며, 이는 단지 고용뿐 아니라 주거, 신용 능력에서도 그러하며 결국 이를 통해 경제적 지위가 향상될 수 있는 것이다. 불평등 분배가 신분 종속과 연관되어 있는 이런 경우에서 인정은 불평등 분배를 교정하는 데 도움을 줄 수 있다.

따라서 일반적으로 교차-시정은 분배와 인정을 통합하기 위한 유용한 전술이다. 이런 교차 시정이 보다 큰 범위에 맞게 조정된 비개혁주의적 개혁 전략의 한 부분으로 현명하게 채택되는 경우 이는 원치 않는 타협을 피하는 데 도움이 될 수 있다.

통합을 촉진하는 두 번째 방법을 나는 **경계 인식**(boundary awareness)이라고 부르고자 한다. 이를 통해 나는 다양한 개혁들이 집단 간 경계들에 대해 미치는 영향에 대해서 언급하고자 한다. 우리가 살펴본 바와 같이 불의를 시정하기 위한 몇몇 노력들은 사회적 집단을 차별화하는 데 기여하는 반면에 다른 노력들은 사회적 집단들 사이의 차별을 제거하는 데 기여한다. 예를 들어 불평등 분배를 시정하기 위한 노력들은 경제적 차별의 폐지나 감소를 자신들의 명시적 목표로 선언한다. 그들이 긍정 전략을 선호하든 변혁 전략을 선호하든 간에 목적은 계급 차별들을 축소시키거나 폐지하는 것이며, 이를 통해 경계들을 완화하거나 제거하는 것이다. 반면에 인정에 대한 긍정적 접근은 집단의 특수성을 인정하는 것을 목표로 한다. 이러한 전략들은 결과적으로 집단의 분화가 가지는 정당성을 인정함으로써 기존의 경계들을 긍정하게 될 것이다. 마지막으로 변혁적인 인정 전략들은 이항적 분류 자체를 해체하고자 한다. 이러한 전략들은 결국 첨예한 신분 구별을 제거함으로써 집단들 사이의 경계들을 동요시킨다.

분배와 인정을 통합하고자 하는 노력들은 이러한 다양한 목적들을 고려해야만 한다. 경계의 역동성에 대한 인식이 없다면, 우리는 결국 서로 상충하는 목적을 갖는 개혁들을 추구하는 상황에 봉착하게 될 것이다. 예를 들어 "흑인"에 대한 새로운 평가를 통해서 인종주의적 무시를 시정하기 위한 긍정적 노력들은 인종적 차별을 공고하게 하는 경향이 있다. 반면에 인종적인 노동 분업을 폐지함으로써 인종들 사이의 불평등 분배를 시정하고자 하는 변혁적 노력들은 인종들 사이의 경계를 침식하게 될 것이다. 결국 이 두 종류의 개혁들은 서로 반대 방향을 취하고 있다. 이것들이 함께 추진되는 경우 그것들은 서로 간섭하거나 역효과를 발휘할 수 있을 것이다. 경계 인식은 이런 모순을 미리 예상할 수 있게 해준다. 특정한 개혁들의 조합이 가지는 자기 파괴적 성격을 보여줌으로써 경계 인식은 보다 생산적인 대안들이 무엇인지를 식별할 수 있게 할 것이다.[101]

나아가 의도하지 않은 결과들이 발생할 가능성까지 고려한다면 경계 인식의 필요성은 더욱 증가하게 된다. 이런 경우에는 모든 유형의 개혁들이 결국 그들이 내건 목표를 성취할 수 없게 될 것이다.

101 경계의 동학과 관련하여 다양한 일련의 개혁들의 양립 가능성에 대한 상세한 비교 평가에 대해서는 Fraser, "From Redistribution to Recognition?" 참조.

예를 들면 불평등 분배에 대한 긍정적 대책들이 무시와 관련된 역효과를 산출하고 그로 인해 그들이 감소시키고자 하는 바로 그 차별을 첨예하게 만들게 된다는 점에 대해서는 이미 살펴보았다. 그런 대책들은 명시적으로는 집단들 사이의 경계들을 완화시키고자 하지만 실제적으로는 그러한 경계들을 더욱 공고화하게 된다. 이런 경우들에서도 경계 인식은 역효과들을 미리 예상하고 그것을 극복하는 데 도움을 줄 수 있다. 경계 인식이 관점적 이원론 및 교차 시정과 결합된다면 그것은 분배와 인정을 통합하는 접근법을 만들어내고자 하는 노력들에 기여할 수 있을 것이다.

그러나 이런 생각들이 그 자체로 분배와 인정을 통합하기 위한 내용과 전망을 제시하는 전략이 되는 것은 아니다. 오히려 이런 생각들은 그러한 전략들을 고안하는 데 도움이 되는 반성적 자세를 보여줄 뿐이다. 이제 그 목적에 부합하게 이러한 생각들을 활용해야 하는 사람은 과연 누구인가 하는 문제가 남아 있다.

4. 토의를 위한 지침

통합적 전략을 구상하는 과업은 이론가 개인이 담당할 일이 아니다. 오히려 이런 과업은 새롭게 부상하는 저항 헤게모니 사회운동 세력이 담당할 기획이라고 할 수 있다.[102] 따라서 예상되는 청사진을 제안하는 대신에 나는 이러한 정치적 기획을 목표로 하는 공적인 토론을 위한 일반적인 몇 가지 지침들을 제안하는 것으로 여기서의 논의를 종결하고자 한다. 지금까지의 논의로부터 특별히 세 가지 논점이 도출된다.

첫 번째 논점은 정의를 제도화하는 방식과 관련된 논의에서 분배가 가지는 역할과 관련된다. 최근 유행하고 있는 문화주의 이데올로기가 주장하는 바와 달리 분배는 정의의 기본적인 차원이다. 분배가 인정의 부수현상으로 축소될 수는 없다. 나아가 실체적 이원론의 주장과 달리 분배 차원은 비록 공식적인 경제 영역에서 매우 중요한 의미를 가지지만 단지 공식적인 경제 영역에만 제한되는 것은 아니다. 분배 차원은 통상 문화적인 것으로 간주되는 사회적 관계를 포함하여 사회적 관계 전반에 침투되어 있다. 마지막으로 환원주의적 경제주의의 주장과는 달리 불평등 분배는 관습적 의미에서의 계급적 불의만을 의미하는 것이 아니다. 종속적 지위에 있는 젠더, "인종", 성, 국적들 역시 체계적인 경제적 불이익을 받게 된다. 결국 분배 문제는 정의를 제도화하는 **모든** 토의들에서 핵심적인 의미를 갖는다. 당연히 분배만으로 모든 형태의 종속을 시정할 수 있는 것은 아니다. 그러나 분배는 사회 변혁을 위한 모든 정당한 기획들이 반드시 필요로 하는 측면이다. 분배 차원을 무시하거나 제거하는 운동들은 그것이 아무리 진보적인 목표를 가지고 있다고 하더라도 경제

102 이러한 저항 헤게모니 블록을 파악하는 데에는 두 가지 방식이 존재한다. 첫 번째 ("통일 전선"united front) 각본에 따르면, 부문 운동들은 모든 주요한 종속의 축들과 더불어 불평등 분배와 무시 모두를 해결하기 위한 단일한 통합적 전략 기획을 고안해내기 위해서 서로 연합한다. 두 번째 (보다 탈중심적인) 각본에 따르면, 부문 운동들은 상대적으로 분리된 채 존재하며, 그들 사이의 조정은 각자가 다른 운동을 알고 있고, 각자가 분배와 인정에 대해서 모두 이차원적으로 사고하는 사회운동들 사이의 느슨한 집합 내에서 이루어지는 지속적인 조율 과정이다.

적 불의를 강화하기 쉽다.

두 번째 논점은 정의를 제도화하는 것과 관련된 토의에서 인정이 가지는 역할과 관련된다. 분배와 마찬가지로 인정도 정의의 기초적이고 환원 불가능한 차원이며, 이는 전 사회적 영역을 관통하고 있다. 따라서 인정 역시 미래의 기획을 제시하는 **모든** 논의들에서 핵심이 되어야 한다. 그러나 통상 무시는 정체성에 대한 평가절하로 해석되며, 인정 정치는 주어진 집단의 정체성을 긍정하는 것을 목표로 하는 정체성의 정치를 의미한다. 그러나 이러한 해석에는 문제가 있다. 왜냐하면 이런 해석은 정체성을 사물화하고, 분리주의를 고무하며, 집단 내부의 지배를 은폐하기 때문이다. 결국 이런 해석은 정책과 관련된 토의에 도움이 되지 않는다. 오히려 무시는 신분 종속으로 간주되어야 하며, 이러한 종속을 통해서 제도화된 문화적 가치 유형들은 특정한 사람들의 동등한 참여를 방해한다. 따라서 그러한 가치 유형들을 동등성을 강화하는 대안적 가치 유형들로 대체하는 개혁들만이 정당한 치유책으로 간주되어야 한다. 나아가 오늘날 정책 토론들은 모든 개인들에게 고착된 지위를 할당하는 안정적인 신분 피라미드를 가정해서는 안 된다. 오히려 그러한 토론들은 인정받기 위한 지속적인 투쟁들이 진행되는 역동적인 체제를 가정해야만 한다. 교차되는 신분 종속의 축들에 의해서 개인들에게 다양한 지위가 부여되는 이러한 체제에서 개혁들은 복합성과 역사적 변화의 여지를 수용해야만 한다. 인정의 복수적 공간과 형태들에 맞추어서 그러한 개혁들은 두터운 집단 정체성들을 확정하거나 집단의 권리를 법적으로 인정해서는 안 된다. 만일 그런 일을 하게 된다면, 그러한 개혁들은 미래의 해방적 변혁의 여지를 차단하게 될 것이다.

마지막으로 세 번째 논점은 "정치적 차원"과 관련된다. 정의를 제도화하는 방식에 대한 토론들은 "틀"(the frame)의 문제를 명시적으로 다루어야만 한다. 모든 문제와 관련하여 그러한 토론들은 정확히 누가 정의와 관련된 주체들인지 하는 질문을 제기해야만 한다. 동등한 참여를 필요로 하는 사람들 중에서 누가 사회적 행위자들인가? 최근과 같이 지구화가 가속화되기 이전에는 그러한 질문들에 대한 답변은 대체로 자명한 것으로 간주되었다. 통상 명시적인 토론도 없이 정의의 영역들은 국가의 영역과 동일한 것으로 간주되었고 따라서 고려 대상이 될 자격을 가진 사람들은 동료 시민들이라고 생각되었다. 그러나 오늘날 이러한 답변은 더 이상 당연한 것이 아니다. 국가 단위를 넘어서는 발전과 국가 단위 하부의 발전들이 동시에 점증하는 조건에서 베스트팔렌적인 주권 국가는 더 이상 정의를 담보하는 유일한 단위로 기능하지 못한다. 주권 국가가 여전히 그 중요성을 유지하고 있음에도 불구하고, 국가는 새롭게 부상하는 다차원적 구조 속에 존재하는 여러 가지 틀 중의 하나일 뿐이다. 이러한 상황에서 정의를 제도화하는 방식에 대한 토론들은 정확한 수준에서 문제를 제기하기 위해 주의해야만 한다. 어떤 문제들이 정말로 국가 단위에서 다루어져야 하며, 어떤 문제들이 지방 단위에서 다루어져야 하는 것인지, 그리고 어떤 문제들이 지역적인 차원에서 다루어져야 하고 어떤 문제들이 지구적 차원에서 다루어져야 하는 것인지에 대해서 결정을 내려야만 한다. 그러한 토론들은 각각의 경우 정당하게 동등한 자격을 부여받은 일련의 참여자들이 누구인지를 정하기 위해서 다양한 참여 영역들의 범위를 확정해야만 한다. 물론 여기서는 이 문제에 대해서 적절한 논의가 이루어지지 못했다.[103] 그러나 이 문제는 정의의 요건들을 충족시키는 데서 중요한 의미를 갖는다. 따라서 틀에 대한 토론은 제도적 질서에 관한 토의에서 중요한 역할을 수행해야만 한다.

이 세 가지 논점들 각각은 현재 유행하고 있는 경향들과는 대립하는 것들이다. 불행하게도 오늘날 인정 정치는 종종 정체성과 관련된 문제로 논의되고 있으며, 분배의 차원과 틀의 문제는 전반적으로 소홀히 다루어지고 있다. 결국 이 세 가지 지침들 전체는 현재 정세에 대한 모종의 종합적 성찰을 유도하고 있다.

103 틀(frame)의 문제에 관한 논의는 Nancy Fraser, "Postnational Democratic Justice" 참조.

5장 현재의 정세에 관한 결론적 성찰

포스트포드주의, 포스트공산주의 그리고 지구화

처음부터 나는 이 글에서 수행한 나의 탐구가 특수한 정치적 정세, 즉 인정투쟁이 새롭게 부상되고 그것이 분배투쟁과 분리되면서 적어도 계급 중심적 평등주의 형태의 분배투쟁이 상대적으로 후퇴하는 정세에 기인한다고 지적하였다. 나는 이러한 정세에 대해 좀 더 상세하게 검토하고 나서 이제 이 글의 논증들을 요약할 것이다.

먼저 최근 들어 인정투쟁이 주목할 만큼 확산되고 있는 상황에 대해서 생각해보도록 하자. 오늘날 인정 요구들은 많은 세계적 사회 갈등들을 추동하고 있다. 이러한 갈등들은 다문화주의를 둘러싼 투쟁들에서 시작하여 젠더와 성에 대한 투쟁으로까지 이어지고 있으며, 국가 주권과 국가 단위 하부의 자율성을 위한 운동에서부터 시작하여 새롭게 활성화되고 있는 국제적인 인권 운동으로까지 이어지고 있다. 물론 이러한 투쟁들은 이질적인 것들이다. 그것들 중에는 해방적인 투쟁들도 있지만 비난받아 마땅한 것들 역시 존재한다.

이 때문에 나는 이들을 평가하기 위한 규범적 기준이 필요하다고 주장해왔다. 그럼에도 불구하고 그렇게 폭넓은 투쟁들이 신분 정치의 엄청난 부활이라는 정치 풍토의 시대전환을 주장하면서 공통된 문법에 호소한다는 것은 분명 놀라운 일이다.

또한 이에 상응하여 계급 정치가 쇠락하는 점에 대해서도 생각해보자. 한때 정치적 저항의 지배적 문법이었던 경제적 평등의 언어는 오늘날 그 영향력이 바로 얼마 전과 비교해보아도 축소되어 있다. 한때 평등주의적 분배 기획과 자기 자신을 동일시했던 정치적 정당들이 이제는 뭐라 정의하기 어려운 "제3의 길"을 수용하고 있다. 이 제3의 길이라는 것이 정말로 해방적 내용을 가지고 있다면 그 내용은 분배보다는 인정과 더 많이 관련되어 있을 것이다. 한편 바로 얼마 전까지 과감하게 동등한 몫의 자원과 부를 분배할 것을 요구했던 사회운동들은 더 이상 시대정신을 대표하지 못하게 되었다. 물론 그런 운동들이 모두 사라져버린 것은 아니다. 그러나 그러한 운동들의 영향력이 매우 줄어든 것만은 사실이다. 분배투쟁들이 인정투쟁들의 대립물로 설정되지 않는 최상의 경우에서도 분배투쟁과 인정투쟁은 서로 분리되는 경향이 있다.

결국 일반적으로 말해서 우리는 새로운 정치 문화적 상황에 직면하고 있는 셈이다. 이러한 상황에서 무게 중심은 분배에서 인정으로 이동하였다. 이러한 전환을 어떻게 설명할 수 있을까? 최근 신분투쟁의 부활과 그에 상응하는 계급투쟁의 쇠퇴를 설명할 수 있는 요인은 무엇인가? 그리고 양자 사이의 분리는 어떻게 설명될 수 있을까?

앞 장들에서 살펴본 바와 같이 이러한 상황이 전개될 잠재적 소지는 현대 사회의 구조에 내장되어 있다. 자본주의 사회에서 신분과 계급 사이의 부분적 분리와 현대의 역동적인 문화적 기반을 결합하게 되면 현재 상황은 실현 가능한 하나의 시나리오로 형성된다. 그러나 구조에 기초한 가능성들은 단지 특수한 역사적 조건들 속에서만 실현될 수 있다. 따라서 이러한 가능성이 현재 실현된 이유가 무엇인지를 이해하려면 최근의 역사를 돌이켜볼 필요가 있다.

분배에서 인정으로 나아가는 최근의 전환은 몇 가지 전개 과정들이 수렴하는 상황을 반영하고 있다. 포스트포드주의, 포스트공산주의 그리고 지구화라는 합성어들을 통해서 우리는 이러한 상황을 간략히 요약할 수 있다. 물론 이러한 발전들 각각은 우리가 여기서 개괄할 수 없을 정도로 매우 복잡한 것들이다. 그러나 이것들이 결합되어 정치 문화에 미치는 영향이 무엇인지는 명백하다. 이러한 발전들의 결합은 지배적인 분배 정치의 문법 속에서 인정과 관련된 문제들에 부차적 지위만을 부여해온 전후의 패러다임들을 동요시켜왔다. 경제협력개발기구(OECD) 국가들에서 포드주의 패러다임은 정치적 요구들이 국가 단위의 케인스주의적 복지국가를 통한 분배주의라는 경로로 나아가도록 만들어왔으며, 여기서 인정에 관한 문제들은 분배 문제들의 배경 정도로 잠복해 있었다. 포스트포드주의는 신분에 대한 저항을, (미국의 경우) 처음에는 "인종", 다음으로는 젠더와 성, 마지막으로는 소수종족과 종교에 관한 저항들을 확산시키면서 이러한 패러다임을 파열시켰다. 다른 한편에서는 공산주의가 "제2세계"에서 인정투쟁에 대한 이와 유사한 봉쇄 역할을 그간 수행해왔다. 그러나 포스트공산주의는 경제적 평등주의에 대한 폭넓은 불신을 촉발시키고 새로운 인정투쟁을 확산시키면서 그러한 봉쇄를 붕괴시켰다. 여기서는 특히 민족과 종교가 주된 문제가 되었다. 마지막으로 "제3세계"의 경우는 브레턴우즈 체제와 냉전 체제의 공동 후원 하에서 몇몇 국가들이 "발전 국가"(developmental state) 단계에 이르게 되었으며, 이들 나라에서는 분배 문제가 최고의 지위를 누리게 되었다. 포스트포드주의와 포스트공산주의는 이러한 기획을 종식시키고, 이를 통해서 인정투쟁을, 특히 종교와 종족에 대한 인정투쟁들을 강화시켰다. 결국 이러한 상황 전개들은 전후의 분배 패러다임을 효과적으로 몰락시켜버렸고 그 결과 세계적 범위에서 신분정치의 부활을 위한 공간이 열리게 되었다.

나아가 이러한 결과는 지구화가 가속화되면서 더욱 확대되었다. 장기적이고 예측할 수 없는 과정으로서의 지구화는 경제적인 것만큼이나 문화적이고 정치적이기도 한 다차원적 과정이다.[104] 최근 지구화가 초래한 문화적 효과들에는 "타자"에 대한 근접성이 새롭게 감지되고 "차이"에 대한 관심이 고조되는 현상들도 포함되어 있으며, 이러한 현상들은 인정투쟁을 강화시켜왔다. 이와 마찬가지로 중요한 것은 지구화가 근대적인 베스트팔렌적 국가 체계를 동요시키고 있다는 점이다. 초국적인 발전들이 가지는 중요성이 누적되면서 베스트팔렌적 체계의 기초 전제, 즉 국적 그리고/혹은 영토 내 거주

104 지구화를 경제적인 영역에 국한되지 않고 미결정된 상태로 진행되고 있는 다차원적인 과정으로 보는 견해는 David Held, Anthony McGrew, David Goldblatt, Jonathan Perraton, *Global Transformation: Politics, Economics, and Culture*(Stanford 1999)에서 설득력 있게 논증되었다.

여부에 의해서 확정되는 배타적이고 분할불가능한 시민권이라는 전제가 의문시되고 있다. 그로 인해 과거에는 적어도 원칙적으로는 확실히 해결된 문제로 보이던 것이, 즉 정치적 성원권의 원천과 경계에 관한 문제가 다시 부상하게 된다.[105] 좀 더 일반적으로 보자면 지구화는 최근 들어 신분에 관한 것이든 계급에 관한 것이든 대부분의 정의를 위한 투쟁들의 범위를 설정해왔던 국민국가 틀의 중심적 지위를 동요시키고 있다.

물론 지금까지의 묘사는 문제되는 발전 상황들을 정당하게 다룬다고 하기에는 너무나 도식적인 것이다. 그러나 분배에서 인정으로의 전환을 포스트포드주의, 포스트공산주의, 지구화와 연관시켜 생각해보는 것은 최근 상황을 조망하는 데 도움을 준다. 특히 이러한 고찰은, 만일 우리가 그것들을 무시할 경우에는 분배와 인정을 통합하고자 하는 기획을 위협할 수도 있는, 세 가지 정치적 경향들을 부각시켜준다.

첫째, 오늘날 인정투쟁은 문화들 사이의 상호작용과 의사소통이 점증하고 있음에도 불구하고 (혹은 그로 인해서) 확산되고 있다. 증가일로의 이주와 지구적 매체의 흐름들은 지금까지 "본래적인" 것으로 느껴지던 문화적 형태들을 포함하여 모든 문화적 형태들을 분열시키고 혼합시킨다. 몇몇 인정투쟁들은 점차 복잡성이 증대되는 이러한 상황에 어울리게 제도들을 순응시키려고 노력한다. 그러나 다

105 Seyla Benhabib, "Citizens, Residents, and Aliens in a Changing World: Political Membership in the Global Era," *Social Research* 66, no. 3(1999 가을), 709-44.

른 많은 투쟁들은 집단 정체성을 과도하게 단순화시키고 사물화하고자 하는 공동체주의 형태를 취한다. 그런 형태의 인정투쟁들은 점증하는 다문화적 상황 속에서 차이를 넘어 서로를 존중하는 상호작용을 촉진하지 못한다. 오히려 그런 형태의 투쟁들은 분리주의와 집단의 고립, 국수주의와 불관용, 가부장주의와 권위주의를 촉진할 뿐이다. 나는 이를 **물화**(reification)**의 문제**라고 부르고자 한다.

둘째, 분배로부터 인정으로의 전환은 경제적 지구화가 가속화됨에도 불구하고 (혹은 그로 인해서) 발생하고 있다. 그로 인해 신분 갈등들은 공격적으로 확대되는 신자유주의적 자본주의가 경제적 불평등을 급속하게 확대시키는 바로 그 순간에 지배적 지위를 획득하게 된다. 이런 상황에서 인정투쟁들은 분배투쟁들을 보완하고, 복합적으로 만들고, 풍부하게 만들기보다는 그것들을 주변화시키고, 침식하고, 대체해버린다. 나는 이를 **대체의 문제**라고 부르고자 한다.

셋째, 현재의 상황은 국민국가 틀의 탈중심화에도 불구하고 (혹은 그로 인해서) 나타나고 있다. 베스트팔렌적 국가를 사회 정의의 유일한 담지자, 영역, 규제자로 설정하는 것이 점차 불가능해지기 때문에 이런 상황이 발생하고 있는 것이다. 이런 상황으로 인해서 문제를 다루는 적절한 수준이 무엇인가 하는 질문을 던지는 것을 피할 수 없게 된다. 앞서 살펴본 바와 같이 우리는 어떤 문제들이 진정으로 국가 단위의 문제이고, 어떤 문제들이 지방 단위의 문제들이며, 어떤 문제들이 지역적이거나 지구적인 문제들인지를 결정해야만 한다. 그러나 현재의 갈등들은 종종 부적절한 틀을 가정하고 있다. 예를 들면 인구들이 점차 뒤섞임으로써 그러한 기획이 불가능해지고 있는 바로 그 순간에 많은 운동들이 종족 단위의 고립된 섬을 고수하고자 노력하고 있다. 그리고 분배를 옹호하는 몇몇 사람들은 경제적 지구화가 개별 국가 단위에서의 케인스주의를 불가능하게 만들고 있는 바로 그 순간에 보호무역론자가 되어버린다. 이런 경우들은 결국 동등한 참여를 촉진하지 못한다. 오히려 이들은 본질적으로 초국적인 일들에 대해서 국가 단위 틀을 강압적으로 부과함으로써 불평등을 강화하게 될 것이다. 나는 이를 **잘못 설정된 틀**(misframing)**의 문제**로 부르고자 한다.

물화, 대체, 잘못 설정된 틀이라는 이 세 가지 문제들은 매우 심각한 것들이다. 인정 정치가 집단 정체성을 물화하는 한에서, 그것은 인권 침해를 인정하고, 그것이 완화시키고자 하는 바로 그 적대관계를 고착시킬 위험성이 있다. 인정 정치가 분배 정치를 대체하는 한에서, 현실적으로 그것은 경제적 불평등을 촉진시킬 수도 있다. 마지막으로 각각의 투쟁 유형들이 초국적 과정에 대해 틀을 잘못 설정하는 경우, 그러한 투쟁들은 정의의 범위를 축소시키고 관련된 사회적 행위자들을 배제하게 될 위험성이 있다. 종합적으로 보면 이 세 가지 경향들이 포괄적인 정치적 틀 속에서 분배와 인정을 통합하고자 하는 기획을 탈선시킬 위험이 있다.

이 글에서 나는 이러한 위협을 제거하는 데 모종의 도움을 줄 수 있는 접근을 제안해왔다. 나는 분배 정치와 인정 정치 사이의 양자택일을 상정하는 것은 잘못된 대립을 설정하는 것이라고 주장해왔다. 오늘날의 정의는 오히려 이 둘 모두를 요구하고 있다. 때문에 나는 두 전선 모두에서 불의에 도전하기 위해 분배와 인정 모두를 포괄하는 포괄적 틀을 제안해왔다. 첫째, 도덕이론 차원에서 나는 **인정의 신분 모델**과 **동등한 참여**라는 규범적 원칙을 핵심으로 하는 이차원적 정의관을 주장했다. 나는 이러한 접근이 하나를 다른 하나로 환원시키지 않으면서 분배와 인정 모두를 포용할 수 있다고 주장했다. 한편 사회이론 차원에서 나는 분배와 인정에 대한 **관점적 이원론**의 견해를 주장했다. 나는 이러한 접근이 한편으로 현대적 신분 종속의 특수성을 파악해내면서 현대 사회에서 발생한 계급과 신분의 분화와 그들 사이의 인과적 상호작용 모두를 수용해낼 수 있다는 점을 보여주고자 했다. 마지막으로 정치이론 차원에서 나는 제도적 변화에 대해 사유하는 방식으로서 **비개혁주의적 개혁**의 전략을 주장했다. 그리고 나는 불평등 분배와 무시를 동시에 시정할 수 있는 구체적 개혁들을 구상하기 위해서 필요한 몇 가지 성찰적 자세에 대해서도 설명하였다.

이러한 개념들을 함께 사용하면 물화, 대체, 잘못 설정된 틀의 위협을 제거하는 데 도움이 될 수 있다. 첫째, 내가 주장한 접근은 인정 개념과 관련하여 보다 친숙하기는 하지만 결함이 있는 정체성 모델을 신분 모델로 대체함으로써 집단 정체성을 물화시키지 않도록 도움을 준다. 둘째, 내가 주장한 접근은 신분과 계급의 상호 뒤얽힘을 이론적으로 설명함으로써 분배를 대체해버리지 못하도록 한다. 마지막으로 내가 주장한 접근은 동등한 참여를 규범적 기준으로 제시함으로써 틀의 문제를 정치적 주제로 만든다. 각각의 경우 정당하게 동등한 자격을 부여받은 사람들이 누구인지를 밝히기 위해서 참여의 범위를 정하지 않는다면 이러한 규범적 기준은 결국 적용될 수가 없다. 이런 점에서 이러한 규범적 기준은 잘못 설정된 틀에 대항할 수 있는 잠재적인 강력한 자원이 된다.

따라서 일반적으로 말하자면 여기서 내가 주장한 접근은 내가 우리 시대의 핵심적인 정치적 질문이라고 간주하는 문제에 대해 답할 수 있는 모종의 개념적 자료를 제공한다고 할 수 있다. 핵심적인 정치적 질문이란 바로 분배와 인정을 통합하는 정합적이고 계획적인 관점을 우리가 어떻게 제시할 수 있을 것인가, 사회주의적 견해 중에서 여전히 설득력이 있는 최고의 내용들을 다문화주의라는 명백히 "포스트사회주의적인" 견해가 담고 있는 정당하고 강력한 내용들과 통합할 수 있는 틀을 어떻게 발전시킬 것인가 하는 것이다. 만일 우리가 이런 질문에 답하지 못한다면, 만일 우리가 잘못된 대립과 양자택일의 이분법을 고수한다면, 우리는 경제적 종속과 신분적 종속 모두를 시정할 수 있는 사회 질서를 구상할 수 있는 기회를 상실하게 될 것이다. 오직 분배와 인정을 통일시키는 통합적 접근에 주목함으로써만 우리는 모두를 위한 정의의 필요조건들을 충족시킬 수 있을 것이다.

| 악셀 호네트 |

2부 · 인정으로서의 분배

낸시 프레이저에 대한 반론

지난 몇 년간 낸시 프레이저가 일련의 논문과 반론을 통해 제시했던 테제가 주목을 끄는 것은 단지 그녀의 시대 진단적 방향설정 능력 때문만은 아니다.* 내가 올바로 이해했다면 프레이저가 심사숙고하며 제시한 것은 비판적 사회이론의 고전적 요구를 재수용하기 위한 개념적 전제들이다. 즉 프레이저는 오늘날 해방운동을 반성적으로 개념화할 뿐 아니라, 전향적 차원에서 해방운동의 목표를 성공적으로 실현하기 위한 개념적 전제들을 마련하려고 했다는 것이다.[1] 이 두 가지 과제가 종합적으로 요구하는 것은 이미 "사회연구소"(Institut für Sozialforschung) 설립기의 저작들이 보여주듯이 오늘날 사회적 투쟁 속에 함축되어 있는 규범적 요구들에 대한 풍부한 사회학적 해석만은 아니다. 이를 넘어서 프레이저의 두 가지 과제가 요구하는 것은 항상 간접적으로 수행된 것이지만 사회이론적 분석을 통하여 오늘날 갈등 상황에 결정적인 혹은 특징적인 것으로 나타난 도덕적 목표를 정당화하는 것이다. 지금까지 발표된 낸시 프레이저

* 이 글에 대한 조언과 지적 그리고 비판적 논평에 대해 알레산드로 페라라(Alessandro Ferrara), 라이너 포르스트(Rainer Forst), 마르틴 프랑크(Martin Frank), 위르겐 하버마스(Jürgen Habermas), 크리스토프 멘케(Christoph Menke), 하르트무트 로자(Hartmut Rosa)에게 감사한다.

1 Nancy Fraser, "Was ist kritisch an der Kritischen Theorie? Habermas und die Geschlechterfrage", in: dies., *Widerspenstige Praktiken. Macht, Diskurs, Geschlecht*, Frankfurt am Main 1994, 173-221; dies., "Der Kampf um die Bedürfnisse. Entwurf für eine sozialogisch-feministische kritische Theorie der politischen Kultur im Spätkapitalismus", 위의 책, 249-291; dies., "Foucault über die moderne Macht. Empirische Einsichten und normative Unklarheit", 위의 책, 31-55; dies., *Justice Interrupts. Critical Reflections on the "Postsocialist" Condition*, New York & London 1997.

의 논문들에 비해 특히 도발적인 것은 이 책에 실린 그녀의 "태너 강연"이다. 왜냐하면 이를 통해 프레이저는 두 가지 과제를 하나의 단일한 논증 과정을 통해 해결하려고 하기 때문이다. 즉 오늘날 비록 혼란스럽고 대부분 함축적이기는 하지만 다양한 사회운동들이 따르고 있는 규범적 목표를 개념적으로 해명하는 과정에서는, 동시에 이러한 목표의 공적 정당화 가능성을 보여줄 뿐 아니라, 이러한 목표의 정치적 관철 가능성을 높일 수 있는 도덕적 척도를 정립하는 작업이 함께 이루어져야 한다는 것이다.

이러한 과정에서 낸시 프레이저가 "비판이론"(Kritische Theorie)의 원대한 요구를 혁신하려고 하면서 보여준 이론적 독창성과 사회학적 통찰을 볼 때 분명 그녀의 태너 강연과 근본적인 논쟁을 시도해 보는 것은 충분한 이유가 있다. 또한 그녀는 자신의 논증을 전개하면서 적어도 오늘날 서구 선진 국가에서 주로 등장한 사회적 논쟁의 틀 속에서 일련의 시대 진단적 정치이론들이 차지하는 위상 역시 성공적으로 밝혀낸다. 그러나 내가 그녀의 주장들을 면밀히 검토하려는 보다 거시적이고 본질적인 이유는 일차적으로 그녀의 혁신 시도에 길잡이 역할을 하는 특수한 테제 때문이다. 즉 그녀는 비판적 사회이론의 핵심 개념이 인정이론의 용어로 변형될 때, 마르크스로 소급되는 이론 전통의 핵심 규범인 경제적 분배 요구를 등한시할 수밖에 없다는 믿음 혹은 우려를 표하고 있다. 그리고 그녀는 찰스 테일러의 관련 저작[2], 그리고 내가 『인정투쟁』 이래로 지속적으로 진행

2 Charles Taylor, *Multikulturalismus und die Poltik der Anerkennung*, Frankfurt am Main 1999.

하고 있는 이론적 작업들을 이러한 인정이론적 전환의 전형적 예로 간주한다.[3]

물론 낸시 프레이저의 테제가 출발점으로 삼고 있는 것은 오늘날 정말 논박하기 어려운 경험적 사실이다. 즉 실제 일어나고 있는 수많은 사회운동들을 적절하게 이해할 수 있기 위해서는 이를 추동하는 요구들이 "인정 정치"의 모형, 다시 말해 각각의 집단적 정체성에 대한 문화적 인정 요구에 따라 해석되어야 한다는 것이다. 페미니즘, 소수민족, 동성애자 또는 레즈비언에 의해 대표되는 최근의 새로운 해방운동들은 경제적 평등이나 물질적 분배보다는 오히려 이들을 문화적으로 결속시켜주는 그 고유한 속성에 대한 존중을 위해 싸우기 때문이다. 그러나 낸시 프레이저에 따르면, 사회운동에 대한 이런 식의 정치적 판독이 비판적 사회이론의 규범적 주도 개념을 남김없이 인정 요구로 변형시키려는 동기가 된다면, 오늘날 확대일로에 있는 빈곤과 경제적 불평등처럼 결코 그 도덕적 폭발력을 잃지 않은 문제들이 시야에서 사라질 수밖에 없다. 하지만 포스트모던적 인정 정치의 저편에서, 또한 신자유주의로 인해 억제력이 사라진 자본주의 하에서 경제적 불의 경험과 결합된 사회적 투쟁과 갈등은 여전히 존재한다.[4] 따라서 비판이론이 오늘날에도 여전히 각 시대에

3 Axel Honneth, *Kampf um Anerkennung*, Frankfurt am Main 1992; ders., "Eine Gesellschaft ohne Demütigung? Zu Avishai Margalits Entwurf einer 'Politik der Würde'", in: ders., *Die zerrissene Welt des Sozialen*, 개정증보판, Frankfurt am Main 1999, 248-277.

4 물론 근본적으로는 다른 목적을 갖고 있지만 이와 유사한 논조에 대해서는 Richard Rorty, *Stolz auf unser Land. Die amerikalische Linke und der Patriotismus*, Frankfurt am Main 1999, 3장.

전형적인 해방운동의 이론적 반성으로 이해되기 위해서는 새로 등장한 인정 개념의 틀에 성급하게 자신을 맡겨서는 안 되며, 오히려 비판이론은 인정과 분배라는 두 가지 경쟁적 목표 각각에 적당한 위치를 부여하는 규범적 틀을 발전시키는 데 관심을 가져야 한다는 것이다. 결과적으로 볼 때 낸시 프레이저에게 이러한 관심은 그 도덕적 절박성에 비추어 물질적 자원의 공정한 분배에 우선성을 부여하고, 이에 반해 문화적 인정 요구에는 이에 걸맞게 일정한 한계를 부여하자는 것을 의미한다. 그리고 그녀는 이렇게 오늘날 문제가 되는 해방운동의 규범적 목표들을 새롭게 강조하면서, 끝으로 더 나아가 어떤 반성적 매개 심급이 없다면 서로 쪼개져버리고 말 이 해방운동의 두 가지 날개를 조화시키는 데 기여하길 바란다.

오늘날 선진 자본주의 국가의 사회적 상황을 볼 때 이러한 일반적 결론과 관련하여 낸시 프레이저와 나 사이에는 아무런 이견도 있을 수 없다. 점차 확산되는 대다수 주민들의 빈곤화 경향, 경제적 · 사회적·문화적 자원을 거의 사용하지 못하는 새로운 "하층민"의 등장, 하지만 이에 반해 사회적 소수의 지속적 부의 증가 등 억제력이 사라진 자본주의가 낳은 이 모든 파렴치한 현상들을 볼 때, 삶의 중요 재화들을 공정하게 분배하라는 규범적 관점에 최고의 우선성을 부여하는 것은 오늘날 당연한 일로 보이기 때문이다. 따라서 이를 통해 나타난 정치도덕적 과제에는 "인정"과 "분배"라는 두 가지 주도 개념 간의 대립을 둘러싼 논쟁은 자리 잡을 수 없다. 오히려 내 생각에 이러한 논쟁이 위치하는 곳은, 보다 근본적 차원에서 이 두 가지 개념과 결합된 이론 언어 중 어떤 것이 현재의 정치적 요구를 비판적 사회이론의 틀 속에서 일관되게 재구성하고, 또한 규범적으로 정당화하는 데 보다 적합한가 하는 철학적 문제가 제기되는 곳이다. 즉 규범적 목표들 간의 서열에 관한 피상적 문제가 아니라, 오히려 이러한 목표들을 비판이론의 원대한 요구를 통해 규정된 범주적 틀 속에 위치 지우는 것이 우리들의 토론의 핵심을 이룬다는 것이다. 바로 이와 관련하여 나와 낸시 프레이저는 결정적이고도 중대한 편차를 보인다. 즉 오늘날 비판적 사회이론의 규범적 목표를 "물질적" 정의론과 "문화적" 정의론의 합성물로 보자는 것이 낸시 프레이저의 제안이라면, 이에 반해 나의 입장은 인정 개념이 비판적 사회이론의 단일한 규범적 틀이 되어야 한다는 것이다. 내가 여기서 제시하는 테제에 따르면, 비판이론의 포괄적 요구를 오늘날의 조건 하에서 다시 한 번 혁신하려는 시도가 보다 잘 수행되기 위해서는 정교한 인정이론의 범주적 틀로 방향을 잡아야 한다. 왜냐하면 이를 통해 오늘날 광범위하게 확산된 불의(不義) 감정의 사회적 원인과 해방운동의 규범적 목표를 개념적으로 연결시킬 수 있기 때문이다. 그뿐 아니라 이러한 논의 방식은 낸시 프레이저가 감수한 위험, 즉 사회적 현실의 "상징적" 측면과 "물질적" 측면 사이에 이론적으로 연결하기 어려운 간극을 발생시키지도 않는다. 왜냐하면 이 두 가지 측면은 인정이론을 전제할 때 문화적 제도화 과정에서 나타난 역사적으로 가변적인 결과로 간주될 수 있기 때문이다.

물론 이런 마지막 문제와 같은 사회이론의 근본적 물음들은 나와 낸시 프레이저의 논쟁에서 단지 부차적인 위치만을 차지할 뿐이다. 이에 반해 중심이 되는 문제는 사회운동의 규범적 요구들을 적절하게 명료화시키면서도, 이를 도덕적으로 정당화하려는 비판적 사회이론을 오늘날 다시 한 번 성공적으로 부활시킬 수 있는 범주적 수단이 무엇인가 하는 점이다. 나의 논증의 첫 번째 단계는 이런 중심 문제를 정식화하는 데 있어서 아직도 자명한 것으로 가정되고 있는 이론적 전제들을 의문시하는 데 있다. 사람들은 비판이론의 혁신을 위해서는 항상 널리 알려진 사회운동의 규범적 요구들에 관심을 기울여야 한다고 생각한다. 그러나 프랑크푸르트 "사회연구소" 본래의 의도를 기억하는 사람이라면 분명 누구나 금방 확인할 수 있듯이, 이렇게 이미 공개적으로 구체화된 목표에 묶이게 되면 비록 일상적인 것이고 아직 주제화되진 않았다 할지라도 결코 그 절박함을 과소평가할 수 없는 초보적 형태의 사회적 고통과 도덕적 불의를 간과하는 추상화 오류를 범하게 된다. 그러나 이러한 일상적 차원의 도덕적 불의 경험을 떠올려본다면, "불의"라는 이론 언어로 지칭된 것이 사실은 해당 당사자에게 사회적 인정에 대한 정당한 요구가 훼손된 것으로 경험된다는 점이 분명하며, 이는 최근 수많은 연구들이 보여주는 것과도 일치한다(1장). 두 번째 단계에서는 다소 외람된 명칭이지만 사회적 불의 경험의 "현상학"으로 명명된 이러한 예비적 논의와 연결해서 이제 인정 범주를 세분화시킴으로써 인정 요구가 사회적으로 훼손되는 다양한 측면들이 밝혀진다. 물론 나는 이러한 과정을 통해 불의한 분배가 사회적 무시, 더 정확히 말하면, 정당치 못한 인정관계의 제도적 표현으로 개념화되어야 한다는 강한 테제가 증명될 수 있기를 바란다(2장). 만약 이러한 점을 입증해 보일 수 있고, 또한 이를 통해 낸시 프레이저가 제시한 "인정"과 "분배" 이원론이 문제가 있는 것으로 증명된다면, 이제 남겨진 궁극적이고 결정적인 문제는 인정 요구의 규범적 정당화이다. 그리고 나는 여기에서 좋은 삶에 대한 아무런 관념도 전제하지 않고는 낸시 프레이저가 마르크스주의적으로, 그러나 나는 인정이론적으로 개념화하려고 한 오늘날의 불의가 결코 비판될 수 없다는 점을 증명하기 위하여 낸시 프레이저에 대한 반대 테제 역시 발전시켜 나갈 것이다(3장).

1장 사회적 불의 경험의 현상학

대략 25년 전부터 비판적 사회이론 영역에서는 현대 사회의 규범적 목표를 재확립하기 위하여 그 명칭부터 과거와의 단절을 보여주는 사회적 현상들에 관심을 돌리는 것이 거의 당연한 일이 되었다. 즉 무엇이 선진국 사회에서 도덕적 불만을 야기하는가에 대한 경험적 정보를 더 이상 노동운동이나 이와 유사한 저항운동에서 기대하지 않고, 오히려 "새로운 사회운동"이라는 포괄적 개념으로 명명된 일련의 다양한 행동그룹과 저항운동에서 찾으려 했다는 것이다. 물론 이러한 사회운동의 공통된 "새로움"이 어디에 있는가에 대해서는 시작부터 불분명한 점이 존재했다. 즉 평화운동과 환경운동을 지향하는 곳에서는 무엇보다도 "물질적 가치"로부터 문화적으로 벗어나는 것, 그리고 이에 상응하여 삶의 질 문제에 대한 관심을 점차 확대하는 것이 지배적 관심이라면,[5] 이에 반해 오늘날 문화 다원주의적 현상들에 주목하는 곳에서는 오히려 문화적 소수자가 점차 자신들의 공통된 가치관을 인정받기 위해 투쟁하는 이른바 "정체성 정치" 이념에 대한 관심이 지배적이다.[6] 그러나 어떤 경우이든 "새로운 사회운동"에 주목하는 다양한 방향들 속에는 자본주의 사회의 전통적 문제 상황이 더 이상 오늘날의 도덕적 불만을 해명하는 열쇠로 개념화될 수 없다는 점이 항상 동일한 이론적 모티브로 감추어져 있다. 그리고 이 점이 암시하는 것은, 새로 등장한 사회운동이 비판적 사회이론이 장기적으로 관심을 기울여야 할 규범적 목표가 무엇인지를 우리에게 알려줄 수 있다는 점이다.

비록 간접적으로 요구된 것이지만 비판적 사회이론과 현실 사회운동 간의 이러한 결합이 내가 낸시 프레이저와 논쟁하는 첫 번째 장에서 관심을 기울이고 있는 점이다. 내가 보기에 이러한 결합이 가지는 위험은 사회적 고통과 도덕적 불만을 의도치 않게도 정치적 공공 영역에서 이미 대중적으로 영향력 있는 조직을 통해 가시화된 바로 그 단편적인 것으로 환원시키는 데 있다. 비판적 사회이론이 사회운동이 공개적으로 밝힌 규범적 목표에만 의지한다면 경솔하게도 기존 사회에서 만연된 정치도덕적 갈등 수준을 긍정하게 되는 위험 부담을 지게 된다. 왜냐하면 이미 대중매체의 감지 영역에 들어온 것만이 도덕적으로 중요한 고통 경험으로 확인된다면, 지금

5 Karl-Werner Brand, *Aufbruch in eine andere Gesellschaft: neue soziale Bewegungen in der Bundesrepublik*, Frankfurt am Main 1986; Joachim Raschke, *Soziale Bewegungen: ein historisch-systematischer Grundriß*, Frankfurt am Main 1988.

6 Taylor, *Multikulturalismus und die Politik der Anerkennung*; J. Goldsteun/J. Rayner, "The Politics of Identity in late modern society", in: *Theory and Society*, 23 (1994), 367-384; Jean Cohen, "Strategy or Identity: New Theoretical Paradigms and Contemporary Social Movements", in: *Social Research*, 52, 1985, 663-716.

까지 공공의 관심에서 벗어나 있던 사회적 불의 상태가 변호론적으로 주제화될 수도 없고 이에 대한 이의제기도 이루어질 수 없기 때문이다. 물론 마르크스주의적 사유 전통에서도 이미 오래전부터 충분히 밝혀졌듯이, 많은 경험적 검증에도 불구하고 노동자 계급에게 자본주의 사회에 대한 도덕적 불만을 표현하는 특권적 지위를 부여한다는 것은 아직 극복되지 않은 역사에 대한 형이상학적 사변의 잔재일 뿐이다. 그리고 "사회연구소" 초기에 모인 사상가들의 가장 큰 공헌은 이러한 역사철학적 도그마를 뒤흔들어 놓기 위한 길을 열어 놓았다는 데 있다. 왜냐하면 이들은 기존 체제를 넘어설 수 있는 갈등 잠재력을 탐구하기 위해 경험적 사회연구 프로그램을 수행했기 때문이다.[7] 그러나 오늘날 "새로운" 사회운동 속에서 도덕적 불만으로 구체화된 것만을 이론 주도적 목표로 인정하는 관점들이 광범위하게 수용된다면, 이는 비판적 사회이론의 기획을 위해 적지 않은 위험을 감추고 있다. 왜냐하면 이럴 경우 정치적 주제화와 조직화의 단계에 도달하지 못한 사회적 고통과 불의 경험이 시민적 공공 영역의 여과 작용 때문에 너무나 손쉽게 도외시될 것이기 때문이다.

낸시 프레이저는 지난 몇 년간 그녀의 논문들이 보여주듯이 지금까지 서술한 위험들을 매우 분명하게 인식하고 있는 것 같다. 그녀의 전반적인 경향을 볼 때 "태너 강연"이 추구하는 목표는 너무 성급하게 우리들의 규범적 용어를 널리 알려진 정치적 목표에 맞추

7 Helmut Dubiel, *Wissenschaftsorganisation und politische Erfahrung. Studien zur frühen Kritischen Theorie*, Frankfurt am Main 1978, A부.

지 말라는 경고이다. 왜냐하면 이러한 정치적 목표들이 널리 알려진 것은 대개 어떤 한 가지 유형의 사회운동에 대한 선택적 관심에 기인하기 때문이다. 그럼에도 불구하고, 내가 입증하려고 하는 것처럼, 그녀의 사고 진행의 구성, 사례의 선택 그리고 논증의 자리매김을 주도하는 신념들은 "새로운 사회운동"에 대해 오늘날 광범위하게 확산된 이상화 방식에서 그리 멀리 떨어져 있지 않다. 왜냐하면 낸시 프레이저에게도 비판적 사회이론의 규범적 용어가 갖는 정당성에 대한 평가는 무엇보다도 이 용어들이 사회운동의 정치적 목표들을 적절하게 표현할 수 있느냐에 달려 있기 때문이다. 이런 점에서 그녀는 "물질적 분배"에 대한 요구가 오늘날에도 여전히 정치적 조직 운동들의 목표에 속한다는 것을 반복해서 지적하기 위해 그토록 많은 노력을 기울여야만 했다. 나의 입장이 이러한 논증 전략의 토대가 되는 사고 모델과 구별되는 지점은 특히 다음과 같은 수사적 질문을 통해 가장 잘 규정될 수 있다. 즉 특정한 시점에서 우연적인 상황으로 인해 분배 문제가 정치적 공공 영역에서 더 이상 아무런 역할도 수행하지 못할 경우 비판적 사회이론의 범주적 틀은 어떤 특성을 지녀야 하는가? 또한 이런 경우에도 규범적 주도 개념이 본질적으로 사회운동의 목표들을 반영해야 한다는 교리에 따른다면, 이제 분배 요구는 이론적 도덕 어휘에서 남김없이 사라져버려야 하는가? 이러한 질문에 대한 이하의 대답이 밝혀주게 될 것은, 비판적 사회이론이 규범적 중심 개념을 도입하려고 할 때 너무 엄격하게 "사회운동"에 정향된다면 이는 결코 성공할 수 없을 것이란 점이다. 이와 달리 사회운동의 정치적 표현에 앞서서, 그리고 이와는 독립적으로 존재하는 제도적으로 야기된 고통과 궁핍을 규정하기 위해서는 "독립적인" 용어가 필요하다. 나는 두 번째 단계에서 이런 과제의 해결이 어떤 점에서 지금까지 비판이론의 전통에서 등한시해온 도덕심리학적 문제를 제기하는지를 보여주려고 할 것이지만(2절), 이에 앞서 나는 첫 번째 단계에서 왜 낸시 프레이저도 사회운동의 우연적인 상황에 대한 무반성적 구속에서 완전히 자유롭지 못한지를 간단히 설명할 것이다(1절).

1. "정체성 투쟁"의 탈신비화

낸시 프레이저가 "포스트사회주의"라는 시대적 조건 하에서 오늘날의 정치에 대해 숙고할 때 그 출발점으로 삼은 그림에는 전적으로 특정한 유형의 사회운동이 중심에 놓여 있다. 즉 우리가 오늘날 비판적 사회이론의 틀 속에서 우선적으로 다루어야 할 문제는 문화적 집단들이 자신들의 고유한 가치관과 삶의 방식을 사회적으로 인정받기 위해 벌이는 다양한 정치적 조직 운동이라는 것이다. 낸시 프레이저가 이런 출발 진단에서 염두에 두었던 경험적 현상들이 어떤 것인지는 분명하다. 즉 오늘날 서구의 선진 국가들에서는 점차 여성운동가, 인종적 소수자, 성적 소수자들이 남성, 백인, 이성애자들을 이상화시키는 제도화된 가치 구조에 뿌리를 두고 있는 무시와 주변화에 저항하고 있다는 것이다. 따라서 이들의 투쟁 목표는 자신들에 대한 고정관념과 덧씌우기를 극복함으로써 결국 자신들의 고유한 전통과 생활방식을 사회적으로 인정하도록 각국의 다수자 문화를 바꾸는 것이다. 그러나 이러한 유형의 사회운동으로 포스트사회주의 시대의 갈등 시나리오 전체를 포괄하려는 경향을 볼 때 혹시 낸시 프레이저의 출발 진단이 미국의 경험을 과도하게 일반화시킨 것은 아닌지 의심된다. 왜냐하면 프랑스, 영국 또는 독일과 같은 나라에서 "정체성 정치" 유형의 사회적 투쟁은 지금까지 단지 부차적인 역할만을 수행했으며, 이에 반해 정치적 공공 영역에서 더욱 강력하게 논쟁을 규정했던 것은 노동정책, 사회복지, 환경과 같은 "전통적" 문제였기 때문이다. 그러나 새로운 시대, 즉 포스트사회주의 시대라는 암시적 출발 그림에서 내가 관심을 갖는 것은 과도한 경험적 일반화 경향이 아니라, 특수한 축소 해석과 관련된 전혀 다른 문제이다. 즉 우리가 오늘날 본질적으로 "문화적" 인정투쟁에 직면해 있다는 진단에 도달하기 위해 과연 사회적 궁핍과 고통과 관련하여 어떤 도덕적으로 중요한 것들이 도외시되었는가 하는 문제가 바로 그것이다. 내가 보기에는 특정한 사회운동의 "정체성 정치"가 오늘날의 중심적 갈등으로 등장하기에 앞서서 세 가지 사항이 축소되어 사라지는 일이 연달아 일어나고 있다.

a) 선진 자본주의 국가에서 사회적으로 야기된 전형적 고통의 형태들을 개괄해보려는 사람이라면 피에르 부르디외(Pierre Bourdieu)와 그의 공동 연구자들이 수행한 인상적 연구, 즉 『세계의 비참』에 의지해볼 만하다는 조언은 결코 나쁜 것이 아니다. 여기에는 수많은 보고서와 대담들이 실려 있으며, 이들은 일상적인 빈곤의 경우 대부분 정치적 공공 영역의 감지 범위를 벗어나 있음을 밝히고 있다.[8] 이러

한 사회적 궁핍 현상이 오늘날 어떤 속성을 특징적으로 지니고 있는지를 대략적으로 설명하기 위해서는 단지 몇 가지 표제어만으로도 충분하다. 즉 무엇보다도 직업능력이 없는 독신 어머니와 관련된 빈곤의 "여성화"가 낳은 결과들, 사회적 고립과 사적 영역 해체를 동반하는 장기적 실업 경험, 직업생활 초기에는 높은 위신을 누리다가 이제는 급속한 기술 발전 때문에 무용지물이 되어버린 사람들이 자신의 급격한 노동능력 상실에 대해 겪는 무기력한 체험, 높은 노동비용에도 불구하고 충분한 수입이 보장되지 않는 소농 지역에서 발생하는 농촌의 빈곤화 경향, 그리고 끝으로 부모 모두가 직업을 갖고 있지만 적은 임금으로 인해 자녀들을 충분히 보살필 수 없는 다자녀 가구에서 발생하는 일상적 궁핍 등이 바로 여기서 읽혀질 수 있는 현상들이다. 이러한 사회적 위기 상황들은 별 어려움 없이 수많은 사례들을 통해 그 목록을 확대할 수 있으며, 여기에는 "사회적 투쟁"이라는 개념에 정말로 어울리는 긴장되고 격렬한 일련의 활동들이 동반된다. 즉 이러한 빈곤화 경향에 대항하여 관련 당사자들은 정부 기관과의 논쟁에서부터 심리적, 가족적 존엄성을 지키기 위한 필사적 시도들을 거쳐 친척이나 친구의 지원을 동원하는 데 이르기까지 일종의 방어적 방식으로 투쟁하고 있다. 그러나 이 모든 사회적 노력들은 부르디외가 후기에서 굽힐 줄 모르고 반복하고 있듯이 정치적 공공 영역에서는 중요한 사회적 갈등 형태로 인정받지 못한

8 Pierre Bourdieu, *Das Elend der Welt. Zeugnisse und Diagnosen alltäglichen Leidens an der Gesellschaft*, Konstanz 1997; *Daedalus*, Vol. 125, 1996, No. I: "Social Suffering".

다. 왜냐하면 여기에서는 이미 정치적 운동이라 할 만큼 조직화 정도를 갖고 있는 문제들만을 도덕적으로 진지하게 취급될 문제로 기록하는 일종의 지각 필터가 작동되고 있기 때문이다.

> 정형화되지 못한 것, 그리고 정형화될 수 없는 불만들은 정치 조직에 의해 지각될 수 없으며, 따라서 책임 있게 취급될 수도 없다. 정치 조직들은 기껏해야 "사회적인 것"이라는 진부한 범주를 갖고 이러한 불만에 대해 생각할 뿐이다. 아마도 정치 조직들이 이러한 역할을 제대로 수행할 수 있기 위해서는 한번이라도 지난날들로부터 구해온 융통성 없는 "정치"관 자체를 확대하여, 단지 환경, 반인종주의적 혹은 여성주의적 경향을 갖는 다양한 사회운동들이 공표하는 요구에만 자신을 개방하는 것이 아니라, 이와 마찬가지로 시민들이 갖고 있는 불명료한 기대나 희망도 수용해야만 할 것이다.[9]

이러한 부르디외의 격한 요구를 낸시 프레이저가 포스트사회주의 시대의 갈등 시나리오에 대한 그녀의 논의를 시작할 때 구상했던 그림과 연결시켜본다면, 낸시 프레이저가 자신의 그림을 완성하기 위해 무엇을 얼마나 수정해야 할 필요가 있었는지 그 전체 윤곽이 드러날 것이다. 즉 비록 의도한 것은 아니지만 정치적 공공 영역에서 사회적 관심을 조정하는 배제 메커니즘에 따라 수많은 일상적 투쟁들로부터 인공적인 조명을 통하여 이미 "새로운" 사회운동이라고

9 Bourdieu, 앞의 책, 823 이하.

공식적으로 인정된 상대적으로 무의미한 것들만이 추출된다. 그래서 흡사 오늘날 선진 자본주의 국가의 사회적 세계가 무엇보다도 문화적 인정 요구로 인해 발생한 사회적 논쟁을 통해 각인되고 있다는 착각이 등장한다. 그리고 비판적 사회이론의 틀 속에서 단지 이러한 목표만이 도덕적 고려의 대상이 될 경우 발생하게 될 규범적 귀결에 반하여, 이제 두 번째 단계에서는 (여전히) 분배 정의를 요구하는 그 주변적 사회운동을 떠올려볼 수밖에 없다. 그러나 여기서 이미 오류는 비판적 사회이론이 규범적으로 의미 있는 문제 영역을 진단하기 위해서는 "사회운동"을 일종의 경험적으로 확인될 수 있는 길잡이로 사용해야 한다는 암묵적 출발 전제 속에 있다. 이런 사고 과정에서 전적으로 간과되고 있는 것은, 이미 "사회운동"이라는 공식적 규정은 사회적으로 고통받는 집단이나 개인들이 자신들의 문제가 공적으로 지각되고 등록될 수 있도록 땅 밑에서 인정투쟁을 수행한 결과라는 사실이다. 그러나 "사회운동"이라는 명칭 자체가 이미 내포하고 있는 경계 설정에 동참한 것이 낸시 프레이저가 자신의 출발 진단에 도달하기 위해 진상(眞相)을 수정했던 유일한 사항은 아니다.

(b) 물론 비록 일면화된 것이라 하더라도 문화적 집단들이 자신들의 집단적 정체성을 인정받으려는 경향이 증대하고 있다는 점을 통해 선진국 사회의 새로운 갈등 발생 영역을 규정하려는 시도가 전적으로 잘못된 것은 아니다. 앨버트 허시먼(Albert Hirschmann)의 가정에 따르더라도 오늘날 우리는 "나눌 수 있는" 갈등에서 "나눌 수 없는" 갈등으로 이동하는 과정에 있으며, 이러한 갈등의 고유한 특징

은 쟁점이 되는 재화가 바로 "집단적 정체성"처럼 분배 정의라는 관점에 따라 나누어질 수 없는 것이라는 점이다. 이러한 가정에 따르면 얼핏 보기에 모든 국가 구성원들의 규범적 동의를 통해서는 더 이상 해결될 수 없는 사회적 갈등이 늘고 있는 것 같다.[10] 그러나 이러한 경향 속에서 실제로 선진국 사회에서 일어나는 중심적 갈등 시나리오를 발견할 수 있다고 믿는 사람이라면, 두 번째 단계로 나아가서 경험적 진단을 통해 많은 문화적 집단이 자신의 집단적 정체성을 단지 모든 "타자"를 배제하는 공격적인 수단을 통해 관철시키려 한다는 사실도 고려해야만 했을 것이다. 오늘날 집단 고유의 가치관을 인정받으려는 사회운동에는 비단 여성주의자나 주변부 소수자와 같이 평화적인 집단만이 아니라, 파라칸의 이슬람 민족주의 운동이나 독일의 스킨헤드처럼 민족주의적이거나 인종주의적인 집단들도 있다. 따라서 낸시 프레이저가 새로운 시대, 즉 포스트사회주의 시대의 갈등 시나리오라는 자신의 출발 그림을 위해 진상을 수정했던 두 번째 사항은 "정체성 정치" 운동 중 이와 같이 결코 적지 않은 부분들을 도외시해야만 했다는 점에 있다. 즉 다양한 운동들을 문화적 인정에 대한 비배타적이고 민주적인 요구라는 공통의 목적으로 묶이게 하기 위해서는 어떤 규범적 기준을 암묵적으로 적용함으로써 자신들의 "특수성"을 폭력 위협을 통해 전투적으로 관철시키려는 집단들을 사전에 배제해야 했다는 것이다. 크레이그 칼훈(Craig

10 Albert Hirschmann, "Social Conflicts as Pillars of Democratic Market Societies", in: ders., *A Propensity for Self-Subversion*, Cambridge/Mass. 1995, 231-248.

Calhoun)은 "새로운 사회운동" 이론이 함축하는 시대 진단적 요소와 논쟁하는 논문에서 "정체성 정치" 개념 속에서 일어난 규범적 이상화 경향에 분명하게 주목하고 있다.

> 하지만 새로운 사회운동이라는 생각에는 문제가 많으며, 정체성 정치의 보다 큰 의미를 모호하게 만든다. 이는 어떤 이론적 합리성 없이 연구자들에게 "매력적"으로 보이는 운동들을 막연하게 좌파로 모아놓은 것이며, 새로운 종교적 권리, 근본주의, 유색 인종에 대한 백인 인종 공동체의 저항, 다양한 형태의 민족주의 등과 같이 오늘날 등장한 다른 운동들은 방치하고 있다. 그러나 이들도 마찬가지로 정체성 정치의 표현이며, 새로운 사회운동 이론가들이 이들을 자신들이 만든 새로운 사회운동의 목록에서 뺀 것을 분명하게 설명하는 어떠한 원칙도 없다.[11]

이런 점에서 낸시 프레이저가 그 특징을 규정하면서 자신의 분석을 시작하는 데 사용한 사회운동에 대한 시대 진단적 특권화는 오늘날 정치적 공공 영역 이면에서 일어나는 수많은 사회적 투쟁을 사라지게 할 때 가능하며, 또한 이는 오늘날 모든 사회적 논쟁의 중심에 여성주의, 반인종주의 운동 그리고 성적 소수자들이 있다는 생각에 도달하기 위하여 사회적 배제라는 공격적인 수단을 통해 자신의

11 Craig Calhoun, "The Politics of Identity and Recognition", in: ders., *Critical Social Theory*, Oxford UK and Cambridge/Mass. 1995, 215.

목적을 추구하는 "정체성 정치" 운동들을 간과해야만 했다. 물론 이 두 가지 진상 수정만으로 낸시 프레이저의 출발 그림이 완성된 것은 아니다. 이 그림이 완성된 내용을 갖기에 앞서서 끝으로 마지막 단계에서는 새로운 사회운동들과 유사성을 보일 수 있는 모든 역사적 과정들이 제거되었다. 왜냐하면 이를 통해서만 우리가 오늘날 "문화적" 인정투쟁 속에서 역사적으로 완전히 새로운 현상에 직면하고 있다는 암시적 인상이 등장할 수 있기 때문이다.

(c) 찰스 테일러는 광범위한 독자들에게 "인정 정치"를 시대적 문제로 해석하게 만든 자신의 갑작스레 유명해진 책에서 이미 특정한 방식으로 매우 잘못된 연대기를 가정하고 있다. 그의 역사적 중심 테제에 따르면, 지금까지 리버럴 자본주의 사회의 역사가 권리의 평등을 위한 투쟁으로 점철되었다면, 오늘날에는 대부분 그 자리를 자신들의 문화적 차이를 인정받고자 하는 사회 집단들의 투쟁이 차지하고 있다는 것이다.[12] 여기서 내가 관심을 기울이는 것은 테일러가 너무나 협소한 권리 인정 개념에 토대를 둠으로써 이를 일종의 동질화하는 동등대우로 축소시키고 있다는 점이 아니다. 이 점에 대해서는 개념적 명료화와 관련하여 이후에 상세하게 다룰 것이다. 왜냐하면 낸시 프레이저에게서도 동일한 경향이 존재하는 것 같기 때문이다. 그러나 테일러의 테제에서 단선적인 연대기를 형성하게 만든 역사적 정형화와 일면화에 대해서는 잠시 관심을 가져볼 만하다. 테일

12 Taylor, *Multikulturalisms und die Politik der Anerkennung*.

러는 오늘날 벌어지고 있는 인정투쟁에서 모든 권리 관련 부분을 사전에 감추어버리고, 역으로 과거의 권리투쟁에서는 "인정 정치"와 관련된 모든 문화적 요소들을 제거함으로써 결과적으로 두 가지 서로 다른 유형의 사회운동이 역사적으로 교체되어 나타난다는 주장에 도달했다. 우리가 오늘날 무엇보다도 문화적 차이를 인정받으려는 투쟁에 직면해 있다는 테제에는 따라서 전통적 사회운동에 대한 특정한 상이 암묵적으로 전제되어 있다. 이에 따르면 마치 고유한 가치관과 생활방식을 사회적으로 인정받으려는 목표는 권리 평등에 집중했던 전통적 사회운동에서는 전적으로 낯선 것처럼 보인다. 그러나 이런 규정이 얼마나 잘못된 것인지를 간파해내기 위해서 그렇게 많은 역사적 지식이 필요한 것은 아니다.

> 정체성 정치가 새로운 현상이라는 생각은 분명 틀린 것이다. 여성운동은 적어도 200년의 뿌리를 갖고 있다. 공동체를 건설하는 것은 1960년대뿐만 아니라 1800년대 초기에도 중요했다. 19세기 유럽 민족주의는 인정 정치의 사례가 아니란 것인가? 노예 해방을 위한 아프리카 출신 미국인들의 투쟁은 무엇인가? 반식민지 투쟁은 무엇인가? 인정 정치는 상대적으로 풍요로운 시기로 (잉글하트는 인정 정치를 "탈물질주의적인 것"으로 부른다) 한정되지 않는다. 또한 여러 가지 욕구들 사이에서 분명한 물질적 관심이 문화에 선행하는 위계질서와 여러 관심들의 핵심적 내용을 구성하기 위한 투쟁들 사이의 위계질서가 어느 정도 분명하다 하더라도—인정 정치는 물질적이고 동시에 정신적이다.[13]

오늘날의 "인정 정치" 운동이 단지 문화적 목표로 축소될 수 없듯이, 19세기 후반과 20세기 초엽의 전통적 저항운동 역시 단순하게 물질적 목표나 권리와 관련된 목표로 고정될 수 없다. 끝으로 크레이그 칼훈이 자신의 목록에서 언급하지 않은 더 중요한 예를 든다면, 노동운동 자체도 본질적인 부분에서는 자본주의적 가치 지평 내에서 고유한 전통과 생활방식을 인정받기 위한 노력들이었다.[14] 따라서 테일러가 자신의 역사적 진단의 토대로 삼은 시대 변화 도식은 전체적으로 잘못된 것이다. 이 도식은 근대적 사회운동의 역사에 있어서 두 가지 시기가 있었음을 암시하지만, 이는 단순히 뉘앙스나 강조점의 차이에 불과하다. 그리고 낸시 프레이저가 자신의 출발 그림에서 이러한 암시적인 시기 구분으로부터 영감을 받는 한, 그녀는 한편의 이익 및 권리 정치와 다른 한편의 "정체성 정치"를 역사적으로 대립시키는 잘못된 가정을 받아들일 수밖에 없다. 따라서 그녀는 문화적 인정투쟁이 역사적으로 새로운 현상이라고 주장하기 위해 전통적 사회운동에서 모든 문화적 요소를 제거해버리는 세 번째, 즉 마지막 진상 수정을 해야만 했다.

13 Calhoun, "The Politics of Identity and Recognition", 같은 책, 216; 칼훈이 주장한 연속성 테제에 대한 더 많은 증거들은 이사야 벌린의 저작들이 제공한다. Isaiah Berlin, "Benjamin Disraeli, Karl Marx und die Suche nach Identität", in: ders., *Wider das Geläufige*, Frankfurt am Main 1982, 368-409; 비록 짧고 간략한 것이지만 Dieter Senghaas, "Die Wirklichkeiten der Kulturkämpfe", in: *Leviathan*, 2/1995, 197-212.

14 Edward P. Thompson, *Plebejische Kultur und moralische Ökonomie. Aufsätze zur englischen Sozialgeschichte des 18. und 19. Jahrhunderts*, Frankfurt am Main/Berlin/Wien 1980; Barrington Moore, *Ungerechtigkeit. Die sozialen Ursachen von Unterordnung und Widerstand*, Frankfurt am Main 1982.

지금까지 서술한 세 가지 사항을 다시 한 번 요약해서 종합해본다면, 낸시 프레이저의 출발점이 되었던 시대 진단이 사실은 사회학적 가공물에 지나지 않는다는 점이 매우 분명하게 드러난다. 즉 우선 실제로 일어나고 있는 다양한 사회 갈등들로부터 단지 "정체성 정치"라는 공식적 명칭 아래 오늘날 (미국의) 정치적 공공 영역에서 사회운동으로 주목받고 있는 것만을 끄집어낸다. 그다음에는 어떤 규범적 기준을 암암리에 적용하여 정체성 정치 운동으로부터 사회적 배제와 억압이라는 정당치 못한 수단을 통해 자신들의 목적을 추구하는 운동들을 엄격하게 제외시킨다. 그리고 끝으로 이를 통해 남아 있는 폭 좁은 사회운동의 잔여물을 역사적 선행 사례들을 배제한 채 포스트사회주의 시대의 핵심 현상으로 정형화하면서, 이를 비판적 사회이론의 규범적 개념 틀 중 반쪽에만 해당하는 것으로 규정한다. 이런 식의 단계 중 낸시 프레이저와의 첫 번째 논쟁을 위해 특히 관심이 가는 것은 첫 번째 단계에서 벌어진 것이다. 즉 비판적 사회이론이 항상 규범적 차원에서 사회운동을 통해 방향을 잡아야 한다는 문제 있는 가정 아래, 광범위하게 펼쳐진 사회적 불만과 고통 전체를 단지 정치적 공공 영역에서 공식적으로 인정된 작은 단면으로 축소한 점이 바로 그것이다. 비록 함축적이긴 하지만 이런 일면화에 대한 정당화는 거의 치명적 오류에 따른 결과이며, 이는 마르크스주의 이론이 초기에서부터 얼마 전까지 항상 반복적으로 저질렀던 오류이기도 하다. 즉 마르크스와 그의 계승자들에게 오직 프롤레타리아만을 모든 사회적 불만의 대리자로 만드는 역사철학적 경향이 존재했다면, 이와는 반대로 이제 이런 교조적 확신은 제반 사회운동을 그런 사회적 불만의 경험적 표시로 삼음으로써 회피되고 있다는 것이다.[15] 이런 과정에서 등장한 잘못된 경향은, 정치적 공공 영역의 선택 절차를 통해 특정한 형태의 사회적 고통을 관심의 중심에 놓게 하는 예비적 주제 결정을 단순히 받아들인다는 점이다. 분명 의도치 않았지만 오늘날 이런 식으로 일어나는 정치적 지배와의 결탁을 막기 위해서는 모든 공적인 인정 과정과는 독립적으로 사회적 불만을 규정할 수 있는 규범적 용어를 도입해야 한다. 물론 이를 위해서는 낸시 프레이저가 자신의 논증 과정에서 피할 수 있다고 믿었던 바로 그런 방식의 도덕심리학적 사고가 필요하다.

2. 모욕과 무시로서의 불의

내가 지금까지 낸시 프레이저에 대항하여 입증했던 것은, 규범적 차원에서 비판적 사회이론이 사회운동이 제기하는 공적으로 지각 가능한 요구에만 관심을 갖는다면, 비록 의도된 것은 아니지만 결과적으로 정치적 경계 설정을 수용하게 된다는 점이다. 그러나 이런 것만 가지고는 그녀의 계속되는 논증 과정을 볼 때 아직 많은 것을 보여준 것 같지는 않다. 왜냐하면 낸시 프레이저는 두 번째 단계에서 "정체성 정치"의 헤게모니에 대항하여 분배 문제의 규범적 중요성을 호소하는 데로 나아가기 때문이다. 물론 우리가 그녀의 출발 테

15 마르크스의 계급이론이 갖는 역사철학적 의미에 대한 설득력 있는 비판으로는 Jean Cohen, *Class and Civil Society, The Limits of Marxian Critical Theory*, Amherst 1982.

제가 갖는 논증적 역할을 상기해본다면, 이미 여기에서 결코 사소한 것이 아닌, 결국에 가서는 결정적인 것이 되는 나와 그녀 사이의 차이점이 드러난다. 즉 비판적 사회이론의 범주적 틀로 인정이라는 용어가 도입된 것이 낸시 프레이저에게 정당한 것으로 보일 수 있었던 이유가 이를 통해 새로운 시대, 즉 포스트사회주의 시대의 갈등 시나리오가 표현되고 있기 때문이라면, 나에게는 지금까지 설명했듯이 이런 역사적 제한이 아무런 역할도 하지 못한다는 것이다. 왜냐하면 나는 "정체성 정치"에 대한 그녀의 생각이 경향상 사회학적 가공물처럼 보인다는 점을 완전히 제외한다면, 오히려 인정 개념 틀에 대한 정당화는 전적으로 사회운동과의 연관성으로부터 독립하여 이루어져야 한다고 보기 때문이다. 낸시 프레이저와는 달리 내가 출발점으로 삼고 있는 것은 다음과 같다. 즉 비판적 사회이론의 근본 개념을 인정이론의 용어로 바꾸는 것을 정당화하는 것은 정체성 정치 요구가 제기되는 현재의 상황이나 다문화주의가 제시하는 목표들이 아니라, 오히려 이것이 사회적 불만과 저항의 근원적 동기에 대한 보다 개선된 통찰로 보인다는 점이다. 다르게 말하자면, 나에게 "인정이론적 전환"은 오늘날 일어나는 사회적 변화 과정에 대한 응답이 아니라, 이론 내적인 문제에 대해 대답하려는 시도이다. 따라서 이러한 체계상의 차이 때문에, 앞으로 계속되는 논의의 진행 과정에서 나는 오늘날 분배 정의 문제 자체는 상당한 정도로 분화된 인정이론의 규범적 범주들을 통해 더 잘 설명될 수 있다는 점 역시 보여주어야만 할 것이다. 그리고 끝에 가서 비판적 사회이론의 규범적 정당화 문제 역시 전체적으로 볼 때 이런 차이점으로부터 논의되지 않을 수 없을 것이다.

그렇지만 무엇보다도 필요한 것은 인정 개념 틀을 도입함으로써 일종의 해답을 제시할 수 있는 문제들이 무엇인가를 설명하는 것이다. 이를 위해 내가 따르게 될 논증의 갈래는 이미 비판적 사회이론의 틀 속에서 "새로운 사회운동"이 수행하는 모호한 역할에 대한 나의 생각 속에 있다. 여기서 충분히 밝혀졌겠지만, 각각의 영향력 있는 사회운동에 규범적으로 정향된다는 것은 마르크스주의가 갖고 있던 역사철학적 전제가 무너진 이후 이 이론 전통 내에서 점차 다급한 것이 되어버릴 수밖에 없었던 다음과 같은 문제에 대한 잘못된 대답일 뿐이다. 다시 말해, 이는 이제 프롤레타리아 계급이 더 이상 마르크스주의 이론이 자명한 것처럼 근거할 수 있었던 전과학적 심급을 대표할 수 없다면, 사회 비판을 경험적으로 정당화하기 위한 필연적 준거점을 형성하는 사회적 불만은 어떤 식으로 탐색될 수 있겠는가 하는 문제에 대한 잘못된 대답이라는 것이다. 그러나 이러한 문제의 본질적 핵심을 가능한 분명하게 하기 위해서는 아마도 이 문제를 해석학적 맥락에서 분리시키고, 무엇보다도 비판이론 내에서의 특수한 역할로부터 독립시켜 다시 규정하는 것이 더 나을 것이다. 즉 이는 다음과 같이 표현되어야 할 것이다. 사회적 현실에서 주체들에 의해 불의로 경험되는 것들을 사회이론이 발견할 수 있기 위해서는 어떤 개념적 수단을 사용해야 하는가?

이런 불의 경험에 관한 질문에 대해 관련자들의 실제 반응을 경험적 사회연구라는 수단을 통해 살펴보지 않고서 최종적 대답을 내린다는 것은 분명 불가능하다. 하지만 이런 식의 탐구에는 여기에 토대가 되는 범주와 주요 관점과 관련하여 이 문제를 개념적 차원에서 다룰 수밖에 없게 만드는 어떤 이론적 선이해가 항상 함께 작용하고 있음 또한 사실이다. 이와 관련하여 논의 대상이 되는 것은 여기에 적용될 근본 개념으로서 주체들이 사회에 대해 절망적 기대를 갖게 하는 측면들이 무엇인지를 우리에게 사전에 알려주어야만 한다. 즉 여기서 문제가 되는 것은 다양한 형태의 사회적 불만과 고통이 탐구될 때, 사회 구성원이 갖고 있다고 가정할 수밖에 없는 어떤 규범적 기대에 대한 개념적 선이해이다. 아마도 이런 문제와 관련하여 특히 도움이 될 수 있는 것은 지금까지 이 자리에서 언급한 두 가지 입장 속에서 작동하는 사고 모형을 다시 한 번 더 정확히 상기해보는 것이다. 이렇게 해본다면 도덕적 훼손 가능성을 범주적으로 규정하려는 문제의 차원이 여기에서는 전혀 등장할 수 없음이 분명해진다. 왜냐하면 원론적인 예비 결정은 이러한 문제 차원에 못 미치거나, 아니면 이를 건너뛰게 만들어버릴 것이기 때문이다.

이런 식의 비판적 사회이론 전통에 대한 증거를 보여주는 것은 결코 어려운 일이 아니며, 더 나아가 마르크스주의적 역사철학의 전제들에 사로잡혀 있는 비판적 사회이론의 전통에서는 더더욱 그렇다. 왜냐하면 비록 처음부터 그런 것은 아니지만, 루카치에 근거하여 프롤레타리아에 절대정신의 특징을 부여하려는 곳에서는 어디서나 논증 진행이 귀속적 이익관심이라는 사회학적 사고 모형에 따라 이루어지기 때문이다. 물론 이는 역사유물론적 전환에 근거한 것이다. 즉 집단적 주체인 노동자 계급에게는 목적합리성의 척도에 따라 통일된 이익관심이 부여되고, 이를 통해 그다음 분석 단계에서 보여질 수 있는 것은 바로 자본주의적 관계를 통해 이것이 지속적으로 좌절되고 있다는 점이다. 그러나 이러한 "귀속된" 이익관심의 내용이, 그 근저에 놓여 있는 입장에 따라 정말로 가변적이며 게다가 규범적 목표까지 포함한다 하더라도, 우리가 여기서 다루고자 하는 차원의 이론적 탐구가 중단될 수밖에 없는 데는 물론 충분한 이유가 있다. 왜냐하면 여기서는 주체들이 도덕적 관점에서 사회에 대해 품고 있는 기대에 대한 특수한 해명 작업이 전혀 필요치 않기 때문이다. 따라서 바로 이 자리를 목적합리적으로 규정된 이익관심이 차지하게 된 것이다. 물론 이렇게 마르크스주의에서 사회적 불만이라는 규범적 차원이 전혀 주목을 받지 못했던 것은 다소 공리주의적으로 보이는 인간학적 전제들 때문이다. 즉 여기서 사회화된 주체는 그 근본 개념상 일련의 도덕적 요구와 이에 따른 훼손 가능성을 통해 특징지워지는 도덕적 주체가 아니라, 특정한 이익관심이 귀속된 목적합리적 주체로 고찰된다는 것이다.[16]

내가 보기에는 위에서 논의되었던 두 번째 입장, 즉 규범적으로 "새로운" 사회운동이라는 경험적 표시에만 정향된 입장 역시 정반대의 오류를 범한다는 점에서 이러한 잘못된 지적 전통과 연결되어 있다. 다만 첫 번째 경우에서는 이미 확정된 이익관심에 대해 주체들에게 특히 너무나 많은 것을 요구한다면, 두 번째 경우에서는 규

16 이런 점에 대한 여전히 탁월한 저작으로는 Jeffrey Alexander, *Theoretical Logic in Sociology*, London 1982, 2장, 3장. 또한 다음과 같은 연구 역시 탁월한 것이다. David Lockwood, "The Weakest Line in the Chain? Some Comments on the Marxist Theory of Action", in: *Research in the Sociology of Work*, Bd. 1, 1981, 435 이하.

범적 기대 층을 지각하기 위해 이미 존재하는 규범적 방향에 대해 너무나 적은 것만을 요구하는 차이가 있을 뿐이다. 후자와 같이 보다 새로운 버전의 비판적 사회이론은 이런 식의 입장에 대해 더 이상의 설명이 필요치 않다고 믿는다. 왜냐하면 개개의 사회운동의 규범적 목표들은 현존하는 사회적 불만에 대해 이미 충분한 정보를 주기 때문이다. 이에 반해 공개적으로 표명된 불만을 넘어서 추가적으로 사회 내부에서의 고통 경험을 추측할 수 있게 하는 다른 모든 것들은 오히려 경험적 표시 대신에 사회학적 덧붙이기가 주를 이루는 이론적 사변의 영역에 속하게 된다. 그러나 이런 식으로 사회적 불만 전체에서 "사회운동"만을 간단히 떼어낼 때 생기는 결과는, 이미 비판했듯이 단지 정치적으로 정착된 한 사회의 갈등 수준을 다시 한 번 이론적으로 확인하는 것에 그치는 것만은 아니다. 내 생각에, 이에 비해 보다 심각한 문제는 가능한 사회적 고통의 형태들에 대해 미리 개념적으로 소통하려는 모든 시도들이 이미 그 싹부터 시들어 버린다는 점이다. 마르크스주의가 항상 특정한 사회적 계급에게 집단적으로 어떤 통일적 이익관심을 부여하려는 공리주의적 인간학에 경도되었다면, 이런 입장에는 사회적 불의 경험의 잠재적 원인에 대한 가설을 설정할 수 있는 개념적 수단이 결여되어 있다. 따라서 주체들은 사회운동을 통해 단결하기 전까지는 알려지지 않은 얼굴 없는 존재이며, 그 이후에나 공개적으로 사회운동의 정치적 목표가 갖는 규범적 방향을 알게 해준다.

이렇게 이론사적 측면을 검토해본다면, 이제 비판적 사회이론의 전통 속에서 사회적 불만의 규범적 원천에 대해 개념적으로 미리 소통해보려는 시도가 왜 실제로 없었는지가 한 번의 묘사만으로도 분명해진다. 이러한 전통 속에서는 위르겐 하버마스(Jürgen Habermas)라는 거대한 사례와 아마도 하버마스 곁에 위치시킬 수 있을지도 모르는 안토니오 그람시(Antonio Gramsci)를 예외로 한다면 항상 다양한 이유에서 반규범주의적 경향이 압도적이었다. 이는 근본 개념상 처음부터 주체들에게 사회에 대한 규범적 기대를 부여하지 못하도록 한다. 따라서 가능한 사회적 불만 형태에 대해 범주적으로 사고해야 할 경우, 어떤 식의 사회이론적 전제가 여기에 적합한지는 전혀 주목을 받을 수 없었다. 다시 말해 모든 사회는 사회 구성원의 관점에서 볼 때 사회적 상호작용 맥락에 대한 심층적 요구로부터 등장하는 일련의 규범적 기준들을 충족시킬 수 있어야 한다는 점에서 정당화가 필요하다는 전제 말이다. 사실 사회적 고통과 불만은 이 "사회적"이라는 형용사가 단지 이것들이 사회 속에서 발생하곤 한다는 의미 이상을 말해주어야 한다면 어떤 **규범적** 내용을 함축한다. 왜냐하면 사회 구성원들에 의해 정당한 것으로 간주된 사회에 대한 규범적 기대의 좌절이나 훼손 같은 것들이 여기에 해당하기 때문이다. 따라서 이러한 고통이나 불만 경험은 이것들이 "사회적"이라고 규정되는 한, 사회에 의해 무언가 불의한 것, 즉 무언가 정당화될 수 없는 것이 일어났다는 경험과 일치한다.

물론 이제 결정적인 문제는 이 규범적 기대의 핵심이 이미 정당화 개념 속에 있는 형식적 기준 이상의 것인가 하는 점이다. 이에 대한 최소한의 해석에 따르면 항상 사회적 불의 경험은 제도적 규정들이 이미 정착된 공적 정당화 원칙의 절차적 기준을 충분히 고려했는가

하는 점을 통해 측정된다. 따라서 규범적 기대와 관련하여 당사자들이 품고 있는 것은 일종의 정당성에 대한 믿음으로서 이는 정치적 결정을 정당화하는 절차의 도덕적 함축에 정향된 것이다. 이런 절차주의적 사고 모델을 향한 노력들은 오늘날 무엇보다도 하버마스의 이념 속에서 분명히 발견된다. 이에 따르면 모든 형태의 정당성은 담론적 합리성이라는 특정한 기준을 충족시켜야 한다.[17] 그러나 최근 조슈아 코헨(Joshua Cohen) 역시 존 롤스(John Rawls)에 의거하여 역사적 선언들을 검토하는 방식으로 제도적으로 기대된 정당화가 훼손될 때 도덕적 동기를 갖는 저항들이 일어날 수밖에 없다는 점을 보여주려고 했다.[18] 사회학적으로 볼 때 이런 식의 생각에서 나오는 일반적 결론은, 사회적 불의 경험이 일차적으로 특정한 조치나 제도적 방식의 규정에 대해 개인적으로 납득할 수 있는 근거들이 결여된 곳에서 발생한다는 경험적 가설이다. 그리고 이러한 개인적 납득 이유와 관련하여 또한 가정되어야 할 것은, 도덕적 사회화 과정에 의하여 이러한 이유들이 기존 사회에서 타당성을 갖는 공적 정당화 행위의 제반 요소들을 형성한다는 점이다. 다른 말로 표현한다면, 사회적 불의가 경험되는 순간은 제도적 규정이 과연 보편적으로 수용된 근거에 따른 동의에 의존하고 있는지를 합리적으로 이해할 수 없

17 상대적으로 초기 버전인 이러한 위르겐 하버마스의 테제는 다음과 같은 논문집 4장에 담겨져 있다. Jürgen Habermas, *Zur Rekonstruktion des Historischen Materialismus*, Frankfurt am Main 1976; 이에 대한 개선된 버전은 다음과 같은 책에 있다. Jürgen Habermas, *Faktizität und Geltung*, Frankfurt am Main 1992.

18 Joshua Cohen, "The Arc of the Moral Universe", in: *Philosophy & Public Affairs*, Vol. 26, 1997, No. 2, 91-134.

을 때라는 것이다. 물론 이런 식의 추측이 고려하고 있는 상황은 사회적 현상에 대한 개인적 평가의 형식적 구조가 공적 정당화 행위의 구조로부터 완전히 독립적일 순 없다는 점이다. 즉 여기서 논박될 수 없는 논증이라고 일반적으로 인정된 것이 저기에서도 다소간의 타당성을 얻게 되고 주관적 척도를 규정하게 된다는 것이다. 그러나 다른 한편 이렇게 정당화 형식에만 제한적으로 주목한다면, 각 개인들에게 자신이 이미 정착된 공적 정당화 원칙을 어느 정도나 따를 수 있을지를 측정하는 데 지침이 되는 규범적 관점들은 전적으로 시야에서 사라져버리는 것처럼 보인다. 이럴 경우 마치 보편적으로 수용된 근거들은 주체들이 스스로 사회적 질서에 대해 갖고 있던 규범적 기대와 상관이 없어야 하는 것처럼 보인다. 따라서 이렇게 사회학적으로 적용된 절차주의에는 개인적 요구와 훼손 가능성에 대한 대응물이 결여되어 있다. 그러나 이것들이 당사자들에게는 또다시 제도적 규정의 정당성을 깨뜨리는 도덕적 실체를 형성한다. 즉 제도적 규정의 정당화를 위해 "좋은" 근거가 될 수 있는 것이 항상 개개인에게는 사회에 대한 자신의 도덕적 기대 자체가 적절하게 고려되고 있는가를 통해 다시 한 번 평가된다는 것이다. 이런 점에서 사회적 불의 경험을 범주적으로 적절하게 파악하는 문제에서는 모든 공적 정당화 과정의 "소재"가 되는 이러한 구체적 기대 지평 역시 고려되어야 한다. 왜냐하면 사회적 불의로 경험되는 것은 보편적으로 수용된 근거에 비추어볼 때 사회적 질서에 대한 심층적 요구를 훼손하는 제도적 규정이나 조치들로 드러난 것이기 때문이다.[19]

이렇게 사회학적으로 사용된 절차주의에 대한 반대에는 물론 결코 지나치지 않은 요구가 동반되어 있다. 즉 이것이 주체들이 일반적으로 사회적 질서에 대해 갖는 규범적 기대에 관해 무언가 이론적으로 설득력 있는 것을 표현할 수 있다는 것이다. 당연히 여기서 가장 어려운 문제로 드러나는 것은, 수많은 다양한 요구들을 파악하여 가능한 한 그 규범적 핵심 요소를 확정할 수 있을 만큼 추상적으로 충분한 규정에 도달하는 것이다. 물론 이런 모험적 시도가 오늘날에도 전혀 불가능한 것은 아니다. 왜냐하면 지난 20~30년 동안 다양한 분과에서 이에 상응한 일련의 연구들이 시도되었기 때문이다. 이들 모두는 하나의 동일한 방향을 갖고 있다. 그리고 지금까지 이야기된 것을 볼 때 놀랄 만한 것도 아니지만, 이들의 공통된 목적지는 주체들이 사회로부터 무엇보다도 자신들의 정체성에 대한 인정을 기대하고 있다는 생각이다. 이런 생각이 무엇을 암시하는가는 먼저 이러한 연구가 진행되어온 단계들을 잠시 지목해본다면 더욱 분명해질 것이다.

첫 번째 단계는 노동자 운동에 대한 역사적 연구이다. 이는 인정이라는 목표가 자본주의가 등장하고 점차 관철되어가는 시기에 이미 얼마만큼이나 하층민들의 사회적 저항을 각인시키고 있는지를 최초로 밝혀주었다. 에드워드 P. 톰슨(Edward P. Thompson)이나 배링턴 무어(Barrington Moore)와 같은 역사가들이 여전히 경제적 이해관계만을 고려하는 경향에 반하여 보여준 것은, 저항과 저항적 태도를

19 형식적으로 볼 때 이것은 물론 무어의 주장이다. Barrington Moore, *Ungerechtigkeit. Die sozialen Ursachen von Unterordnung und Widerstand*.

동기지우는 원천에 대한 문제가 제기되는 곳에서, 고집스럽게 전승된 명예 요구가 훼손되는 경험이 비록 동일한 것은 아니지만 더욱더 중요해지고 있다는 점이다.[20] 이러한 연구 목표와 놀랄 만한 근접성을 보이며 곧 사회학 분야에서도 사회적 하층민들의 억압과 불의 경험의 핵심이 무엇인가 하는 문제에 주목하는 폭넓은 연구 영역이 등장하였다. 그리고 여기에서도 물질적 위기 상황보다는 존중할 만한 가치가 있다고 생각하는 자신들의 생활방식이나 능력을 여타의 사회 구성원으로부터 인정받는 것이 훨씬 더 중요한 저항의 동기가 되고 있음이 분명해졌다.[21] 이렇게 이 두 가지 측면으로부터 개인의 불가침성, 명예 또는 존엄의 사회적 훼손이 불의 경험의 핵심이라는 점에 대한 첫 번째 증거가 제공되었지만, 그 성과는 일단 자본주의 사회의 프롤레타리아 계층으로만 제한된 채로 남아 있었다. 따라서 이를 비로소 일반화시킬 수 있었던 것은 지금까지 밝혀진 증거들을 보다 확장된 맥락 속에 위치시킴으로써 이 증거들이 전혀 다른 생활 상태와 경험 상황과도 서로 수렴될 수 있음을 보여주었기 때문이다. 즉 식민지 치하 집단들의 저항이나 여성들의 혁명적 저항사와 비교해본다면, 프롤레타리아가 자신의 명예 요구를 존중받기 위해 감행한 투쟁은 결코 역사적으로 특수한 사례가 아니라, 오히려 보편적으로 확산된 경험 모형 중 특히 눈에 띄는 사례일 뿐이라는 것이다. 따

20 Thompson, *Plebejische Kultur und moralische Ökonomie. Aufsätze zur englischen Sozialgeschichte des 18. und 19. Jahrhunderts*.

21 이에 대한 상식을 깨는 연구로는 분명 다음과 같은 문헌이 있다. Richard Sennett/Jonathan Cobb, *The Hidden Injuries of Class*, Cambridge/Mass. 1972.

라서 이제 일반적으로 말할 수 있는 것은 주체들이 제도적 현상들을 불의한 것으로 지각한다면, 이는 자신들이 인정받을 자격이 있다고 믿고 있는 인격적 측면들이 바로 이를 통해 무시당한다고 보기 때문이라는 점이다.

그러나 이런 경험적 증거들만을 가지고서는 아직 가공되지 않은 직관 자료 이상을 제공할 수 없다. 이러한 자료들이 일반화 가능한 테제의 생산적 토대가 되기 위해서는 개념적 작업이 필요하다. 이 글에서 논의되는 문제로 되돌아간다면, 이렇게 서로를 지지해주는 연구 성과들이 말해주는 것은 사회적 불의에 대한 지각이 이미 정착된 정당화 원칙이 아니라, 사회적 인정에 대한 다양한 기대에 의존하고 있다는 점 이상이 아니기 때문이다. 그러나 사회적 질서를 공적으로 정당화하기 위한 기준들이 상대적으로 안정된 개별적 요구들과 서로 얽혀 있듯이, 도덕적 정당화 방식이 존엄과 불가침성 표상이라는 재료들을 통해 어떻게 구성될 수 있을지는 경험적이고 역사적인 내용의 토론이 주는 설명으로부터 상당히 벗어난 문제이다. 따라서 논의가 더 발전하기 위해서는 그동안 축적된 연구 자료들로부터 강한 인상을 받은 사회이론과 정치철학의 주제들이 등장하기 시작해야만 했다. 이런 작업으로는 헤겔의 인정이론에 의거하여 개념적 작업을 발전시키려는 것과 함께 특히 츠베탕 토도로프(Tzvetan Todorov), 마이클 이그나티에프(Michael Ignatieff) 그리고 아비샤이 마갈릿(Avishai Margalit)의 연구들을 꼽을 만하다.[22] 이 연구들이 비록 방법과 목표에서 많은 차이를 보이지만 이들은 동일한 전제를 출발점으로 삼고 있다. 즉 이는 모욕과 무시와 같은 사회적 인정의 박탈

경험이 사회적으로 야기된 고통과 불의를 표현하는 중요한 개념으로 중심을 차지해야 한다는 것이다. 이제 이를 통해 지금까지 단지 경험적으로 일반화된 연구 성과의 지위만을 갖고 있던 것들이 규범적 내용의 사회이론으로 고양되었다. 왜냐하면 사회이론에서 사회적 불의에 적용되는 기본 개념들이 인격적 불가침성에 대한 인정과 관련하여 주체들이 갖고 있는 규범적 기대에 적합하도록 구성되었기 때문이다.

물론 이러한 성과로는 사회적 정당화 담론을 통해 주체들의 평가척도에 이입되는 정당화 방식들로부터 심층적 인정 요구가 얼마나 영향을 받고 있는지에 대해 만족할 만한 대답을 줄 수는 없다. 그뿐 아니라 사회 구성원들이 일반적으로 기대한다는 인격적 불가침성 인정이 과연 무엇을 의미하는지도 아직 명백하지 않다. 그러나 바로 이러한 연구 과정이 드러내주는 것은 내가 이미 낸시 프레이저에 대항하여 정당화시켰던 이의제기들에 대해 추가적인 무게를 실어주게 될 테제의 일차적 윤곽이다. 즉 오늘날 인정 개념이 핵심적 중요성을 갖는 것은 이것이 새로운 유형의 사회운동의 목표를 표현하기 때문이 아니라, 오히려 사회적 불의 경험 전체를 범주적으로 해석하는데 적절한 수단임이 입증되었기 때문이라는 것이다. 오늘날 억압받는 집단들이 인정이론의 규범적 개념들에 관심을 기울이게 하는 주

22 Tzvetan Todorov, *Abenteuer des Zusammenlebens. Versuch einer allgemeinen Anthropologie*, Berlin 1996; Michael Ignatieff, *Wovon lebt der Mensch? Was es heißt, auf menschliche Weise in Gesellschaft zu leben*, Berlin 1993; Avishai Margalit, *Politik der Würde. Über Achtung und Verachtung*, Berlin 1997.

도 이념이 "차이"이든 "문화적 인정"이든 이것이 특수하고 아주 새로운 것은 아니다. 오늘날 이런 범주적 수정이 일어나게 된 것, 혹은 우리가 그렇게 되도록 만든 것은 사회적 불의 경험에 자양분이 되는 도덕적 원천에 관한 그동안의 연구 성과들 때문이다. 즉 프롤레타리아 계급의 저항에 관한 배링턴 무어의 상식을 뛰어넘는 연구, 식민지민의 자존감 훼손의 중요성에 대한 산재된 연구들, 여성의 억압 경험에서 무시가 갖는 핵심적 역할에 대한 점증하는 연구문헌들, 그리고 끝으로 우리의 정의관에서 차지하는 "존엄"의 핵심적 위치에 대한 아비샤이 마갈릿의 논문들, 이 모든 것이 가리키고 있는 동일한 방향은 바로 인정이라는 용어를 수용해야 할 필요성이다. 왜냐하면 오늘날 우리에게 주어진 지식에 비추어볼 때 현실적인 사회적 당사자들이 "불의"로 간주하는 것은 이들에게 정당한 것으로 여겨지던 사회적 인정 요구를 훼손시킨다고 보는 제도적 규칙이나 조치들이기 때문이다.

지금까지의 논의 과정을 볼 때 그 결과는 낸시 프레이저와 나 역시도 그 활성화에 관심을 갖고 있는 비판적 사회이론이라는 프로젝트 본래의 전략에서 상당히 벗어난 것이다. 왜냐하면 오늘날 필요한 것은 낸시 프레이저가 비판적 사회이론의 규범적 틀을 범주적으로 확장시킴으로써 과거나 현재의 해방운동의 목표를 적절하게 표현하려고 할 때 염두에 둔 이론적 혁신 이상의 것이기 때문이다. 하지만 지금까지의 논의에서는 낸시 프레이저에게 현존하는 갈등 수준에 대한 단순 긍정이라는 위험이 등장한다는 지적을 전적으로 제외한다면, 일상적 불의 경험에 대한 접근을 체계적으로 가로막는 문제는 전혀 다루어지지 않은 채 남아 있다. 사회학적 반규범주의의 유산인 이러한 난점은 과거 프랑크푸르트학파에서도 확산된 것으로서 오늘날 비판적 사회이론을 혁신하려는 시도에서는 처음부터 나타나고 있다. 왜냐하면 주체들이 사회 질서를 스스로 평가하게 할 수 있는 규범적 관점을 범주적으로 해명하지 않는다면 비판적 사회이론이 항상 의존할 수밖에 없는 사회적 불만의 차원이 완전히 봉쇄되기 때문이다. 하지만 마르크스주의적 원천에서 기원하는 귀속적 이익관심 이념이나 아무런 이론적 토대 없이 "새로운" 사회운동과 결합하는 것은 향후 이런 문제점과 관련하여 아무런 도움이 되지 못한다. 오히려 이를 대신하여 필요한 것은 앞서 짧게 요약했던 다양한 영역에서의 연구에 맞게 비판적 사회이론의 근본 개념을 인정이론의 규범적 전제들로 변형시키는 작업이다. 왜냐하면 인정이론은 사회적 인정의 박탈, 모욕과 무시와 관련된 현상들, 그리고 모든 종류의 불의 경험의 핵심을 규정하고 있기 때문이다. 이런 점에서 내가 비판적 사회이론에 추천하는 "인정이론적 전환"은 낸시 프레이저의 논증이 진행되는 차원보다 한 차원 심층에서 발생한다. 따라서 범주적 전환은 지금까지 불충분하게 다루어진 해방운동을 논의에 포함시키는 것이 아니라, 사회적 불의 자체를 다룰 때 발생하는 핵심적 문제들을 해결하는 데 기여할 것이다. 물론 이러한 포괄적 전략을 추구하는 사람이라면 당연히 인정이론적 근본 개념으로의 전환으로부터 결과하는 두 번째 단계 역시 함께 밟아야 한다. 즉 낸시 프레이저의 독자적인 취급 영역인 "물질적" 불평등 자체도 정당한 인정 요구의 훼손으로 해석될 수 있어야 한다는 것이다.

낸시 프레이저에 대한 첫 번째 논쟁에서 나는 인정 갈등과 분배 갈등 사이의 관계 규정에 토대가 되는 두 가지 서로 결합된 전제들에 의문을 제기했다. 첫 번째로 나에게 아주 설득력 없이 보였던 것은 자본주의 사회의 정치적 갈등의 역사를 일종의 이행 도식에 따라 해석하는 것이다. 이에 따르면 사회운동은 일반적으로 이익관심에 의해 주도되던 것에서 정체성 정향적으로 변모했고, 따라서 규범적 의미 차원에서 본다면 "이익관심"으로부터 "정체성"으로, "동등성"으로부터 "차이"로의 교체가 일어났다는 것이다. 그러나 우리가 과거의 도덕적 불만과 사회적 저항의 증거들을 알게 된다면, 인정, 존중 또는 명예가 훼손되었다는 감정이 의미론적으로 핵심적 역할을 하는 어휘들이 항상 사용되고 있었음이 너무나 금방 드러난다. 즉 19세기의 노동자들, 세기 전환기의 여성해방 집단들, 또는 1920년대 미국 대도시의 "아프리카 출신 미국인들"의 저항이 표현했던 도덕적 어휘들은 사회적 모욕과 무시를 기록하기에 적합한 것이었다.

물론 이를 통해서 무엇 때문에 관련자들 각각이 무시당했다고, 또는 인정받지 못했다고 생각하는지가 아직 표현된 것은 아니다. 그러나 이러한 증거들이 역으로 명백하게 밝혀주는 것은 불의가 통상적으로 인정의 유보 차원과 결합되어 있다는 점이다. 이런 점에서 나에게는 이미 불의 경험을 극단적으로 맞서는 두 가지 부류, 즉 첫째는 분배 문제로, 둘째는 이와 반대되는 "문화적 인정" 문제로 나누는 것은 거의 소용이 없는 것처럼 보인다. 왜냐하면 도덕적 불만의 전체 스펙트럼이 전적으로 이런 식의 단순한 대립 구도 속에서 등장하는 것은 아니며, 오히려 이런 대립 구도는 "물질적" 불이익 경험이 개인이나 사회적 집단의 사회적 인정을 둘러싼 문제들과는 독립적으로 서술될 수 있다는 점을 암시하기 때문이다. 따라서 나에게는 불의 경험이 일련의 인정의 유보, 즉 무시의 형태들을 통해 파악될 수 있다는 생각이 훨씬 더 설득력 있는 것으로 보인다. 이에 따르면 무시의 형태들 간의 차이는 개개의 당사자들의 속성이나 능력 중 어떤 것이 정당치 못한 방식으로 존중되지 않거나 인정받지 못했는가를 통해 측정된다. 따라서 이런 생각에서 추가적으로 고려될 수 있는 것은 불의 경험 간의 차이점은 단지 그 관련 대상뿐 아니라 상실된 인정의 형태를 통해서도 확인된다는 점이다. 이런 점에서 낸시 프레이저가 강조한 "정체성 갈등"에서는 문화적으로 규정된 집단이 자신의 집단적 정체성에 대한 사회적 가치평가를 원하는지, 아니면 권리 인정을 원하는지에 따라 본질적인 차이가 발생한다. 물론 이런 두 가지 선택지에 대한 단순한 설명만으로도 낸시 프레이저가 "분배"와 "문화적 인정" 간의 경직된 대립에 근거해서는 바로 "권리"로 규정된 인정 형태를 적절하게 범주적으로 고려할 수 없을 것이라는 의혹이 든다. 왜냐하면 그녀의 논증을 보면 마치 사회적 집단들이 본질적으로 물질적 자원 혹은 문화적 인정을 위해 투쟁하는 것처럼 보이는 반면, 동등한 권리를 위한 투쟁에 대해서는 놀랍게도 아무런 체계적 언급도 발견할 수 없기 때문이다.[23]

이런 예측과 관련된 논의는 내가 낸시 프레이저를 논박하는 과정에서 계속해서 진행하겠지만, 이미 이로부터 알 수 있는 것은 내가 문제 삼는 낸시 프레이저의 두 번째 전제가 무엇인가 하는 점이다. 내가 방금 첫 번째 전제에 대한 서술에서 암시했던 것처럼 논의를 진행시킨다면 인정 개념의 도입을 사회적 "정체성 갈등"이라는 역사적으로 새로운 단계로 제한할 수는 없을 것이다. 오히려 인정 개념과 관련된 생각은 도덕적 동기를 갖는 갈등의 심층을 사회적으로 가시화하는 데 적합하다. 그러나 이런 심층은 광범위하게 분화된 비판적 사회이론의 전통 속에서는 이익관심 개념 때문에 제대로 인식될 수 없었다. 물론 이런 식의 인정이론적 재개념화는 개념적으로 변하지 않은 채로 방치된 여타의 사회 현실과 잠재적으로 사회적 갈등을 일으킬 수 있는 일련의 인정 기대를 외적으로 대립시키는 것 이상을 요구한다. 왜냐하면 이런 외적 대립은 모든 사회적 현실에 이미 항상 상호인정의 형태들이 제도화되어 있으며, 이것이 결여되

23 이에 대한 고무적 연구로는 Christopher F. Zurn, "The Normative Claims of Three Types of Feminist Struggles for Recognition", in: *Philosophy Today*, Vol. 41, Supplement 1997; Lawrence Blum, "Recognition. Value and Equality: A Critique of Charles Taylor's and Nancy Fraser's Accounts of Multiculturalism", in: *Constellations*, Nr. 1, Vol. 5, 1998, 51-68.

거나 비대칭을 이룰 때 비로소 일종의 "인정투쟁"이 일어날 수 있음을 충분히 밝혀주지 못하기 때문이다. 따라서 첫 번째 단계에서 필요한 것은 무엇보다도 한 사회의 도덕적 질서가 층층이 쌓인 인정관계들 간의 부서지기 쉬운 결합으로 이해될 수 있도록 설명하는 것이다. 그리고 이러한 설명이 전제된다면 두 번째 단계에서는 이런 식으로 정착된 인정 질서 하에서 대개 정당성 없는 무시에 대한 도덕적 경험에 기인하는 다양한 차원의 사회적 갈등이 어느 정도까지 촉발될 수 있는지가 밝혀질 수 있을 것이다. 또한 이런 논의 과정에서 처음부터 분명한 것은 주체들이 갖고 있다고 가정된 인정 기대란 낸시 프레이저가 몇몇 곳에서 나를 비난한 것처럼 일종의 인간학적 척도로 취급되는 것은 아니라는 점이다. 오히려 이런 식의 인정 기대란 심층적인 잠재적 요구들에 사회적 형태를 부여한 산출물이다. 왜냐하면 인정 요구에 대한 규범적 정당화는 항상 역사적으로 정착된 개개의 인정 질서 속에서 제도적 토대를 갖는 제반 원칙들에 의존하고 있기 때문이다. 따라서 인정 기대, 부정적으로 말한다면 무시 경험과 역사적으로 제도화된 인정 원칙 간의 이러한 내적 결합이 일단 충분히 파악된다면, 지금까지 설명되지 않는 채 방치되었던 인정과 한 사회의 정당화 담론 간의 관계가 어떤 특징을 가져야 하는지 그 일차적 특징들도 밝혀질 것이다.

이렇게 낸시 프레이저에 대한 나의 논박 첫 번째 부분의 결론을 간단히 요약해본다면, 이는 이미 내가 이러한 논의를 계속하기 위해 어떤 방향을 취해야 할지를 가리키고 있다. 내가 분배 갈등을 인정투쟁의 "도덕적 문법"에 따라 해석하기에 앞서서, 먼저 자본주의 사회를 제도화된 인정 질서로 규정하는 것이 무엇을 의미하는지를 간단히 설명할 필요가 있다. 나는 이런 목적을 위해 첫 번째 단계에서 부르주아 자본주의 사회 형태의 형성이 얼마만큼이나 세 가지 인정 영역의 분화에 따른 결과로 해석될 수 있는지를 설명할 것이다(1절). 그리고 이런 설명이 이루어진다면 비로소 분배 갈등을 낸시 프레이저의 해석 제안과는 반대로 인정투쟁의 표현 형태로 해석하는 과제를 제시할 수 있을 것이다. 즉 여기서 말하는 도덕적 동기로부터 발생한 투쟁이 갖는 특수한 형태란 "업적"에 대한 인정 원칙의 해석과 평가를 둘러싼 갈등이라는 것이다(2절).

1. 세 가지 인정 영역의 역사적 분화—사랑, 권리, 업적

내가 지금 나의 목적 수행을 위한 첫 단계에서 품고 있는 예비적 의도만 놓고 본다면 나는 이하에서 단지 개략적인 논증 스케치 정도에 만족해야만 할 것이다. 여기서 내가 핵심적으로 의지하는 것은 적어도 함축적으로는 이미 부르주아 자본주의 사회 형태를 제도화된 인정 질서로 해석했던 문헌들이기 때문이다. 이런 논증 스케치 과정에서 밝혀져야 할 것은 종래의 방식에 따라 간단히 "분배 갈등"으로 지목되는 것이 과연 어떤 특수한 인정 영역에서 일어나는가 하는 점만은 아니다. 이를 넘어서 나에게 또한 중요한 점은, 인간의 생활방식을 특징짓는 상호주관적 인정에 대한 특수한 의존성은 항상 상호주관적 인정 보장이 각기 사회 속에 제도화되는 방식을 통해 규정된다는 점을 증명하는 것이다. 방법론적인 측면에서 볼 때 이런 식의 논의에 뒤따르는 결론은 주관적 인정 기대가 단순히 인간학적으로 이해된 인격이론으로부터 도출되어서는 안 된다는 점이다. 오히려 반대로 인간의 상호주관적 "본성"의 특성을 사후 추론적으로 추측할 수 있게 하는 열쇠는 고도로 발전된 개개의 인정 영역의 분화 정도이다. 또한 이에 상응하여 볼 때 인간의 실천적 자기관계, 즉 인정을 통해 가능해진 것이지만 자신의 권능이나 권리를 반성적으로 확인할 수 있는 능력은[24] 결코 언제나 이미 주어져 있는 것은 아니다. 주관적 인정 기대와 마찬가지로 이런 능력의 성장은, 인간의 인격 중 특정한 부분에 대한 사회적 인정을 보장하기 위해 사회 발전을 통해 분화된 제반 영역들과 함께 이루어진다.

이러한 예비적 논의를 따른다면 부르주아 자본주의 사회 형태의 등장을 세 가지 인정 영역의 분화에 따른 결과로 이해하는 것이 중요하다. 전근대 사회의 신분적 질서 하에서 비록 초보적 형태에 불과하지만 후손의 사회화를 위해 이미 인정의 특수한 형태로 형성될 수밖에 없었던 것은 아이들의 인격 형성을 위해 없어서는 안 될 보호와 사랑이라는 특수한 태도이다.[25] 물론 이런 식의 정서적 인정은 성장하는 아이들이 자신의 신체적 욕구가 가치 있음을 신뢰하게 하지만, 이는 제도적으로 볼 때 아동기가 인생 과정 중 특히 보호가 필요한 시기로 분리되기 전까지는 단지 함축적 행위 실천으로만 남아

24 "자기관계" 개념에 대해서는 Ernst Tugendhat, *Selbstbewußtsein und Selbstbestimmung. Sprachanalytische Interpretationen*, Frankfurt am Main 1979.

25 Jonathan Lear, *Love and its Place in Nature*, New York 1990.

있었다.[26] 그러다 이제 비로소 아이들이 신체적 보호로부터 벗어나 자신감을 갖도록 부모가, 역사적으로 볼 때는 우선적으로 어머니만이 아이들에 대해 가졌던 특수한 보호 의무에 대한 의식이 사회 내에서 등장할 수 있었다. 그리고 이런 과정과 병행하여 사랑이라는 인정 형태 역시 비교적 자립화되었다. 왜냐하면 양성 간의 관계가 점차 경제적, 사회적 행위 강제로부터 벗어나 상호 애정 감정을 위해 개방되었기 때문이다. 이에 따라 결혼은 비록 계층적 지체 현상은 있었지만 이제 그 고유한 특성상 남자와 여자가 각각 욕구 본성 속에서 서로에게 사랑을 표하는 특수한 상호주관성 형태의 제도적 표현으로 이해되었다.[27] 이렇게 아동기의 분립과 "부르주아적" 연애 결혼의 형성이라는 두 가지 제도화 과정의 결과로 점차 여타의 상호작용 형태와는 달리 상호 애정과 보호라는 원칙을 특징으로 하는 특수한 종류의 사회적 관계에 대한 일반적 지식이 등장하였다. 즉 이는 개인적 욕구와 관련하여 타인의 안녕을 위한 애정 어린 돌봄의 관계 속에서 사회 구성원들이 서로를 인정하는 것을 말한다.

물론 자본주의 사회 형태의 핵심적 제도가 형성되는 데 아주 더 큰 중요성을 갖는 것은 이와 다른 발전 과정이다. 왜냐하면 이것이 자본주의 사회 형태의 도덕적 질서를 위한 기본 토대를 형성했기 때문이다. 봉건 사회의 신분적 사회 질서를 비롯하여, 모든 전근대 사

26 Philip Ariès, *Die Entstehung der Kindheit*, München/Wien 1976.

27 이에 대한 사회학적 분석으로는 Tilman Allert, *Die Familie. Fallstudien zur Unverwüstlichkeit einer Lebensform*, Berlin 1997, 특히 4.1/4.2.

회에서는 개인의 권리 인정, 따라서 사회 구성원으로 인정된 지위, 즉 특정한 권리를 통해 보장된 지위는 해당 당사자가 출신, 나이 또는 기능을 근거로 향유할 수 있었던 사회적 가치부여와 직접적으로 결합되어 있었다. 따라서 개인이 정당하게 사용할 수 있는 권리의 범위는 어떤 점에서는 "명예"의 정도, 혹은 다른 모든 사회 구성원이 이미 확립된 특권적 질서라는 틀 속에서 그에게 부여하는 지위의 높이로부터 직접적으로 도출된다. 이런 식의 권리 존중과 사회적 가치부여의 합금, 즉 근본적으로 볼 때 모든 전통 사회의 도덕적 토대는 부르주아 자본주의 사회 질서의 형성과 함께 붕괴되었다. 왜냐하면 시장관계의 확장 압력 하에서, 그리고 동시에 탈전통적 사고 자원들을 활용하면서 발생한 권리관계의 규범적 변형을 통해, 권리 인정이 위계적 가치 질서로부터 분리됨으로써 이제는 개개의 사회 구성원 모두가 원칙적으로 동등한 권리를 향유하게 되었기 때문이다.[28] 이러한 권리 평등 이념의 제도화에 동반된 규범적 구조 변화는 결코 과소평가될 수 없다. 왜냐하면 이는 전적으로 다른 두 가지 인정 영역의 정착으로 이어졌으며, 이를 통해 사회의 도덕적 질서가 혁명적으로 변화했기 때문이다. 즉 이제 개개인은 비록 실제 현실과 맞는 것은 아니지만 적어도 규범적 이념에 따른다면 자신이 다른 모든 사회 구성원과 마찬가지로 동등한 권리 인격체로 존중받는다고 인식할 수 있었다는 것이다. 그러나 이에 반해 사회적 가치부여는, 물론 마찬가지로 새로운 토대 위에 세워졌지만, 아직도 위계적으로

28 Honneth, *Kampf um Anerkennung*, 179 이하.

배열된 가치 서열에 의존하고 있었다.

부르주아 자본주의 사회로 이행하면서 사회적 신분 질서에서 일어난 변화는 이와 동시에 자립화된 권리 존중 영역에서 일어난 발전 못지않게 전복적이고 분명 혁명적이었다. 후자에서는 동등권리라는 규범적 이념이 제도화되었다면, 전자에서는 직업 노동에 대한 종교적 평가절상의 영향으로 "개인적 업적"이라는 문화적 주도 이념이 형성되었다.[29] 경제적으로 성장한 시민이 귀족에 대항하여 관철시켰던 새로운 방식의 가치평가 모형이 점차 확립되면서, 반대로 신분적 명예 원칙은 그 효력을 상실하였다. 그리고 그 결과 개개인의 위신은 이제 규범적 차원에서 볼 때 출신과 재산으로부터 독립적이 되었다. 특정한 명예 코드와 함께 특정한 신분 집단에 소속된다는 것은 더 이상 개인이 사회 속에서 어느 정도의 가치부여를 정당하게 획득할 수 있느냐를 결정하지 못한다. 오히려 이를 결정하는 것은 산업적으로 조직된 노동 분업망 속에서 개인적으로 이뤄낸 업적이다.[30] 따라서 권리 지위와 특권 질서가 규범적으로 변화하면서 발생한 전체 변화 과정을 분명하게 정리한다면, 이는 전근대적 명예 개념이 두 가지 대립적 복합물로 분열되었다고 서술될 수 있다. 한편으로

29 Heinz Kluth, *Sozialprestige und sozialer Status*, Stuttgart 1957; ders., "Amtsgedanke und Pflichtethos in der Industriegesellschaft", in: *Hamburger Jahrbuch für Wirtschafts- und Gesellschaftspolitik*, 10/1965, 11-22; Claus Offe, *Leistungsprinzip und industrielle Arbeit*, Frankfurt am Main 1970, 특히 2장.

30 명예 원리의 해체에 대해서는 Peter Berger/B. Berger/H. Kellner, *Das Unbehagen in der Modernität*, Frankfurt am Main 1987, 75; Hans Speier, "Honor and Social Structure", in: ders., *Social Structure and the Risks of War*, New York 1952, 36 이하.

위계적으로 보장된 명예의 부분이 민주화되면서 이제는 모든 사회 구성원이 권리 인격체로서 자신의 존엄성과 자율성을 동등하게 존중받게 되었다면, 이에 반하여 그 다른 부분은 말하자면 "업적화"됨으로써 모든 사회 구성원은 동시에 "노동 시민"으로서 자신의 성과에 따라 사회적 가치부여를 향유하게 되었다는 것이다.

물론 이 마지막 종류의 사회관계는 사랑, 새로운 권리 원칙과 함께 자본주의적으로 발전하는 사회에서 제3의 인정 영역을 나타내며, 처음부터 명백한 이데올로기적 특징을 갖는 방식으로 위계화되었다. 왜냐하면 무엇이 얼마만큼 "업적"으로, 즉 협력 기여로 계산되는가를 규정하는 데 그 배경이 되었던 가치평가 척도는 가정에서 자립적인 남성 시민의 경제 활동이 만들어낸 규범적 틀이기 때문이다. 사회적으로 양화 가능한 특정한 효용을 지닌 "노동"이란 (가사 노동처럼) 비록 재생산에 필요하다 하더라도 다른 모든 활동 부문들을 희생시키는 특정 집단중심의 가치평가의 결과일 뿐이다. 또한 이렇게 변화된 사회 질서 원칙은 동시에 물질적 권력 요소이다. 왜냐하면 개개의 사회 구성원이 어떤 자원을 얼마만큼 정당하게 사용할 수 있는지는 특정한 업적의 가치를 일면적이고 이데올로기적으로 구조화한 것을 통해 측정되기 때문이다. 새로운 위계적 지위 구조, 즉 산업자본주의적 가치에 따른 사회적 가치부여의 단계화와 물질적 자원의 불평등 사이에 존재하는 것은 "상부구조"와 "토대", "이데올로기"와 "사실적 현실" 간의 단순한 외적 관계 이상의 것이다. 헤게모니적으로 관철된, 그리고 철저히 일면적인 업적 평가는 오히려 부르주아 자본주의 사회에서 자원 분배의 기준이나 원칙에 대한 규범적 동의가 이루어지는 제도적 틀을 말한다.[31] 이러한 추가적 논의로부터 귀결될 수 있는 것은 바로 리하르트 뮌히(Richard Münch)가 정당하게도 자본주의 경제 영역에서의 "지불과 존중"의 결합이라고 명명한 현상이다.[32] 루만이나 하버마스처럼 자본주의가 "무규범적인" 경제적 진행 체계라고 말하는 것은 잘못이다. 왜냐하면 여기서는 물론 투쟁의 대상이기도 하지만 항상 일시적으로 확립된 가치 원칙에 따라 물질적 분배가 이루어지며, 이는 사회 구성원들의 존중, 사회적 가치부여와 관계가 있기 때문이다. 이런 식의 생각으로부터 "분배투쟁"이라는 전통적 용어로 지칭된 것들을 규정하기 위한 광범위한 결과들이 도출된다는 점은 어렵지 않게 알 수 있다.

지금까지 내가 행한 부르주아 자본주의 사회 형태의 사회도덕적 형성 과정에 대한 간략한 설명을 종합해본다면, 실제로 세 가지 인정 영역의 분화를 말하는 것이 어느 정도 설득력을 갖고 있음이 드러난다. 이런 급격한 변화 과정 속에서 이루어진 것은 서로 구별되는 세 가지 사회관계의 확립으로서, 이 속에서 사회 구성원은 각기 다른 방식으로, 그리고 각기 특수한 상호인정 원칙에 따라 행동할 수 있게 되었다. 이렇게 이루어진 인정 질서의 혁명적 변화를 통해 가능해진 새로운 방식의 개인적 자기관계에 대해 말한다면, 이

31 Frank Parkin, *Class Inequality and Political Order. Social Stratification in Capitalist and Communist Societies*, New York/Washington 1971, 1장, 3장; Reinhard Kreckel, *Politische Soziologie der sozialen Ungleichheit*, Frankfurt/New York 1992, 2장.

32 Richard Münch, "Zahlung und Achtung. Die Interpenetration von Ökonomie und Moral", in: *Zeitschrift für Soziologie*, Jg. 23, H. 5, 1994, 388–411.

제 주체들은 비록 성별과 계급에 따른 지체 현상은 있지만 세 가지 다양한 태도를 통해 자기 자신과 관계하는 방법을 익히게 되었다고 할 수 있다. 즉 상호적 애정과 보호를 포괄하는 친밀성 관계에서는 주체들이 자기 자신을 각기 고유한 욕구를 지닌 개인으로 이해하려고 한다. 또한 상호 동등권리 (그리고 의무) 부여 모형에 따라 전개되는 권리관계에서는 주체들이 자기 자신을 다른 모든 사회 구성원과 마찬가지로 동등한 자율성이 부여된 권리 인격체로 이해하는 데 익숙해진다. 그리고 끝으로 일면적으로 해석된 업적 원칙의 지배 아래 직업적 지위를 둘러싼 경쟁이 일어나는 사회관계에서는 주체들이 원칙적으로 자기 자신을 사회적으로 가치 있는 능력과 재능의 주체로 이해할 수 있게 된다. 물론 이 세 가지 관계가 뜻하는 것이 새롭게 발전하는 자본주의 사회 질서가 지금까지 개인들에게 알려지지 않았던 새로운 자기관계 경험을 가능하게 하는 또 다른 형태의 사회관계를 산출하지 않았다는 것은 아니다. 예를 들어 급격히 성장한 대도시에서 일어나는 상호작용 접촉의 익명화는 개개인이 아무런 제재도 없이 새로운 행위방식을 시험함으로써 자신의 고유한 경험 지평을 실험적으로 확장할 수 있는 기회를 높여주었다.[33] 그러나 이렇게 새로 등장한 소통 유형과는 달리 세 가지 유형의 사회관계는 다양한 상호인정 형태를 정당화하는 각각의 내적인 규범적 원칙

33 Georg Simmel, "Die Großstädte und das Geistesleben", in: ders., *Brücke und Tür*, Margarete Susman/Michael Landmann 편, Stuttgart 1957, 227-242; 최근 이런 익명화된 상호작용 유형을 분석하기 위한 일반화된 사고 단초를 제시한 것으로는 Uwe Sander, *Die Bindung der Unverbindlichkeit*, Frankfurt am Main 1998.

을 포함한다는 특징을 갖는다. 즉 친밀성 관계의 주도적 이념인 "사랑", 권리관계의 규범인 "동등 원칙", 그리고 사회적 서열 질서의 척도인 "업적 원칙" 각각은, 주체가 이미 작동하고 있는 (각각의) 인정 형태들이 적절하지 않거나 혹은 충분하지 않기 때문에 이를 확장할 필요가 있다는 점을 이성적 방식으로 정당화할 수 있는 규범적 관점을 나타낸다. 이런 점에서 세 가지 인정 영역은 새로운 사회 형태에서 구조적으로 산출된 여타의 사회관계와는 달리 규범적 내용의 상호작용 유형을 만들어낸다고 할 수 있다. 왜냐하면 이 세 가지 인정 영역은 각각 그 토대가 되는 원칙들이 어떤 방식으로든 존중되지 않는 한 작동될 수 없기 때문이다. 끝으로 이들 간의 또 다른 차이는 상호인정 태도를 요구하는 사회관계만이 긍정적 자기관계의 측면을 형성하는 데 기여한다는 사실이다. 왜냐하면 특정한 인정 원칙에 대한 상호 존중을 규범적 전제로 하는 이러한 상호작용에 참여할 때에만 개개인은 자신의 인격의 특수한 능력이 다른 주체에게 지속적 가치를 지님을 반복적으로 경험할 수 있기 때문이다. 따라서 인정 영역의 제도적 분화와 함께 개성의 증대 기회 역시 상승한다. 왜냐하면 이는 개개인이 자신의 인격의 유일무이함을 사회적 동의를 통해 점차 확대해 나갈 수 있는 기회로 이해될 수 있기 때문이다. 즉 새로 등장한 상호인정 영역과 함께 개개인이 단지 상호주관적 방식을 통해서만 긍정적으로 고려할 수 있는 인간 주체성의 더 넓은 측면들이 동시에 계발된다는 것이다.

이런 추가적 설명을 염두에 둔다면, 인정 영역의 사회적 분화에 대한 생각이 일종에 헤겔의 『법철학』을 사회이론적으로 변형시키려는 시도에 근거하고 있음이 그사이 충분히 분명해졌을 것이다. 헤겔은 『법철학』에서 근대 사회의 "인륜적" 질서와 관련하여 세 가지 제도적 복합체(가족, 시민사회, 국가)에 대해 이야기하고 있으며, 이들 각각은 내적 인정 영역으로 파악된다는 점에서 개개의 주체는 이에 적극적으로 참여함으로써 최고도의 개인적 자유에 도달하게 된다. 이와 마찬가지로 각기 다른 세 가지 상호인정 영역의 분화 형태에 대한 나 자신의 논의에서도 그 기본 생각은 동일하다. 나는 낸시 프레이저에 대한 반론에서 이런 논의 과정을 계속 발전시켜 "분배투쟁"에 대한 다른 방식의 이해에 도달하기에 앞서서, 적어도 나 자신의 시도와 헤겔의 시도를 근본적으로 구별시켜주는 두 가지 차이를 서술하고자 한다.[34]

a) 헤겔의 『법철학』은 그가 구별한 세 가지 제도 복합체를 위해 일종의 내재적 인정 갈등을 주장하는 경향이 있다. 하지만 본질적으로 이러한 인정 갈등이란 단지 인륜적으로 파악된 제도들이 각기 다음 단계로 이행하는 동기를 설명하는 기능만을 갖는다. 이와 달리 내가 자본주의와 함께 등장한 세 가지 인정 영역을 도입한 것은, 이 개개의 영역들이 얼마만큼이나 각각의 인정 원칙의 정당한 적용을 둘러싸고 내적으로 야기된 투쟁을 통해 규정되어야만 하는지를 처음부

34 그동안 나는 헤겔의 『법철학』을 다시 활성화시키려고 하였으며, 이런 시도의 핵심을 이룬 것은 인륜성 영역으로의 이행을 자유이론적으로 근거지우는 것이다. Axel Honneth, *Leiden an Unbestimmtheit. Eine Reaktualisierung der Hegelschen Rechtsphilosophie*, Stuttgart 2001.

터 분명하게 하기 위함이다. 나의 입장에 따르면 자본주의 사회 형태의 도덕적 질서에 길을 닦았던 세 가지 새로운 형태의 사회관계를 통해 각기 다른 인정 원칙들이 형성되었으며, 이를 통해 주체들은 자신의 특수한 경험들을 근거 없는, 정당화될 수 없는 무시에 해당하는 것으로 간주하게 됨으로써 보다 확대된 인정을 위한 근거를 제시할 수 있었다는 것이다. 즉 친밀성 관계에서 내적 갈등의 전형적 형태는 서로 고백한 사랑을 근거로 내세우면서, 새로 등장한 또는 지금까지 주목받지 못한 채로 남아 있던 욕구들을 표현함으로써 변화된 또는 확장된 방식의 애정을 요구하는 것이다.[35] 이에 반해 근대적 권리라는 인정 영역에서 인정 갈등의 통상적인 형태는 동등성 원칙을 근거로 내세우면서, 지금까지 배제된 집단들이 얼마만큼이나 권리 인정을 받는 것이 정당한지, 혹은 지금까지 경시된 상황들이 얼마만큼이나 권리 원칙을 차별화할 것을 요구하고 있는지를 주장하는 것이다.[36] 그리고 끝으로 세 번째 인정 영역에서 인정투쟁의 일반적 형태는 개인이나 집단이 업적 원칙을 근거로 내세우면서, 지금까지 무시되거나 낮게 평가된 활동과 능력을 강조함으로써 보다 높은 사회적 가치부여와 동시에 (물질적) 자원의 분배를 요구하는 것이

35 이런 점에서 나는 『인정투쟁』에서 제시된, 사랑에 "규범적 발전 잠재력"이 내재해 있다는 나의 테제를 수정한다. Honneth, *Kampf um Anerkennung*, 282. 그동안 나는 사랑 역시 규범적 의미에서 (해석을 둘러싼) 갈등과 투쟁을 통해 전개되는 타당성 확장 경향과 관련되어 있다는 생각을 하게 되었다.

36 Habermas, *Faktizität und Geltung. Beiträge zur Diskurstheorie des Rechts und des demokratischen Rechtsstaates*, Frankfurt am Main 1992, IX장; ders., "Kampf um Anerkennung im demokratischen Rechtsstaat", in: ders., *Die Einbeziehung des Anderen*, Frankfurt am Main 1999, 237-276.

다. 이런 몇 가지 지적을 통해 이제 처음으로, 그러나 보다 분명하게 알 수 있는 것은 이미 주제화되었던 것이지만 인정에 대한 주관적 요구와 사회적으로 작동하는 정당화 담론 사이에 매우 분명하게 존재하는 연관성이 어떤 것인가 하는 점이다. 즉 이러한 심층적 요구가 그 기대 내용이 각기 제도적으로 정착된 인정 원칙으로부터 영향을 받는다는 점에서 항상 사회적으로 규정된다면, 배경을 묻고 정당화하는 각기 특수한 영역별 담론의 합리적 짜임새를 만드는 실천적 근거들 역시 항상 이런 인정 원칙들로부터 도출된다. 따라서 인정 영역은 규범적 내용의 상호작용 유형을 나타내며, 이 속에서 인간의 상호주관적 본성은 각기 일반화 가능한 방식으로 표현된다. 즉 상호인정 형태들 각각에서 사회적으로 확립된 것은 여기에 토대가 되는 원칙들 덕택에 공적으로 정당화된 기준이라는 특성을 가지며, 이에 상응하여 이러한 기준의 사회적 적용에 대한 합리적 반론이나 의심이 형성될 수 있다는 것이다. 헤겔은 "인륜성"의 합리적 내용에 대한 그의 논의가 보여주듯이 이러한 통찰로부터 그렇게 멀리 떨어져 있지 않았다. 그러나 그는 인륜적 총체성의 조화로운 마무리를 이유로 그가 구별했던 인정 영역들 각각에 현재 상태를 넘어서려는 투쟁이 구조적으로 잠재되어 있음을 보는 데 주저하고 말았다.

b) 이렇게 후기 헤겔은 그가 고백했던 인륜적인 것 속에 존재하는 모든 내적 긴장에도 불구하고 그의 『법철학』을 체계적으로 마무리하려는 경향을 보임으로써,[37] 나의 제안과 그의 근원적 사고 단초를 구별하게 하는 두 번째 관점 역시 드러나게 된다. 분명 헤겔은 그가 구

분한 세 가지 인정 영역 각각을 특징짓는 구조적 갈등을 부인하려고 했을 뿐 아니라, 이를 넘어서 이러한 인정 영역을 그 시대에 전형적이었던 제도적 복합체와 동일시하기까지 하였다. 즉 헤겔은 별다른 생각 없이 사랑이라는 인정 영역을 부르주아 소가족과, 그리고 근대적 권리라는 인정 영역은 "시민사회"의 조직 구조와 동일시하였으며, 끝으로 헤겔은 지금까지 나에게 "사회적 가치부여"라는 이름 아래 등장했던 인정 영역을 정치적 위신이나 명예에 대한 그의 생각에 따라 "국가"라는 제도 속에 위치시켰다. 그러나 이런 식의 제도 중심적 사고방식이 갖는 단점은 "가족"이나 "국가"에서 권리 인정관계를 누락시키는 데서 드러나듯이 단지 제도들을 너무나 일면적으로 하나의 인정 원칙에 따라 해석하는 데 있는 것만은 아니다. 또한 이렇게 구체적인 제도에 얽매이다 보면 제도적 복합체와 인정 영역 사이에 존재하는 경계가 혼란스러워진다. 그러나 이런 것들보다 훨씬 더 부정적으로 기재되어야 할 것은, 헤겔이 이런 식의 논의 방식 때문에 세 가지 제도들과 함께 이와는 다른 식의 인정 원칙의 제도화를 그의 분석에서 체계적으로 연결시킬 수 있는 여지를 상실했다는 점이다. 이에 대한 가장 눈에 띄는 예만을 든다면 "사랑"이라는 인륜적 관계에 대한 헤겔의 해석에는 "우정"의 사회적 의미에 대한 어떠한 지적도 존재하지 않는다. 그러나 이것은 고대 그리스의 모범적 사례에 대한 그의 관심 속에서 항상 암시되고 있었다. 내 생각

37 헤겔이 고백했던 이러한 긴장에 대한 설득력 있는 해석으로는 Christoph Menke, *Tragödie im Sittlichen. Gerechtigkeit und Freiheit nach Hegel*, Frankfurt am Main 1996.

에 이런 식의 불합리한 점들을 피하기 위해서는 이미 사회적으로 작동하거나 권리를 통해 형성된 제도들이 언급될 수 있는 모든 구체화 단계 위에 다양한 인정 영역을 도입하는 것이 훨씬 더 설득력 있는 것 같다. 이런 영역들이 뜻하는 것은 사회적으로 정착된 상호작용 관계와 관계된 것으로서, 이러한 상호작용 관계는 다양한 상호인정 원칙에 뿌리를 내리고 있다는 점에서 규범적 내용을 갖는다. 오늘날 이렇게 변화된 방식으로 『법철학』의 근본 이념을 재수용한다면, 이제 처음부터 분명한 사실은 사회적 "인륜성" 개념이 각기 역사적으로 특수한 인정 영역 전체를 가리키는 고도로 추상적인 관념을 의미할 수 있다는 점이다.[38] 그리고 이렇게 되면 제도적 복합체란 아주 드문 경우에만 단지 하나의 인정 원칙이 구체화된 것일 뿐, 대부분의 경우에는 다양한 인정 원칙이 결합된 결과라는 점 역시 분명해진다. 다시 이에 대한 명백한 사례 하나를 든다면 근대 "부르주아" 소가족은 사랑이라는 인정 원칙이 점차 권리에 따른 가족 내 상호작용 규율을 통해 보완된 제도이다. 여기서 권리라는 인정 원칙, 즉 가족 구성원 간의 권리를 존중하라는 외적 강제의 도입은 상호 간의 사랑과 애정이라는 하나의 원칙을 "단순히" 실행할 때 결과할 수 있는 위험들을 방지하는 전형적 기능을 갖는다.[39] 이런 제도적 결합 가능

38 Honneth, *Kampf um Anerkennung*, 9장; ders., *Leiden an Unbestimmtheit. Eine Reaktualisierung der Hegelschen Rechtsphilosophie*.

39 Axel Honneth, "Zwischen Gerechtigkeit und affektiver Bindung. Die Familie im Brennpunkt moralischer Kontroversen", in: ders., *Das Andere der Gerechtigkeit. Aufsätze zur praktischen Philosophie*, Frankfurt am Main 2000, 193-215.

성을 염두에 둔다면, 내가 도입한 세 번째 인정 영역, 즉 사회적 가치부여가 선택적으로 구체화된 "업적 원칙"에 따른 인정 영역은 자본주의 사회 역사 전체에 걸쳐 이미 권리 인정관계를 통해 보완되어 왔음 또한 금방 알 수 있다. 왜냐하면 사회복지국가적 조치들의 형성은, 모든 사회 구성원들에게 최소한의 사회적 지위와 이에 따른 경제적 자원을 보장하라는 요구가 사회적 권리로 변형됨으로써 이제 이를 업적에 따른 인정 원칙과는 독립적으로 보장하기 위함이라고 이해될 수 있기 때문이다. 이러한 지적은 헤겔의 『법철학』을 별도로 논의하기 위해 잠시 유보해놓았던 나의 논증의 끈을 다시금 이어갈 수 있게 한다. 즉 인정이론의 틀 속에서 "분배투쟁"이 무엇을 의미하는지가 적절히 분석되기 위해서는 이에 앞서서 사회적 가치부여 영역에 사회국가적 보호벽을 만드는 작업에 대한 개략적 서술이 이루어져야 한다는 것이다.

개인주의적 업적 원칙은 신분적 위계질서가 붕괴된 후 새로운 사회적 가치부여 기준으로 형성된 것으로서 시작부터 양날의 정당화 차원을 함축하고 있었다. 한편으로 이는 이미 언급했듯이 영향력이 강한 이데올로기적 요소와 다를 바 없다. 왜냐하면 이 원칙에는 자본 소유 덕택에 경제적 재생산을 자본주의적으로 재조직할 수 있는 필수적 수단을 사용하는 지배적 사회 집단의 일면적 가치 지평만이 표현되고 있기 때문이다. 따라서 무엇이 "업적"이고, 무엇이 정당한 자원 분배를 보장하는가는 특정한 활동을 위한 지적 준비 비용이 최고의 준거점이 되는 평가 척도에 의해 측정되었다. 그러나 이런 식의 측정은 어떤 점에서 잘못된 것이다. 왜냐하면 이 경우 그 표면 아래에서 사용되는 기준들 중 결코 어떤 것도 일면적인 가치부여로부터 자유롭지 않기 때문이다. 예를 들어 이는 개인의 위험 감수를 자본소유자들의 투자 위험에 따라 결정하는 데서 드러난다.[40] 이뿐 아니라 성과를 평가하는 모든 방식은 본래부터 포괄적인 해석 지평으로부터도 영향을 받았다. 이런 해석 지평은 자본주의 엘리트들의 가치 설정에 기원하는 것이 아니다. 이는 비록 그 이전으로 소급되는 세계상에 기원하는 것이지만 장기간에 걸쳐 무엇이 개인적 노력의 표현으로 인정될 수 있는지를 결정하는 데 영향을 미쳤다. 여기서 중요한 역할을 수행하는 것은 자연주의적 관념 복합체로서 이는 사회적 하위 집단들에 "본질주의적"으로 규정된 집단적 속성을 부여함으로써 이것의 실천적 표현을 "업적"이나 "노동"이 아니라 "타고난" 본성의 실현으로 간주하게 한다. 이런 자연주의를 전제한 사회존재론적 지평에서는 가정주부나 어머니의 활동은 결코 어떤 식으로든 사회적 가치부여를 통해 정당화되는 사회적 재생산을 위한 "생산적" 기여가 아니다. 이에 반해 공식적으로 조직된 부문에서 여성의 노동에는 남성들의 노동과 동일한 생산성이 인정되지 않는다. 왜냐하면 여성의 노동은 여성의 본성상 더 적은 신체적 소모나 지적 노력을 내포한 것이기 때문이다.[41] 따라서 자본주의적 업적 원칙에 처음부터 내재해 있던 이렇게 다양한 요소들이 겹치고 왜곡되는 현

40 "유급 노동"으로 지칭되는 노동 형태의 사회적 구성에 대해 비록 짧지만 좋은 정보를 주는 글로는 Jürgen Kocka, "Erwerbsarbeit ist nur ein kulturelles Konstrukt", in: *Frankfurter Rundschau*, 2000. 9. 5.(Forum Humanwissenschaften).

상을 명백히 한다면, 이를 통해 규범적 상호인정 원칙을 규정하기는 어려울 것이다. 그럼에도 신분적 형태의 사회적 가치부여를 대체한 새로운 이념이 사회적으로 실천되기 위해서는 모든 사회 구성원들의 활동적 기여를 이들의 업적에 따라 적절하게 가치평가하라는 요구를 적어도 규범적 차원에서 유지할 필요가 있었다.

다른 측면에서 볼 때 개인주의적 성과 원칙은 삶의 기회나 물질적 재화와 관련된 극단적 불평등 분배를 도덕적으로 정당하기 위하여 부르주아 자본주의 사회에서 우선적으로 사용될 수 있는 유일한 규범적 원천이기도 하다. 즉 사회적 가치부여와 함께 경제적, 법적 특권의 범위를 정당하게 규율하는 것이 더 이상 어떤 특정한 신분에의 소속이 아니라면, 노동에 대한 윤리-종교적 평가절상과 자본주의적 노동시장의 확립은 사회적 가치평가를 개인이 이루어놓은 업적에 종속시킨다는 것을 의미한다는 것이다. 이런 점에서 이제부터 업적 원칙은 돈이나 면허 같은 특정한 자원에 대한 특권적 획득이 의심스러울 때 이를 공적으로 정당화하기 위한 합리적 근거를 제공하는 규범적 정당성의 배경을 형성한다. 그리고 사회적 불평등이 다소간의 합리적인 동의를 얻을 수 있다면, 이는 오직 이러한 불평등을 정

41 독일어권에서 이런 식의 "자연주의"(사회적 분류의 자연화)의 영향 방식에 대한 아주 설득력 있는 분석 중의 하나는 Regine Gildemeister/Angelika Wetterer, "Wie Geschlechter gemacht werden. Die soziale Konstruktion der Zweigeschlechtigkeit und ihre Reifizierung in der Frauenforschung", in: Gudrun Axeli-Knapp/Angelika Wetterer (Hg.), *Traditionen Brüche. Entwicklungen feministischer Theorie*, Freiburg 1992, 201-254. 이 두 저자들의 민속학적 방법론에 기초한 분석은 특히 다음과 같은 문헌에 의존하고 있다. Mary Douglas, *Wie Institutionen denken*, Frankfurt am Main 1991.

당화하는 원칙이 실제로 일어난 모든 왜곡을 넘어서 상호적 가치부여라는 형태로 개인의 업적을 공정하고 적절하게 고려하라는 규범적 요구를 내포하고 있기 때문이다. 물론 다른 측면에서 볼 때 불평등한 자원 분배 역시 규범적으로 지지될 수 있지만 이 역시 자본주의적 사회 질서를 광범위하게 변형시키는 관문이 될 것이다. 즉 새로 형성된 성과 원칙과 함께 근대적 권리 질서는 동등대우라는 내적 요구에 의거하여, 구조적으로 이득을 얻는 집단이 국가의 보장에 의해, 따라서 제재를 통한 지원을 통해 자원을 획득하는 것을 무언가 아주 정당한 것으로 간주될 수 있도록 만든다.[42] 그러나 동시에 바로 이런 권리상 동등대우 원칙은 이미 사회적 권리가 처음으로 확립되었다는 점에서 수많은 사회적 투쟁과 논쟁 속에서 특히 노동자 계급에 의해 동원될 수 있었던 것이기도 하다. 왜냐하면 이제 업적 원칙에 따른 인정 영역에 사회국가적 보호벽이 만들어짐으로써 최소한의 사회적 가치부여와 경제적 보호가 실제적 업적으로부터 독립하여 개인적 권리 요구로 변형되었기 때문이다.[43]

이런 복지국가적 변화 과정 속에서 자본주의적 인정 질서 내에서 일어난 변화를 가장 잘 이해하려면, 이를 지금까지 자율적이었던 사회적 가치부여 영역에 권리상 동등대우 원칙이 확산된 것으로 보아야 한다. 왜냐하면 사회국가적 보호를 관철시키는 것이 "합리적"으

42 Kreckel, *Politische Soziologie der sozialen Ungleichheit*, 92 이하.

43 Münch, "Zahlung und Achtung"; 요즘 이런 과정에 적합한 이론으로는 Frank Nullmeier, *Politische Theorie des Sozialstaats*, Frankfurt am Main/New York 2000.

로 강제된 것이라는 논증은 핵심적으로 볼 때 논박해내기 어려운 다음과 같은 주장으로 나아가기 때문이다. 즉 사회 구성원들이 권리를 통해 보장된 자율성을 실제로 사용할 수 있기 위해서는 소득과 무관하게 이들이 최소한의 경제적 자원을 사용할 수 있도록 보장되어야만 한다는 것이다.[44] 이처럼 아주 분명한 경우에서 예시적으로 드러나는 것은 다름 아닌 설득력 있는, 혹은 더 잘 이야기한다면 거부할 수 없는 도덕적 근거에 기원하는 혁신을 통해 얼마만큼의 역사적 변화가 야기될 수 있는가 하는 점이다.[45] 종합적으로 볼 때 부르주아 자본주의 사회의 사회도덕적 질서를 형성한 사회적 인정 영역들은 그 토대가 되는 원칙 덕택에, 해당 관련자들이 실제 존재하는 인정 관계에 대항하여 합리적으로 요구할 수 있는 타당성 확장 경향을 갖는다. 이런 식으로 적어도 몇몇 서구 자본주의 국가에서 일어난 사회국가적 혁신을 통해 이제 사회적 계층은 변화된 도덕적 토대에 위치하게 된다. 왜냐하면 집단별 자원 획득이 어떤 점에서 규범적으로 분열되고 두 가지 서로 다른 원칙에 종속되었기 때문이다. 즉 사회적으로 사용 가능한 재화 중 근소한 부분이 사회권이라는 형태로 권리 인격체인 개개의 사회 구성원에게 귀속되도록 보장되지만, 이와 비교할 수 없을 만큼의 대부분의 재화는 아직도 자본주의적 업적 원칙에 따라 규범적으로 분배된다. 따라서 "분배투쟁"으로 규정된 사

44 사회권 도입에 대한 이런 고전적 논증의 논리에 대해서는 Thomas H. Marshall, *Bürgerrechte und soziale Klassen*, Frankfurt am Main 1992.

45 이런 "도덕적" 역사 해명의 방법론적 요구에 대해서는 Cohen, *The Arc of the Moral Universe*.

회적 갈등은 동시에 이중적 모습을 갖는다. 왜냐하면 이 투쟁은 권리 논증을 동원하거나, 그렇지 않으면 지배적 업적 규정에 따른 재평가를 통해 이루어질 수 있기 때문이다.

2. 인정투쟁으로서의 분배 갈등

이미 널리 알려져 있듯이 마르크스는 당시에 무엇보다도 사회민주주의자들에 의해 제시되었던 정치적 분배투쟁관을 유보시키기 위한 강력한 주장을 지속적으로 폈다. 이러한 마르크스의 비판은 핵심적으로 다음과 같은 신념에 근거한 것이다. 즉 단순히 경제적 자원 분배라는 목적만을 추구하는 것은 사회적 불평등의 본래적 원인인 자본과 노동 사이의 구조적 비대칭성을 건드리지 않은 채로 남겨둔다는 것이다.[46] 물론 지금 내가 이런 비판을 낸시 프레이저에게 다시 한 번 환기시켜줄 생각은 조금도 없다. 나로서는 마르크스가 자본주의 사회 분석에서 몇 가지 중대한 잘못을 저질렀다는 신념을 다른 많은 저자들과 공유하고 있기 때문이다. 이러한 이의제기가 겨냥하고 있는 것은 마르크스가 동등대우 원칙이나 업적 원칙의 도덕적 질서 형성 능력을 너무나 빨리 문화적 상부구조로 제거해버리는 아주 분명한 경향을 지니고 있다는 점이다. 하지만 이런 원칙들은 새로 등장한 시장사회에 비로소 그 정당성을 부여하는 틀을 제공했다.[47]

46 Karl Marx, *Kritik der Gothaer Programms*, in: *MEW*, Bd. 19, Berlin/Ost 1969, 11-32, 특히 18 이하.

지금 내게 마르크스의 사회민주주의 비판 같은 것이 떠오른 것은 낸시 프레이저가 오늘날 (흡사) 지배적 현상인 것처럼 보이는 정체성 투쟁에 대해 분배투쟁의 역할을 정치적으로 평가절상하려는 데 몰두하고 있는 것처럼 보이기 때문이다. 그런데 혹시 분배투쟁으로 규정된 사회적 사건은 이를 추동하는 도덕적 동기나 이와 결합된 정당성 기준이 적절하게 파악되지 않았기 때문에 사회이론적으로는 상당히 불투명한 현상인 것은 아닐까? 특히 낸시 프레이저와 함께 벌였던 논쟁에서는 90년대에 새로 등장한 문화 갈등과 비교해볼 때 분배투쟁이 무언가 아무런 문제제기 없이 이미 존재하는 것처럼 간주되었다.[48] 그러나 이렇게 되면 종종 분배투쟁은 분배이론적 정의 원칙을 단순히 사회적 현실에 투사하는 문제로 나아가곤 한다. 마치 이런 식의 도덕적 사고가 명백히 어떤 동기유발 역할을 하는 것처럼 말이다. 따라서 결국 분배투쟁 현상으로 흔히 남아 있는 것은 공개적 임금투쟁이나 변화된 조세정책을 둘러싼 의회 내의 논쟁에서 분배 조치가 협의되는 것 이상이 아니다. 물론 여기서는 단어 본래의 의미에서의 사회적 투쟁, 따라서 관련자들이 불의하다고 경험한 분배 질서를 자신의 고유한 상징적, 실천적 수단을 동원하여 변화시키

47 이런 식의 마르크스 비판의 틀은 하버마스가 제공하고 있다. Jürgen Habermas, "Einleitung: Historischer Materialismus und die Entwicklung normativer Strukturen", in: ders., *Zur Rekonstruktion des Historischen Materialismus*, Frankfurt am Main 1976, 9–48.

48 아이리스 매리언 영 역시 낸시 프레이저에 대한 반론을 펴면서, 지배적인 경향에 반하여 인정의 차원이 이른바 분배투쟁 자체에 침투되어 있음을 주장한다는 점에서 이와 유사한 입장을 취하고 있다. Iris Marion Young, "Unruly Categories", in: "A Critique of Nancy Fraser's Dual Systems Theory", in: *New Left Review*, H. 222, March/April 1997, 147–160.

려고 하는 일상적 갈등 상황은 전혀 거론되지 않는다.[49] 이런 점에서 무엇보다 필요한 것은, 국가적 차원의 분배 조치가 아니라, 지배적 분배 질서를 탈정당화하려는 전(前)국가적 행위 공간과 결합된 분배 투쟁 개념을 재정립하는 것이다. 이런 작업이 비로소 이루어진다면 낸시 프레이저가 분배 갈등과 소위 정체성 투쟁 사이에 서로 연결될 수 없는 간극을 발생시키는 것이 과연 잘한 것인지가 밝혀질 것이다.

내가 지금까지 자본주의적 인정 질서를 서술하며 밟아나갔던 길에서 아마도 그 사이에 내가 한 가지 사회적 인정의 형태, 즉 "문화적" 인정 형태에만 한정되는 것을 명백히 잘못된 것으로 간주한다는 점이 충분히 밝혀졌으리라 생각한다. 적어도 서구 자본주의 사회의 토대가 되는 도덕적 질서 속에는 세 가지 상호인정 영역이 함께 개입되어 있으며, 이런 인정 영역 각각이 갖는 "타당성 확장 경향" 때문에 사회 구성원들에게는 정당치 못한 혹은 근거 없는 무시에 대한 다양한 경험이 가능하다. 분명 이런 사회의 갈등 역사에서 동등한

49 이런 식의 사회적 투쟁 개념을 사회이론 속에서 확보할 수 있게 하는 최상의 자료들을 제공하는 것은 여전히 역사적 혹은 민속학적 연구들이다. 여기서 상식을 깨는 연구로 간주될 수 있는 것은 이미 언급한 E. P. 톰슨이나 배링턴 무어의 작업과 함께 제임스 C. 스콧의 연구가 있다. James C. Scott, *Weapons of the Weak. Everyday Forms of Peasant Resistance*, New Haven 1985; ders., *Domination and the Art of Resistance. Hidden Transcripts*, New Haven/London 1990. 나는 이미 『인정투쟁』에서 체계화된 인정이론 구상을 특히 이런 식의 연구와 도덕이론을 체계적으로 연결하는 시도로 이해했다. 왜냐하면 여기서 사회적 무시 경험이 이에 상응하는 저항 활동의 고유한 동기로 고찰되기 때문이다(Honneth, *Kampf um Anerkennung*, 8장). 이제 이 글에서 나는 이러한 연관성을 한 걸음 더 나아가 해명하려고 한다. 왜냐하면 이 글에서 나는 이런 식의 무시 경험을 도덕적으로 정당화하는 차원 역시 고찰하기 때문이다.

권리의 차원은 전적으로 핵심적 역할을 하지만, 낸시 프레이저의 비판적 시대 진단에서는 이런 차원이 놀랍게도 완전히 사라져버리고 말았다. 그러나 오늘날까지도 동등권리 원칙에 대한 적절한 해석을 둘러싼 투쟁의 역동성은 자본주의 역사를 관통하고 있다. 즉 이는 마르크스가 서술한 산림 도벌의 정당성을 둘러싼 논쟁에서 출발하여 오늘날 여성의 노동 투입에서 임산부의 경우 노동권적 특별 규정을 만드는 것으로 지속되고 있다.[50] 이런 식의 사회적 투쟁이 수행될 수 있게 만든 매체는 바로 근대적 권리로서 이는 모든 사회 구성원에게 개인적 자율성에 대한 동등한 존중을 약속한다.[51] 낸시 프레이저가 권리 형태의 인정을 사라지게 만든 것은 찰스 테일러의 암시적인 설명에 눈이 멀었기 때문일 수 있다. 즉 그에 따르면 동등성을 인정받기 위한 투쟁은 문화적 "차이"에 대한 인정 요구로부터 자유로웠던 이미 지나간 역사 발전 단계에 속한다. 그러나 이는 내가 보기에 이미 지적한 바 있던 이유 때문이 아니더라도 잘못된 생각이다. 왜냐하면 권리 인정이 쟁취된 것은 지금까지 권리 차원에서 고려되지 못했던 생활조건의 특수한 "차이" 각각이 동등성 원칙이라는 규범적 틀을 통해 정당화된 것과 다를 바 없기도 하기 때문이다. 극단

50 로버트 C. 솔로몬의 훌륭한 연구는 이런 식의 자료를 인상적으로 수집해놓고 있다. Robert C. Solomon, *A Passion for Justice. Emotion and the Origins of the Social Contract*, Reading/Mass. 1990; 마르크스에 대해서는 Karl Marx, "Verhandlungen des 6. Rheinischen Landtages. Dritter Artikel: Debatten über das Holzdiebstahlgesetz", in: *MEW*, Bd. 1, Berlin/Ost 1970, 109-147.

51 Habermas, *Faktizität und Geltung. Beiträge zur Diskurstheorie des Rechts und des demokartischen Rechtsstaats*, IX장.

적으로 말한다면 모든 인정투쟁은 보편적인 것과 특수한 것의 도덕적 변증법이 조정되는 방식으로 진행된다. 왜냐하면 상호인정의 보편적 원칙이 적용될 때 항상 특수한 혹은 상대적 차이를 이유로 이의제기가 일어나며, 이를 통해 현재 작동하는 인정관계의 확장이 규범적으로 강제되기 때문이다.[52]

이런 도덕적 변증법의 투쟁적 조정은 자본주의 사회에서 사회적 층위를 만드는 데 그 토대가 되는 인정 영역들 속에서 특히 자의적이고, 투명하게 들여다보기 어려운 모습을 갖는다. 왜냐하면 오늘날 주체들에게는 어떤 점에서 두 가지 길이 열려 있기 때문이다. 즉 한편으로 주체들은 보다 높은 사회적 가치부여와 이를 통한 보다 많은 자원을 쟁취할 목적으로 자신들의 생활조건의 특수성이나 개성에 호소할 수 있으며, 또한 다른 한편 주체들은 각기 정치적 협상을 통해 결정된 어떤 특정한 문턱에 이를 때까지 업적 원칙과는 무관하게 모든 사회 구성원에게 삶에 필요한 최소한의 재화를 보장하려는 사회적 권리를 적용하기 위해 전력을 다할 수 있다는 것이다. 이런 후자의 길은 동등권리 원칙을 따른 것이다. 왜냐하면 이는 동등성 원칙을 논증적으로 동원함으로써 최소한의 경제적 보호를 권리 인정 규정으로 만드는 데 규범적 근거를 제시할 수 있기 때문이다. 그러나 다른 한편 자본주의 사회의 일상적 투쟁을 특징짓는 전자의 길에

52 이런 식으로 정식화된 주장은 특히 뒤트만이 나의 인정이론에 대해 가한 비판을 겨냥한 것이다. 그는 내가 "차이" 경험의 구성적 역할을 화해철학적으로 부정한다는 논증을 펴고 있다. A. G. Düttmann, *Zwischen den Kulturen. Spannungen im Kampf um Anerkennung*, Frankfurt am Main 1997, 141.

는 주도적이고 헤게모니를 장악하고 있는 업적 개념을 적용하는 데 있어 적절하게 고려되거나 적절한 사회적 가치부여를 받지 못했다는 의미에서 개개인의 업적이 갖는 "차이"에 호소할 수 있는 가능성이 존재한다.[53] 이런 식의 매우 다른 인정투쟁의 모습이 발생하는 것은 직업의 사회적 분리, 즉 사회적 노동 분업의 형태 자체가 전체적으로 볼 때 특수한 업적 능력에 대한 문화적 평가의 결과라는 사실 때문이다. 특히 오늘날 이러한 상황은 직업적 활동 영역의 사회적 구성이 철저히 여성의 업무 능력과 노동 한계에 대한 선입견을 통해 규정되는 곳에서 분명하게 드러난다.

이러한 점은 관련 연구 성과들을 면밀히 검토해보면 금방 드러난다. 즉 여성의 활동 영역에 대한 과소평가는 실제적 노동 내용과 관련된 것이 아니라, 오히려 반대로 모든 직업적 활동이 대부분 여성에 의해 행사될 경우 사회적 지위의 위계적 구조 속에서 자동적으로 그 가치가 상실된다는 데 기인한다는 것이다. 그러나 반대로 이러한 직업적 활동이 남성에 의해 이루어질 경우 이 영역의 지위는 상승된다.[54] 이처럼 성별 귀속성은 사회적 노동 분업이 형성되는 데 있어서 노동 내용의 특수성과 관계없이 특정한 활동에 규범적으로 어떤 사

53 독일어권에서 규범적 성과 원칙과 "불공정한" 평가 사이의 주관적 긴장관계를 증명한 가장 설득력 있는 연구 중의 하나는 로타 하크의 연구팀에 의해 제시되었다. Lothar Hack 외, *Leistung und Herrschaft. Soziale Strukturzusammenhänge subjektiver Relevanz bei jüngeren Industriearbeitern*, Frankfurt am Main/New York 1979, 특히 VIII장.

54 이에 대한 개관으로는 Gildemeister/Wetterer, "Wie Geschlechter gemacht werden", 같은 책; Angelika Wetterer (Hg.), *Profession und Geschlecht. Über die Marginalität von Frauen in hochqualifizierten Berufen*, Frankfurt am Main/New York 1992; dies., (Hg.), *Die soziale Konstruktion von Geschlecht in Professionalisierungsprozessen*, Frankfurt am Main/New York 1995.

회적 가치가 부여되는지를 결정하는 문화적 영향력을 행사한다. 여성의 업적 능력을 (자연주의적 근거에 입각하여) 평가절하하는 이러한 문화적 메커니즘은 왜 부르주아 자본주의 사회가 자립화될 때 그 고유한 전제를 통해 가사나 육아와 같이 실제로 여성에 의해 수행되는 활동이 개념적으로 "노동"으로 취급되지 않았는지 그 이유를 비로소 알게 해준다. 그리고 분명 이러한 메커니즘은 왜 같은 직업이라도 남성이 아니라 여성이 이를 담당할 경우 항상 현저한 지위 상실을 야기하는지 그 이유 역시 해명하는 데로 확장될 수 있을 것이다.[55] 이 모든 것을 통해 충분히 명확해진 것은, 사회적 분배 질서를 사회적으로 유효하게 정당화시키는 작업이 다양한 지위 집단이나 계층의 사회 재생산 기여도에 대한 문화적 입장을 통해 관철된다는 점이다. 즉 다양한 활동이나 행위 수행에서 무엇이 "노동"으로 평가됨으로써 직업화가 가능한지뿐 아니라, 일단 직업화된 활동이 얼마나 사회적 이익이 되는지 역시 부르주아 자본주의 사회의 문화 속에 깊숙이 뿌리박고 있는 개념 규정 모형이나 평가 도식을 통해 확정된다는 것이다. 이제 이런 상황과 관련하여 일반적으로 불의 경험이 지배적 정당화 원칙의 결함 있는 또는 불완전한 적용을 통해 발생된다는 점이 추가적으로 고려된다면, 내가 볼 때 자본주의 사회에서의 분배투쟁을 해석하는 데 적합한 다음과 같은 테제가 모습을 드러내게 된다. 즉 이러한 투쟁의 전형적인 방식은 사회 집단들이 자신들

55 이런 과정에 대한 수많은 사례들을 발견할 수 있는 것으로는 Anne Witz, *Professions and Patriarchy*, London/New York 1992.

의 실제 업적이 무시당했다는 경험에 대한 반작용으로 기존의 평가 모형에 의문을 제기하는 데 있다는 것이다. 왜냐하면 이들은 자신들의 사회적 기여에 대한 보다 높은 가치평가를 위해 싸울 뿐 아니라, 이를 통해 경제적 분배를 강제하려 하기 때문이다. 따라서 분배투쟁은 사회적 권리를 동원하지 못할 경우 업적 원칙의 실제적 적용의 정당성을 둘러싼 개념 규정적 투쟁이 된다.[56]

지금 이 자리에서 이런 테제의 보편성을 요구한다면 이는 놀라운 일일 수 있다. 왜냐하면 나는 지금까지 성별적 노동 분업의 예를 통해 문화적 평가 모형이 각기 노동에서 지위를 분배하는 데 얼마나 큰 영향력을 발휘하는지를 입증했을 뿐이기 때문이다. "여성적" 가사 노동의 사회적 평가를 높이기 위한 페미니즘의 투쟁은 지금까지 자본주의적 업적 원칙의 타당성 하에서 사회적 분배가 특히 지배적인 업적 평가방식을 탈정당화하는 방식으로 얼마만큼이나 강제될 수 있는지를 가장 분명하게 입증하는 사례였다. 라인하르트 크레켈(Reinhard Kreckel)이 서술하듯이 오늘날 여성들이 자신들의 지위 상실 위협에 대처하기 위해서는 오직 노동시장 진출을 위해 노력하거나, 그렇지 않으면 "자신들의 재생산적 가사 활동을 완전한 사회적 노동으로 인정받기 위한 투쟁"을 감수할 수 있어야 한다.[57] 이와 같이 오

56 피에르 부르디외에 의거해서 볼 때 이런 관점을 제시하는 것으로는 물론 윤리적 갈등에 적용된 경우이지만 Klaus Eder/Oliver Schmidtke, "Ethnische Mobilisierung und die Logik von Identitätskämpfen. Eine situationstheoretische Perspektive jenseits von 'Rational Choice'", in: *Zeitschrift für Soziologie*, Jg. 27, H. 6, 1998, 418-437.

57 Kreckel, *Politische Soziologie der sozialen Ungleichheit*, 100.

늘날 특히 명백한 사례를 일반화시킴으로써 이를 분배투쟁의 패러다임으로 선택한다면, 대부분의 분배투쟁이 따르고 있는 논증의 논리가 드러난다. 즉 이미 직업화되었거나 아직 사회적으로 규율되지 않는 활동은 항상 상징적으로 다른 식으로 조명되거나 새로운 가치 지평 속에서 제시되어야 하며, 이를 통해 이미 제도화된 가치 체계가 일면적이거나 억압적이고, 따라서 기존의 분배 질서는 그 고유한 원칙에서 볼 때 결코 충분한 정당성을 갖고 있지 못하다는 점을 밝힌다는 것이다. 물론 이와 동시에 제반 활동에 대한 적절한 가치평가의 문제가 자본주의적 노동 분업 자체의 재생산을 위한 일상적 갈등 요소에 속한다는 점이 고려된다면 이런 식의 투쟁의 전체 범위가 드러난다. 즉 그것이 제조업이나 서비스업이든, 사무 관청에서이든 아니면 점차 가족에서이든 "정당한" 평가뿐 아니라 제반 활동 간의 분리와 결합은 항상 갈등적인 협상 과정에 종속될 수밖에 없다. 왜냐하면 이런 문제들은 가치중립적이고 순전히 "기술적인" 기능 질서에 충분히 뿌리를 내리고 있지 못하기 때문이다. 그리고 바로 이런 논쟁의 결과에 직간접적으로 물질적 재화의 분배 역시 연결되어 있다는 점에서, 여기서 문제가 되는 것은 무엇보다도 전혀 눈에 띄지 않는 정치 이전의 의미에서의 분배투쟁이다. 그러나 이런 편재된 투쟁이 비로소 보다 요구 수준이 높은 정치적 의미에서의 "투쟁"이 되기 위해서는, 상당히 많은 관련자들이 보다 광범위한 공공 영역에서 자신들의 경우의 일반적이고 예시적인 의미를 설득함으로써 지배적 지위 질서 전체에 의문을 제기해야 한다.

바로 이러한 테제에는 두 가지 사회이론적 의미가 함축되어 있으며, 나는 이를 다시 한 번 첨예화시켜 서술해보고자 한다. 왜냐하면 이 테제는 낸시 프레이저의 입장의 핵심 전제와 직접적으로 반대되기 때문이다. 이 두 가지 경우에서 나와 낸시 프레이저가 이견을 보이는 것은 경제와 문화, 자본주의적 경제 질서와 문화적 가치 간의 관계가 어떻게 규정되어야 적절한가에 관한 문제이다.

a) 지금까지 소개된 나의 생각은, 자본주의 사회 질서를 만족할 만하게 설명할 수 있는 개념이라면 단지 그 규범적 기준이 상호인정이라는 주체들의 정당한 기대와 결합된 세 가지 사회적 인정 영역과 연결되어야 한다는 주장을 넘어선 것이다. 왜냐하면 이를 위해 동시에 필요한 것은, 업적 원칙에 대한 개개의 해석을 통해 경제적 영역의 제도적 질서에 영향을 미치고, 노동 분업과 지위 분배라는 방식으로 경제적 영역에 각기 특수한 형태를 부여하는 문화적 가치에 대한 고려이기 때문이다. 이런 점에서 특히 이원적 성 역할에 대한 페미니즘의 연구와 그 이전에는 일련의 인류학 저작들이 보여주었던 것처럼[58] 자본주의적 경제 질서와 관련하여 경제적 행위 및 체계 연관망을 문화적 영향력으로부터 이론적으로 분리시키는 것은 별로 좋은 방법이 아니다. 경제적 영역의 경계 내에서 직업 조직이나 보상 규칙의 변화를 통해 일어난 모든 일들은 효율성을 추구하는 사고방식에 그 원인이 있지만, 이 역시 사회적 세계에 대한 문화적 파악과 불가분하게 융합된 것이기 때문이다. 물론 동일한 대상 영역을 방법

58 Marshall Sahlins, *Kultur und praktische Vernunft*, Frankfurt am Main 1981, 특히 4장, 5장.

론적으로 경제적 가치증식 동학이나 문화적 헤게모니의 관점에 따라 분석하는 "관점적 이원론"의 절차를 통해 경제와 문화가 "해석"되는 이와 같은 사실을 참작해 보느냐 마느냐는 낸시 프레이저에게 맡겨진 일이다. 그러나 낸시 프레이저의 관점적 이원론에 무언가 매우 우연적인 요소가 있다면, 이는 단지 분석적으로만 개념화된 두 가지 관점을 결합할 때 왜 하필이면 "경제"와 "문화"의 관점이 중요시되는가에 대해 아무런 근거도 제시되지 않았기 때문이다. 모든 고전적 버전의 "방법론적 이원론"은, 대략 데이비드 로크우드(David Lockwood)의 유명한 구별에 따를 때 하버마스의 초기 저작에서 볼 수 있으며,[59] 여기서 두 가지 상보적 관점들이 방법론적으로 허용된 것은 대상 영역의 구조 자체를 통해 정당화된다. 즉 "사회 통합"의 관점만이 아니라 "체계 통합"의 관점은 후기 자본주의 사회의 재생산을 위한 핵심적 혹은 구성적 요소로 간주되어야 할 사회적 행위 통합 각각의 측면을 파악하기 위함이라는 것이다. 이런 논증이 어떻게 진행되든 여기서 지금 당장 중요한 것은 낸시 프레이저의 사고에는 무언가 이와 유사한 것이 존재하지 않는다는 점이다. 즉 그녀에게는 왜 자본주의 사회 질서가 오늘날 바로 "경제"와 "문화"라는 두 가지 관점에 따라 탐구되어야 하는지가 전적으로 불분명하게 남겨져 있다는 것이다. 이와 달리 여타의 관계들을 방법론적으로 추상화하면 동일한 대상 영역을 "도덕" 또는 "권리"라는 관점에서 분석하는 것 역시 충분히 가능한 것처럼 보이는데도 말이다. 간단히 말해

59 Jürgen Habermas, *"Technik" und "Wissenschaft" als Ideologie*, Frankfurt am Main 1968.

서 모든 방법론적 관점주의는 자본주의 사회의 사회적 재생산을 실제로 어떻게 그려볼 수 있는가에 대한 사회이론적 입장에 토대를 두지 않는 한 공허하다는 것이다. 이 마지막 문제와 관련하여 낸시 프레이저의 (여기에선) 불분명한 관념과는 반대로 내가 제시하는 테제는 무언가 "문화이론적"인 것이 아니라 (이렇게 된 바에야 그냥 말해버린다면) "도덕적 일원론"으로 나아간다. 즉 자본주의 사회의 재생산은, 그 중심 기관들이 일반화된 상호인정 원칙을 통한 합리적 정당화를 필요로 한다는 점에서, 도덕적 합의를 토대로 이루어지며, 이러한 토대는 사실 이와 관련된 규범적 기대를 통해서도 사회 구성원 간의 갈등 가능성이 측정될 수 있다는 점에서 여타의 통합 메커니즘에 대해 실제적 우위를 점한다.

b) 이 글의 2장에서 나의 서술이 보여주었듯이, 나는 항상 자본주의 사회구성체 내에서의 사회적 갈등과 투쟁을 사회 구성원들이 정당한 것으로 간주한 상호인정 원칙들과 관련해서 도입하였다. 즉 개인 혹은 사회적 집단이 지배적 사회 질서에 문제를 제기하며 실천적으로 저항하게 하는 동기는, 이들에게 정당한 것으로 간주된 인정 원칙이 자신들의 사정이나 특수성에 비추어볼 때 잘못이거나 혹은 불충분하게 적용되었다는 **도덕적** 신념에 있다는 것이다. 낸시 프레이저에 반하여 이로부터 도출될 수 있는 결론은, 모든 사회적 투쟁의 토대가 되는 동기는 "무시" 경험으로 서술될 때 그 의미가 살아날 수 있는 도덕적 경험이라는 점이다. 주체나 집단들이 자신들의 능력이나 속성 중 특정한 측면이 무시당했다고 보는 것은 이들에게 정당

한 것으로 간주된 인정 원칙의 제도적 실행이 정당하지 못한 방식으로 이들의 사정을 적절하게 반영하지 못하고 있다는 믿음 때문이다.[60] 이에 반해 "경제적" 갈등과 "문화적" 갈등을 대립시킨다면, 이는 아무리 높게 평가해도 부차적 의미만을 갖는다. 왜냐하면 이러한 대립은 도덕적 동기를 지닌 투쟁과 관련하여 볼 때 무시라는 도덕적 경험을 야기한 보다 상세한 측면들을 규정한 것이기 때문이다. 그러나 이러한 대립을 말하는 것이 오늘날 특정한 유형의 사회적 투쟁에서만 문화적 해석과 평가가 중요성을 갖는다는 점을 암시한다면 이는 또다시 오해를 불러일으킬 수 있다. "분배투쟁"에 대한 나의 새로운 해석이 명백하게 밝혀주었듯이 이런 주장은 이미 참여자의 관점에서 볼 때 물질적 자원 분배를 목적으로 수행된 투쟁에 적합한 것이 아니다. 왜냐하면 이러한 투쟁에서도 사회적 성과와 기여에 대한 지배적 평가 기준이 사실적 업무 분담이란 관점에서 실제로 정당한지가 논란의 대상이 된다는 점에서 문화적 해석이 구성적 역할을 수행하기 때문이다. 이런 사실을 분배투쟁이라는 협소한 틀을 넘어서 일반화시킨다면, 이는 모든 "인정"투쟁에서 문화적 문제가 내적 중요성을 갖는다는 뜻이 된다. 왜냐하면 인정 원칙의 적용은 항상 욕구, 권리 주장 또는 능력에 대한 문화적 해석을 통해 이루어지기 때문이다. 즉 사랑의 사회도덕적 의미를 둘러싼 오늘날의 갈등에서이든, 권리 동등성 원칙의 적절한 실현을 둘러싼 갈등에서이든, 끝으로 업적 원칙에 대한 정당한 해석을 둘러싼 갈등에서이든, 항상

60 Axel Honneth, *Kampf um Anerkennung*, 특히 8장.

여기서는 전통적 평가 모형을 목적 지향적으로 문제 삼는 것이 핵심적 역할을 수행한다는 점에서 결국 "문화"의 영향력 범위를 어떤 하나의 유형의 사회적 투쟁에 한정시키는 것은 잘못된 일이 되고 만다는 것이다.[61] 여기에 덧붙여 내가 이해한 바에 따르면, 낸시 프레이저가 이전에 쓴 매우 영향력 있는 논문은 "욕구투쟁"이란 주도 개념하에 바로 모든 사회적 투쟁에서 문화적 선입견과 해석 기준이 갖는 구성적 중요성을 강조하고 있다.[62]

바라건대 이런 지적들을 통해 사회적 투쟁에 대한 적절한 사회이론적 접근 방법은 제도화된 그리고 정당화에 효과적인 인정 원칙에서 출발하여 도덕적 실망 혹은 불의 경험을 고려하는 데 있다는 점이 분명해진다면, 낸시 프레이저에 대한 나의 논쟁의 두 번째 문제 영역이 열리게 된다. 이는 이 글 3장의 내용이다. 즉 한편으로 "분배투쟁"의 도덕적 내용에 대한 나의 해석 제안에 따라 앞으로 문제시될 것은, 이를 통해 구상된 사회적 투쟁의 스펙트럼 속에서 오늘날 일반적으로 "정체성 투쟁"으로 규정되는 투쟁이 어떻게 결합되어야 하는가이다. 비록 낸시 프레이저와 내가 "문화적 인정"을 둘러싼 이러한 투쟁에 대해 서로 다른 견해를 갖고 있지만, 이러한 투쟁이 오

61 이런 점에서 내가 마치 사회적 "인정투쟁"에서 사회적 가치 모델에 대한 논쟁이 아무런 역할도 하지 않는 것처럼 이를 다루고 있다는 마르틴 푹스의 비판은 정당한 것이 아니라고 본다. Martin Fuchs, *Kampf um Differenz, Repräsentation, Subjektivität und soziale Bewegungen. Das Beispiel Indiens*, Frankfurt am Main 1999.

62 Fraser, "Der Kampf um die Bedürfnisse", 앞의 책.

늘날 갖는 중요성은 거의 논박될 수 없기 때문에 이에 대한 적절한 해석 문제가 제기된다. 지금까지 나의 설명을 배경으로 한다면 원칙적으로 두 가지 대답이 가능한 것처럼 보이며, 이는 지배적 인정 원칙 체계에 대한 각기 다른 관계를 통해 서로 구별된다. 즉 첫 번째 가능한 대답은, 이런 "문화적" 투쟁을 권리 동등성이라는 인정 원칙의 지평 속에서 해석함으로써 이를 본질적으로 개인적 자율성에 대한 리버럴한 이해를 확장시키는 문제로 만드는 것이다. 이에 반해 두 번째 가능한 대답은, 이러한 투쟁에서 리버럴 자본주의 사회의 새로운 네 번째 인정 원칙, 즉 그룹이나 집단의 문화적 특수성에 대한 상호 존중을 둘러싼 인정 원칙이 시대적으로 형성되고 있다는 의미에서 실제로 이를 무언가 새로운 것으로 기술하는 것이다(3장 1절).

두 번째 문제는 낸시 프레이저에 대한 나의 논박에서 지금까지 설명되지 않은 채로 남아 있던 것으로, 이는 사회적 투쟁 속에서 제시된 요구들을 도덕적으로 평가할 수 있게 하는 규범적 척도 문제와 관련된 것이다. 물론 나는 이에 상응하여 분화된 인정이론의 커다란 장점은, 사회적 불의 경험을 성공적으로 서술할 수 있는 언어를 통해 동시에 이러한 경험과 내적으로 결합된 요구들 역시 정당화하는 데 있다고 본다. 즉 사회적 저항과 사회적 갈등의 "동기"로 가정된 경험은 정당치 못한 일면화 경험으로서, 이는 규범적 단계에서 이에 상응하는 요구들을 도덕적으로 정당화하기 위해 동원된 인정 원칙을 적용할 때 나타난다는 것이다. 그러나 물론 전체적으로 볼 때 이를 통해서는 인정 원칙의 "올바른" 적용이나 인정 원칙의 도덕적 정당화에 대해서 아무것도 말해주는 것이 없다. 나는 낸시 프레이저에 대한 나의 논쟁 마지막 부분에서 개략적으로 이러한 단계를 밟을 것이다(3장 2절). 즉 여기서 나는 지금까지 제시된 생각을 규범적 차원에서 인정이론적 정의관으로 종합하면서, 어떤 점에서 이것이 "참여주의적 평등" 이념과 다른지가 아주 분명하게 인식될 수 있도록 할 것이다.

3장 인정과 사회 정의

내가 지금까지 "분배"와 "문화적 인정"을 대립시킨 낸시 프레이저의 입장에 대해 표시했던 모든 의구심을 통해서도 아직 전적으로 설명되지 않은 채로 남아 있었던 것은, 나의 대안적 기획의 틀 속에서 "인정 정치"라는 새로운 경향을 어떻게 서술할 수 있겠는가 하는 문제이다. 분명 나의 논증 첫 번째 단계에서 분명해진 것은, "인정" 개념을 단지 오늘날 문화적 소수자들이 제기하는 요구들만을 위해 배타적으로 남겨놓는 것은 굉장히 문제가 많다는 점이다. 여기서 체계적으로 간과되고 있는 것은, 이미 확립된 사회 질서에 대한 저항은 항상 어떤 특정한 측면에서 정당한 인정을 부여받지 못했다는 도덕적 경험에 기인한다는 점이다. 이에 이어서 나는 내가 근대 자본주의에 제도적 토대를 두고 있다고 믿는 세 가지 인정 원칙을 통해 오늘날 사회에서 사회적 무시로 경험될 수 있는 측면들이 어떤 것인지를 설명하려고 하였다. 이러한 과정을 통해 밝혀진 것은 단지 사회적 무시 경험이 역사적으로 등장한 인정 규범과 관련이 있다는 사실만이 아니다. 오히려 이를 통해 밝혀진 것은 무엇보다도 분배투쟁이 업적 원칙에 대한 적절한 해석 여부와 관련되어 있다는 점에서 이 역시 강력하게 인정투쟁으로 이해되어야 한다는 점이다. 그러나 나의 논증이 이러한 지점에 이를 때까지도 나는 분화된 인정 개념을 토대로 삼을 때 오늘날 문화적 소수자들이 자신들의 (집단적) 정체성 "인정"과 관련하여 제기하는 정치도덕적 요구들을 어떻게 이해해야 하는지에 대해서는 아무런 논의도 하지 않았다. 낸시 프레이저가 "문화적 인정"이라는 자신의 개념을 배타적으로 남겨놓은 것은 바로 이런 형태의 정치적 목표를 위해서였다. 그러나 내가 보기에 이런 개념은 "분배"라는 그녀의 개념과 마찬가지로 규범적 설명을 필요로 한다. 이하의 글에서 나는 수많은 "정체성 정치" 현상과 관련하여 다양한 집단들이 "문화적 인정"에 대한 자신들의 요구를 공적으로 정당화하기 위해 어떤 규범적 원칙을 요구할 수 있는지를 질문해보는 방식으로 논의를 진행시킬 것이다. 그리고 이를 통해 "문화적"이라는 형용사가 별다른 진술 능력을 갖지 못한다는 점이 드러날 것이다. 왜냐하면 여기서는 정체성 정치의 요구들을 충족하는 수단이 법적, 정치적 혹은 문화적인 것인지가 설명되지 않은 채 방치되어 있기 때문이다.

1. 문화적 정체성과 인정 갈등

오늘날 "정체성 정치"라는 개념을 통해 묘사되고 있는 것은, 수많은 차별받는 집단들이 보편적 권리의 행사를 통해 차별을 극복하려고 전력을 다할 뿐 아니라, 자신들에게 특수한 형태의 우대, 인정 혹은 참여를 요구하는 경향들이다. 이렇게 집단적 정체성에 대한 공적 인정 요구로의 전환을 통해 비로소 사회운동의 "문화화"가 이루어졌다. 이는 이제 특정한 소수 "문화"에의 소속성이 정치적 저항운동을 도덕적으로 동원하기 위해 사용될 수 있음을 뜻한다. 이미 1장에서 살펴본 것처럼 이런 형태의 정치적 저항이 오늘날 사회학적으로 결코 과대평가되어서는 안 된다. 왜냐하면 이런 식의 저항이 공적으로 중심적 위치를 차지한 것은 주로 대중매체의 양식화된 보도에 힘입은 바 크기 때문이다. 그러나 이런 저항이 규범적 사회이론을 위해서는 그렇게 사소하게 취급될 만한 도전은 아니다. 왜냐하면 분명 문화적 정체성의 정치화를 통해 앞서 서술된 인정투쟁의 또 다른 방식이 등장한 것인지, 아니면 반대로 리버럴 자본주의 사회의 투쟁사에 있어서 새로운 문턱에 도달한 것인지 질문할 수 있기 때문이다. 내가 만약 "정체성 정치"와 결합된 도전을 이런 식으로 해석한다면, 이것이 말해주는 것은 내가 자본주의 사회의 규범적 인프라 구조 내에서 새로운 인정 원칙, 즉 네 번째 인정 원칙의 형성 가능성을 질문한다는 점일 것이다. 즉 이미 확립된 원칙들로 손쉽게 다시 번역될 수 없는 인정 원칙의 규범적 윤곽이 오늘날 변화된 가치 지평과 사회적 요구 간의 상호작용을 통해 그려지는 것은 아닌가 하는 질문 말이다. 왜냐하면 이는 유일무이한 욕구 주체(사랑), 자율적 권리 인격체(권리), 혹은 협력적 사회 구성원(가치부여)에 대한 사회적 인정이 아니라, 어떤 문화적 집단의 소속원에 대한 사회적 인정을 요구하기 때문이다. 또한 이는 다음과 같은 질문이기도 하다. 즉 집단적 정체성에 대한 공적 인정 요구가 동등권리 원칙의 적용이나 지배적 업적 원칙의 해석을 통해 이해되어야 한다면 과연 이런 식의 요구가 현존하는 인정 문화의 규범적 지평 속에서 의미 있게 대답될 수 있을까 하는 질문 말이다.

윌 킴리카(Will Kymlicka)의 고찰은 이러한 문제들에 접근할 수 있는 적합한 방법을 제시한다. 이에 따르면 "정체성 정치"라는 최근의 경향은 지난 몇 십 년간 사회적 소수자를 점차 재정의하게 만든 문화적 변화 때문에 발생한 것이다. 즉 이전에 동성애자나 장애인 같은 집단이 자신들의 정체성을 성적 혹은 신체적 편차 개념을 통해 정의함으로써 자신들을 우연적으로 모인 개인들의 집단으로 이해할 수밖에 없었다면, 오늘날 이들은 매우 강하게 자신들을 공동의 역사, 언어 그리고 감수성을 지닌 문화적으로 통합된 공동체로 특징짓는다.[63] 이렇게 문화적 정체성이 형성되면서 비로소 사회적으로 차별받는 집단들은 문화적 고유성을 존중받기 위해 투쟁하는 인종적 집단과 함께 자신들도 같은 전선에 있다고 보는 자기 이해를 형성하였다. 물론 이와 같은 주장은 성적 다름으로부터 문화적 재정의를 위한 준거 틀을 얻어내려는 여성운동 분파에도 해당된다. 왜냐하면 이들은 "여성성"을 공동 문화의 원천으로 삼으려 하기 때문이다. 마찬가지로 여기에서도 오늘날 여전히 공동의 기원, 언어 그리고 일상 문화를 함께하는 인종적 소수자들의 전형에 동화되어 집단적 자기

63 Will Kymlicka, *Finding Our Way. Rethinking Ethnocultural Relations in Canada*, Toronto 1998, 특히 6장. 이 책에 대한 지적은 마르틴 프랑크(Martin Frank) 덕분이다.

이해가 문화적으로 변화하고 있으며, 그 변화의 끝에는 고유한 문화에 대한 인정 요구가 있다고 할 수 있다. 이런 점에서 최근 무엇보다도 사회적 차별이라는 부정적 경험을 공통점으로 하는 수많은 사회적 집단은 점진적 재정의 과정을 통과하고 있으며, 이를 통해 배제의 위기로부터 벗어나 고유한 문화를 구성하는 것을 미덕으로 삼고 있다.[64] 이러한 집단적 정체성의 형태 변화의 결과로 문화적으로 정의된 공동체가 등장하게 되었으며, 그 전체 스펙트럼은 "게이 공동체"에서부터 장애인 운동 집단을 거쳐 인종적 소수자에 이르고 있다. "정체성 정치"라는 개념이 확인해주는 것은, 이 모든 새롭게 등장한, 더 정확히 말한다면 "구성된" 집단이 각기 자신들의 문화적으로 정의된 속성을 인정받기 위해 투쟁한다는 점이다.

이런 공통의 레토릭, 즉 문화적 정체성에 대한 인정 요구 뒤에 감춰진 것은 서로 다른 수많은 목적들이다. 그러나 이를 규범적으로 평가하기 위해서는 이를 서로 구별해내는 것이 핵심적으로 중요하다. 가장 높은 단계에서 이런 인정 요구는 무엇보다도 이를 통해 구체화된 목적이 개인주의적 특성을 갖느냐, 아니면 근원적으로 "공동체적" 또는 집단적 특성을 갖느냐에 따라 구별된다. 베른하르트 페터스(Bernhard Peters)의 제안을 따른다면 개별적 집단 구성원의 처지

64 물론 이러한 상황으로부터 "의도적, 자기동일화된" 집단과 "비의도적, 주관적" 집단 사이를 구별하는 것은 더 이상 의미가 없다는 결론이 도출될 수는 없다. 다만 문제는 이러한 구별이 규범적 측면에서 오늘날 여전히 중요성을 갖는가 하는 점이다. 이런 문제 전체, 그리고 이와 관련된 용어들에 대해서는 Carolin Emcke, *Kollektive Identitäten. Sozialphilosophische Grundlagen*, Frankfurt am Main 2000.

를 개선하는 것과 관련하여 집단적으로 제기된 인정 요구는 "개인주의적"이다. 이에 반해 "공동체적"이라고 규정된 인정 요구는 본질적 의미에서 집단 내의 전체적 삶과 관련된 것이다.[65] 이런 식의 구별을 배경으로 한다면 문화적 집단의 이름으로 공동의 정체성 인정과 관련하여 제기된 일련의 요구들은 은폐된 개인주의적 특성을 갖는다는 점이 금방 분명해질 것이다. 왜냐하면 이 요구들은 개별적 구성원의 상황과 관련된 것이기 때문이다. 따라서 이런 인정 요구는 주로 집단 구성원이 바로 특수한 집단의 구성원이란 점에서 보편적 기본권을 사용하지 못하게 하는 사회적 차별을 극복하려는 목적에 기여한다. 이런 유형의 집단적으로 제기된 목적이 문제가 되는 곳에서는 "정체성 정치"의 요구들이 동등한 권리 대우를 위한 투쟁이라는 규범적 틀 속에서 움직인다는 점에 의문의 여지가 있을 수 없다. 즉 동등성 원칙에 의거하여 요구된 것은 사회적 집단의 문화적 속성과 관련하여 그 구성원들을 다수의 사람들에 비해 불리하게 대우하는 장애물이나 불이익을 극복하라는 것이다.[66] 이런 점에서 여기서는 리버럴 자본주의 사회의 규범적 인정 질서 속에서 제기된 요구들이 문제가 되기 때문에, 비교할 것도 없이 우리의 문제를 위해서는 근원적으로 공동체적 특성을 지닌 목적 설정들이 보다 중요한 관심

65 Bernhard Peters, "Understanding Multiculturalism", in: *IIS-Arbeitspapier*, Nr. 14/99, Universität Bremen.

66 반차별 정책과 동등성 원칙의 연관성에 대한 것으로는 최근 라이너 니켈의 아주 꼼꼼하게 작성된 박사학위 논문이 있다. Rainer Nickel, *Gleicheit und Differenz in der vielfaltigen Republik*, Baden-Baden 1999, 특히 2장.

사가 되어야 한다.

이미 말했듯이 이런 유형의 목적 설정에서는 사회적 집단 자체의 안녕이 집단적 요구의 준거점을 형성한다. 즉 문화적으로 이해된 공동체가 자신의 문화적 독자성에 대한 인정이 요구될 때 원하는 것은 공동체 구성원의 처지를 개선하라는 것이 아니라, 공동의 집단생활을 보장하고 개선하라는 것이다. 여기서도 페터스가 제안한 일련의 구별들은 다시 한 번 우리의 목적에 도움이 될 것이다. 즉 그의 생각을 따른다면 사회적 집단들이 인정 개념을 레토릭으로 사용하면서 요구할 수 있는 공동체적 특성을 갖는 목적으로는 세 가지 서로 다른 목적들이 있다.[67] 첫 번째 유형의 요구에서 중요한 것은 어떤 집단의 문화적 재생산에 부정적 영향을 끼칠 수 있는 외적 개입에 방어하려는 목적이다. 이 중 위험하지 않은 경우에는 민주적 법치국가에서라면 이미 보장되어 있듯이 단지 언론, 집회, 종교의 자유라는 기본권만으로도 충분하다. 그러나 이에 반해 진지한 투쟁들은 일반적으로 문화적 공동체의 특정한 지침들(복장 규정, 도살 금지 등)을 실행하는 것이 지배적 법률의 예외를 필요로 할 때 발생한다. 그러나 이런 식으로 복잡하게 된다 하더라도 첫 번째 경우에서처럼 사회적 집단의 투쟁이 동등성 원칙을 통한 권리 인정이라는 규범적 틀 속에서 수행된다는 점은 의심의 여지가 없다. 즉 어떤 집단이 문화적 불가침성을 보호하기 위해 요구하는 예외 규정은 권리 동등성에 의거하여 정당화된다는 것이다. 왜냐하면 권리 동등성은 다수자 문화에

67 Peters, 앞의 책.

대해 실제로 보장된 동일한 법적 보호를 소수자들을 위해 요구하기 때문이다. 문화적 정체성에 대한 인정 요구가 집단생활의 불가침성을 보호하려는 목적을 갖는 경우 이를 강제하게 만드는 것은 동등성 원칙이라는 바늘구멍이다. 왜냐하면 이런 식의 목적이 규범적으로 의거할 수 있는 모든 것은 결국 권리상 동등 지위를 위해서는 문화적 차이를 추상적으로 제거해야 한다는 생각에 기인하기 때문이다.

이런 첫 번째 유형의 요구들이 일종의 소극적 목적 설정으로 이해된다면, 이는 여기서 관건이 되는 것이 문화를 훼손하는 개입에 대한 방어이기 때문이다. 그렇다면 페터스가 탐구한 두 번째 유형은 분명히 적극적 특성을 지닌 목적과 관계된 것이다. 즉 여기서 관건이 되는 것은 사회적 집단들이 공동체의 결속을 지원하고 지속적으로 발전시킬 수 있는 자원이나 보호 조치를 요구하면서 자신의 문화적 정체성에 대한 인정을 원한다는 점이다. 이런 맥락에서 원칙적으로 요구되는 수단들의 전체 스펙트럼을 보면, 이는 경제적 지원 보장에서부터 모국어 수업 보장을 거쳐 대중매체에서의 적절한 대변 활동 보장에까지 이르고 있다. 그러나 이 모든 경우 관련 집단들이 사전에 공개적으로 입증해야만 할 것은 이런 식의 자원이나 보호 조치가 없다면 장차 자신들의 고유한 생활방식과 문화를 유지할 수 없게 될 것이라는 점이다. 물론 여기서도 과거나 현재 일어난 사회적 불이익이 지적된다는 점에서 규범적 정당화 가능성 중 하나는 또다시 권리 동등성 원칙을 요구하는 데 있다. 즉 앞서 말한 수단을 요구하면서 얻으려는 것은, 한 사회 집단이 자신의 문화적 삶을 영위하면서 다수자 문화와 비교해볼 때 정당하지 못한 방식으로 불이익을 당하게 하거나 당하게 했던 장애물들을 국가가 제거해주는 것이다. 물론 이런 방식으로는 시간적으로 제한된 요구들만이 타당한 것이 된다. 왜냐하면 불이익이 성공적으로 극복되면 이러한 요구들의 규범적 힘은 사라지기 때문이다.[68] 따라서 공동의 문화를 지원하는 지속적 수단이 요구된다면, 이제 그 규범적 특성이 "공동체적" 유형의 목적 중 세 번째 경우에 해당되는 또 다른 논증이 등장해야 한다.

페터스는 한 사회의 다수자 문화로부터 인정받거나 존중받으려는 목적을 사회적 집단들이 집단으로서의 공동 안녕을 위해 제기할 수 있는 세 번째 유형의 요구로 지목한다. 이 경우 "인정"은 단지 문화적 관행에 개입하지 않거나, 혹은 이를 지원함으로써 해당 공동체의 존속을 보장하는 간접적 의미가 아니라, 해당 공동체의 목적이나 가치관 자체에 가치를 부여하거나 수용하는 아주 적극적 의미를 갖는다.[69] 아마도 이 세 번째 단계가 비로소 오늘날 문화적 차이의 "인정"이 의미하는 아주 중요한 부분이며, 이에 이르러 낸시 프레이저가 무엇보다도 "문화적 인정"이란 개념을 통해 확정짓는 현상에 도달하게 되었다고 할 수 있다. 이는 다른 용어로 말하자면 차이를 고려하지 말아 달라는 요구에서 차이를 고려해 달라는 요구로의 이행이기도 하다. 물론 이렇게 되면 적지 않은 어려움이 발생한다. 왜냐하면 이제 인정이 앞서 이야기했던 것처럼 문화적 공동체의 존속을

68 이에 대해서는 마르틴 프랑크의 탁월한 박사학위 논문이 있다. Martin Frank, *Probleme einer interkulturellen Gerechtigkeitstheorie*, J.W. Goethe-Universität, Frankfurt am Main 1999.

69 Peters, 앞의 책.

간접적 차원에서, 혹은 권리를 통해 보장하려는 수단을 말하는 것이 아니라면, 이러한 세 번째 유형의 목적에는 어떤 의미가 부여되어야 하는지가 분명하게 밝혀져야 하기 때문이다. 이런 점에서 마지막으로 다시 한 번 "인정" 개념의 직접적 적용이 갖는 제반 측면들을 구별하고자 했던 베른하르트 페터스의 제안을 따르는 것이 좋겠다. 즉 이에 따르면 세 번째 유형의 목적에는 문화적 소수자의 구성원으로서 단지 동등한 정치적 권리만이 아니라, 공공 영역이 자신들의 특수한 가치관을 경청하게 하는 실제적 수단을 집단적으로 확보하려는 요구가 포함될 수 있다는 것이다. 이것이 무엇을 의미하는지는 문화적 소수자들을 존중하며 다룰 수 있는 민주적 제도들의 절차적 미덕을 통해 가장 잘 설명될 수 있을 것이다.[70] 물론 직접적 인정 요구가 문화적 멸시, 무시, 굴욕으로부터 집단을 보호하려는 목적을 뜻한다면 이는 또 다른 의미를 갖는 것 같다. 이와 관련해서는 아마도 페미니스트 조직들이 포르노그래피의 금지나 제한을 위해 노력하는 경우를 생각해볼 수 있을 것이다. 왜냐하면 이 조직들은 포르노그래피가 여성을 멸시하는 방식으로 여성을 재현해낸다고 추측하기 때문이다. 그러나 이 사례를 좀 더 면밀히 살펴본다면 이런 목적 설정에서도 또다시 근대적 권리가 갖는 동등성 원칙을 규범적으로 재가동시키려는 시도가 관건이 되고 있음이 분명해질 것이다. 왜냐하면 이러한 원칙을 전제할 때, 규칙적으로 반복되는 모욕을 해당 집단에 특수하게 나타나는 불이익의 원인으로 제시할 수 있기 때문

70 이런 식의 생각에 대해서는 Margalit, *Politik der Würde. Über Achtung und Verachtung*, 4장.

이다. 이런 경우 관련자들에게는 헌법에 따른다면 일반적으로 두 가지 가능성이 열려 있다. 즉 문화적 모욕을 통해 발생하는 불이익을 이들의 존엄성에 대한 훼손이나 이들의 자유를 제한시킨 것으로 확정지을 수 있다는 것이다.[71]

물론 이런 식의 인정 요구가 더 이상 해당 집단에 특수하게 나타나는 멸시로부터 보호받고자 하는 소극적 내용만을 갖는 것이 아니라, 해당 집단의 고유한 목적이나 가치관에 대한 가치부여 요구로 나아간다면, 이는 권리의 동등성 원칙이라는 규범적 틀을 결정적으로 넘어선 것이다. 문화적 공동체라는 측면에서 볼 때 이러한 요구에 전제된 생각은, 공동체를 구성하는 행동방식, 생활방식, 가치관은 동등대우 이념으로부터 파생될 수 없는 특수한 형태의 존엄성을 부여받을 가치가 있다는 것이다. 즉 고유한 문화가 사회적으로 가치를 부여받는 것은 다수자 문화와 비교할 때 더 큰 단점이 없기 때문이 아니라, 이 문화가 사회적으로 존중받을 만한 어떤 선(善)을 자체적으로 재현하고 있기 때문이라는 것이다. 물론 여기에서도 다시 한 번 두 개의 선택지를 생각해볼 수 있다. 이 둘은 사회적 가치부여 요구에 있어서 각기 다른 기준을 정당화한다는 점에서 서로 구별된다. 즉 한편으로는 원칙적으로 볼 때 리버럴 자본주의 사회에서 개인이나 집단의 가치를 일반적으로 평가하는 규범적 이념인 업적 정의관에 입각하여 고유한 문화의 가치를 부정하거나 요청하는 것이 가능

71 이런 구별에 대해서는 Nickel, *Gleichheit und Differenz in der vielfältigen Republik*, 특히 3장 A.

하다. 물론 이런 길을 가게 되면 결과적으로 해당 공동체는 자신들의 고유한 행동방식이나 생활방식이 사회적 재생산을 위해 중요한 역할을 수행하고, 또 이런 점에서 "포기할 수 없는" 업적을 지니고 있음을 보여줄 수 있어야만 한다. 그러나 이런 식의 업적 제시 강제가 해당 집단의 요구를 부정할 수도 있는 터무니없는 요구일 수 있다는 점을 완전히 배제한다 하더라도, 이런 식의 가치부여는 업적 원칙의 실질적인 의미가 사라질 정도로 부당한 방식으로 이를 확장시킨 것일지도 모른다. 따라서 문화적 소수자들에게는 자신의 문화적 가치를 기존의 타당한 인정 원칙과 관련해서가 아니라, 이미 제도화된 모든 가치 연관과는 독립적으로, 또한 이런 의미에서 "절대적"으로 요구하는 방법이 본질적으로 더 전망이 있어 보인다. 그러나 이것이 어떤 것일 수 있을지는 오늘날의 논쟁에서 볼 때 전혀 분명치 않다.

소수자 공동체 문화에 그 자체로 사회적 가치를 부여하라는 요구는 동등성 원칙만이 아니라, 업적 원칙이라는 규범적 지평 역시 분명히 넘어선 것 같다. 왜냐하면 여기서 관건이 되는 것은 모든 주체에게 자신의 삶의 목표를 실현할 수 있는 동등한 기회를 가능한 가치중립적으로 보장하거나, 혹은 개인적 기여를 가능한 공정하게 "업적"으로 평가하는 것이 아니라, 이를 훨씬 넘어서서 소수자의 문화적 행동방식을 사회적으로 볼 때 그 자체로 가치 있는 것, 즉 하나의 사회적 선(善)으로 존중받으려는 목표이기 때문이다. 문화적 차이에 대한 인정 이념에 이러한 급진적 요구가 결합된다면, 아마도 어떤 정치적 조치가 개별적으로 이에 동반되어야 하는지는 그 정당화 문제와 관련하여 볼 때 아주 분명한 것은 아닌 것 같다. 왜냐하면 이에 대해 가능한 선택지의 전체 스펙트럼을 보면 이는 공적인 명예부여 행위에 참여하는 것에서부터 해당 문화의 특수한 업적을 교육적으로 소개하는 것을 거쳐 정치적 공동체에서 사용하는 공식 캘린더에 이 문화에서 의식행사로 중요한 날을 공휴일로 지정하는 것을 고려해보는 데까지 이를 수 있기 때문이다. 또한 사회적으로 볼 때 해당 문화의 고유한 행위방식과 의식행사의 가치 연관성을 떼어낼 수 있다면 이런 식의 조치들에 대한 제도적 상상이 상승될 수 있다. 그러나 이런 맥락에서 핵심 문제는 분명 문화적 인정 요구 자체를 제도적으로 관철시키는 방식이 아니라, 이런 요구의 규범적 특징 자체이다. 어떤 문화를 무언가 가치 있는 것으로 인정할 때 내포되어 있는 사회적 가치부여는 이의가 제기되거나 요청될 수 있는 공적 반작용 모형이 아니다. 왜냐하면 이런 공적 반작용은 평가적 검토라는 척도에 따라서만 자발적으로 혹은 임의적으로 발생할 수 있기 때문이다.[72] 따라서 업적 정의라는 제도적 원칙에 따라 규범적으로 요구되는 가치부여와는 반대로, 문화적 생활방식에 대한 긍정적 평가에 어떤 규범적 요구 가능성이 내포되어 있다면, 이는 기껏해야 다른 문화의 특수성을 인식함으로써 비로소 그 가치를 검토해볼 수 있다는 태도 정도를 말하는 것에 불과하다.

이 마지막 상황이 분명하게 밝혀주고 있는 것은 고유한 문화에 대

72 찰스 테일러는 이미 이런 문제에 주목하고 있다. Charles Taylor, *Multikulturalismus und die Politik der Anerkennung*, Frankfurt am Main 1993, 특히 68 이하; 또한 이에 추가해서 Peters, "Understanding Multiculturalism".

한 가치부여 "요구"에 대해서는 의미 있는 이야기가 이루어질 수 없다는 점이다. 물론 문화적 소수자들은 다수자 문화로부터 자신들의 언어와 가치관 속에 반영되어 있는 업적이 특별하게 평가되기를 바라는 기대를 품고 있거나 희망을 갖고 있다. 그러나 이런 식의 가치평가에 대한 정당한 요구가 존재할 수 없는 것은 이러한 평가가 바로 동정심이나 애정이 생기는 것처럼 어쩔 수 없이 이루어지는 어떤 판단 과정의 결과일 수 있을 뿐이기 때문이다. 하지만 이런 맥락에서 간접적이고 이차적인 요구에 대해 거론하는 것은 충분히 의미 있는 일이다. 이는 다수자 문화로부터 호의적으로 이해되고 인지됨으로써 상호문화적 소통 과정이 비로소 진행될 수 있도록 하는 것이다. 분명 이런 경우에는 비록 약한 의미에서이기는 하지만 "완전성을 미리 가정"(가다머)하는 태도 속에서 자신들의 문화의 가치를 평가받을 수 있는 문화적 소수자의 권리가 이야기되어야 한다. 그러나 이런 식의 이야기가 결국 말해주는 것은 리버럴 민주주의 사회가 지닐 수 있어야 할 절차적 미덕 이상이 아니다. 즉 이는 리버럴 민주주의 사회가 소수자들을 개개의 문화에 잠재적으로 부여되어야 할 사회적 가치의 상속자로 대우하라는 것이다. 여기서 가장 어려운 문제는 "문화적" 가치부여에 대한 상속권 지위에, 지금까지 제도화된 인정 원칙들과 오늘날 점차 한패가 되기 시작한 새로운 인정 원칙, 즉 네 번째 인정 원칙이 이미 결합되어 있는가 하는 점이다. 만약 그렇다면 오늘날 문화적 갈등은 종래의 관용 법칙을 보완하는 것이 아니라, 이를 넘어선 도덕적 요구를 제기하는 규범적 기본 원칙을 산출할 수 있게 될 것이다. 왜냐하면 이런 네 번째 인정 원칙은 우리가 서로를 문화적 공동체의 구성원으로 인정함으로써 이들의 생활방식의 가치를 평가하는 데 필요한 정도로 이에 호의적 관심을 가져야 함을 말하기 때문이다.

이제 이런 사변적인 생각을 전제한다면 문화적 차이를 인정하라는 이념에 대한 체계적 검토의 결과는 오히려 부정적이라는 사실을 직시해야 한다. 오늘날 문화적 차이의 인정이라는 레토릭을 사용하면서 제기된 대부분의 요구들은 지배적 인정 질서의 규범적 지평을 넘어선 것이 아니다. 물론 관련 집단들은 주로 자신들의 목표에 대한 상당히 급진적인 자기 이해를 갖고 있다. 그러나 이를 냉정하게 살펴보면 이러한 목표들의 규범적 내용은 대부분 동등성 원칙을 혁신적으로 적용하려는 의미로 이해된다. 오늘날 리버럴 민주주의 국가 내에서 "정체성 정치"의 문제로 등장한 제반 갈등들의 도덕적 문법은 본질적으로 권리 동등성이란 인정 원칙을 통해 규정된다. 즉 문화적 차이의 인정 요구가 자기 문화를 해치는 외적 개입으로부터 보호받기 위한 것이든, 해당 집단에 특수하게 나타나는 차별을 극복하기 위한 것이든, 아니면 특수한 생활방식을 유지하기 위한 보호 조치에 대한 것이든 간에 항상 이를 공적으로 정당화할 때에는 어떤 방식으로든, 아니면 때때로 추가적 가정을 통해서라도 동등성 원칙에 근거한 도덕적 논증이 동원되어야 한다는 것이다.[73] 물론 문화적 소수자가 이런 식의 논증을 통해 어떤 요구를 정당하게 제기할

73 하버마스 역시 이렇게 본다. Habermas, *Kampf um Anerkennung im demokratischen Rechtsstaat*.

수 있는가 하는 규범적으로 도발적인 질문에 대해서는 아직 대답된 것이 아니다. 그러나 이와 관련하여 경험적 이유에서 필요한 수많은 차이에 대한 설명이 지금 이 자리에서 필요한 것은 아니다.[74] 왜냐하면 지금 문제가 되는 것은 단지 "정체성 정치"의 요구들을 현대 사회의 규범적 지평 속에 위치시키는 것이기 때문이다. 낸시 프레이저가 사용하는 "문화적" 인정 개념은 문화적 갈등 전선을 해명하는 데 기여하는 것이 아니라, 오히려 이를 혼란스럽게 만든다. 왜냐하면 이런 개념은 대부분의 정체성 정치의 요구들이 단지 확장된 권리 인정투쟁의 표현으로서만 의미 깊게 이해될 수 있다는 점을 제대로 인식하지 못하게 하기 때문이다.

2. 인정이론적 정의론의 관점

나는 지금까지 낸시 프레이저에 대한 반박에서 단지 서술적 언어만을 사용하면서 사회적 갈등의 도덕적 내용에 대한 적절한 접근은 오직 충분히 분화된 인정 개념을 사용할 때 가능함을 보여주려고 하였다. 이런 목적을 위한 첫 번째 단계에서는 일련의 새로운 연구들에 의거하여 항상 사회적 불의 경험은 정당한 인정이 유보됨을 통해 측정된다는 것을 밝히려 하였다. 이런 점에서 경제적 불이익과 문화적 상실의 구별은 현상학적으로 이차적인 특징이며, 오히려 차이점은 주체들이 사회적 무시나 모욕을 경험할 수 있는 측면에 있다. 이

74 아마도 이와 관련된 것으로는 Frank, *Probleme einer interkulturellen Gerechtigkeitstheorie*.

러한 직관을 사회이론의 의도에 맞는 결실로 만들어내기 위해 나는 두 번째 단계로 리버럴 자본주의 사회 질서의 확립을 세 가지 인정 영역의 분화 과정으로 기술하려고 했다. 이에 따르면 우리는 오늘날의 사회에서 다양한 유형의 도덕적 내용을 지닌 투쟁이나 갈등에 대해 생각해볼 수 있으며, 이들 사이의 구별은 사랑, 권리 동등성, 업적 정의라는 인정 원칙 중 어떤 원칙의 "정당한" 적용이 논쟁이 되느냐에 따라 측정된다. 당연히 이런 생각으로부터 직접적으로 귀결되는 것은 "분배투쟁"과 "인정 갈등"을 대립시키는 것은 거의 도움이 되지 못한다는 점이다. 왜냐하면 이러한 대립은 흡사 경제적 분배에 대한 요구가 사회적 무시 경험과는 독립적으로 이해될 수 있는 것 같은 인상을 불러일으키기 때문이다. 이에 반해 나에게 더 설득력 있는 것처럼 보이는 것은 분배투쟁을 개인이나 집단의 사회적 기여에 대한 적절한 평가를 둘러싼 인정투쟁의 특수한 방식으로 해석하는 것이다. 그러나 이러한 결론에 이를 때까지 나는 낸시 프레이저에 대한 반박에서 어떤 식으로든 규범적 특징을 갖는 그 어떤 논증도 사용하지 않았다. 오히려 나는 인정투쟁의 전체 범위를 보여줄 수 있도록 순전히 서술적 의도에서 자본주의적 법치국가의 규범적 인프라 구조를 설명하는 데 국한하였다.

그런데 낸시 프레이저는 "분배"와 "문화적 인정"이라는 이분법을 단지 사회이론적으로가 아니라, 규범적으로도 정당화한다. 이런 점에서 그녀의 핵심 논증에 따르면, 경제적 정의와 문화적 정의 사이의 결합만이 리버럴 사회의 최상의 도덕적 원칙으로 파악될 수 있는 "참여주의적 평등"을 보장할 수 있다. 그리고 낸시 프레이저는 이런 정의관을 전개하면서 이를 추가적으로 인정이론에 대한 비판과도 연결시킨다. 즉 그녀는 인정이론이 너무나 밀접하게 개인적 자아실현이라는 윤리적 이념과 결합되어 있음을 비난한다는 것이다. 내가 지금까지 전개한 논증 단서들은 이렇게 논증이 규범적으로 전환되면서 제기된 복합적 문제들에 대해서는 아직 아무런 대답도 갖고 있는 것 같지 않다. 물론 다양화된 인정 용어의 전체적 기획은 특정한 도덕적 직관에 의해 뒷받침되고 있지만, 이것 자체는 아직도 전적으로 불명료한 채로 남아 있다. 나는 보다 나은 통찰을 위해서 무엇보다도 지금까지 미뤄놓은 문제들을 체계적 순서를 만들어 나의 사고 진행 과정에서 단계적으로 논의할 것이다.

우선 이런 규범적인 것으로의 전환이 필연적인 것은, 오늘날 우리가 더 이상 사회적 투쟁이 어떻게 이론적으로 적절하게 분석되어야 하는지를 논의하는 것이 아니라, 사회적 투쟁에 대한 도덕적 평가의 문제로 관심을 돌리고 있기 때문이다. 분명한 것은 우리가 모든 정치적 봉기 자체를 좋게 볼 수도 없으며, 모든 인정 요구를 이미 도덕적으로 정당하거나 혹은 대변할 만한 것으로 간주할 수도 없다는 점이다. 오히려 우리가 이런 투쟁들의 목적을 일반적으로 긍정적인 것으로 평가하는 것은 이런 투쟁들이 우리가 갖고 있는 좋은 혹은 정의로운 사회관에 접근하는 것으로 이해할 수 있게 하는 사회적 발전 방향을 보여주는 경우일 뿐이다.[75] 물론 여기서도 원칙적으로 볼

75 안드레아스 칼리바스에 대한 나의 짧은 반론은 Axel Honneth, "Reply to Andreas Kalyvas", in: *European Journal of Social Theory*, Vol. 2/ No. 2, 1999, 249-252.

때 사회적 효율성이나 안정성이라는 목표와 연관된 또 다른 기준들이 결정적 역할을 할 것이다. 그러나 이러한 기준들 역시 보다 높은 단계에서의 사회 질서의 규범적 의미나 목표에 해당하는 가치판단을 반영한다. 이런 점에서 사회적 갈등 상황에 대한 모든 가치평가는 사회도덕이나 정치윤리가 뿌리를 내리고 있는 규범적 원칙들을 지적해야 한다. 왜냐하면 사회적 갈등 상황에 대한 평가는 근본적으로 이를 통해 인도되기 때문이다. 이제 이런 예비적 생각을 전제한다면 나와 낸시 프레이저가 서로 간의 차이를 규범적 차원에서 분명히 하려고 할 때, 어떤 과제 수행에 대해 하나씩 하나씩 서로 소통해야 하는지가 드러난다. 여기서 우선적으로 필요한 것은 우리 각자가 정의롭고 좋은 사회의 이념을 결정하는 규범적 총괄 개념으로 간주하는 원칙들이 무엇인지를 설명하는 것이다. 이와 관련하여 우리의 논쟁은 참여주의적 평등 원칙이 도덕적 관점에서 "인정" 개념에 내포된 규범적 표상과 어떻게 연결되는가 하는 문제로 나아간다(a). 이렇게 우리가 서로 간의 차이를 분명히 했다면, 그다음 문제는 우리 각자가 정의롭고 좋은 사회 질서에 대한 서로 다른 생각이 어떻게 정당화될 수 있다고 믿는가 하는 점이다. 이런 맥락에서는 낸시 프레이저가 주제로 삼았던 문제가 시급해진다. 이는 이런 식의 정당화가 좋은 삶에 대한 윤리적 이념을 되짚어볼 것을 요구하는지, 아니면 이것 없이도 충분히 진행될 수 있는지 하는 문제이다(b). 끝으로 마지막 문제로서 이로부터 다음과 같은 질문이 만들어진다. 이는 서로 다르게 파악된 주도 원칙 각각이 어떻게 사회적 현실에 적용되어야 사회적 갈등 상황에 대한 도덕적 판단에 이를 수 있을까 하는 문제이다. 추측하건대 우리 두 사람이 갖고 있는 사고 단초들 간의 차이 전체는 비로소 이 지점에서 완전히 드러나게 될 것이다(c). 물론 이 세 가지 문제 영역에 충분히 차별화된 방식으로 집중하기 위해서는 낸시 프레이저에 대한 나의 논박 끝부분에 마련된 것보다 더 많은 자리를 필요로 한다. 따라서 나는 우리들 사이의 차이를 표제어 위주로 설명하는 데 제한될 수밖에 없었지만, 아무쪼록 적어도 앞으로 해결해야 할 문제들이 얼마나 어려운지에 대해 우리가 서로 합의하길 바란다.

a) 낸시 프레이저에 대한 나의 논박 중 다양한 곳에서 이미 이야기했듯이 나는 지금까지 인정의 규범적 이념을 단지 서술적 의미로만 사용했다. 여기서 항상 문제가 된 것은, 주체들이 사회에 바라는 규범적 기대가 자신들의 능력을 다양하게 일반화된 타자들로부터 사회적으로 인정받는 것이라는 테제를 변호하는 것이었다. 이러한 사회학적 판단이 함축하는 것은 두 가지 방향으로 계속해서 발전시킬 수 있다. 첫째는 주체의 도덕적 사회화, 그리고 둘째는 도덕적 사회 통합과 관련된 것이다. 우선 주체이론적 측면에서 본다면 일반적으로 개인적 정체성 형성이 사회적으로 표준화된 인정 반응의 내면화 단계를 통해 이루어진다고 가정할 만한 충분한 근거가 있다. 즉 개인은 자신의 일반화된 상호작용 상대자가 보이는 긍정적 반응 유형에 의거하여 자신의 개인성을 구성하는 능력과 욕구를 단계적으로 확신함으로써 자신을 사회적 공동체의 완전하고 특수한 구성원으로 이해할 줄 알게 된다는 것이다.[76] 이런 점에서 모든 인간 주체는 상

호인정이라는 규범적 원칙을 통해 규율되는 사회적 교류 형태에 기본적으로 의존하고 있다. 그리고 인정관계의 붕괴는 무시나 모욕 경험을 갖게 함으로써 개개인의 정체성 형성에 해로운 결과를 가져다 줄 수 있다. 이렇게 인정과 사회화가 밀접하게 맞물려 있다는 점에서 그 반대로 이에 맞는 사회 개념 역시 도출된다. 즉 이제 우리는 사회적 통합을 인정을 규율하는 제반 형태를 통한 내포 과정으로 개념화할 수 있다는 것이다. 따라서 사회 구성원의 시각에서 볼 때 사회는 신뢰할 수 있는 상호인정관계를 다양한 차원에서 보장할 수 있을 때라야 정당한 질서 체계가 된다. 이런 점에서 사회의 규범적 통합 역시 오직 인정 원칙의 제도화 과정을 통해서만 이루어진다. 왜냐하면 인정 원칙들은 사회 구성원들이 어떤 형태의 상호인정을 통해 사회적 삶의 연관 속에 편입되는지를 이해 가능하게 규율하기 때문이다.[77]

우리가 이런 사회이론적 전제를 따른다면, 나에게는 다음과 같은 결론이 도출된다. 즉 정치윤리나 사회도덕은 사회적으로 보장된 인

76 이런 식의 생각은 이미 『인정투쟁』에서 발견할 수 있으며, 그동안 나는 이를 계속해서 발전시켰다. Axel Honneth, "Objektbeziehungstheorie und postmoderne Identität. Über das vermeintliche Veralten der Psychoanalyse", in: ders., *Unsichtbarkeit. Stationen einer Theorie der Intersubjektivität*, Frankfurt am Main 2003, 139-172.

77 이렇게 사회적 법질서의 도덕적 수용 가능성과 사회적 인정 경험 기회를 연결시킨 사회적 정당화 개념에 대한 흥미로운 지적은 로런스 토머스에게서 발견된다. Lawrence Thomas, "Characterizing the Evil of American Slavery and the Holocaust", in: David Theo Goldberg/Michel Krausz (ed.), *Jewish Identity*, Philadelphia 1993, 153-176. 물론 배링턴 무어가 자신의 관련 저서(*Ungerechtigkeit*, 앞의 책)에서 발전시킨 "사회계약"에 대한 사고 역시 정확히 이런 의미로 이해될 수 있다.

정관계의 특성에 적합하도록 만들어져야 한다는 것이다. 그리고 정의 혹은 사회의 안녕은 상호인정의 조건을 확립할 수 있는 능력 정도를 통해 평가된다. 왜냐하면 이를 통해 개인적 정체성 형성과 개인적 자아실현이 충분히 올바른 방식으로 발전할 수 있기 때문이다. 물론 이런 규범적인 것으로의 전환이 단순히 사회적 공동생활의 이상에 대한 객관적 기능 요구로부터 도출된 것으로 생각해서는 안 된다. 오히려 사회 통합에 대한 요구는 오직 이것이 사회화된 주체들 자신의 사회적 기대 태도 속에 반영되어 있기 때문에, 그리고 그런 한에서 정치윤리의 규범적 원칙을 가리키는 것으로 이해될 수 있다. 이런 전제가 내가 1장에서 몇 번 지적한 바 있던 수많은 표지들이 긍정적으로 말해주는 것에 맞는다면, 규범적인 것으로의 이행은 정당한 것으로 보인다. 즉 우리는 우리가 수립하려고 하는 정치윤리의 근본 원칙을 선택할 때, 어떤 경험적으로 존재하는 관심이 아니라, 사회 통합 명령의 주관적 표현으로 이해될 수 있는 상대적으로 안정된 기대 태도로 방향을 잡아야 한다는 것이다. 아마도 여기서 인간 종의 "유사초월적 이익관심"을 말하는 것이 전적으로 잘못된 일은 아닐 것이며,[78] 가능하다면 이런 특별한 자리에서 사회적 비대칭성과 배제의 해체를 목표로 한 "해방적" 관심을 말하는 것 역시 정당

78 이는 물론 초기 하버마스의 개념을 염두에 둔 것이며(Habermas, *Erkenntnis und Interesse*, Frankfurt am Main 1968), 나는 이를 다소 변형된 형태이지만 계속해서 옹호할 가치가 있다고 본다. 이와 비교할 만한 사고가 조너선 리어에게서 나타난다. 그는 인간의 사랑이 "기초적인 자연적 힘"을 표현한다고 생각한다(Jonathan Lear, *Love and its Place in Nature*, 앞의 책, 특히 7장).

하다고 할 수 있을 것이다.

이와 마찬가지로 사회적 인정 기대가 사회의 구조 변화와 함께 그 내용도 변할 수 있다는 점은 이미 보여주었던 바이다. 이는 사회적 인정 기대가 단지 그 형식 면에서 볼 때만 인간학적으로 불변적일 뿐, 이에 반해 그 특수한 실행방식이나 방향은 각기 한 사회의 확립된 통합 유형에 근거하기 때문이다. 물론 이 자리가 적절한 자리는 아니지만, 사회의 규범적 구조 변화는 인정투쟁이라는 충격을 통해 이루어질 수 있다는 더 나아간 테제 역시 주장될 필요가 있다. 그리고 전체적으로 볼 때 내가 시종일관 갖고 있던 생각은 사회 발전을 조망해볼 때 적어도 도덕적 진보에 대해 이야기해야 한다는 점이다. 왜냐하면 항상 사회적 인정 요구는 거부하기 어려운 근거나 논증을 동원하는 데 기여하고, 따라서 장기적으로 사회 통합의 질적 향상을 이뤄내는 타당성 확장 경향을 갖고 있기 때문이다. 그러나 낸시 프레이저에 대한 나의 논박의 목적을 위해 지금 이 자리에서 필요한 주장은, 사회적 인정에 대한 근본적 관심은 내용적으로 항상 현존하는 사회구성체 내에서 상호인정의 기본적 구조를 확립하는 규범적 원칙들을 통해 형성된다는 것이다. 이제 이로부터 도출할 수 있는 결론은, 오늘날 정치윤리나 사회도덕은 우리 사회에서 다른 사회구성원을 통한 정당한 인정 기대가 어떤 것일 수 있는지를 규율하는 세 가지 인정 원칙으로 방향을 잡아야 한다는 점이다. 따라서 사랑, 동등성 그리고 업적이라는 세 가지 인정 원칙이 오늘날 무엇이 사회정의 이념으로 이해되어야 하는지를 종합적으로 규정한다. 그런데 이런 다원적 정의관의 기본 특징을 앞으로 설명하기에 앞서 이런 정의관이 낸시 프레이저가 묘사하는 관점과 어떤 관계가 있는지가 우선적으로 밝혀져야 한다.

낸시 프레이저 역시 얼핏 보기에 다양한 원칙이나 측면이라는 특징을 갖는 사회 정의관을 선호하는 것 같다. 왜냐하면 규범적 차원에서 볼 때 바로 그녀는 경제적 불평등과 문화적 품위 상실 모두를 극복하는 것만이 정의로운 사회를 확립하는 데 기여할 수 있다고 생각하기 때문이다. 그러나 이를 다시 살펴본다면 그녀에게 중요한 것은 원칙의 다원성이 아니라, 하나의 동일한 원칙이 두 가지 서로 다른 적용 영역을 갖는다는 점이다. 즉 경제적 분배와 문화적 인정이라는 조치가 규범적으로 정당화되는 것은 "참여주의적 동등성"이라는 하나의 목적을 관철시키기 위한 두 가지 수단이라는 사실에 근거한다. 이것이 낸시 프레이저의 사고 단초에서 최상의 근본 원칙 역할을 수행하는 목적이라면, 두 가지 유형의 불의에 대한 규정은 단지 이를 우리 사회의 제도적 관계에 적용한 결과일 뿐이다. 이렇게 불의 유형의 구별을 건축학적 구조를 통해 밝혀낸다면, 이제 특히 제기되는 문제는 이 두 가지 규범적 직관들이 서로 어떤 관계를 갖는가 하는 점이다. 이러한 문제에서는 두 가지 생각이 존재한다. 하나는 주체들에게 동등한 정도로 사회생활에 참여할 수 있는 기회를 부여해야 한다는 것이며, 이에 반해 다른 하나는 주체들이 자신의 성공적 자아실현을 가능하게 하는 동등한 정도의 사회적 인정을 획득해야 한다는 것이다. 어떤 점에서 이 두 가지 직관은 아주 유사한 것이다. 왜냐하면 인정 개념은 정체성 형성 가능성을 사회적 상호작용에의 참여라는 전제와 연결시키고 있으며, 따라서 참여에 높은 위상 가치가 부여되기 때문이다. 또한 주체는 자신의 사회적 환경으로부터 인정이라는 반작용을 통해 "부끄럼 없이 공개적 공간에 나타날" 줄 알게 될 때에만,[79] 자신의 고유한 개성이 갖는 잠재력을 아무런 강제 없이 발전시킴으로써 개인적 정체성을 형성할 수 있다. 그러나 이와 같은 일치는 무엇보다도 단지 "사회적 참여" 개념의 모호성에 기인한 것이기 때문에, 그 심층적 차이를 오해해서는 안 된다. 즉 비록 위에서 말한 두 가지 직관의 경우에서는 공공생활에 강제 없이 참여한다는 생각이 영향력 있는 역할을 수행하지만, 이런 생각은 낸시 프레이저에게는 무엇보다도 오늘날 사회 정의를 말한다는 것이 무엇을 의미하는지를 설명하는 데 이용되며, 이에 반해 나에게 이러한 생각은 성공적 정체성 형성이 사회적, 즉 "공적" 측면을 갖는다는 상황을 설명하는 데 사용된다.

아마도 이런 특징적 차이를 무엇보다도 간접적 방식으로나마 분명히 하는 것이 가장 좋을 것이다. 분명 낸시 프레이저와 나는 공통적으로 근대 사회라는 조건 하에서 모든 정의관은 본래 평등적 특징을 가질 수밖에 없다는 생각에서 출발한다. 왜냐하면 이는 사회 구성원들을 서로 동등한 권한을 지닌 존재로 간주함으로써 이들 모두에게 동등한 자율성을 부여하기 때문이다. 그러나 우리 사이의 차이는 본질적으로 다음과 같은 것이다. 즉 프레이저에게 개인적 자율성이라는 출발점이 금방 사회적 참여라는 방향으로 넘어간다면, 이에

79 Adam Smith, *An Inquiry into the Nature and Causes of the Wealth of Nations*, London 1910, 351 이하.

반해 나는 개인적 자율성으로부터 특히 가능한 한 훼손 없는 자아 형성이라는 목적을 추론해내면서 이를 위한 필수적 전제로서 상호 인정관계를 도입한다는 것이다. 이런 점에서 이 두 가지 규범적 관점에는 어떤 지점에서 우리가 모든 국민의 동등성을 말하는가에 대한 서로 다른 대답이 토대를 이루고 있다. 선(善)윤리의 용어를 통해 표현한다면, 낸시 프레이저는 동등성의 이유나 목적을 참여라는 선에 근거하여 규정하고 있으며, 이에 반해 나는 이 목적을 개인적 정체성이라는 선으로 이해한다. 물론 나는 이러한 정체성 실현이 상호 인정관계에 의존하는 것으로 본다. 동등성이라는 목적 규정 속에 존재하는 이런 차이를 전제한다면 두 번째 단계로 동등성의 원천이나 자원과 관련하여 우리 사이에 존재하는 차이 역시 볼 수 있음도 분명하다. 그렇다면 이제 내가 왜 낸시 프레이저와는 달리 오늘날 다원적 사회 정의관을 전제하는 것이 옳다고 보는지가 밝혀져야 할 것이다. 그러나 내가 이러한 문제로 나아갈 수 있기 위해서는 이에 앞서서 무엇보다도 우리 각자가 서로 다른 출발 입장을 어떻게 정당화하는지를 다루어야 한다. 이것은 바로 낸시 프레이저가 사회 정의 이념을 좋은 삶의 관점과 연결시키려는 시도에 거세게 반대하는 지점이다.

b) 비록 간접적인 방식이지만 내가 지금까지 말한 것이 암시하는 바는, 사회 정의관의 준거 틀이 되는 것은 사회적 인정관계의 질적 특징이라는 생각을 내가 어떻게 규범적으로 정당화하는가 하는 점이다. 이와 관련하여 나는 근대 사회에서는 사회 정의의 목적이 모든

사회 구성원의 개인적 정체성 형성을 가능하게 하는 것과 관련되어 있다는 전제에서 출발한다. 나에게 이런 전제는, 개인의 자아실현을 가능하게 하는 것이 우리 사회에서 모든 주체를 동등하게 대우하려는 목적이라는 말과 같다. 이제 문제는 바로 이런 (리버럴한) 출발점으로부터 어떻게 사회적 인정관계의 질적 특징이 정치윤리나 사회도덕의 핵심 영역을 나타내는 규범적 결론에 도달할 수 있는가 하는 점이다. 이와 관련해서는 이미 서술되었던 나의 생각이 있다. 즉 개인적 정체성 형성의 사회적 전제에 대한 우리들의 지식은 평등한 인륜성 이론의 관념으로 일반화되어야 한다는 것이다. 이런 식의 관념을 통해 표현되는 것은, 우리들의 최상의 지식을 따를 때 모든 개인에게 동등한 개성 실현의 기회를 주기 위해 필수불가결한 조건이 어떤 것인가 하는 점이다. 초기 롤스는 이런 (윤리적) 방식을 그의 "기본적 재화" 목록을 통해 수용했고, 조셉 라즈(Joseph Raz)는 도덕적 안녕의 전제들에 대한 그의 설명을 통해 수용했으며, 끝으로 헤겔은 『법철학』에서 "자유 의지"의 현존 조건을 의사소통이론적으로 규정함으로써 이를 수용했다.[80] 이 세 명의 저자 모두는 자신의 사회 정의관의 정당화를, 개개의 주체들의 자율성 실현을 위해 어떤 사회적 조건들이 마련되어야 하는지를 묘사하는 윤리이론과 결부시켰다. 그리고 이렇게 윤리적 전제들과 결부됨으로써 이러한 사고 단초들은 오늘날에도 기꺼이 "목적론적 자유주의" 전통에 속하게 된다.

80 John Rawls, *Eine Theorie der Gerechtigkeit*, Frankfurt am Main 1979, 2장, § 15; Joseph Raz, *The Morality of Freedom*, Oxford 1986, IV장; G. W. F. Hegel, *Grundlinien der Philosophie des Rechts*, Theorie Werkausgabe, Frankfurt am Main 1971, Bd. 7.

내가 보기에 이런 식의 관념이 갖는 장점은, 절차주의적으로 경도된 자유주의 버전들의 토대에서 대부분 단지 소극적으로만 숨겨진 전제 역할을 하는 것이 무엇인지를 설명하고 정당화하는 데 있다. 즉 이는 규범적 목적에 관한 이념으로서 이를 위한 사회 정의의 확립과 관철은 윤리적으로 충분히 잘 정당화된 정치적 과제가 된다.

이 두 가지 대안의 스펙트럼 속에서 낸시 프레이저의 제안은 지금 내가 보기에 불분명한 중간 입장을 취하고 있다. 한편으로 그녀 자신은 사회 정의 이념을 그녀가 "참여" 개념을 통해 수정한 목적 규정과 결합시키려는 것 같다. 이에 따르면 동등성의 성공적 관철 여부는 모든 사회 구성원이 어떤 불이익도 없이 사회에 참여할 수 있도록 한다는 목적을 통해 측정된다. 그러나 다른 한편 낸시 프레이저는 이런 목적 규정을 좋은 삶의 관념에 따른 결과가 아니라, 단지 개인적 자율성 이념의 사회적 의미에 대한 설명으로 이해하려고 한다. 따라서 그녀는 윤리적 요소들을 요구하도록 강제되지 않으면서 인정이론의 윤리적 과적 현상에 대항하여 싸울 수 있었다. 이런 전략에서 불분명한 점은, 단지 이것 하나만은 아니지만, 자율성 이념이 절차주의적으로 파악되고 있는 것은 아닌가 하는 점이다. 왜냐하면 여기서 "참여"의 의미가, 자율적 주체들이 공정한 방식으로 서로의 개인적 자유를 결합하게 하는 바로 그 공적 절차를 가리키고 있기 때문이다. 그러나 이런 식으로 하버마스에 정향된 관념은 아마도 낸시 프레이저가 참여 이념을 통해 염두에 둔 것보다 아주 폭이 좁고 형식적인 공적 삶의 개념을 요구한다. 하지만 낸시 프레이저의 참여 이념에는 개인이 공적 영역에 등장하는 모든 차원이 포함되어야 한다. 즉 하버마스가 자신의 "주권" 개념을 통해 생각했던 민주적 의사 형성은 낸시 프레이저의 규범적 직관이 선호할 수 있는 것보다 포괄하는 폭이 좁다는 것이다.[81] 그러나 사회 참여에 대한 관점이 민주적 의사 형성이라는 절차적 개념 속에 수용되어 있는 최소한의 것보다 더 포괄적이어야 한다면, 이제 비로소 사회 참여에 대한 관점이 윤리적 사고의 도움 없이 어떤 식으로 충족되어야 하는가라는 문제가 정당하게 제기된다. 왜냐하면 개인의 자율성 실현을 위해 중요한 공적 삶의 측면들에 대해서는 지금까지 개인적 안녕이라는 항상 단편적으로 전개된 관념만이 거론되었기 때문이다.

낸시 프레이저는 이런 내적 혼란을 보고 있지 않기 때문에 참여주의적 동등성에 대한 그녀의 생각에는 대체로 무언가 자의적인 점이 있다. 즉 우리는 공적 삶에 동등한 권리를 갖고 참여하기 위해 왜 경제적 불평등과 문화적 비하가 극복되어야 하는지, 그러나 이를 위해 필요한 것이 왜 개인적 업적과 관련된 자기 존중이나 사회화를 통해 획득된 자기 강화가 아닌지 알지 못한다. 그리고 마찬가지 측면에서 왜 사회화 영역이나 권리가 아니라, 경제와 문화만이 사회적 상호작용에의 참여를 저해할 수 있는 차원으로 보이게 되는지 역시 불분명하다. 이 모든 문제가 등장하는 이유는, 낸시 프레이저가 "참여"라는 자신의 개념을 도입함에 있어서 이것이 개인적 자율성의 사회적 전제와 관련하여 충족해야 할 기능을 고려하지 않았기 때문이다. 아

81 Jürgen Habermas, *Faktizität und Geltung. Beiträge zur Diskurstheorie des Rechts und des demokratischen Rechtsstaats*, Frankfurt am Main 1992, III장.

마도 자율성 실현과 사회적 상호작용 형태들 간의 연관성을 조심스럽게 분석하기만 했다면, 낸시 프레이저는 자신의 규범적 주도 개념이 이렇게 불명료해지는 것을 막을 수 있었을지도 모른다. 존 롤스가 자신의 『정의론』에서 "자기 존중"이라는 기본적 재화를 도입하기 위해 써버린 도덕심리학적 비용을 잠시나마 기억해본다면, 비록 낸시 프레이저는 부정했지만, 규범적 이론이 얼마만큼이나 정체성 혹은 개성 이론과 같이 전당포에 맡겨 놓은 듯한 물건에 의지하고 있는지를 밝힐 수 있다.[82] 즉 개인의 자율성이라는 평등 이념에서 출발하여 실체적 원칙까지 포함하는 정의이론을 발전시켜야 한다면, 우리는 이를 연결시킬 수 있는 이론적 논증에 의지함으로써 자율성 이념의 목적이나, 아니면 그 조건관계를 체계적으로 정당화할 수 있다. 그리고 이에 대한 해결책이 바로 사회 참여 이념으로 나아간다면, 사회적 상호작용에 참여하는 것이 어느 정도나, 그리고 어떤 형태로 개인의 자율성에 유효하거나 이를 촉진시키는지에 대한 일반적 가정이 필요하다.

물론 초기 롤스와 달리 나의 신념에 따르면, 이론적 유형의 수많은 판단들을 수집하는 것이 우리들의 지식을 좋은 삶이라는 항상 선취된 관념으로 일반화하는 단계를 대신할 수는 없다. 물론 우리가 사용할 수 있는 모든 지식을 통해 정의이론의 윤곽을 잡을 순 있지만, 그렇다고 이런 정의이론이 언젠가 경험적 판단이나 이론적 가정을 통해 완벽하게 옹호될 수 있다는 희망까지 가질 순 없기 때문이

82 Rawls, *Eine Theorie der Gerechtigkeit*, 앞의 책, 7장, § 67.

다. 이런 점에서 인정이론 역시, 즉 인정이론이 사회 정의의 목적론적 관념으로 이해된다면, 좋은 삶에 대한 가설적으로 일반화된 구상이라는 지위만을 갖는다. 따라서 여기에 남아 있는 지식들을 통합적으로 사용한다면, 주체들이 오늘날 자신의 정체성을 가능한 훼손 없이 발전시킬 수 있기 위해 어떤 형태의 상호인정을 필요로 하는지가 확실히 밝혀질 것이다.

c) 지금까지 정의 문제에 관한 인정이론의 규범적 지위가 묘사되었지만 사회 정의의 주도적 원칙들을 규정하는 과제는 아직도 고찰되지 않은 채로 남아 있다. 그리고 이러한 원칙들이 사회적 투쟁을 평가하는 데 어떻게 적용될 수 있는가 하는 문제 역시 적어도 그 해결단서나마 스케치될 필요가 있다. 낸시 프레이저는 경제적 평등, 그리고 문화적 비하의 극복을 참여주의적 동등성 관철을 위한 도구적 수단으로 보지만, 이와 달리 나는 사회 정의의 세 가지 동등한 원칙이라는 다원성을 전제한다. 이 삼분법은 근대 사회에서 주체들이 정체성 형성과 관련하여 사랑, 권리 동등대우, 사회적 가치부여라는 특수한 원칙들에 기초하는 세 가지 형태의 인정에 의존하고 있다는 생각에서 나온 것이다. 나는 무엇보다도 이런 삼극적 정의이론을 정당화할 것이지만, 이에 앞서서 오늘날의 갈등 시나리오에 이를 적용하는 문제에 대해 논의할 것이다.

지금까지 나는 나의 생각을 왜 사회도덕이 사회적 인정관계의 질적 특성과 관련되어야 하는지를 밝히는 데까지만 스케치하였다. 그리고 이에 상응하는 논증을 나는 다음과 같이 충분히 정당화된 테제 속에서 탐색해내었다. 즉 개개의 주체에게 개인적 자율성의 실현 가능성 여부는 훼손되지 않은 자기관계를 사회적 인정 경험을 통해 발전시킬 수 있다는 전제에 달려 있다는 것이다. 이런 윤리적 가정과 결합한다면 이제는 사회도덕을 구상하는 데 있어서 시간적 요소를 끌어들일 수 있다. 왜냐하면 이를 위해 전제되어야 할 인정관계의 구조는 역사적 과정과 함께 지속적으로 변화하기 때문이다. 또한 주체들이 정당한 방식으로 사회적 인정을 기대해도 되는 개인적 개성 차원으로 간주될 수 있는 것은 이들을 사회에 편입시키는 규범적 방식과 이에 따른 인정 영역의 분화 정도에 따라 측정된다. 따라서 이에 상응하는 사회도덕 역시 기존 사회구성체에서 어떤 방식으로 주체가 서로를 인정해야 하는지를 규율하는 제반 원칙들이 규범적으로 구체화된 형태로 이해되어야 한다.[83] 이런 특히 현상 확인적이거나, 혹은 아마도 보수적이기조차 한 과제에 상응하는 생각은, 오늘날 정의이론이 그 전체를 인정 원칙으로 이해할 수 있는 세 가지 등가적 근본 원칙들을 포괄해야 한다는 것이다. 왜냐하면 개개의 주체들이 각자의 개인적 자율성을 실제로 사용할 수 있기 위해서는 사회관계의 유형에 따라 자신들의 욕구나 권리 동등성, 혹은 끝으로 사회적 기여를 동등하게 인정받을 수 있어야 하기 때문이다. 이런 식의 간략한 공식화에서 알 수 있듯이, 우리가 "정의"로 규정하는 것

83 이러한 역사적 변형을 통해 크리스토퍼 준의 비판이 최소한 부분적으로나마 참조되었기를 바란다(Christopher Zurn, "Anthropology and Normativity: A Critique of Axel Honneth's 'formal conception of ethical life'", in: *Philosophy & Social Criticism*, Vol. 26, No. 1, 2000, 115-124).

의 내용은 각기 주체들이 서로 맺고 있는 사회관계 유형에 따라 측정된다. 즉 사랑을 통해 규정된 관계가 문제된다면 욕구 원칙이 중요하며, 이에 반해 권리를 통해 규정된 관계에서는 동등성 원칙이, 그리고 협력관계에서는 업적 원칙이 타당성을 갖는다. 물론 데이비드 밀러(David Miller) 역시 세 가지 정의 원칙(필요, 평등, 공로)이라는 유사한 다원주의를 목적으로 삼지만,[84] 이와 달리 내가 제시하는 삼분법은 단순히 정의 연구의 경험적 결과와 일치하는 것도 아니며, 관계 유형에 대한 사회존재론적 구별에서 나온 것도 아니다. 오히려 나의 삼분법은 개인적 정체성 형성을 위해 역사적으로 부각된 조건들을 숙고함으로써 얻어진 것이다. 우리는 개인들의 훼손되지 않은 정체성 형성이 정서적 보살핌, 권리 동등 지위, 사회적 가치부여를 통해 가능해지는 사회 질서 속에서 살고 있기 때문에, 내가 보기에 개인적 자율성이란 명칭에 적합한 것은 이와 같은 세 가지 인정 원칙을 사회 정의관의 규범적 핵심으로 만드는 일이다. 데이비드 밀러의 사고 단초와 또 다른 차이점은 그가 세 가지 원칙을 단지 각기 사회적으로 가치 있는 재화의 분배를 사회 영역별로 특수하게 규율하는 분배 원칙으로만 이해하려고 한다는 점에 있다. 이에 반해 나는 세 가지 원칙을 무엇보다도 각기 특수한 태도와 도덕적 고려가 결합된 인정 형태로 개념화하려고 한다. 그리고 나는 이러한 도덕적 존중 유형들로부터 특정한 재화의 분배와 관련된 결론이 도출되는 지점에서 비록 간접적 의미이지만 분배 원칙 역시 거론하고자 한다.

84 David Miller, *Principles of Social Justice*, Cambridge, Mass. 1999.

그러나 이 모든 차이점에도 불구하고 우리 둘 사이에 존재하는 본질적 공통점이 망각되어서는 안 된다. 데이비드 밀러가 비록 목적론적 혹은 윤리적 가정을 되짚어본 것은 아니지만, 그 역시 근대적 사회 정의 이념이 각기 개인들을 동등하게 대우하는 세 가지 측면으로 나누어져야 한다고 생각한다. 그리고 이에 상응하여 그는 욕구, 동등성, 공로 원칙을 내가 앞서서 사랑, 동등권리, 사회적 가치부여라는 세 가지 인정 원칙을 구별한 것과 마찬가지의 방식으로 구별한다. 그러나 이 두 경우에서 "동등성"이란 용어가 우리 모두에게 동시에 두 곳에서 등장한다고 놀랄 필요는 없다. 왜냐하면 이는 두 가지 단계의 정의관을 구별하는 것과 관련된 것이기 때문이다. 즉 보다 높은 단계의 동등성에 해당하는 것은 모든 주체들에게 각각의 사회관계 유형에 따라 이들의 욕구, 법적 자율성, 업적이 동등하게 인정되어야 한다는 점이다. 그리고 보다 낮은 단계의 동등성에 해당하는 것은 법적 자율성으로부터 도출된다. 왜냐하면 이는 상호동등대우 이념을 함축함으로써 엄격한 의미에서 평등적 특성을 갖고 있기 때문이다.[85] 따라서 이를 역설적으로 정식화한다면, 보다 높은 단계의 동등성이란 명칭에서는 각기 주안점이 되고 있는 사회 영역에 따라 동등권리 원칙이나, 아니면 두 가지 다른 원칙들, 즉 엄격한 의미에서 평등 원칙이 아닌 인정 원칙들의 적용이 요구될 수 있다.

그러나 지금 결정적인 문제는 분명 이런 인정이론적 정의관이 단

85 '1차적 정의'와 '2차적 정의'에 대한 이런 식의 구별은 보편적 정의(불편부당성)라는 이름 아래 보살핌의 윤리를 두 번째 단계에서 요청하게 한다. 이에 대해서는 Brian Barry, *Justice as Impartiality*, Oxford 1995, 9장, 10장.

순한 현상 확인적 과제를 넘어서 비판적이고 진보적인 역할을 넘겨받을 수 있는가 하는 점이다. 왜냐하면 낸시 프레이저와 나 사이에 논쟁이 되는 것은 무엇보다도 각자의 이론을 통하여 오늘날 사회적 갈등들이 가능한 취해야 할 발전 방향에 대해 얼마만큼이나 무언가 규범적인 것을 말할 수 있는가 하는 점이기 때문이다. 지금까지 나는 단지 내가 묘사한 정의관이 근대의 환원 불가능한 다원적 정의 원칙을 유지하기 위해 수행할 수 있어야만 할 긍정적 역할에 대해서만 이야기했다. 즉 나는 모든 주체의 인격적 불가침성의 상호주관적 조건들이 동등하게 보장되어야 한다면, 세 가지 독립적이고 사회 영역별로 특수한 인정 원칙들이 서로 다른 정의의 표준으로 정당화되어야 한다는 점을 분명히 밝히려 하였다. 물론 이런 구별 능력은 아마도 마이클 왈저처럼 정의에 내재한 "분리의 기술"로 규정될 수 있겠지만,[86] 이는 사회적 투쟁에 대한 도덕적 평가가 논의될 때 인정이론적 정의관이 넘겨받아야 할 비판적 역할에 대해서는 아무것도 이야기해주는 바가 없다. 이 두 번째 경우 이미 존재하는 원칙들, 즉 사회적으로 뿌리를 내린 정의 원칙들을 그 다원성을 통해 설명하는 것은 더 이상 과제가 될 수 없다. 이제 중요한 것은 비교할 데 없이 어려운 시도로서 이는 다원적 정의관으로부터 현재 일어나는 현상들을 미래의 가능성이란 점에서 비판할 수 있는 규범적 기준을 발전시키는 것이다. 여기서 단지 현재 순간적 영향력이 큰 사회운동의

86 Michael Walzer, "Liberalism and the Art of Separation", in: *Political Theory*, Vol 12(1984), (독역, *Zivile Gesellschaft und anerkannte Demokratie*, Berlin 1992, 38-63.)

목표들로부터 출발하는 근시안적 시사(時事) 중심주의에 연루되지 않으려면,[87] 사회 전체의 도덕적 진보에 대한 진술과 관련하여 이러한 규범적 기준을 발전시키려는 것을 회피해서는 안 된다. 왜냐하면 시사적 논쟁에 대한 평가는, 최근 메이브 쿡(Maeve Cooke)이 다시 한 번 아주 명쾌하게 보여주었듯이, 단지 단기적 개선을 약속하는 것이 아니라, 사회 통합의 도덕적 수준을 지속적으로 높일 수 있는 사회 변혁에 대한 특정한 요구를 갖고 있는 규범적 잠재력에 대한 판단을 필요로 하기 때문이다.[88] 이런 점에서 지금까지 단지 개략적으로만 묘사된 정의론을 도덕적 사회 질서의 목적의식적 발전이라고 명명할 수 있는 포괄적인 진보관에 깊숙이 편입시키는 것이 필요하다. 왜냐하면 비로소 이로부터 상대주의적이지 않은 정당성 요구와 함께 어떤 점에서 특정한 사회적 요구들이 규범적으로 정당한 것으로 간주될 만한 가치가 있는지가 밝혀지기 때문이다.[89]

이제 이 글의 마지막 페이지에서 비록 처음은 아니지만 이런 식의 진보관에 대한 개략적 스케치를 제시할 것이다. 나는 지금까지 낸시 프레이저에 대해 반박하면서 비록 산재된 방식이지만 항상 반복해서 사회적 인정관계의 발전관의 필요성과 동시에 그 가능성을 지적

87 나는 낸시 프레이저의 규범적-정치적 제안 역시 이런 위험에 빠졌다고 생각한다. 이런 점에서 그녀의 사회 진단(본문 1부)의 일면성에는 그녀가 자신의 규범적 정의 이념을 적용하는 차원에서 드러낸 일면성이 상응한다.

88 Maeve Cooke, "Between 'Objectivism' and 'Contextualism': The Normative Foundations of Social Philosophy", in: *Critical Horizon*, Vol. 1, No. 2(2000), 193-227.

89 이렇게 인정관계의 '확장'으로 간주되는 도덕적 진보관에 대한 언급은 이미 나의 책에서 제시되었다. Honneth, *Kampf um Anerkennung*, 9장.

해왔다. 물론 여기서 나는 표제어적 요약 이상을 제시할 순 없지만, 이는 본질적으로 인정이론적 정의관이 오늘날 사회적 논쟁에 대한 규범적으로 정당한 판단을 제공할 수 있게 하는 기능을 수행해야 할 것이다.

이미 나는 리버럴 자본주의 사회의 인정관계를 개괄하는 자리에서 비록 함축적이지만 당연히 사회 발전의 도덕적 방향에 관한 일련의 전제들을 가정할 수밖에 없었다. 왜냐하면 이런 새로운 질서에서는 도덕적으로 우세한 사회 통합 형태가 중요하다는 전제 하에서만, 이에 이어서 그다음으로 이 질서의 내적인 원칙들을 정치윤리를 기획하는 데 적합하고 정당한 출발점으로 간주할 수 있었기 때문이다. 근대적 사회 질서의 정당성에서 출발하는 모든 내적 사회이론가들처럼, 즉 헤겔, 마르크스 혹은 뒤르켐처럼, 나 역시도 특히 근대의 도덕적 우월성을 가정해야만 했다. 왜냐하면 나는 근대의 규범적 질서를 과거에 일어난 목적의식적 발전의 결과로 전제했기 때문이다. 그러나 여기서 나는 세 가지 서로 다른 인정 영역의 분화를 도덕적 진보로 서술하게 했던 기준들을 단지 부수적으로만 언급했을 뿐이다. 그럼에도 이에 따르면, 세 가지 서로 분리된 사회 영역이 형성됨에 따라 새로운 사회 유형의 모든 구성원들에게 보다 수준 높은 개인성에 도달할 수 있는 기회가 확대되었다. 왜냐하면 이제 이 구성원들은 다양한 인정 유형에 따라서 자신의 고유한 개성에 대해 보다 많은 것을 경험할 수 있게 되었기 때문이다. 이런 배경 신념이 추후에 명백하게 된다면, 이로부터 도출되는 두 가지 기준이 종합적으로 인정관계의 진보에 대한 이야기를 정당화할 수 있을 것이다. 즉 이는 한편으로 개성화 과정, 즉 개성의 몫을 정당하게 구체화할 수 있는 기회의 상승을 말하며, 다른 한편으로 사회적 포용 과정, 즉 보다 많은 주체들이 완전한 사회 구성원 범위에 포함되는 과정을 말한다. 이 두 가지 기준이 이처럼 사회적 인정의 두 가지 확대 가능성을 나타내고 있다는 점에서, 이들이 얼마만큼이나 인정이론의 사회이론적 출발 전제와 내적으로 결합되어 있는지는 쉽게 알 수 있다. 즉 사회 통합이 주체들로 하여금 자신의 개성에 대한 사회적 긍정을 획득하게 함으로써 사회 구성원이 되게 하는 인정관계의 확립 과정에서 이루어진다면(본문 267쪽 참조), 이런 사회 통합의 도덕적인 질적 수준은 "인정된" 개성의 몫이 늘어나거나, 아니면 포함되는 주체가 늘어남으로써 개선된다는 것이다. 즉 간단히 말한다면 개성화나 사회적 포함의 확대를 통해서 말이다. 이렇게 볼 때 근대의 리버럴 자본주의 사회 질서의 출현을 도덕적 진보로 이해하는 것은 정당한 것 같다. 왜냐하면 사랑, 동등권리, 업적 원칙이라는 세 가지 인정 영역이 분화됨과 동시에 사회적 개성화 가능성이 상승하고, 사회적 포함 역시 확대되었기 때문이다. 이런 질적 개선 과정에서 본질적인 것은 무엇보다도 권리 인정과 사회적 가치부여가 분리됨으로써 가장 기초적인 차원에서 동시에 이제 모든 주체들이 동등하게 인정관계에의 참여를 통해 동등한 개인적 자아실현 기회를 획득해야 한다는 이념이 출현했다는 사실이다.

따라서 왜 근대적 리버럴 자본주의 사회의 도덕적 인프라 구조가 정치윤리의 정당한 출발점으로 간주되는지를 이렇게 근거지울 수 있다면, 이제 이에 이어서 이런 사회 내에서 도덕적 진보는 어떻게 평가될 수 있는가 하는 문제가 제기된다. 분명한 것은 이런 문제에 대한 대답은 세 가지 인정 영역의 분화와 함께 규범적 실재로 등장한 삼극적 정의 모델이란 틀 속에서 발견될 것이라는 점이다. 즉 이제부터 "정의"로 명명되어야 할 것은 각각의 영역에 따라 욕구에 대한 책임성, 동등권리 또는 업적 정의 이념을 통해 측정되기 때문에 새로운 사회 질서 내에서 도덕적 진보의 파라미터 역시 오직 이 세 가지 원칙 모두와의 관계 속에서 정의된다는 것이다. 이것이 무엇을 의미할 수 있는지는 내가 세 가지 인정 영역을 도입한 맥락에서 이미 언급했던 "타당성 확장 경향"에 대한 생각과 관련하여 그 첫 번째 단계가 설명된다. 그리고 이와 연결하여 비로소 내가 두 번째 단계에서 보여줄 수 있는 것은, 인정이론적 정의관의 비판적 과제는 각각의 영역에 특수하게 나타나는 타당성 확장을 변호론적으로 호소하는 것으로 제한되는 것이 아니라, 오히려 타당성 영역 간의 한계 설정을 혁신적으로 검토하는 것을 포함할 수 있다는 점이다. 물론 여기서도 나는 다시 한 번 간략한 설명에 만족해야만 할 것이다.

지금까지 이야기했듯이 사회적 인정관계 내에서의 진보는 개성화와 사회적 포함이라는 두 가지 차원에 따라 이루어진다. 즉 새로운 개성의 몫이 상호인정을 통해 드러남으로써 사회적으로 보장된 개성의 정도가 확대되거나, 혹은 더 많은 개인들이 이미 존재하는 인정관계에 편입됨으로써 서로를 인정하는 주체들의 범위가 확대된다는 것이다. 물론 근대 자본주의 사회가 등장시켰던 새로운 삼분적 인정 질서에서 불분명한 것은, 이 (이중적) 진보 기준 자체가 과연 적용될 수 있겠는가 하는 점이다. 왜냐하면 세 가지 인정 영역은 각각 무엇이 "정의"이고 "불의"인지를 결정하는 고유한 척도를 내적으로 암시하는 규범적 원칙들을 통해 규정되기 때문이다. 내가 보기에 여기서 계속해서 도움이 될 수 있는 생각은, 이미 서술했듯이 세 가지 인정 원칙 각각은 타당성 확장 경향을 갖고 있으며, 이것의 규범적 중요성은 인정 원칙의 적절한 적용이나 해석을 둘러싸고 지속적으로 투쟁이 일어나고 있다는 사실로 표현된다는 점이다. 이 각각의 영역 내에서는 항상 보편적인 것과 특수한 것 사이의 도덕적 변증법을 새롭게 작동시키는 것이 가능하다. 왜냐하면 보편적 인정 원칙(사랑, 권리, 업적)에 의거하여, 지금까지 이 원칙이 적용된 조건 하에서는 아직도 적절하게 고려되지 못한 특수한 관점들(욕구, 생활조건, 기여)이 이의를 제기하기 때문이다(본문 221쪽 이하). 이처럼 인정 원칙의 사회적 해석이라는 사실성에 대해 인정 원칙이 갖는 타당성 확장 경향이 비판의 과제를 담당하기 위해서는 이제 앞서 서술한 정의이론과 결합되어야 한다. 즉 정의이론은 지배적인 해석 관행에 대하여 지금까지 간과된 특수한 정황이 존재함을 정당화할 수 있으며, 이를 도덕적으로 고려한다면 각각의 인정 영역의 확장이 요구된다는 것이다. 분명 이런 비판이 정당한 것과 정당하지 않은 특화 형태를 구별하게 하는 관점을 획득하려면, 앞서 말한 보편적 진보 기준을 각각의 인정 영역에 특수한 의미론으로 번역해야 한다. 즉 여기서 무엇이 이성적 요구, 따라서 정당한 요구로 간주될 수 있느냐 하는 점은 이것의 충족 결과가 개성과 사회적 포함의 증대로 이해될 수 있는 가능성에 달려 있다는 것이다.

이런 식의 정식화가 멀리서 볼 때 헤겔의 역사철학을 떠오르게 할 수 있을지 모르지만, 이를 통해서 오늘날 인정이론적 정의관이 비판적 역할을 수행할 수 있게 하는 이론적 조건들이 규정되어야 한다. 이런 과제를 위해서는 도덕적으로 정당화된 요구들을 구별하는 것이 필요한 것처럼 보이며, 이것이 가능하기 위해서는 무엇보다도 정당한 요구 자체가 제기될 수 있는 근거로서 정의 원칙들이 규정되어야 한다. 내 모델에서 이에 해당하는 것은 우리 사회에는 각기 특수한 규범적 정당성 확장 경향을 갖고 있는 세 가지 근본적 인정 원칙들이 있다는 생각이다. 왜냐하면 지금까지 고려되지 않았던 차이들이나 정황들에 대한 이의제기가 이를 통해 가능하기 때문이다. 이제 사회적 인정투쟁을 통해 요구된 이와 같은 수많은 특수한 사례들로부터 도덕적으로 정당한 것들을 추려내기 위해서는 두 번째로 언제든지 명백하게 공식화된 진보 기준을 적용하는 것이 필요하다. 왜냐하면 잠재적으로 사회적 인정관계를 확장시키는 데 기여하는 요구들만이 사회 통합의 도덕적 수준을 높인다는 점에서 실제로 규범적으로 정당한 것으로 간주될 수 있기 때문이다. 앞서 서술했듯이 개성화와 사회적 포함의 확대라는 두 가지 척도는 이런 식의 측정을 착수할 수 있게 하는 기준들이다.

그렇다면 이제 이러한 진보 기준이 세 가지 인정 영역 자체 내에서 어떻게 적용될 수 있는가를 알 수 있게 하기 위해 필요한 것은 분명 특수한 다원주의이다. 왜냐하면 단지 근대적 권리 영역에서만 동등성 원칙 적용의 진보를 말한다는 것이 무엇을 의미하는지가 일정한 범위에서는 분명한 것처럼 보이기 때문이다.[90] 그러나 이에 반해 "사랑"과 "업적"이라는 인정 원칙에 대해서는 이와 비견될 만한 것이 주장될 수 없다. 하지만 많은 규범적 맥락에서와 마찬가지로 여기서도 무엇보다 도움이 될 수 있는 것은 긍정적 기준을 부정적으로 변형시킴으로써 이에 해당되는 장애를 극복한다는 식의 생각에서 출발하는 것이다.[91] 이런 점에서 사랑이라는 영역에서의 도덕적 진보가 의미하는 것은 상대방의 욕구에 상호적으로 적응하는 것에 구조적으로 장애가 되는 상투적 역할 분담, 틀에 박힌 생각, 문화적 덧씌우기 등을 단계적으로 극복한다는 것이다. 그리고 이에 상응하여 사회적 가치부여 영역에서의 진보가 의미하는 것은, 과거 산업자본주의 시대에 단지 소규모의 활동 범위에만 "유급 노동"이란 명칭을 부여하게 했던 문화적 구성물들을 근본적으로 의심하는 것이다.[92] 그러나 이런 식의 부분적으로 분화된 진보 모델에는 내가 끝으로 이야기하려고 하는 난점들이 대립해 있다. 왜냐하면 앞으로 극복해야 할 전체 과제의 복잡성이 이를 통해 드러나기 때문이다.

사회국가의 확장을 통해 권리 동등대우 원칙이 업적과 관련된 가치부여 영역으로 밀려들어간 상황을 설명하면서 이미 근대적 사회질서의 도덕적 진보 역시 얼마만큼이나 개개의 인정 영역 사이의 새로운 경계 설정이란 방식을 통해 이루어질 수 있었는지가 밝혀졌다. 왜냐하면 지속적으로 경제적 빈곤 위협에 처해 있는 계층이 갖는 관

90 Habermas, *Faktizität und Geltung*, IX장.

91 이런 부정적 접근 방법에 대한 예로는 Avishai Margalit, *Politik der Würde. Über Achtung und Verachtung*, 앞의 책; Jonathan Allen, "Decency and the Struggle for Recognition", in: *Social Theory and Practice*, Vol. 24, Nr. 3, 1998, 449-469.

92 Kocka, "Erwerbsarbeit ist nur ein historisches Konstrukt", 앞의 책.

심이 일정 부분 지위 보장을 업적 원칙으로부터 분리시키고, 그 대신 이를 권리 인정의 법규로 만드는 데 있다는 점은 의문의 여지가 없기 때문이다. 이런 경계 이동의 경우 도덕적 진보를 말할 수 있기 위해서는, 이렇게 새로운 원칙으로 부분적으로 자리를 바꾸는 것이 개개의 집단이나 계급 구성원들의 개인적 정체성 형성을 위한 사회적 조건을 지속적으로 개선해야 한다. 그리고 무엇보다도 권리화 과정, 즉 권리 동등대우 원칙의 확장 경향에는 이것이 다른 인정 영역에 혁신적으로 침투해 들어감으로써 최소한의 정체성 조건을 보장할 수 있는 잠재력이 내재되어 있는 것처럼 보인다. 이러한 상황이 알 수 있게 해주는 것은 경계 이동이 권리 영역에서 두 가지 다른 인정 영역으로 나아갈 경우 어떤 도덕적 논리가 그 토대가 되는가 하는 점이다. 왜냐하면 근대적 권리라는 규범적 원칙은 자율적 개인 간의 상호 존중 원칙으로 이해되며, 이는 처음부터 비조건적 특징을 갖고 있었기 때문에, 모든 관련자들이 다른 영역에서 개인적 자율성 조건이 충분히 보장되지 못하고 있다고 여기는 순간 이에 호소할 수 있다는 것이다. 이렇게 "아래로부터" 유발된 권리화 과정의 예로는 이미 언급했던 사회권 관철을 위한 투쟁만이 있는 것은 아니다. 오늘날 부부나 가족 내에서의 상호 동등대우를 권리로 보장하는 문제와 관련된 광범위한 갈래의 논쟁 역시 이에 대한 예이다. 여기서의 핵심 논증에 따르면, 사적 영역에서의 구조적 남성 우위와 관련하여 볼 때 여성의 자기 결정을 위한 조건들이 보장되기 위해서는 이 자기 결정이 계약을 통해 확립된 권리로 보장됨으로써 권리 인정 규정이 되어야 한다.[93]

이런 생각으로부터 도출될 수밖에 없는 결론은, 인정이론적 정의관이 단지 각각의 인정 영역 자체에서의 도덕적 진보를 변호론적으로 수호하는 것이 관건이 될 때만 비판적 과제를 넘겨받을 수 있다는 점이 아니다. 오히려 서로 다른 인정 원칙들의 주권 영역 사이에서 확립된 경계들을 반성적으로 검토해보는 것 역시 항상 필요하다. 왜냐하면 도덕적 영역 사이에 존재하는 분업이 개인적 정체성 형성의 기회를 침해할 수 있다는 의혹을 결코 배제할 수 없기 때문이다. 그리고 이런 식의 문제제기가 개인적 권리의 확대가 필요하다는 결말에 도달한 경우도 종종 있는 일이다. 왜냐하면 "사랑" 또는 "업적"이라는 규범적 원칙 체제 하에서는 존중과 자율성의 조건들이 충분히 보장되지 않기 때문이다. 물론 여기서 이런 정의관의 비판 정신은 항상 반복해서 그 본래의 보호기능과 갈등에 빠질 수 있다. 왜냐하면 경계 이동을 도덕적으로 정당화하는 모든 경우에는 항상 영역 분리를 유지할 필요성 또한 존재하기 때문이다. 즉 근대 사회에서 개인적 자아실현의 조건이 보장되기 위해서는, 이미 살펴보았듯이, 주체들이 단지 자신의 개인적 자율성뿐 아니라, 자신들의 특수한 욕구와 특수한 능력에 대한 상호주관적 인정을 경험해야 한다는 것이다.

93 이런 식의 논증에 대해서는 일반적으로 Susan Moller Okin, *Justice, Gender and the Family*, New York 1989; 이런 식의 "권리" 개념을 설득력 있게 옹호하는 것으로는 Jeremy Waldron, "When Justice replaces Affection: The need for rights", in: *Liberal Rights*, Collected Papers 1981-1991, Cambridge, UK 1993, 370-391.

| 낸시 프레이저 |

3부 · 과도한 왜곡

악셀 호네트에 대한 응답

오늘날 비판이론의 기획을 쇄신하고자 하는 사람들은 자신을 위축시키는 과제에 직면하게 된다.[1] 초기 프랑크푸르트학파 사상가들의 경우와는 달리 그들은 해방적 희망이 사회주의로 집약되고, 사회운동 중에서 노동운동이 최고의 지위를 차지하고, 사회적 평등주의가 폭넓은 지지를 받는 그런 정치 문화를 가정할 수가 없게 되었다. 오히려 그들은 "[좌파의] 유토피아적 에너지가 고갈"되고 사회운동이 탈중심적으로 확산되면서 많은 사회운동들이 경제적 평등이 아니라 집단의 차이에 대한 인정을 추구하는 상황에 직면하고 있다.[2] 또한 그들의 선배들과는 달리 오늘날 비판이론의 대변자들은 문화적이고 심리학적인 요구들을 주장하기 위한 효과적인 배경으로 더 이상 정통 마르크스주의를 활용할 수 없게 되었다. 신자유주의와 "문화적 전회"(the cultural turn)의 결합으로 인해 그들은 오히려 정치경제학적 비판을 억압하는 분위기 속에서 문화와 자본주의 사회 사이의 관계에 대한 이론을 제시해야만 했다. 나아가 초기의 좌파 헤겔주의자들과는 달리 그들은 사회를 문화적인 동질성을 통해 그 경계가 설정되어 있는 전체로, 즉 단일한 공동의 가치 지평에 의존하여 정치적 주장을 윤리적으로 판결할 수 있는 방식으로 구성된 전체로 간주할 수

1 이 장에서의 논의들에 관해 유익한 논평을 해준 몇몇 동료들께 감사드린다. Amy Allen, Seyla Benhabib, Maria Pía Lara, Martin Saar, Eli Zaretsky에게 감사드린다.

2 Jürgen Habermas, "The New Obscurity: The Crisis of the Welfare State and Exhaustion of Utopian Energies," in *The New Conservatism: Cultural Criticism and the Historians' Debate*, ed. Shierry W. Nicholson(Cambridge, MA. 1990).

도 없게 되었다. "지구화"라는 짧은 단어로 표현되는 복잡한 과정들로 인해 그들은 가치 지평들이 다원화되고, 파편화되고, 교차되는 상황을 다루어야만 했다. 마지막으로 그들의 선배들과는 달리 오늘날의 비판이론가들은 규범적으로 정당화된 모든 요구들이 제도적 변화를 위한 단일한 기획으로 수렴될 것을 더 이상 기대할 수 없게 되었다. 오히려 그들은 예를 들면 소수자 문화에 대한 인정 요구가 젠더 평등에 대한 요구들과 상충하게 되는 경우와 같은 어려운 문제들을 떠맡게 되었으며 그들은 이러한 문제들을 어떻게 해결할 것인지를 우리에게 말해주어야만 했다.

이러한 상황들이 나와 호네트 사이의 논쟁의 배경이 되고 있다. 우리들 각자가 비판이론의 개념적 기초를 재구성하자고 제안하는 것은 바로 이러한 도전들에 대응하기 위한 것이다. 또한 우리들 각자가 인정이라는 범주가 중요한 역할을 수행하는 그러한 틀을 고안해낸 것도 바로 이러한 요구들을 충족시키려는 희망에서부터 비롯된 일이다. 우리의 이론들 모두에서 인정이라는 범주는 몇 가지 요구들에 대응하고 있다. 한 수준에서 인정 범주는 현대의 사회적 투쟁들과 관련되어 있는 입장을 비판하는 데 도움을 준다. 다른 수준에서 인정 범주는 현재 자본주의 사회에서 문화가 차지하고 있는 지위를 이론적으로 해명하는 데 기여한다. 세 번째 수준에서 인정 범주는 현재 등장하고 있는 요구들을 판결할 수 있는 정의의 기준들을 제공할 것을 약속한다. 따라서 우리 두 사람 모두에게 인정은 현재의 상황에 맞게 비판이론을 재구성하기 위한 노력에서 중심적인 지위를 차지하고 있다.

그럼에도 불구하고 호네트와 나는 인정의 위상을 서로 상이한 방식으로 설정하고 있다. 호네트는 인정 개념이 배타적인 지배력을 가지는 일원론적 틀을 주장하고 있다. 그가 보기에는 비판이론이 필요로 하는 것은 오로지 인정 개념에 대해 적절하게 "분화된" 설명을 제시하는 것뿐이다. 분배와 관련된 불의나 지구화하는 자본주의의 경제적 논리를 겨냥한 두 번째 범주적 축을 따로 설정할 필요가 없다는 것이다. 현대 사회의 모든 규범적 결함들, 그것들을 야기하는 모든 사회적 과정들, 해방적 변화를 모색하는 모든 정치적 도전들을 포섭해내는 것이 인정 개념 하나만으로도 충분하다는 것이다.

인정 개념에 대한 나의 용법은 이와는 전혀 다른 것이다. 나에게 인정은 도덕적 삶 전체를 포괄하는 개념이 결코 아니며 사회 정의의 중요한 한 차원이기는 하지만 그것은 제한된 차원일 뿐이다. 자본주의 사회의 "인정 질서"는 모든 사회적 종속을 독자적으로 야기하는 요인이 결코 아니며 시장 메커니즘까지 포함하고 있는 보다 큰 복합체의 단지 한 측면일 뿐이다. 따라서 내가 보기에 전적으로 인정에만 집중하는 접근은 불충분한 것이다. 오히려 비판이론은 분배까지 포함하는 틀 속에서 인정을 단지 한 가지 범주적 축으로 설정해야만 한다. 그렇기 때문에 나는 분배와 인정에 관한 "관점적 이원론"의 틀을 호네트의 일원론에 대한 대안으로 제시한 것이다.

비판이론가들은 이 접근들 중 어떤 것을 선호할 것인가? 선택은 현재의 논쟁에서 중심이 되는 세 가지 문제에 달려 있다. 첫 번째 문제는 비판이론의 "경험적 준거점"이라고 부를 수 있는 것과 관련된다. 마르크스주의의 메타 서사가 모든 신뢰를 상실해버린 상황에서는 형이상학적으로 지정된 해방의 주체나 선험적(先驗的)으로 확정된 비판의 수혜자가 결코 존재할 수 없다. 그러한 본질주의적 보증이 부재한 상황에서 비판은 종종 그 요구들이 정체성과 관련되며 규범적으로는 모호해 보이고 그 어떤 중심도 없는 사회운동들의 복합체에 직면하게 된다. 이러한 상황에서 비판이론은 현재의 정치상황과 관련하여 그리고 특히 인정을 추구하는 운동들과 관련하여 어떤 입장을 취할 것인가 하는 급박한 문제를 회피할 수 없게 된다. 비판이론은 어떻게 경험적 세계에 토대를 두면서 동시에 비판적 입장을 취할 수 있을 것인가?

두 번째 문제는 새롭게 등장하는 자본주의 사회의 국면에서 문화가 차지하는 지위와 관련된다. 포스트포드주의, 지구화, 정보화 시대 등으로 각각 달리 규정되고 있는 이 국면에서 문화는 새롭게 부각되고 있다. 사회적 정체성을 구성하는 데서 종교와 종족성이 가지는 비중이 증가하고 있고, 문화적 차이에 대한 인식이 확대되고 있으며, 지구적 매체의 영향력이 확대되고 있고, 오늘날의 인정투쟁들을 특징짓는 문화적 갈등이 강화되고 있다. 이런 상황에서는 경제적인 것에 우선성을 부여하는 지적 패러다임들은 매우 부적합한 것처럼 보이게 되는 반면에 많은 사람들이 문화에 우선성을 부여하는 접근들에 매력을 느끼게 된다. 그 결과 비판이론에 대한 새로운 도전들이 제기된다. 비판이론은 문화적 갈등이 매우 두드러진 역할을 수행하게 된 자본주의의 새로운 국면을 어떻게 이해할 것인가? 어떤 사회이론의 수단을 가지고 그것을 이해할 것인가? 비판이론은 사회이론에서 나타나는 문화적 전회에 대해 어떤 입장을 취할 것인가?

세 번째 문제는 비판을 위한 규범적 기준들과 관련된다. 여기서도 역시 배경이 되는 것은 경제적 상호의존성을 증대시키는 동시에 문화들 사이의 상호작용을 확대하고 있는 지구화 과정이다. 이런 상황에서는 인간적 번영에 관해서 공유된 권위 있는 견해가 존재하지 않는다. 오히려 모든 사람들은 좋은 삶에 관해서 자신과 견해를 달리하는 "타인들"과 함께 살아가고 있다. 이런 상황에서 비판이론은 그 어떤 단일하고 확고한 일련의 윤리적 이상들에 의존할 수가 없게 된다. 그렇다고 해서 비판이론이 최근 후기구조주의 집단에서 유행하는 것과 같은 즐거운 반(反)규범주의—사실 이것은 항상 유사 규범일 뿐인데—를 수용할 수도 없다. 이런 상황에서 비판이론은 어떤 종류의 규범적 기준들을 주장할 수 있으며 그것을 정당화할 수 있는 기초는 무엇인가?

아래에서 나는 이 세 주제들과 관련하여 호네트와 나의 견해 차이가 무엇인지를 검토할 것이다. 세 주제들 각각에 대해서 나는 그의 인정 일원론과 분배와 인정에 관한 나의 관점적 이원론이 각각 가지고 있는 상대적 장점들을 평가할 것이다. 또한 나는 이 세 주제들과 관련하여 호네트의 접근이 가지고 있는 문제점들을 입증할 것이다. 내가 보기에 호네트의 접근은 첫째, 비판이론을 위한 신뢰할 만한 경험적 준거점을 확보하지 못하고 있으며, 둘째, 현대 자본주의에서 문화가 차지하는 지위에 대해 조리 있는 설명을 제공하지 못하고 있고, 셋째, 인정에 대한 오늘날의 요구를 판단할 수 있는 일련의 규범적 기준들을 제시하지 못하고 있다. 또한 나는 그 각각의 경우에서 존재하는 근본적인 문제는 동일하다는 점, 즉 호네트가 그 비판적 힘을 상실할 정도로 인정 개념을 과도하게 확장하고 있다는 사실을 입증할 것이다. 그는 인정 개념을 과도하게 확장하면서 사회 비판과 관련하여 비록 제한적이기는 하지만 매우 적절하다고 할 수 있는 도구를 우리 시대의 도전에 대응할 수 없을 정도로 부풀려지고 무뎌진 만능 도구로 만들어버린다.

1장 비판이론에서 경험의 지위

정치사회학을 도덕심리학으로 환원시키는 것에 대한 반론

"경험적 준거점"에 관한 문제가 이 논쟁에서 제기되는 이유는 호네트와 내가 모두 비판이론의 명확한 특징, 즉 내재와 초월의 독특한 변증법을 인정하고 있기 때문이다. 우리 두 사람 모두는 전통이론들이 가지고 있는 외재적 입장에 대해 반대한다. 외재적 입장은 문제되고 있는 사회와는 전적으로 독립되어 있는 신적 관점을 주장하면서 높은 곳에서 사회적 상태에 대해 판단한다. 이와 달리 우리 두 사람은 비판은 그것이 특정한 의미에서 현재 상황에 내재해 있는 긴장들과 가능성들을 들추어내는 한에서만 그 영향력을 가질 수 있다고 생각한다. 그리고 우리 두 사람은 우리가 계몽하고자 하는 사회적 주체들과 소통할 수 있는 비판의 언어를 발전시키고자 한다. 그러나 동시에 우리는 역사주의적 해석학의 강한 내재주의 역시 거부한다. 특정한 전통에 축적되어 있는 의미들을 그저 해명하는 것으로 만족하지 못하는 우리들은 규범과 주어진 현실 사이의 간극을 유지하는 한에서만 비판이 급진적 잠재력을 가질 수 있다고 생각한다. 그리고 우리 모두는 타당한 규범들은 그것들을 발생하게 하는 직접적인 상황을 초월한다고 생각한다. 그렇기 때문에 우리는 결코 엄격하게 내재적 비판으로 제약될 수 없는 "타당성 확장 경향"을 가진 개념들을 추구한다. 따라서 일반적으로 말하자면, 호네트와 나는 내재와 초월을 동시에 수용하고자 하는 비판이론의 목표를 지지한다. 실증주의적 외재론과 역사주의적 내재론 사이의 중용을 추구하는 우리 두 사람은 사회적 세계에 발을 딛으면서도 동시에 이를 넘어서려고 한다.

그럼에도 불구하고 우리는 이러한 공동의 목표를 가장 잘 성취할 수 있는 방법이 무엇인지에 대해서는 의견을 달리하고 있다. 내재와 초월을 수용하기 위한 호네트의 전략은 전(前)정치적 고통에 관한 도덕심리학에 비판이론의 기초를 설정하는 것이다. 호네트는 내재적인 것을 주관적인 경험과 동일시하고 비판의 규범적 개념들을 사회적 주체들의 고통, 동기, 기대에서 도출함으로써 비판과 사회적 상황을 연결시킬 것을 주장한다. 그러나 이러한 전략은 규범성을 주어진 현실로 전락시켜버릴 위험성이 존재한다는 점에서 위험한 것이다. 이러한 위험성을 예방하기 위해서 호네트는 현실에 관한 정치적 논쟁들로부터 거리를 두기로 결심한다. 결국 그는 공론장에서 제기되는 주장들에 영향을 받지 않는 도덕적 경험의 "독립적인" 층위를 설정함으로써 초월성을 확보하기로 결심한다. 그는 동시대 사회운동들과의 과도한 동일시를 두려워하면서도 여전히 경험적 준거점을 찾고자 한다. 때문에 그는 아직 정치화되지 않은 초기 상태의 일상적 고통들 속에서 일련의 원형적 경험을 발견해내고자 한다. 나아가 그는 이러한 경험을 재구성함으로써 모든 사회적 불만의 근저에 놓여 있는 근본적인 단일한 도덕적 기대, 즉 자신의 개인적 정체성을 제대로 인정받고자 하는 기대를 발견할 수 있다고 주장한다. 이로부터 그는 정체성의 인정을 확보하고자 하는 요구야말로 모든 도덕적 경험의 핵심이며 모든 규범성의 심층 문법이라는 결론을 도출한다. 따라서 비판이론은 바로 이러한 명령을 자신의 범주적 틀의 중심에 설정해두어야만 한다.

일반적으로 말해서, 호네트는 그의 인정 일원론의 토대를 전(前)정치적인 고통에 관한 도덕심리학에 두고 있다. 그러나 이러한 전략은 내재와 초월의 진정한 변증법을 제공하기는커녕 도처에서 문제점에 봉착하게 된다. 먼저 전정치적 경험에 관한 호네트의 이해는 의심스러워 보인다. 사회조사연구에 대한 그의 호소에도 불구하고 일상적인 불만이 항상 인정받지 못한 것에 기인하는 문제인가 하는 점은 전혀 명확하지가 않다. 사실 모든 일상적 불만의 근저에 단일한 동기가 존재할 것이라는 생각 자체는 언뜻 보아도 그럴듯해 보이지 않는다. 보다 풍부한 조사 자료들을 편견 없이 읽어본다면 다양한 동기들이 존재한다는 사실이 명확히 드러나게 될 것이다. 이런 동기들에는 노력도 없이 주어지는 특권에 대한 원망, 잔인함에 대한 혐오, 자의적인 권력에 대한 반감, 소득과 부의 엄청난 불평등에 대한 불쾌감, 착취에 대한 반감, 감시에 대한 혐오, 주변화되거나 배제되는 것에 대한 분노 등이 포함될 수 있을 것이다(만약 우리가 일상적인 불만을 부추기는 이방인에 대한 증오와 같은 불건전한 동기들까지 포함시킨다면, 이 목록은 물론 훨씬 더 길어질 수 있을 것이다). 만일 이러한 동기들이 포괄적인 규범적 항목 아래 포섭될 수 **있다고 한다면**, 그 항목은 개인의 정체성 인정에 대한 기대처럼 매우 특정한 어떤 것이 될 수는 없을 것이다. 오히려 그런 항목은 공정한 대우에 대한 기대와 같이 매우 일반적인 어떤 것이어야만 할 것이다. 이러한 입장은 특히 마이클 해링턴(Michael Harrington)이 『또 하나의 미국』에서 보고하고 있는 경험, 즉 다른 사람들이 터무니없는 부를 누리는 상황에서 일부 사람들은 엄청난 박탈을 겪도록 만드는 사회 질서에서 감지되는 불공정함과 같이 호네트가 설명할 수 없는 경험들을 포괄해낼 수 있을 것이다.[3] 분명히 그러한 질서는 인간의 동등한 도덕적 가치에 관한 근본적 관념을 위배하고 있다(이에 대해서 나는 3장에서 검토하게 될 것이다). 그리고 그러한 질서는 사회생활에 대한 동등한 참여를 명백히 방해하고 있다. 이러한 질서가 개인적 정체성을 파괴한다는 식으로 해석하는 것은 결코 최상의 해석방식이 아니다. 그런 해석을 고수하는 것은 과도하게 개인화된 상처를 끌어들여서 관심을 사회로부터 자아로 돌리는 것에 불과하다.[4] 이런 선택의 최종적인 결과는 문제를 명료화하기는커녕 인정 개념을 파열 지점으로까지 몰고 갈 뿐이다. 따라서 인정 거부를 모든 일상적 고통의 규범적 핵심으로 간주하는 대신에 그것을 불공정함에 대한 많은 느낌들 중 한 종류로 해

3 Michael Harrington, *The Other America: Poverty in the United States*(New York 1981).

4 이런 해석은 내가 3장에서 숙고할 두 번째 이유 때문에도 역시 문제가 된다. 상처에 대한 희생자의 주관적 감정을 강조하는 것은 정의 요구들에 대한 민주적 평가의 가능성을 위협하게 된다. 민주적 평가는 문제되는 요구들의 타당성을 결정하기 위한 공적인 토론을 요구하며, 이는 다시 요구자들로 하여금 주관적 감정이 아니라 공적인 이성을 통해서 그들의 요구를 입증할 것을 요구하게 된다.

석하는 것이 오히려 더 바람직할 것이다.

그러나 전정치적인 고통을 잘못 이해한 것만이 호네트가 취한 전략의 유일한 문제는 아니다. 더 큰 문제는 그가 그러한 고통을 비판 이론의 특권적인 준거점으로 설정하였다는 점이다. 이는 몇 가지 수준에서 문제가 된다. 경험적으로 볼 때 그러한 고통이 정말로 규범적 판단과 관련하여 공적으로 통용되고 있는 어휘들의 영향을 안 받는 것인지 의심스럽다. 분명히 민주 사회에서는 공론장에서의 정치적 갈등이 일상생활에 침투하는 것을 막아줄 방화벽이 존재하지 않는다. 따라서 호네트가 정치와 무관한 것으로 상정하는 불의에 대한 평범한 경험들은 사실상 공적인 요구들이 사용하는 관용구들과 매개되어 있다. 제인 맨스브리지(Jane Mansbridge)의 "일상에서의 여성주의"에 관한 민속학적 기술은 미국 여성들의 매우 비정치적인 일상적 고통에 관한 경험들이 정치적 여성주의로부터 차용된 해석 도식들로 가득 차 있다는 것을 보여주고 있다.[5] 더욱이 개념적으로 볼 때도 경험적인 동시에 원형적인 경험의 층위에 호소한다는 것 역시 정합성이 없다. "이미 존재하는 것의 신화"와 같이 이는 규범적 담론들을 통하지 않고는 우리가 도덕적 경험에 접근할 수 없다는 사실을 놓치고 있다. 규범적 담론들은 사회적 행위자의 경험뿐 아니라 그것을 연구하는 연구자들의 관점에까지도 반드시 침투하게 마련이다.[6]

5 Jane Mansbridge, *Everyday Feminism*(Chicago, 근간).

6 Wilfred Sellars, "Empiricism and the Philosophy of Mind," in Herbert Feigl and Michael Sriven, eds, *Minnesota Studies in the Philosophy of Science*, vol. 1(1956).

로티의 표현을 차용하자면, "도덕 그 자체의 언어"를 포착할 수 있는 "독자적인" 도덕심리학이란 존재할 수가 없다.[7] 마지막으로 규범적인 측면에서 볼 때 전정치적인 경험이 호네트가 거부하는 사회운동의 요구들보다 더 나은 준거점이 될 수 있을 것인지도 의심스럽다. 사회운동의 요구들은 공개된 토론에서 비판적 검토의 대상이 될 수 있다는 장점을 가지고 있다. 반면에 모호한 고통은 그 정의상 공적인 논쟁의 대상이 되지 않는다. 따라서 만일 비판이론의 준거점이 규범적으로 신뢰할 만한 것이 되어야만 한다면, 달리 말해 그것이 그저 불의로 **경험되는** 것들과는 달리 불의라는 이름으로 **부를 만한** 것들이 무엇인지를 우리가 파악해내는 데 도움을 줄 수 있는 것이 되어야 한다면, 사회운동의 요구들은 최소한 검토되지 않은 전정치적 불만들만큼이나 그럴듯한 대안이 될 수도 있을 것이다.[8]

그럼에도 불구하고 나는 사회운동의 요구들을 비판이론을 위한 대안적 토대로 삼으려고 하지는 않는다. 비록 호네트가 나의 입장

7 나는 "도덕 그 자체의 언어"라는 표현을 리처드 로티(Richard Rorty)의 *Philosophy and the Mirror of Nature*(Princeton 1980)에서 차용하였다. 흥미롭게도 호네트 자신 역시 그의 글 후반부에서 도덕적 경험이 사실상 사회역사적으로 숙고된 규범적 판단의 관용구들에 의해서 "형성"된다는 사실을 인정할 때, 이 점에 대해 동의하는 것처럼 보인다. 그러나 그는 이러한 사실이 가지는 완전한 중요성과 범위를 파악하는 데서 실패하고 있다. 그러한 "형성"을 인정 담론에 관해 그가 제시하고 있는 세 가지 하위 유형들에만 부당하게 국한시킴으로써 그는 인정을 중심으로 하지 않는 도덕적 어휘들이 역사적으로 숙고되고 제도화될 수 있는 여지들을 허용하지 않게 된다.

8 사실 사회운동의 요구들을 기존에 언급되지 않던 고통들이 명료하게 재구성되는 과정으로 이해할 수도 있을 것이다. 뿐만 아니라 그러한 고통을 스스로 표현하는 조직된 사회운동들은 적어도 호네트가 특권을 부여하는 사회과학자들만큼은 문제되는 주체들의 경험을 언급할 수 있는 위치에 있다.

을 이런 방식으로 잘못 이해하고 있기는 하지만 말이다. 오히려 나는 규범적 틀의 토대를 일련의 특권적인 경험들에 두려는 **그 어떤** 제안들도 원칙적으로 거부한다. 그런 전략이 결함을 가지게 되는 부분적인 이유는 그것이 모든 달걀을 한 바구니에 담으려고 하기 때문이다. 이런 전략은 오직 한 가지 특권적인 준거점이 반드시 필요하다고 주장하며 실질적으로 그것이 마치 교정 불가능한 기초인 것처럼 간주하면서 그러한 준거점에 대해 과도한 권위를 부여한다. 그러나 사실상 전정치적이든 그렇지 않든 간에 그 어떤 일련의 경험들도 비판적 검토를 면제받아서는 안 된다. 보다 현명한 경로는 사회 현실로 진입하는 다수의 입구를 설정하고, 그것들 중 어느 것에도 절대적 특권을 부여하지 않으면서 그것들 각각을 다른 것에 비추어 개정할 수 있도록 하는 것이다. 특히 아쉽게도 호네트가 있는 그대로 받아들이고자 하는 주관적 경험의 경우에는 이러한 교차 검토가 각별히 필요하게 된다. 매우 신뢰도가 적은 그러한 경험들은 경험에 대해 거리를 유지하는 보다 객관적인 판단 기준들, 예를 들면 사회적 종속에 대한 구조적 분석들이나 사회운동에 대한 정치사회학의 검토를 받을 필요가 있을 것이다. 물론 이러한 준거점들 역시 경험적이기는 하지만 그것들은 주관적인 경험에서 직접적으로 도출되는 것이 아니다. 오히려 그러한 준거점들은 경험적 요구들의 타당성을 평가하기 위해 반드시 필요한 기준을 제공한다.

그러나 호네트는 경험을 검토하고자 하지 않는다. 그가 보기에는 오히려 도덕심리학이 모든 것을 미리 설정해준다. 그의 틀에서는 주관적 동기에 관한 도덕심리학적 질문이 사회적 설명과 규범적 정당화에 대해 우선성을 가지고 있다. 때문에 불의에 관한 주관적 경험을 추동하는 것은 무엇인가 하는 문제가 그가 다른 중요한 비판적 과업들에 접근하는 방식, 예를 들면 정치적 요구들을 지배하는 문법, 불의를 제도화하는 사회적 과정들, 요구들을 판단하는 규범적 기준 등을 확정하는 과업들에 접근하는 방식을 특징짓는다. 달리 말하자면 호네트의 경우, 일단 도덕심리학이 무시를 불의에 관한 유일한 진정한 경험이라고 확정하게 되면, 준비된 모든 것들이 그 뒤를 따르게 된다. 모든 정치적 요구들은 인정에 대한 요구로 번역되어야만 하고, 모든 종속은 인정의 거부로 해석되어야 하며 사회적 인정 질서에서 그 기원이 추적되어야만 한다. 그리고 정의의 모든 기준들 역시 인정의 하위 유형으로 환원되어야만 한다. 그 결과 놀라울 정도로 전통이론적인 건축물이 나타나게 된다. 이 토대주의적인 건축물 내에서는 도덕이론이 각각의 연구들을 부당하게 재단하고 그것들이 가지고 있는 상대적 자율성을 침해하면서 정치사회학, 사회이론, 도덕철학에 토대를 제공하고 그것들을 과도하게 제약한다.

이러한 문제들 전반이 내재와 초월의 실행 가능한 변증법을 제시하고자 하는 호네트의 시도가 겪게 될 운명을 결정한다. 전정치적 고통에 대한 그의 호소는 진정 내재적인 경험적 준거점을 구성하기는커녕 준(準)선험적인 도덕심리학을 도입하기 위한 구실이 되고 있을 뿐이다. 이러한 도덕심리학은 인정이 항상 그리고 어느 곳에서나 도덕과 관련된 유일하고 충분한 범주라는 사실을 확고하게 정립했다고 주장한다. 그 결과 인정의 우선성은 역사적 우연성의 근저에서 인간학적으로 확증되며, 그 결과 내재성에 대한 요구는 배반당한다.

물론 호네트는 그가 사회가 발전함에 따라 인정도 “분화된다”는 사실을 수용하고 있는 만큼 어느 정도 역사적 발전의 여지를 받아들이고는 있다. 그러나 이런 접근은 진정한 역사적 사유로 나아가는 대신에 역사의 경로를 사전에 예단하게 된다. 역사적 발전은 항상 다양한 인정의 “영역들”로 분화되어 나갈 뿐이다. 역사적 발전은 결코 인정의 변형태가 아닌 새로운 도덕적 범주를 창출해낼 수 없다. 역사화를 수용하는 것 같은 그의 언급에도 불구하고 결국 호네트는 내재성의 계기를 초월성의 계기에 종속시키게 된다. 그러나 초월성은 결국 환상적인 것이 될 수밖에 없다는 사실이 입증된다. 결국 인정 일원론은 오늘날의 정치 문화에 대해 비판적인 견해를 제시하지 못한다. 오히려 인정 일원론은 인정 정치에 대한 오늘날의 일면적인 매혹을 무비판적으로 반영하고 있을 뿐이다. 그 결과 인정 일원론은 오늘날의 유행이 적합한 것인지를 검토하기보다는 그것을 그저 확증하는 데 기여할 뿐이다. 결국 전체적인 결론은 명백하다. 호네트는 현존하는 사회적 세계 내에서 그것 너머를 지시하는 발판을 마련하는 데 실패하게 된다는 것이다.

그렇다면 호네트의 전략에 대한 대안은 무엇인가? 내가 제안하는 접근은 주관적 경험이 아니라 **탈중심화된 사회 비판의 담론들**에서부터 출발하는 것이다. 따라서 나의 접근은 개인이든 집단이든, 전정치적이든 정치적이든 그 어떤 사회적 주체의 관점을 반영하고자 하지 않는다. 오히려 나는 먼저 논쟁이나 숙고와 관련된 한 사회의 지배적인 문법을 구성하는 **사회 정의에 관한 대중적 패러다임**에 주목함으로써 비판을 사회적 상황과 연결시킨다. 이러한 대중적 패러다임은 무매개적인 경험을 반영하는 것이 결코 아니며 도덕적 의견 차이와 사회적 저항을 매개하는 탈인격화된 담론 형태를 구성한다. 그 자체로 이러한 대중적 패러다임들은 비판이론을 위한 비주관적인 준거점을 제공하고 있다. 그 결과 이론은 호네트가 가정하는 주체 중심적 철학에 거리를 두고 언어적 전회로 귀환하게 된다.

이제 이에 대해 설명해보도록 하자. 정의에 관한 대중적 패러다임들은 어떤 특정한 사회적 주체들의 관점을 표현하지 않는다. 또한 그것들은 어떤 하나의 사회적 영역에만 귀속되는 것도 아니다. 오히려 그것들은 정치적 공론장뿐 아니라 작업장, 가정, 시민사회 조직들에 침투하여 민주 사회 전반에 폭넓게 확산되어 있는 초개인적인 규범적 담론들이다. 따라서 그것들은 사회적 행위자들이 사회 현실을 평가하기 위해서 **어떤** 영역에서든 의존할 수 있고 의존하고 있는 도덕적 문법을 제공한다. 1부에서 내가 설명한 바와 같이 정의에 관한 오늘날의 주요한 대중적 패러다임들은 인정과 분배다. 호네트에게는 실례가 되겠지만, 조직화된 운동들뿐 아니라 일상적인 상황에 처해 있는 조직화되지 않은 개인들도 이러한 대중적 패러다임들에 호소하고 있다.[9]

결국 나의 접근법에서는 대중적 패러다임들이 최초의 경험적 준거점을 제공한다. 그러나 그것들이 어떤 절대적인 특권을 누리는 것은 아니다. 호네트의 전(前)정치적인 고통의 경우와는 달리 대중적 패러다임들은 비판이론의 규범적 틀을 도출해내는 교정 불가능한

9 Mansbridge, *Everyday Feminism*.

토대가 아니다. 오히려 비판이론가들은 적어도 두 가지 독자적 관점에서 대중적 패러다임들이 적합한가를 평가해야만 한다. 첫째, 그들은 한 사회에서 논쟁을 지배하는 문법들이 그 사회의 구조에 적합한 것인지를 사회이론가의 관점에서 결정해야 하며, 둘째, 그것들이 의존하는 규범들이 도덕적으로 타당한 것인지를 도덕철학의 관점에서 결정해야만 한다.

이렇게 평가해보면 정의에 관한 오늘날의 대중적 패러다임들은 복합적인 검토를 받게 된다. 한편으로 사회이론적 검토는 분배와 인정이 현대 사회에 불가피한 사회적 통합과 사회적 종속 형태들에 상응한다는 것을 보여주게 된다. 그 결과 이러한 검토는 현재 상황에 대한 비판적 반성을 위해서 분배와 인정이라는 범주들이 일차적인 개연성을 갖는다는 점을 보여준다. 다른 한편 사회이론은 분배와 인정이 사회적 현실 속에서 불가분하게 뒤얽혀 있다는 점 역시 보여준다. 그리고 이는 결국 양자를 분리하고 그것들을 상호 양립 불가능한 것으로 설정하는 정치 문화가 적절하지 못하다는 사실 역시 보여주게 된다. 마찬가지로 도덕철학의 검토 역시 복합적 결론을 제공한다. 한편으로 도덕철학의 검토는 분배와 인정 양자 모두가 진정한 정의의 차원들이며 따라서 양자가 모두 규범적 타당성을 가진 원칙들을 산출할 수 있다는 점을 보여준다. 반면에 도덕이론의 검토는 그들이 서로에게 환원될 수 없으며 그럼에도 서로 뒤얽혀 있다는 사실을 보여줌으로써 결국 분배나 인정에 기초해 있는 모든 일원론이 부적절할 뿐 아니라 보다 넓은 도덕적 틀 속에서 그 두 차원을 통합해내지 못하는 정치 문화 역시 한계를 가지고 있다는 점 역시 보여주게 된다. 결론은 정의에 관한 오늘날의 대중적 패러다임들은 전적으로 오도된 것도 전적으로 만족스러운 것도 아니라는 것이다. 나름대로 그럴듯하면서도 동시에 재구성될 필요가 있는 현재의 논쟁 문법은 그것이 완벽하고 적절하게 전개되는 경우 현재 상태를 넘어서는 지점을 지시할 수 있는 경험적 준거점을 제공한다.

따라서 일반적으로 말하자면 나의 접근은 호네트의 경우와 달리 반토대주의적이라고 할 수 있다. 그 결과 나의 접근법의 내적 구조는 호네트의 것과 달라지게 된다. 특히 경험으로부터 담론들로 중심을 옮기게 되면 도덕심리학은 중심적 지위를 상실하게 되며, 이를 통해 정치 문화에 대한 연구의 여지가 열리게 되고, 이는 다시 사회이론, 도덕철학, 정치이론 등을 비판이론의 중심 요소들로 결합시키게 된다. 그러나 이러한 연구들 중 그 어느 것도 호네트적인 의미에서 다른 것들의 토대가 되지는 않는다. 모든 것들은 개정될 수 있다. 각각의 연구들은 다른 연구들에 응답하게 되며, 이는 우리가 필요로 하는 검토 및 교정 과정을 수반하게 된다. 이러한 과정에서 산출되는 결과들은 각각 장단점을 갖는다. 한편으로 인정에 대한 오늘날의 강조는 문화에 뿌리박고 있는 신분과 관련된 불의를 간과하고 있는 사회이론들과 도덕철학들을 비판적으로 검토하도록 자극한다. 그러나 내가 막 언급한 바와 같이 다른 한편으로는 그러한 강조 자체가 사회이론이나 도덕철학에 의해서 다시 검토받게 된다. 그 결과 해석학적 순환이 성립하게 되며, 이 안에서는 토대적이지 않은 다수의 요소들이 반성적 평형상태를 성취하기 위해서 서로를 교정하는 탈중심적 과정이 작동된다. 따라서 나의 접근에서 비판이론은 현대의 정치 문화로부터 무언가를 배워나가는 동시에 그것의 비판적 독립성을 유지하게 된다.

결국 비판이론에 대한 나의 입장은 호네트의 입장과 다르다. 우리가 살펴본 바와 같이 호네트는 도덕심리학이 사회이론과 도덕철학의 토대가 되고 또한 이를 제약하는 토대주의적 건축물을 가정하고 있다. 반대로 나는 비판이론은 다중심적이고 다층적이라고 생각한다. 일단 우리가 경험이 이론의 토대가 될 수 있다는 생각을 거부하게 되면, 결국 도덕심리학은 그것의 특권적 지위를 상실하게 된다. 주관적인 동기에 대한 질문들은, 만약 그것이 사회적 불의를 야기하는 원인들과 정당화 기준에 대한 반성을 제약하지 않게 된다면, 더 이상 사회적 설명과 규범적 정당화에 관한 질문에 대해 우위성을 가질 수 없게 될 것이다. 대신에 사회적 설명과 규범적 정당화에 관한 두 가지 연구들은 상대적 자율성을 가지게 된다. 사회이론에서 우리는 그것들이 경험되는 방식과 무관하게 불의의 유형들, 원인들, 처방들을 자유롭게 이해할 수 있게 된다. 마찬가지로 도덕철학에서도 문제 많은 심리학의 명령에 제약되지 않으면서 정의 요구들을 판결할 수 있는 규범들을 확인할 수 있을 것이다. 그리고 정치사회학에서 우리는 갈등과 논쟁의 구조를 결정하는 지배적인 규범적 문법들에 대해 분석할 수 있다. 그 결과 비판이론은 인정 개념을 인정할 수 없는 지점으로까지 확대시켜 결국 그것이 가지는 비판적 힘까지 상실하게 만드는 선험적 일원론의 인위적 제약들로부터 해방된다.

동시에 내가 제안하는 다중심적인 대안은 내재성과 초월성이 모두 충족될 수 있는 구조를 제공하고 있다. 분명히 정의에 관한 대중적 패러다임들은 통속적 규범들이 사회적 세계에 구현되어 있는 것과 마찬가지로 사회적 세계에 내재하고 있다. 그러나 대중적 패러다임들은 고착된 규범성들을 정태적으로 담고 있지 않다. 현대적 상황에서 대중적 패러다임들은 불가피하게 현실 속에 결박되어 있는 것이 결코 아니다. 그것들은 역사적인 확장, 급진화, 변형에 열려 있다. 대중적 문법들에 내포되어 있는 규범들은 새로운 문제들과 대면하라는 압박과 창조적인 개정에 종속되면서 그것들을 창조한 사회적 세계를 초월하게 된다. 동등한 참여의 개념이 이에 대한 핵심적인 사례라고 할 수 있다. 3장에서 설명하겠지만 동등한 참여라는 개념은 그 범위와 내용이 역사 속에서 큰 폭으로 확대되어왔던 평등과 관련하여 폭넓게 수용되고 있는 대중적 규범들을 급진화한 것이다. 따라서 동등한 참여의 원칙은 현존하는 사회적 세계에 그 발판을 두고 있다. 그러나 동시에 그 개념은 그것의 완전한 실현은 중요한 사회적 구조의 변화를 요구한다는 점에서 현존하는 세계 너머를 지시하고 있다. 따라서 동등한 참여는 그것의 유래가 되는 대중적 규범들과 마찬가지로 비판이론의 중요한 준거점을 제공한다. 그것은 내재와 초월의 요구들이 수렴할 수 있는 비주관적인 준거점을 제공한다. 여기서도 결론은 명백하다. 나의 접근이 현존하는 것에 결박되어 있다는 호네트의 주장은 사실이 아니다. 왜냐하면 나의 접근은 도덕심리학 속에서 "독립적인" 토대를 갖는 것이 아니기 때문이다. 반대로 나의 접근은 현대 사회에 대한 급진적 비판을 허용하고, 실제로 그런 것을 담고 있다.

호네트는 그의 접근이 심층적인 철학적 문제를 지향하고 있는 반면에 나의 접근은 정치적 편의주의에 의해서 추동되고 있다는 점이 우리 두 사람 사이의 핵심적 차이라고 주장했다. 때문에 그는 나의 접근을 오로지 동시대의 사회운동들이 제기하는 주장들만을 반영하고자 하는 일종의 "근시안적인 현재중심주의"라고 깔보고 있다. 아마 이제 명백해졌겠지만 이것은 결코 사실이 아니다. 내 이론 전체의 신조는 사회운동이 제기하는 주장들을 비판적 검토에서 면제시키는 데 있는 것이 아니라 그것들의 적합성을 검토하는 데 있다. 나아가 호네트가 던지는 혐의가 가지고 있는 아이러니함은 매우 분명하다. 그의 인정 일원론은 현재의 담론에 대해 문제를 제기하지 못한 채, 무의식적으로 지배적 패러다임들에 의존하고 있으며, 따라서 분배와 인정에 관한 나의 관점적 이원론보다도 현재의 시대정신을 무비판적으로 반영하고 있다고 할 수 있다.

2장 사회이론에서의 문화적 전회

자본주의 사회를 인정 질서로 환원하는 것에 대한 반론

이 논쟁에서 두 번째로 중요한 주제는 현대 사회에서 문화가 차지하는 지위에 관한 것이다. 여기서 문제가 되는 것은 비판이론가들이 오늘날 자본주의 사회의 구조를 어떻게 파악해야 하는가 하는 점이다. 오늘날 자본주의 사회 구조 내에서 문화적 질서의 역할은 어느 선까지 확대되었는가? 우선 문화는 시장 메커니즘과 어떤 관계를 가지며, 또 분배 문제와는 어떻게 관련되는가? 무시는 자본주의 사회에서 나타나는 모든 종속의 근본적인 원인인가? 그리고 단지 인정만을 통해서 그 근본 원인을 시정할 수 있는 것인가? 비판이론가들이 아무런 유보조건 없이 "문화적 전회"를 받아들여야 하는가? 비판이론은 생산에 특권을 부여하는 경제적 패러다임을 문화에 특권을 부여하는 패러다임으로 대체해야 하는 것인가?

이런 문제들은 결코 새로운 것들이 아니다. 이 문제들은 프랑크푸르트학파가 문화가 가지는 상대적 자율성을 이론적으로 포착함으로써 정통 마르크스주의의 논의를 보다 복합적인 것으로 만들고자 했던 초기 시절부터 이미 중심적인 문제였다. 그러나 오늘날 이 문제들은 새로운 모습으로 등장하고 있다. 한편으로 지구적 자본주의는 자본뿐 아니라 영상, 기호, 사람들이 국경을 넘나드는 흐름들을 가속화함으로써 문화의 지위를 크게 부상시켰다. 그 결과 "차이"에 대한 인식이 강화되었으며 차이를 정치화하는 흐름도 고무되었다. 다른 한편으로 마르크스주의는 정치 현실과 학문 세계 모두에서 문화주의 패러다임에 의해 밀려나게 되면서 더 이상 하나의 세력으로 평가받을 수 없게 되었다. 이러한 상황에서 비판적 사유는 정통적인 경제주의보다는 정치경제학적 비판을 억압하는 신자유주의적 망각에 굴복하게 된다. 그 결과 비판이론에 대한 일련의 새로운 도전들이 나타나게 된다. 비판이론은 지구화하는 자본주의 사회에서 부상하고 있는 문화를 어떤 방식으로 이해할 것인가? 특히 비판이론은 문화적 전회가 가진 잠재력을 어떻게 평가할 것인가?

호네트와 나는 모두 이러한 도전에 대응하고자 한다. 우리 모두는 문화가 단지 정치경제의 반영이 아니라, 그 나름의 사회적 질서를 부과하는 수단이라고 생각한다. 또한 우리 두 사람은 문화가 종종 지배의 매체로 기능하며, 따라서 특정한 사회적 불의들은 그 깊은 뿌리를 정치경제가 아니라 제도화된 가치 유형에 두고 있다고 주장한다. 마지막으로 우리 두 사람은 이 문제를 인정 개념을 통해 이론적으로 다루어 나간다. 우리 두 사람 모두 현대 자본주의에서 문화가 가지는 사회적 중요성과 도덕적 의미를 파악하기 위해서 인정 범주를 이용하고 있다. 결국 우리 두 사람은 각각의 방식으로 문화적 전회가 제공하는 최상의 통찰들을 수용해내고자 하는 비판이론의 틀을 제안하고 있는 셈이다.

그럼에도 불구하고 우리가 걸어가는 길은 상이하다. 호네트는 사회를 인정의 망으로 이해한다. 그는 사회이론을 그의 도덕심리학에 종속시키면서 사회이론의 과제가 특정한 사회에서 인정에 대한 기대들이 제도화되는 구체적 방식을 확인하는 것이라고 규정한다. 그 사회의 "인정 질서"를 이해한 비판이론은 그 안에서 무시가 발생하는 방식 그리고 무시가 사회적 갈등을 야기하는 방식을 보여주어야만 한다. 호네트는 이러한 방법을 자본주의 사회에 적용함으로써 각각 상이한 규범적 원칙에 의해 지배되는 세 가지 제도화된 "인정 영역"들을 구별하고 있다. "사랑"의 영역에서 인정은 유일무이한 개인의 특수한 욕구에 주목하라는 원칙에 의해서 지배되어야만 한다. 반면에 권리의 영역에서 인정은 개인들의 자율성에 대한 동등한 존중이라는 원칙에 의해서 지배되어야 한다. 마지막으로 노동의 영역에서 인정은 사회적인 기여도에 따라서 임금 수준을 결정하는 업적 원리에 의해 규제되어야 한다. 따라서 호네트의 관점에서 볼 때, 분배투쟁은 사실상 업적에 관한 문화적 해석을 변화시키기 위한 인정투쟁이 된다. 나아가 그에 따르면 인정은 그 이상의 것이기도 하다. 사회 통합의 주요 매체인 인정 해석들이 모든 영역에서 사회적 과정들을 지배한다. 그것은 친밀성과 권리의 형태들을 지배할 뿐 아니라 소득과 부의 분배까지도 지배한다. 따라서 다른 모든 상호작용들과 마찬가지로 문화적 평가 도식들에 의해 규제되는 시장에서의 사회적 상호작용에서 특별히 고유한 것은 아무것도 존재하지 않는다. 따라서 자본주의 사회에 존재하는 경제 메커니즘을 특수하게 이해할 아무런 이유도 없으며 또 그렇게 할 수 있는 가능성도 전혀 없다. 결국 자본주의 사회는 분배로 정향된 이차원적 분석의 수준을 전혀 필요로 하지 않는 인정 질서**일** 뿐이다.

일반적으로 말하자면 호네트의 사회이론은 그의 도덕심리학과 마찬가지로 일원론적이다. 모든 사회적 과정들을 인간관계의 심리학이라는 단일한 렌즈를 통해 포착하는 그의 사회이론은 "도덕적 통합에 우선성을" 부과하며, 거기서 사회적 행위는 공유된 이해와 해석 도식을 통해 조정된다. 그 결과 자본주의를 전적으로 인정의 관점에서만 보게 되며, 결국 자본주의 사회에서의 모든 사회적 과정들은 평가와 관련된 문화적 도식들에 의해 직접적으로 지배된다고 주장하게 된다. 또한 이에 따라 모든 종속은 문화에 기초한 신분 위계에서 파생된 것이 되며, 이 모든 것들은 문화적 변화에 의해 치유될 수 있는 것이 되어버린다. 그러나 이 모든 가정들은 문제가 있는 것들이다.

먼저, 모든 사회가 단지 인정 질서일 뿐이라는 주장이 문제가 된다. 거의 모든 사회는 한 가지 이상의 사회 통합을 포함하고 있다. 호네트가 특권을 부여한 도덕적 통합 이외에도 거의 모든 사회는 일종의 체계 통합을 포함하고 있으며, 거기서 상호작용은 수많은 개인적 전략들이 산출하는 의도하지 않은 결과들이 기능적으로 뒤섞이게 됨으로써 조정된다. 모든 사회를 오로지 인정 질서로만 분석하려는 것은 사회적 과정들의 전체 범위를 재단하여 하나의 통합 형태가 전체를 지배하는 것처럼 만든다는 점에서 부당한 것이다. 그 결과 다음과 같은 핵심적인 문제가 애매해지게 된다. 특정한 사회의 인정 질서는 종속적 관계를 산출하는 다른 형태의 사회 질서들과 정확히 어떤 방식으로 상호작용하는가?

모든 사회에 적용되는 이러한 진리는 특별히 자본주의 사회에서 더 유효한 것이다. 자본주의 사회의 두드러진 특징은 결국 그것이 그 자신만의 논리를 추종하는 거의 객관적이고 익명적이며 비인격적인 시장 질서를 만들어낸다는 데 있다. 물론 이러한 시장 질서는 문화적으로 각인된 것이다. 그러나 시장 질서는 평가에 관한 문화적 도식에 의해 직접 지배되지 않는다. 오히려 시장의 경제 논리는 복잡한 방식으로 인정의 문화적 논리와 상호작용한다. 경제 논리는 때로는 기존의 신분 차별을 도구적으로 이용하며, 때로는 기존의 신분 질서를 해체하거나 우회하고, 때로는 새로운 신분 질서를 만들어내기도 한다. 그 결과 시장 메커니즘들은 신분 위계를 그저 반영한다고 볼 수 없는 경제적 계급관계들을 만들어내게 된다. 그러나 인정 일원론은 계급관계뿐 아니라 그것을 창출하는 메커니즘들 역시 이해하지 못한다. 따라서 적절한 접근은 자본주의 경제가 가지고 있는 독특한 동학과 더불어 그것이 신분 질서와 상호작용하는 방식 역시 설명할 수 있는 이론을 제시해야만 한다.

이러한 숙고는 자본주의 사회의 노동시장에도 상당 정도 적용된다. 노동시장에서 노동에 대한 보상은 업적 원리에 의해서 결정되지 않는다. 물론 자본주의 사회에는 다양한 인간의 활동들이 공동체의 복지에 얼마나 기여하는지를 설명하는 이데올로기들이 산재하고 있다. 이런 이데올로기들은 한편으로 다양한 직업들에 적합한 몫이 무엇인지, 다른 한편으로 다양한 젠더와 "인종"들에 적합한 몫이 무엇인지를 말해주며, 심지어는 무엇을 노동으로 간주할 수 있을 것인지까지 설명해준다. 또한 주지하듯이 이런 이데올로기들은 실제적인 효과 역시 가지고 있다. 그러나 이런 이데올로기들이 임금에 영향을 미치는 유일한 요인은 결코 아니다. 다른 중요한 정치경제학적 요인들 역시 존재한다. 예를 들면 다양한 유형의 노동에 대한 수요와 공급, 노동과 자본 사이의 힘의 균형, 최저임금 규제를 포함하는 사회적 규제의 엄격성, 생산성을 높이는 기술들의 유용성과 비용, 회사들이 저임금 지역으로 이전할 수 있는 용이성, 신용 비용, 교역 조건, 국제 환율 등이 여기에 속할 것이다. 관련된 상황을 보다 폭넓게 생각해볼 때, 업적과 관련된 이데올로기들은 결코 판단의 기준이 될 수가 없다. 오히려 이데올로기들의 효과들은 기업 이윤의 극대화를 우선시하는 비인격적인 체계 메커니즘들의 작용에 의해 매개된다. 그러나 인정 일원론은 그 본성상 문화적인 평가 도식으로 환원될 수 없는 이런 체계 메커니즘들을 알지 못한다. 그 결과 인정 일원론은 자본주의 사회에 존재하는 분배적 불의를 산출하는 사회적 과정을 이해하지 못하게 된다. 오직 인정과 분배의 뒤얽힘에 관한 이론을 제시할 수 있는 접근만이 이러한 과정을 이론적으로 적절하게 파악할 수 있을 것이다.

결국 모든 분배투쟁이 그러한 요구를 주장하는 노동자들에 대한 존경을 확대하고자 하는 인정투쟁인 것은 아니다. 물론 분배를 위한 **몇몇** 운동들이—내가 1장에서 논의한 바 있는 "남녀 동일임금"을 위한 투쟁과 같이—업적에 대한 지배적 해석에 도전하는 것은 사실이다.[10] 그러나 호네트에게는 실례가 되겠지만 모든 분배투쟁들이 남녀 동일임금을 실현하기 위한 투쟁은 아니다. 신자유주의적 지구화에 대한 오늘날의 투쟁들을 생각해보도록 하자. 대기업 주주들과 환투기 세력들의 이익에 봉사하는 초국적인 교역 및 투자 체제를 공격목표로 하는 그러한 투쟁들은 업적에 관한 이데올로기들이 아니라 지구화하는 자본주의의 체계 명령들과 협치 구조들에 뿌리박고 있는 체계적인 불평등 분배를 종식시키고자 한다. 호네트의 주장과는 달리 이런 체계적인 불평등 분배는 여성의 돌봄 노동에 대한 무시가 야기하는 불평등 분배만큼이나 현대 자본주의에서 전형적으로 나타나고 있다. 예를 들어 사하라 남부 아프리카, 동독, 사우스 브롱크스(South Bronx)에 거주하는 많은 사람들의 숙명을 생각해보라. 여기서 문제가 되는 엄청난 규모의 박탈은 노동자들의 공헌에 대한 저평가가 아니라 수많은 사람들을 노동시장으로부터 완전히 배제해버리는 경제 체계의 메커니즘에서 기인하는 것들이다. 물론 이윤 극대화의 명령이 신분 차별이나 과거 약탈의 유산들과 상호작용하는 것과 같이 이러한 배제가 인종주의를 통해 강화될 수도 있을 것이다. 그러

10 내가 주장한 바와 같이 그 경우 남성중심적인 문화적 가치 유형이 노동시장에 제도화되어 있으며, 이는 여성들을 "여성적인" 것으로 해석되고 기술을 전혀 필요로 하지 않는 것으로 간주되는 서비스 분야 직종으로 유도하게 된다. 그런 직업들은 임금이 낮기 때문에 결국 여성 노동자들은 그들이 남성들과 동등하게 상호작용하기 위해서 필요로 하는 신분과 자원 모두를 제공받을 수 없게 된다. 이런 불의를 교정하기 위해서는 무엇보다 먼저 남성중심의 가치 유형들을 구현한 제도들을 해체하고 그것을 동등성을 촉진하는 유형들로 대체할 필요가 있다. 따라서 이 경우 호네트의 분석은 부분적으로 나의 분석과 겹치게 된다. 하지만 호네트는 문화적 변화 자체만으로 충분하며, 그 핵심은 여성 정체성을 인정하는 데 있다고 주장하지만, 나는 이 두 명제들 모두가 잘못이라고 생각한다.

나 이러한 배제를 단지 업적에 대한 유럽 중심적 표준들을 바꾼다고 해서 치유할 수 있는 것은 아니다. 오히려 우리에게 필요한 것은 금융, 교역, 생산과 관련된 지구적 체계를 전체적으로 새롭게 변경하는 것이다. 그러나 이런 문제들은 인정 일원론의 개념적 범위를 벗어나 있다. 이런 문제들은 지구화하는 자본주의의 체계 동학과 신분 동학 모두를 포괄하는 이차원적인 틀 속에서만 포착될 수 있을 뿐이다.

따라서 일반적으로 말하자면 호네트는 자본주의 사회에서 인정이 가지는 역할을 너무 과장하고 있는 셈이다. 가치에 의해 규제되는 상호작용에만 관심을 집중하게 되면서 그는 문화가 가지는 편재성(ubiquity)과 환원 불가능성에 관한 타당한 통찰을 획득하게 되지만 결국 그러한 통찰을 과도하게 확대시켜버리게 된다. 그는 시장들이 항상 문화적으로 구현된다는 올바른 가정에서 출발하여 시장의 행위들이 전적으로 인정의 동학들에 의해서만 지배된다는 잘못된 결론으로 나아간다. 마찬가지로 그는 자본주의 경제가 순수하게 기술적이고 문화와는 독립되어 있는 체계가 아니라는 올바른 통찰에서 출발하여 자본주의 경제는 그 자체로 분석될 만한 경제적 동학을 전혀 가지고 있지 않다는 잘못된 명제로 나아간다. 마지막으로 그는 모든 사회적 투쟁들이 문화적 차원을 가지고 있다는 올바른 통찰에서 시작하여 모든 투쟁들은 그 자체로 문화적이며 정확히 동일한 방식으로 문화적이라는 우리가 지지할 수 없는 결론으로 나아간다. 결국 호네트는 문화적 전회가 제공한 최상의 통찰들을 성공적으로 수용해내지 못하고 문화적 전회를 최악의 형태로 남용하게 된다. 그는 경제주의를 넘어서 분배와 인정을 모두 포괄하는 보다 풍부한 이론에 도달하지 못하고 불완전한 하나의 패러다임을 다른 불완전한 패러다임으로, 즉 불완전한 경제주의를 불완전한 문화주의로 교체해 버리게 된다.

그렇다면 보다 나은 접근은 무엇인가? 여기서 개진된 모든 숙고들은 한 가지 지점, 즉 인정과 분배를 모두 포함하는 **이차원적** 틀을 지시하고 있다. 이차원적인 틀은 대중적인 경제주의뿐 아니라 환원주의적 문화주의까지 피해나가면서 자본주의 사회를 인정관계의 망으로 환원하지 않는다. 오히려 이차원적 틀은 사회를 이해하기 위해 상호 환원 불가능하면서도 서로 뒤얽혀 있는 두 가지 구별되는 질서 차원들 사이의 상호작용을 분석한다. 즉 시장화된 상호작용과 결합된 경제적 차원과 가치에 의해 규제되는 상호작용과 결합된 문화적 차원이 존재한다는 것이다. 이러한 접근은 몇 가지 장점들을 가지고 있다. 이러한 접근은 단지 도덕적 통합에만 주목하는 대신에 체계 통합에도 주목하며 나아가 양자 사이의 상호작용에도 주목한다. 나아가 이러한 접근은 오로지 인정의 명령들만이 모든 사회적 행위를 직접 지배한다고 결코 주장하지 않으면서 문화적인 평가 도식들이 경제 논리를 통해 굴절되는 시장화된 상호작용의 여지를 허용한다. 마찬가지로 이러한 접근은 모든 사회적 종속을 문화적 가치의 위계질서에 뿌리박고 있는 무시로 환원시키는 대신에 분배적 불의를 수용한다. 분배적 불의는 비록 그것이 신분 위계와 인과적으로 상호작용함에도 불구하고 단지 신분 위계를 반영하기만 하는 것은 아니다. 마지막으로 이러한 접근은 자본주의 사회의 모든 불의들이 문화적 변화에 의해 치유될 수 있다고 주장하지 않으면서 인정투쟁이 평등주의적 분배투쟁과 결합할 것을 요구한다.

이것이 바로 내가 제안한 접근이다. 나는 이러한 접근을 **관점적 이원론**이라고 부름으로써 분배와 인정에 관한 특수한 반직관적 이해 방식을 표현하고자 했다. 나는 분배와 인정 범주를 사회적 영역과 동일시하는 공간적이고 실체적인 해석들과는 달리 그 범주들을 관점적인 것으로, 제도적 구별을 횡단하는 분석적으로 구별되는 질서의 차원들로 해석했다. 따라서 나에게 분배와 인정은 분리된 영역을 점유하고 있는 것이 아니다. 오히려 그것들은 복잡한 종속 형태들을 산출하기 위해 서로에게 침투한다. 따라서 제도화된 가치 유형들은 비록 그것들이 시장화된 상호작용을 직접 지배하는 것은 아니지만 지속적으로 시장화된 상호작용에 침투한다. 또한 비록 도구적인 고려들이 완전한 자유를 향유하는 것은 아니지만 그것들은 가치에 의해 규제되는 영역들 속에서 지속적으로 확산되어 나간다. 결국 분배와 인정은 결코 완전히 분리될 수가 없다. 모든 상호작용은 비록 비율이 다르기는 하겠지만 동시에 두 차원들에 참여한다. 따라서 모든 상호작용들은 이중적으로 분석되고 두 관점에서 평가되어야만 한다. 따라서 호네트에게는 실례가 되겠지만 관점적 이원론은 물질적인 것과 상징적인 것 사이에 "연결 불가능한 간극"을 끌어들이지 않는다. 그것의 주된 목적은 오히려 제도화된 문화적 가치 유형들이 불평등, 분배와 무시를 산출하는 데서 자본주의 경제의 동학과 정확히 어떤 방식으로 상호작용하는지를 탐구하는 것이다. 이는 분배와 인정을 분석적으로 구별하고 그것들의 실제적인 뒤얽힘을 추적할 것을 요구한다. 문화를 전체화하고 경제를 망각하고 그것들의 구별을 부정해버리려는 호네트 식의 결단은 결코 충분한 것이 될 수 없다.

이러한 접근의 합리적 핵심은 자본주의 사회에 대한 이차원적 이해에 있다. 나는 자본주의 사회가 분석적으로 구별되는 두 가지 종속 질서들을 포괄한다고 주장한다. 하나는 주로 경제 체계의 메커니즘에 뿌리박고 있는 계급적 계층화이며, 다른 하나는 대체로 제도화된 문화적 가치 유형들에서 기인하는 신분 위계다. 이 두 가지 질서들은 비록 그것들이 인과적으로 상호작용하기는 하지만 정확히 서로 일치하는 것은 아니다. 따라서 자본주의 사회에는 신분과 계급 사이의 간극이 존재한다. 나아가 이 두 가지 종속 질서들은 각각 분석적으로 구별되는 불의의 유형에 상응한다. 계급적 계층화가 불평등 분배에 상응하는 반면에 신분 위계는 무시에 상응한다. 그러나 도덕적으로 말하자면 이 두 경우 모두에서 결과는 동일하다. 사회의 특정한 구성원들은 다른 사람들과 동등한 자격으로 사회적 상호작용에 참여하는 것을 방해받는다. 따라서 두 가지 종속 질서들은 모두 동등한 참여의 원칙이라는 하나의 포괄적인 원칙을 파괴한다. 그러나 그것들 각각이 그러한 원칙을 파괴하는 방식은 상이하다. 계급 종속이 특정한 행위자가 동료로서 다른 사람들과 상호작용하기 위해 필요한 자원들을 제공하는 것을 거부하는 반면에 신분 종속은 특정한 사람들의 필수적인 지위를 부정한다. 결국 두 경우 모두 불의를 시정하기 위해서는 동등한 참여에 대한 장해물들을 극복하는 것이 필요하게 된다. 불평등 분배를 교정하기 위해서는 자원 불평등을 제거하기 위해 경제 체계를 수정하는 것이 필요하며, 무시를 교정하기 위해서는 제도화된 문화적 가치 유형들을 변화시키는 것이 필요하다. 또한 두 경우 모두에서 목표는 모든 사람들이 동등한 자격으로 참여할 수 있는 사회 상태를 확립하는 것이다.

따라서 호네트의 경우와 달리 나의 틀은 자본주의 사회의 인정 차원을 분배 차원과 연결시켜서 파악한다. 나아가 나의 틀은 인정 차원을 다른 방식으로 이해한다. 나의 경우 인정 차원은 훼손되지 않은 정체성이 아니라 신분적 평등과 관련되며, 그러한 차원의 제도적 표현은 **하나의 총체로서의 신분 질서**이다. 나아가 신분 질서는 현대 사회의 제도들 전 영역에 영향을 미치는 것으로 폭넓게 이해된다. 상이한 공간에서 상호작용을 규제하는 다양한 가치 유형들의 혼성물인 신분 질서는 단지 가족과 법에만 제한되지 않으며, 많은 것들 중 단지 두 가지만 더 언급해본다면, 의사소통 매체와 종교까지 포괄하고 있다. 따라서 호네트와 달리 나는 인정 차원을 각각 상이한 사회적 제도들, 상이한 심리적 상처들, 상이한 규범적 원칙들과 연결되어 있는 세 가지 분리된 영역들로 나누지 않는다. 오히려 나는 현대 사회의 신분 질서는 그러한 선험적 구별을 상정하기에는 너무도 역동적이고 분산적이며 다양하다고 생각한다. 그러나 나는 또한 동시에 이러한 모든 문화적 복잡성의 근저에는 단일한 도덕적 명령, 즉 동등한 참여의 원칙이 존재한다고 주장한다.

그 이유를 설명하기 위해 결혼과 연결되어 있는 젠더 불평등의 경우를 생각해보도록 하자. 여기에는 기혼 여성들이 부부 강간이나 가정 폭력에 대해서 가지고 있는 취약성도 포함된다. 또한 그녀들이 유급 노동이나 정치에 남성들과 동등하게 참여하는 것을 방해하는 양육과 가사에 대한 주된 책임, 열악한 사회복지혜택 수급 자격, 축소되는 망명과 귀화의 권리, 수많은 법적인 장해물 등도 포함된다. 호네트의 주장과는 달리 이러한 불의들은 심리학적으로, 즉 배려 원칙에 의해 지배되는 친밀성 영역 내에 존재하는 개인적 필요에 대한 감수성의 결여에서 기인하는 개인적 정체성에 대한 파괴라는 방식으로 가장 잘 설명될 수 있는 것들이 아니다. 오히려 이런 불의들은 사회적인 것으로, 즉 남성중심적인 신분 질서에서 기인하는 일종의 종속이라는 방식으로 더 잘 설명될 수 있을 것이다. 이러한 남성중심적인 신분 질서는 사회 전반에 퍼져 있으며 **도처에서** 여성들에게 불이익을 주는 방식으로 사회의 경제구조들과 뒤얽혀 있다. 나아가 호네트의 주장과는 달리 결혼이 배려 원칙에 의해 규제된 적은 결코 한 번도 없다. 오히려 대부분의 역사에서 결혼은 배려보다는 재산 축적, 노동의 조직화, 자원의 분배 등과 오히려 더 관계가 깊은 법적으로 규제되는 경제관계였다.[11] 사실 호네트가 정서적인 배려라고 부른 것은 실제적으로는 이데올로기를 통해 신비화되고 은폐된 여성의 노동이다. 따라서 결혼을 통한 기혼 여성들의 신분 종속은 개인적인 배려를 강화함으로써 치유될 수 있는 것이 아니다. 오히려 필요한 것은 젠더 평등을 신장하는 대안을 실현하기 위해 사회 전반에서 남성중심적인 가치 유형들이 산출하는 제도적 제약을 제거하

11 물론 부르주아 사회는 새롭게 출현하는 자본주의 사회라는 "냉혹한 세계에 존재하는 안식처"로서 조화로운 결혼의 이념을 확산시킨다. 그러나 그 결과는 결코 결혼 제도의 경제적 기능들을 제거하는 것이 아니라 오히려 여성의 희생을 대가로 하여 그런 기능을 신비화하는 것이다. 산업 사회에서 여성들의 가사 노동이 더욱더 비가시화되는 것을 생각해보라.

는 것이다. 배려가 아니라 동등한 참여가 결혼 제도를 개혁하는 데서 핵심이다.

또한 문화적 차이에 관한 오늘날의 투쟁을 야기하는 불의들에 대해서도 생각해보도록 하자. 독일 바이에른 지역 학교들의 십자가 부착, 미국 경찰의 인종 차별적인 정보수집 관행, 장애인들에게 불편을 주는 건축 환경 등을 예로 들 수 있을 것이다.[12] 호네트의 주장과는 달리 그러한 불의들을 "권리 영역"에 속하는 것으로 이해하는 것은 문제를 가장 잘 이해하는 방식이 아니다. 그러한 불의들은 방금 언급된 결혼과 관련된 불의를 포함하는 다른 모든 종류의 신분 종속들과 마찬가지로 본질적으로 권리와 관련된 것들이 아니다.[13] 결혼과 관련된 불의들과 마찬가지로 이러한 불의들 역시 특정한 한 영역에 국한될 수 없는 신분 질서로부터 파생된 것이라고 할 수 있다. 이 경우에는 소수자 집단 성원들의 동등한 참여를 부정하는 방식으로 다수자 문화의 규범을 제도화하는 인종 중심적 신분 질서가 문제가

12 이런 불의들은 인정이론이 최근 들어 부활하게 되는 데서 중요한 영감을 제공한다. 그러나 이런 불의들이 호네트의 저서, *The Struggle for Recognition: The Moral Grammar of Social Conflicts*, trans. Joel Anderson(Cambridge 1995)에서는 완전히 무시되고 있다. 결국 이 책에 실린 글들에서 그는 이런 불의들을 재고하게 되며, 그것들이 어떤 인정 영역에 귀속되는지를 묻고, 그것들을 법의 영역, 즉 동등한 자율성 원리에 할당하고 있다.

13 이러한 불의들을 다루는 데서 호네트가 봉착하게 되는 난관들은 그의 문화적 일원론과 결합되어 있다. 여기서 문화적 일원론이란 사회가 노동 체계를 핵심으로 하여 평가를 할당하는 하나의 포괄적인 지평을 통해서 윤리적으로 통합되어 있다(혹은 있어야만 한다)는 유사 뒤르켐적인 가정을 말한다. 노동을 사회적 정체성 분화의 유일한 원천으로 간주하는 이러한 모델은 직업 구별에 상응하지 않는 언어, 종족, 종교와 같은 차이들을 말살한다. 그 결과 문화적 차이에 대한 인정 요구들은 간과된다. 이는 결국 호네트의 틀이 우리 시대에 가장 현저하게 나타나는 투쟁들을 적절히 다룰 수 없다는 것을 의미한다.

된다고 할 수 있을 것이다. 또한 결혼과 관련된 불의의 경우와 마찬가지로 이러한 불의들 역시 단지 법적인 제도가 아니라 사회 전반에 유포된 가치 유형들을 극복함으로써만 교정될 수 있을 것이다. 마지막으로 결혼과 관련된 불의의 경우와 마찬가지로 여기서도 역시 주도적인 원칙은 동등한 참여다. 동등한 참여의 원칙은 평등한 자율성의 이상에 구체적인 민주적 내용을 제공한다고 할 수 있는데, 이에 대해서는 마지막 장에서 다시 설명하도록 하겠다.

호네트가 나의 접근이 권리상의 평등을 위한 투쟁들을 간과하고 있다고 주장하고 있기 때문에 권리와 관련된 논점에 대해서는 좀 더 논의할 필요가 있다. 사실 관점적 이원론은 비록 그것이 권리를 하나의 영역으로 간주하지는 않지만 그러한 투쟁들에 대해 **잘** 설명하고 있다. 관점적 이원론은 권리를 정의의 두 차원, 즉 분배와 인정 모두에 속하는 것으로 파악한다. 이 정의의 두 차원에서 권리는 종속을 야기하는 도구가 될 수 있는 동시에 종속을 치유하는 수단이 될 수도 있다. 인정의 측면에서 볼 때, 몇몇 권리 영역의 투쟁들은 동성 간 결혼에 대한 법적 인정을 추구하는 운동들에서 볼 수 있는 것처럼 명백히 법제화된 신분 종속들을 제거하는 것을 그 목표로 삼고 있다. 몇몇 다른 투쟁들은 인종차별적인 정보수집을 불법화하거나 장애인들의 접근권을 보장하기 위한 운동들에서 볼 수 있는 것처럼 법제화되지 않은 신분 종속을 시정하기 위해서 법에 호소한다. 특수한 한 영역에 국한되지 않는 그러한 투쟁들은 그것이 어디에서 등장하든 가족, 직업적 관행, 건축 환경 등 신분 질서 전반을 횡단하면서 동등성을 방해하는 규범들을 공격 목표로 삼는다. 한편 분배 측면에서는 계급 편향적인 세금 부과 및 상속 관련 법률들을 변화시키기 위한 노력들이 법적으로 강제되는 경제적 불평등을 완화시키고자 한다. 그리고 기업의 소유권을 박탈하고, 국제 환율을 통제하고, 조건 없는 보편적인 기본 소득을 보장하는 새로운 법률들을 입안하고자 하는 투쟁들은 보다 근본적인 변화를 도모하고 있다. 정치경제에 대한 변화를 도모하는 이러한 투쟁들 역시 권리를 특정한 영역으로 제한하려는 시도들을 좌절시킨다.

권리의 문제는 차치하더라도 여기서의 주된 결론은 다음과 같다. 관점적 이원론은 자본주의 사회의 인정 차원을 분배 차원과 관련시켜 파악할 뿐 아니라 호네트의 접근보다도 인정 차원을 더 잘 설명하고 있다는 것이다. 호네트가 무시를 심리학적으로 분석하는 반면에 나의 접근은 **신분 종속**의 문제로서 무시가 가지고 있는 **사회적** 특성을 부각시킨다. 그 결과 나는 정체성 훼손의 유형에 따라서 무시의 종류를 구별하는 대신에 그것들 모두가 공통적으로 야기하는 사회적 결과를 강조한다. 모든 무시는 그들이 동료로서 참여하는 것을 방해하는 방식으로 특정한 부류의 사람들이 사회의 완벽한 구성원이 되지 못하게 만든다. 이로 인해 지구화하는 현대 자본주의에 적합한 인정에 관한 비판사회학이 나타나게 된다. 나는 문화적 질서를 세 가지 인정 영역들로 구별하는 대신에 모든 영역을 관통하는 횡단적인 **신분 질서들**에 대한 이론을 제시한다. 동시에 관점적 이원론은 사회적인 타당성을 가지는 도덕이론 역시 제공하고 있다. 관점적 이원론은 심리적 상처에 관한 각각의 범주들에 상이한 규범적 원칙을 부과하는 대신에 불의가 불의라고 불려질 만한 이유는 그것들이

동등한 참여라는 **단일한** 원칙을 파괴하기 때문이라고 주장한다. 마지막으로 이러한 접근은 정치적으로 책임감 있는 실천적 결론을 함축한다. 각각의 유형의 무시를 그에 상응하는 원칙들을 미세하게 조정하여 치유하자고 주장하는 대신에 이러한 접근은 그러한 모든 유형의 무시에 공통적으로 요구되는 사회적 시정 방안을 제시한다. 즉 이러한 접근은 동등한 참여를 방해하는 문화적 가치 유형들에 기초한 제도들을 해체하고 동등한 참여를 촉진하는 가치 유형들로 그것들을 대체할 것을 주장한다.

호네트는 분배와 인정에 대한 나의 범주적 구별이 사회적 재생산에 관한 이론을 결여하고 있기 때문에 자의적이고 근거가 없는 것이라고 주장했다. 이제 분명하게 드러났겠지만 이는 사실이 아니다. 오히려 관점적 이원론은 두 수준의 개념을 가정함으로써 자본주의 사회들이 체계적으로 통합된 시장 질서를 가치에 의해 규제되는 사회 질서들로부터 분화시켜 나간다고 주장한다. 그 결과 체계 통합과 사회 통합 모두는 자본주의 사회들에 필수적인 것들이 된다. 따라서 호네트의 접근과 달리 나의 접근은 이 두 차원 모두에 주목하면서 그들 사이의 상호작용을 밝혀낸다.[14] 관점적 이원론은 이런 방식

14 이런 점에서 나의 접근은 위르겐 하버마스의 접근과 유사하다. 그러나 하버마스와 달리 나는 체계와 생활세계 사이의 구별을 실체화하지 않는다. 나는 그러한 구별을 관점과 관련된 것으로 간주하며, 이로 인해 나는 "생활세계 식민화"에 대한 그의 일방향적 설명보다 더욱 복잡한 방식으로 양자 사이의 뒤얽힘을 설명할 수 있게 된다. 하버마스의 접근법에 대해서는 *The Theory of Communicative Action*을 참조하라. 이에 대한 비판은 Nancy Fraser, "What's Critical About Critical Theory? The Case of Habermas and Gender," *Unruly Practices: Power, Discourse and Gender in Contemporary Social Theory*(Minneapolis & London 1989)를 참조하라.

으로 도덕적 통합에 대해서 응당한 의미를 부여하지만, 도덕적 통합을 부당하게 "우선적인 것으로" 해석하거나 과도하게 그것을 확대시키지는 않는다. 그 결과 문화적 전회의 최고의 통찰들을 수용하는 사회이론 틀이 도출되게 된다. 현재 유행하고 있는 문화주의에 대해 일정한 거리를 유지하는 이러한 접근은 현대 자본주의에서 문화와 인정이 차지하는 지위에 대한 **비판**이론이 성립할 수 있도록 해준다.

3장 자유주의적 평등

정의를 훼손되지 않은 정체성의 윤리로 환원시키는 것에 대한 반론

논쟁의 세 번째 중심 주제는 비판이론의 규범적 요소, 즉 비판이론의 정의관과 제반 요구들을 평가하는 비판이론의 도덕적 기준과 관련된 문제다. 이러한 문제들이 오랫동안 도덕철학의 핵심적인 관심사이기는 했지만, 오늘날 이 문제들은 새롭게 긴급한 주제로 부상하고 있다. 지구화가 국경을 넘어서는 사람들과 의사소통의 흐름을 가속화하는 오늘날, 다양한 가치 지평들이 서로 부딪치게 되면서 놀라운 결과들이 산출되고 있다. 우리 모두는 "타자"의 새로운 근접성 그리고 동일성과 차이의 새로운 부상을 경험하게 된다. 그로 인해 자기 폐쇄적인 신분 질서들은 분쇄되고 인정을 요구하는 강력한 투쟁들이 분출하게 된다. 물론 그러한 투쟁들이 새로운 현상은 아니다. 그러나 이러한 투쟁들은 오늘날의 상황 속에서 새로운 방식으로 부상하고 있다. 왜냐하면 그러한 투쟁들이 과거 케인스주의적 포드주의 시기에 분배 정치에 특권을 부여했던 국민국가 틀을 파열시키고 있기 때문이다. 때문에 오늘날 인정투쟁은 점점 더 국가나 종교에 의해 제약받지 않게 되며, 전 세계적인 경세적 불평등의 확대에도 불구하고 점차 분배투쟁과 결별하게 된다. 이로 인해 우리의 규범적 판단들에도 새로운 압력이 부과된다. 경쟁적인 인정 요구들의 공격과 상충하는 가치 도식들의 한복판에서 우리들은 다음과 같은 문제들에 대한 결정을 강요받는다. 어떤 요구들이 참으로 해방적인 것이며 그렇지 못한 요구들은 어떤 것들인가? 어떤 인정투쟁들이 정의를 신장시키며 그렇지 못한 것들은 어떤 것들인가? 우리는 어떤 투쟁들을 지지하고 어떤 투쟁들을 거부할 것인가?

문제는 이러한 질문들에 대한 판단을 내리기 위한 확실한 출발점을 확보하는 것이다. 현재 상황에서 사회를 문화적으로 동질적인 것, 즉 어떤 하나의 보편타당한 가치 지평에 호소함으로써 인정 요구들을 윤리적으로 판단할 수 있는 하나의 전체로 간주하기란 거의 불가능하다. 오히려 우리는 그 어떤 하나의 지평도 다른 것들에 대해서 결코 우월성을 주장할 수 없는 상이한 가치 지평들을 가로지르면서 그러한 요구들을 평가해야만 한다. 이로 인해 비판이론은 **비분파적인** 정의론을 필요로 하게 된다. 특수한 윤리적 가치 도식을 가정하지 않는 그러한 정의론은 좋은 삶에 관한 다양한 합당한 구상들과 공존할 수 있어야만 한다. 그렇지만 언뜻 보기에 가치 있어 보이는 모든 요구들이 자동적으로 수렴하게 될 것이라고 생각하는 것 역시 합당하지 못한 생각이다. 오히려 우리는 예를 들어 문화적 인정 요구들이 젠더 평등에 대한 요구들과 상충하는 경우와 같은 어려운 경우들을 다루어 나갈 준비를 하고 있어야만 한다. 때문에 비판이론은

명확한 정의론을 필요로 하게 된다. 단순한 상호 무관심을 거부하는 그러한 정의론은 상충하는 입장들을 판결하고 난관을 해소하기 위한 기준을 제공해야만 한다.

따라서 일반적으로 말하자면 무엇이 필요한지는 명백하다. 비판이론은 두 가지 조건을 동시에 충족하는 정의론을 담고 있어야만 한다. 한편으로 정의론은 분파주의를 피할 수 있을 정도로 충분히 **일반적**이어야만 한다. 다른 한편으로 정의론은 갈등에 대해 판결을 내릴 수 있을 정도로 **명확**해야만 한다. 일반적이면서도 동시에 명확한 정의론만이 지구화의 도전에 대응할 수 있을 것이다.

호네트와 나는 바로 이러한 이론을 전개하고자 해왔다. 이러한 과정에서 우리는 자유주의 전통의 핵심 개념들, 즉 인간의 평등한 자율성과 도덕적 가치로 되돌아가게 되었다. 우리 두 사람은 이러한 이념들을 현재의 도전들에 대응할 수 있을 정도로 충분히 일반적이고 명확한 형태로 새롭게 제시하고자 하였다. 마지막으로 우리 두 사람에게 인정이라는 범주는 동등한 도덕적 가치와 정의 요구 모두를 설명하는 데서 중요한 역할을 수행하고 있다.

그러나 다시 한 번 우리는 상이한 길을 걷게 된다. 호네트는 좋은 삶에 대한 이론 없이는 자유주의의 이상들을 적합하게 밝혀내는 것이 불가능하다고 주장한다. 때문에 그는 그의 정의론의 기초를 인간적 번영(flourishing)이라는 개념에 두고 있다. 그가 제시하는 이러한 개념은 심리학적이며, 이는 도덕심리학에 대해서 그가 우선성을 부여하는 것과도 부합한다. 따라서 호네트에게 인간적 번영의 주요한 요인은 "훼손되지 않은 정체성"이다.[15] 자유주의에 대한 그의 재구성에 따르면 사회는 오직 모든 성원들의 훼손되지 않은 정체성을 발전시키도록 허용하는 경우에만 정의롭다고 할 수 있다. 다시 이는 상이한 세 가지 종류의 인정에 기초하고 있는 세 가지 유형의 건강한 자기관계를 요구하게 된다. 사랑과 배려를 통한 자신감, 법적 권리에 기초한 자존감, 자기 자신의 노동에 대한 사회적 가치평가에 근거한 자부심이 바로 그것이다. 따라서 호네트에 따르면 정의는 좋은 삶이 요구하는 배려, 존중, 존경(가치부여)을 개인들에게 제공하는 인정 질서를 요구한다.[16] 나아가 우리가 본 바와 같이 그는 인정에 대한 이러한 삼원적 이해가 정의가 가지는 모든 의미를 담고 있다고 주장한다. 따라서 모든 진정한 정의 요구는 훼손되지 않은 정체성을 강화하기 위한 인정 요구이다. 모든 인정 요구들은 목적론적으로,

15 사실 여기에는 모호성이 존재한다. 몇몇 단락들에서 호네트는 훼손되지 않은 정체성을 강화하는 것을 인간적 번영의 **주된 요인**으로 간주하면서 좋은 삶을 적합한 인정을 누리는 삶과 결과적으로 동일시하고 있다. 그러나 다른 단락들에서 그는 훼손되지 않은 정체성을 강화하는 것을 인간적 번영을 위한 **주된 선결조건**으로 간주하면서 인정을 좋은 삶을 위한 도구로 간주하고 있다. 그러나 이 두 경우 모두에서 심리적인 본래성(intactness)은 인간적 번영에서 유일하게 중요한 요인으로 간주되고 있다. 결국 요인으로 해석되든 선결조건으로 해석되든 간에 호네트는 정체성의 완전성(integrity)이 자기실현을 위한 필요조건인 동시에 충분조건이라고 생각하고 있다.

16 여기서도 역시 모호성이 나타난다. 몇몇 단락에서 호네트는 정의가 모든 개인들이 필요로 하는 형태의 인정을 **실제로 제공하는** 인정관계를 요구한다고 주장한다. 반면에 다른 단락에서 그는 정의는 개인들이 필요한 형태의 인정을 획득할 수 있는 **동등한 기회**를 제공하는 인정관계들만을 요구할 뿐이라고 주장한다. 그러나 두 가지 접근 모두가 전적으로 만족스럽지는 못하다. 첫 번째 접근은 정당한 사회가 실제로 보증해야만 하는 권리들에 기초한 존중에 대해서는 잘 들어맞지만, 정당한 사회가 실제로 보증할 수 없는 업적에 기초한 존경(가치부여)에는 들어맞지 않는다. 반대로 두 번째 접근은 동등한 기회를 적합한 기준으로 삼는 자부심의 경우에는 잘 들어맞지만, 실질적 평등이 요구되는 자존감의 경우에는 잘 들어맞지 않는다.

즉 호네트가 이해하는 좋은 삶을 실현하기 위한 수단으로써 정당화 된다.

이러한 접근은 일원론과 심리학을 강조하는 두 측면 모두에서 호네트의 기획에 충실한 것이다. 그러나 이러한 접근은 정의론으로서는 결함을 가지고 있다. 특히 이러한 접근은 비분파성과 명확성에 관한 요구를 충족시키지 못한다. 이러한 접근은 오직 다른 한 가지 요구를 희생시킴으로써만 이 요구들 중 한 가지를 충족시킬 수 있을 뿐이다.

분파주의를 피해야 한다는 사실을 고려한다면, 호네트는 인간적 번영이라는 그의 개념이 그 어떤 실체적 내용을 가지고 있다는 사실을 부정해야만 한다. 왜냐하면 만일 그가 그러한 개념의 내용을 제시하게 된다면, 그 개념은 결국 구체적인 여러 윤리적 이상들 중의 하나가 되어버릴 것이기 때문이다. 그 경우 그의 정의론은 다른 대안적인 윤리적 이상을 추구하는 사람들에게도 구속력을 가지는 책무들을 정당화할 수는 없게 될 것이다. 왜냐하면 그렇게 하는 것은 결국 그들의 자율성을 침해하게 될 것이기 때문이다. 실체적 내용에 대한 이러한 비판은 배려, 존중, 가치부여뿐 아니라 인정이나 훼손되지 않은 정체성과 같은 호네트의 핵심적인 규범적 범주들 모두에 대해서도 마찬가지로 적용된다. 이러한 개념들 모두가 인간적 번영을 구성하는 요소들로 해석되기 때문에, 그것들 역시 내용을 담고 있어서는 안 된다. 다시 말해 만일 그러한 개념들 중 하나라도 구체적인 내용을 가지게 된다면, 전체적인 개념 구조는 여러 가지 좋은 삶들 중 한 가지 삶에 대한 분파적인 관점으로 전락하게 될 것이다.

이 경우 호네트의 정의론은 불가피한 취약성을 가지게 될 것이다. 그리고 그런 정의론은 상이한 가치 지평들을 횡단하는 갈등들을 공정하게 중재할 수도 없게 될 것이다.

따라서 비분파성에 대한 요구를 충족시키려면 호네트는 그의 규범적 범주들을 완전히 **형식적인** 것으로만 해석해야 한다. 그는 배려, 존중, 존경(가치부여)이 **모든** 합당한 윤리적 지평 내부에서 합당하게 좋은 것으로 간주될 수 있는 **모든** 삶에 대한 형식적 요구들이라고 주장해야만 한다. 그러나 이는 다른 종류의 난점을 야기하게 된다. 일단 그의 인정 원칙들이 내용 없는 것이 되어버리게 되면, 호네트의 정의론은 상충하는 요구들을 평가할 수 있는 충분한 명확성을 상실하게 되기 때문이다.

업적 원리를 예로 들어보자. 우리가 살펴본 바와 같이 호네트는 분배 요구를 평가하기 위해서 업적 원리에 호소하고 있으며, 그는 분배 요구를 자신의 노동에 대해 적합한 평가를 내려달라는 요구로 해석하고 있다. 그러나 업적 원리는 구체적으로 노동의 사회적 가치를 평가하기 위한 내용적인 윤리적 지평을 함축하는 것으로 해석될 수가 없다. 왜냐하면 만일 이렇게 되면, 그 원칙은 사회적 행위자들이 단일한 가치 지평을 공유하지 않는 윤리적 다원주의 상황 속에서 분배와 관련된 갈등들을 공정하게 평가할 수가 없게 될 것이기 때문이다. 때문에 업적 원리는 형식적으로 이해되어야만 한다. 그러나 이 경우 그 원리가 요구하는 것은 무엇인가? 호네트는 정의가 모든 사람들의 사회적 기여를 적합하게 평가할 것을 요구한다고 말한다. 그러나 그는 그 어떤 합의된 내용적 기준도 없는 상황에서 우리가 어떻게 그러한 평가에 도달할 수 있게 되는지에 대해서는 우리에게 아무것도 말해주지 않는다. 또한 그는 그러한 평가가 언제 어디서 정의롭게 되는 것인지를 우리가 알 수 있는 방법이 무엇인지도 말해주지 않는다. 마지막으로 그는 결국 정확한 평가란 바로 규제 없는 시장에 의해 부과되는 평가일 뿐이라고 주장하는 신자유주의자들에게 우리가 어떻게 답해야만 할지도 말해주지 않는다. 실망스럽게도 이런 문제들에 대해 침묵하는 호네트의 "업적 원리"는 정당화된 요구와 그렇지 않은 요구들을 구별할 수 있는 그 어떤 토대도 제공하지 않는다. 그저 표면적으로만 규범적일 뿐인 이런 식의 기준은 그 명확성을 포기함으로써만 분파주의를 극복할 수 있다.

호네트의 배려 원리의 경우에도 유사한 문제들이 발생한다. 그 구성이 문화적으로 다양한 만큼이나 정치적으로도 논쟁이 되고 있는 "친밀성 영역"에 할당된 배려 원리 역시 윤리적인 분파주의를 피하기 위해서는 형식적으로 해석되어야만 한다. 그러나 이 경우 역시 배려 원리는 상충하는 요구들을 평가할 수 있을 만큼 충분한 명확성을 제공하지 못하게 된다. 완전히 형식적으로 이해된 배려라면 한편으로 전통적인 전업 양육이 가지는 상대적 장점이 무엇이고, 다른 한편 젠더의 구별을 넘어서는 양육이 가지는 장점은 무엇인지를 평가할 수 있는 방법을 어떻게 제시할 수 있을 것인가?

물론 업적과 배려가 특별히 분파주의와 불명확성의 딜레마에 취약한 것은 사실이다. 그렇지만 동등한 존중이라는 훌륭한 원리 역시 호네트의 설명방식에서는 난관에 부딪치게 된다. 우리가 살펴본 바와 같이 호네트는 동등한 존중의 원리를 "권리 영역"과 연결시키며 법적인 평등을 쟁취하기 위한 투쟁들을 평가하기 위해서 그 원리에 호소하고 있다. 그는 바로 이 항목 하에 1부에서 논의된 머리 스카프에 관한 논쟁들과 같은 문화적·종교적 논쟁을 포함시키고 있다. 결국 호네트가 보기에 그러한 논쟁들은 자율적 인격성에 대한 동등한 존중이라는 원리에 호소함으로써 해결될 수 있다. 이러한 접근은 논란이 되는 관습에 대한 윤리적 평가를 회피함으로써 분파주의를 극복할 수 있다고 그는 주장한다. 그러나 그러한 원리가 명확한 해결책을 결정할 수 있는 능력이 있는지는 여전히 의심스럽다. 호네트에게 존중은 훼손되지 않은 정체성을 위한 필수적 구성요소가 되고 있다는 점을 다시 떠올려보자. 만약 그렇다면 결국 우리는 호네트가 이 원리를 심리학적으로 해석하고자 한다고 생각해볼 수 있을 것이다. 왜냐하면 여기서 요구를 제기하는 사람들이 갖는 주관적 존엄성을 강화시키는 모든 관습들은 권리로 인정되어야만 하기 때문이다. 그러나 이런 경우 그 원리는 한 집단이 경험하는 존엄성이 다른 집단이 경험하는 모욕감과 연계되어 있는 갈등 상황들을 평가할 수 없게 될 것이다. 그렇다면 이제 동등한 존중 역시 형식적으로 이해되어야 한다고 가정해보자. 그 경우 이 원리가 요구하는 것은 정확히 무엇인가? 동등한 존중은 보수주의자들이 주장하는 바와 같이 형식적인 평등과 표면적인 중립성만을 요구하는 것인가? 아니면 자유주의자들이 주장하는 것처럼 기회의 평등과 같이 보다 많은 것을 요구하는 원리인가? 마지막으로 그것도 아니면 그 원리는 내가 주장하는 동등한 참여 원리와 같이 보다 설득력 있게 결과를 지향하는 표준을 요구하는가? 호네트는 이런 중요한 문제에 대해서도 역시 아무런 언급도 하지 않는다.[17] 그 결과 동등한 존중에 관한 그의 인정 원리는 정당한 요구와 그렇지 못한 요구를 구별할 수 있을 정도의 충분한 명확성을 결여하게 된다. 한 집단의 인정 요구가 다른 집단의 인정 요구와 부딪치는 갈등 상황에 대해 평가를 내릴 수 없는 이런 원리는 여기서도 역시 명확성을 희생시킴으로써만 분파주의를 피할 수 있게 된다.

따라서 일반적으로 말하자면 호네트의 세 가지 원리들 중 그 어느 것 하나도 두 가지 요구들을 동시에 충족시키지 못한다. 나아가 이 세 원리들을 모두 결합하게 되면 부가적인 문제들이 발생하게 된다. 우리가 살펴본 바와 같이 호네트는 마치 그 원리들이 상충하지 않는다는 것이 확실하기라도 한 것처럼 각각의 인정 원리들을 해당하는 사회적 영역들에 할당하고 있다. 그러나 사실 인정 영역들은 소득을 분배하는 문제의 사례가 증명하는 바와 같이 서로 분리되어 있지 않으며 또한 분리될 수도 없다. 내가 막 지적한 바와 같이 호네트는 이에 관한 논란들을 성과에 기초한 업적 원리에 귀속시키고 있다. 그러나 그는 동시에 민주적인 복지국가가 동등한 존중의 원리에서 파생된 또 다른 기준도 만들어내고 있다는 점에 대해서 명백히 찬성하고 있다. "사회적 시민권"과 관련된 이 두 번째 기준은 특정한 사람들이 가지는 동등한 시민으로서의 지위를 위태롭게 만드는 소득 불평등을 배제한다.[18] 그렇다면 여기에는 서로 상충하기 쉬운 두 가지

17 물론 그는 "보편성과 특수성의 도덕적 변증법"에 대해서 넌지시 언급하고 있으며, 이것이 동등한 참여와 유사한 어떤 것을 의미**할 수도** 있을 것이다. 그러나 더 이상의 해명이 없기 때문에 우리가 사용할 수 있는 어떤 기준이 여기서는 드러나지 않는다.

상이한 분배 정의 규범들이 존재하게 된다. 업적 규범은 개인이 이룩한 성과를 중시하는 반면에 존중 규범은 사회적 연대성을 우선시한다.[19] 따라서 분배 정의 이론은 만일 그것이 이 원리들 사이의 우선성에 등급을 설정하지 않는다면 두 가지 모두를 포괄할 수가 없다. 그러나 호네트는 이를 성공적으로 수행하지 못한다. 오히려 그는 세 가지 "동등하게 중요한" 인정 원리들에 대해서만 언급하면서 특정한 사람들의 노동이 기여한 바를 평가하는 것이 다른 사람들의 동등한 시민권을 부정하는 결과를 낳는 경우 우리가 어떤 행동을 해야만 하는지를 말해주지 못하고 있다. 그러한 갈등 상황을 해결할 방법을 결여하고 있는 그의 삼분법적 인정 일원론은 또 다른 차원의 불명확성에 빠져들게 된다.

결론적으로 말해서 호네트는 실행 가능한 정의론을 제시하지 못하고 있다. 내가 보기에 근본적인 문제는 그의 목적론적인 출발점에 있다. 정의에 관한 자신의 설명의 기초를 좋은 삶에 관한 이론에 둠으로써 그는 윤리적 분파주의에 빠지지 않기 위해서 이상한 논의를 할 수밖에 없게 된다. 그는 자신이 말하는 규범적 원칙들을 형식적

18 사실 사회적 시민권 원칙은 내가 제시한 동등한 참여 개념에 의거하여 해석될 수 있다. 이 경우 사회적 시민권은 모든 사회적 행위자들에게 그들의 사회적 공헌도와는 무관하게 그들이 동료로서 다른 사람들과 상호작용하기 위해서 필요로 하는 자원들을 제공하는 것을 보증하게 될 것이다.

19 또한 우리는 더 나아가 세 번째 분배 원칙을 도출하기 위해 호네트가 말한 배려 개념에 호소할 수도 있을 것이다. 이러한 배려 원칙은 욕구(예를 들면 특정한 수준의 "기본적 욕구"를 충족시켜 달라는 요구)를 통해서 혹은 복지(특정한 수준의 개인적 복지에 대한 요구)를 통해서 이해될 수 있을 것이다. 하지만 어느 경우든 결국은 원칙들 사이의 상충이 발생할 소지는 더 커지게 될 것이며, 따라서 결정 불가능성의 여지 역시 확대될 것이다.

으로 해석할 수밖에 없게 되면서 이러한 원리들의 실질적 내용을 제거할 수밖에 없게 되며, 그로 인해 그것들의 규범적 힘들마저 제거하게 된다. 목적론에 내장된 분파주의의 유혹에 저항하면서 그는 결국 불명확성에 빠져들게 된다. 그 결과 아이러니하게도 공허한 형식주의를 극복하고자 했던 윤리적 출발점 그 자체가 도덕적 진공 상태로 추락하게 된다.

그렇다면 실행 가능한 접근법은 도대체 무엇인가? 어떤 정의론이 비분파성과 명확성이라는 요구조건들을 동시에 충족시킬 수 있는가? 내가 제안했던 접근은 좋은 삶에 대한 이론이 아니라 근대 자유주의의 핵심적인 도덕적 이상, 즉 인간의 동등한 자율성과 동등한 도덕적 가치에 관한 이상에서부터 출발하고 있다. 내 생각에 이러한 이상은 윤리적 자기실현에 그 기초를 둘 필요가 없다. 왜냐하면 이러한 이상의 근본 요지는 도덕적 주체들이 그러한 윤리를 스스로의 힘으로 정식화할 수 있도록 하는 데 있기 때문이다. 그러나 그러한 이상이 가지는 완전한 의미를 설명하고 그러한 이상의 규범적 함축들을 밝힐 필요는 있다. 내가 보기에 동등한 자율성이 함축하는 바는 오로지 의무론적으로만, 다시 말해서 좋은 삶에 대한 합당한 관점들의 다원성과 양립이 가능한 정의론을 통해서만 설명될 수 있다. 애초부터 비분파적이라고 할 수 있는 그러한 이론을 구성하는 규범적 원칙들은 그 내용을 제거할 필요가 없다. 내가 설명하겠지만 오히려 그러한 원리들은 갈등하는 요구들을 평가할 수 있을 정도로 충분히 풍부한 도덕적 내용을 가지고 있다.

나의 접근에서 동등한 자율성이 가지고 있는 함축은 **동등한 참여**

를 핵심 원리로 하는 정의론을 통해서 밝혀진다. 의무론적이고 비분파적인 동등한 참여의 원리는 윤리적 불일치의 합당성과 인간의 동등한 도덕적 가치 모두를 가정한다. 동등한 참여는 원칙적으로 그 스스로 동등한 자율성을 존중하고 있는 좋은 삶에 대한 모든 이해방식들과, 즉 특정한 이해방식에 동의하는 사람들뿐 아니라 그에 동의하지 않는 사람들과도 양립 가능하다. 또한 동시에 동등한 참여의 원리는 그러한 존중이 요구하는 바가 무엇인지에 대한 특수한 해석도 제시한다. 평등에 대한 형식적 이해를 불충분한 것으로 거부하는 동등한 참여의 원리는 타자들의 동등한 자율성과 도덕적 가치를 존중하기 위해서는 우리가 그들에게 완전한 사회적 상호작용의 동반자로서의 지위를 부여해야만 한다고 주장한다. 이는 나아가 모든 사람들이 동등한 참여의 제도적 예비조건들에 접근할 수 있어야 함을 의미한다. 여기에는 무엇보다도 먼저 다른 사람들과 동등한 자격으로 참여하기 위해서 요구되는 경제적 자원과 사회적 지위가 포함된다. 이렇게 보면 동등한 참여를 방해하는 모든 것은 동등한 존중을 성취하지 못했음을 의미하게 된다. 그리고 참여를 위한 사회적 예비조건들에 대한 접근을 부정하는 것은 동등한 자율성에 헌신하겠다는 사회적 선언을 조롱하는 것이 된다.

동등한 참여는 동등한 자율성에 대한 **급진민주주의적 해석**을 제공한다. 동등한 참여의 원리는 표준적인 자유주의적 해석들 이상의 것을 요구하며, 이는 의무론적일 뿐 아니라 실체적이기도 하다. 한편으로 이 원리는 완전한 사회적 참여를 방해하는 경제적 장해물들을 제거할 것을 명령하며, 이를 통해 분배에 대한 요구를 판단할 수 있는 기준을 제공한다. 즉 이에 따르면 오직 경제적 불평등을 감소시킬 수 있는 요구들만이 정당화될 수 있다. 다른 한편으로 이 원리는 제도화된 문화적 장해물들 역시 제거할 것을 명령하며, 이를 통해 인정에 대한 요구를 판단할 수 있는 기준 역시 제공한다. 즉 이에 따르면 오직 신분의 평등을 촉진하는 요구들만이 정당화될 수 있다. 물론 이 두 경우 모두에서 우리는 부당한 결과들을 산출하지 않도록 주의해야만 한다. 때문에 우리는 동등성의 기준을 이중적으로 적용해야만 하며, 계급 불평등을 완화시키고자 했던 개혁들이 신분 불평등을 강화시키는 것으로 종결되거나 그 반대 경우가 발생하지 않도록 해야만 한다. 마찬가지로 우리는 그러한 기준을 종속의 횡단 축들을 주시하면서 적용하여, 예를 들면 젠더 평등을 강화하고자 하는 개혁들이 성, 종교, "인종"과 같은 다른 축들에서의 불평등을 악화시키지 않도록 유념해야 한다. 나아가 마지막으로 이런 문제들이 매우 논쟁적인 만큼 동등성의 기준은 대화적으로만, 즉 공적 토론의 민주적 과정을 통해서만 적합하게 적용될 수 있다. 내가 이언 샤피로(Ian Shapiro)의 논증에 기대어 1부에서 설명했던 바와 같이 이러한 조건은 **민주적 정의**에 관한 모든 설명에 대해서 유효하다.[20] 공적 이성의 중요한 관용구로 간주되고 있는 동등한 참여의 원리는 인정과 분배라는 정의의 두 차원 모두에서 발생하는 상충하는 요구들을 평가할 수 있을 정도로 충분히 풍부한 도덕적 내용을 가지고 있다.

20 정의에 대한 이런 방식의 민주적 접근을 최근 들어 숙고하고 옹호하는 시도에 대해서는 Ian Shapiro, *Democratic Justice*(New Haven 1999)를 참조하라.

이런 방식으로 이해하게 되면 정의를 동등한 참여로 보는 관점은 의무론적인 동시에 실체적이다. 그 결과 이러한 정의관은 도덕철학에서 가능한 선택과 관련하여 호네트의 설명이 가지고 있는 한계를 넘어서게 된다. 호네트의 설명에 따르면, 그 자신이 선호하는 두터운 "목적론적 자유주의"와 하버마스나 롤스와 연관된 얇은 "절차적 자유주의"라는 두 가지 가능성들만이 존재한다. 그러나 동등한 참여로서의 정의는 이러한 두 이념형 중 어느 것에도 해당되지 않는다. 동등한 참여로서의 정의는 윤리적 토대들을 거부한다는 점에서 목적론적 자유주의와 구별되며, 실체적 정의 요구들을 제시한다는 점에서 자유주의적 절차주의와도 구별된다. 따라서 이러한 접근은 호네트가 간과한 가능성을 보여주고 있다. 목적론적 분파주의와 절차주의적 형식주의 모두를 거부하는 동등한 참여로서의 정의는 **두터운 의무론적 자유주의**라는 도덕철학의 제3의 양식을 예시하고 있다.

그러나 이러한 두터운 의무론적 자유주의를 정당화해주는 것은 무엇인가 하는 문제는 여전히 남아 있다. 좀 더 세부적으로 말하자면 정의를 동등한 참여로 보는 급진민주주의적 관점을 정당화해주는 것은 무엇인가 하는 것이다. 호네트의 경우를 상기해보면 그러한 관점은 만일 좋은 삶에 대한 이론에 기초하지 않는다면 그저 자의적인 것에 불과할 뿐이다. 그러나 동등한 참여는 사실 그 중 어느 것도 윤리적이지 않은 보완적인 두 가지 계열의 논증들을 통해서 올바른 철학적 토대를 발견하게 된다. 첫 번째 논증 계열은 개념적인 것이다. 여기서 근본이 되는 생각은 동등한 자율성은 그것이 적합하게 이해되는 경우 다른 사람들과 동등하게 사회적 삶에 참여할 실질적 자유를 수반하게 된다는 것이다. 이런 이해방식에 도달하지 못하는 모든 견해는 인간의 동등한 도덕적 가치가 가지는 완전한 의미를 포착해내지 못하게 된다. 예를 들어 모든 인간의 동등한 도덕적 가치라는 이상은 동등한 형식적 권리를 통해서는 제대로 구현될 수 없다. 형식적 권리는 그것이 행사되기 위한 필수적 예비조건들을 결여하고 있다는 점에서 공정 가치를 확보하지 못하고 있다. 그러한 형식적 권리들은 그것들이 가지는 상징적 중요성에도 불구하고 전적으로 명목적인 것으로 그칠 뿐이다. 모든 사람들이 실제로 동료로서 상호작용할 것을 보증하는 방식으로 모든 조건들이 갖추어진 경우에만 각 개인들의 동등한 도덕적 가치가 존중될 수 있다. 따라서 동등한 참여는 사회적 행위자로서 인간이 가지는 동등한 자율성을 동등하게 존중한다는 것과 다를 바 없다. 물론 이러한 개념적 논증은 동등한 존중이라는 자유주의의 핵심 규범이 가지는 규범적 타당성을 전제하고 있으며 따라서 그러한 이상 자체를 거부하는 사람들을 설득할 수는 없을 것이다. 그럼에도 불구하고 이러한 논증은 두터운 의무론적 자유주의에 적합한 방식으로 동등한 자율성에 관한 급진민주주의적 해석의 토대를 제공할 수 있다.

동등한 참여를 위한 두 번째 논증은 역사적인 것이다. 이는 동등한 자율성에 관한 급진민주주의적 해석을 지지하기 위해서 역사적인 성찰들에 호소한다. 이런 관점에서 보면, 동등한 참여는 자유주의적 평등의 의미를 지속적으로 풍요롭게 만들어온 폭넓고 다층적인 역사적 과정의 산물로 등장한다. 동등한 도덕적 가치라는 개념은 결코 서구 사회에만 국한되지 않는 이러한 역사적 과정 속에서 그 범위와 내용을 확장시켜왔다. 근대 초기에 자유주의적 평등의 범위는 종교적 자유와 법 앞에서의 평등으로만 국한되었다. 그러나 그 이후 자유주의적 평등의 범위는 사회적 상호작용의 더 많은 영역으로 확대되어 나갔다. 여기에는 (참정권 투쟁을 통한) 정치 영역, (노동조합과 사회주의 정당들로 인한) 노동 영역, (여성주의와 동성애 해방운동을 통한) 개인적 삶의 영역, (다문화주의 투쟁을 통한) 시민사회 영역 등이 포함된다. 마찬가지로 그 내용에서도 평등의 의미는 확장되어왔다. 초기에는 형식적인 권리들만으로 동등한 도덕적 가치가 요구하는 바를 충족시킬 수 있는 것처럼 생각되었다. 그러나 오늘날 우리는 점차 평등은 실질적인 사회적 상호작용에서 내용적으로 입증되어야만 한다는 기대들에 직면하고 있다. 따라서 법정에서 소송을 제기할 권리는 이제 법률 상담을 받을 권리를 수반하게 되었다. 마찬가지로 오늘날 많은 사람들은 "일인 일표"가 선거운동 자금에 대한 공적인 지원을 수반하는 것으로 생각하고 있다.[21] 마찬가지로 오랫동안 동등한 공교육과 연관되어왔던 재능에 따른 직업 선택은 점차 육아 노동에 대한 젠더 차별을 철폐하는 것을 수반하는 것으로 간주되고 있다. 이런 사례들은 평등의 규범이 실현되어가고 있음을 보여준다. 평등이 더 이상 형식적 권리들로 제한되지 않고 그것들이 행사되기 위한 사회적 조건들을 포함하게 되면 그것은 점차 동등한 참여를 의미하게 된다. 따라서 동등한 참여는 인간의 동등한 자율성과 도덕

21 "일인 일표" 역시 표를 던지고 표를 헤아리는 단일한 체제를 함축하고 있다는 점에는 의심의 여지가 없다. 그러나 2000년의 선거에서 우리가 학습한 바와 같이 미국에서는 수치스럽게도 이런 조건조차 결여되어 있는 상황이다.

적 가치라는 자유주의적 규범이 역사적으로 창출시킨 "진리"라고 하겠다.

이 두 논증들을 결합하게 되면 정의를 동등한 참여로 보는 관점에 대한 강력한 근거들이 제시된다. 그러나 이 논증들은 좋은 삶에 관한 이론에 호소하지 않는다. 호네트와 달리 나의 접근은 인간적 번영을 위해 필요한 참여의 종류가 무엇인지에 관한 윤리적 설명을 요구하지 않는다. 오히려 나의 접근은 참여자들 자신이 그들 자신의 관점에서 스스로 그것들을 선택할 것이라고 생각한다. 동등한 참여로서의 정의는 결코 그들의 선택을 선취하지 않으며 참여자들 자신이 지배관계에 제약되지 않으면서 자유롭게 그것들을 선택하도록 보증하고자 한다. 따라서 나의 접근은 정치, 노동시장, 가족, 시민사회 등 모든 주요한 사회 영역에서 동등성에 대한 장해물들을 제거하고자 한다. 나의 접근은 이런 방식으로 사회적 행위자들에게 그들이 진입하고자 하는 모든 영역들에서 동료로서 참여할 수 있는 능력을 부과하고자 한다. 여기에는 우리가 "토의적인 메타 영역들"이라고 명명할 수 있는 영역도 포함된다. 이 영역은 토론 참여자들이 기존의 영역들을 개혁하거나 폐지하고 새로운 영역들을 설정할 것을 제안하고 토의하면서 다양한 사회적 참여의 유형들이 가지는 장점들에 관해 논의하는 비판적 담론 공간들을 의미한다.

결국 일반적으로 말하자면 내가 제안하는 접근은 윤리적 논증들에 호소하는 것을 거부한다. 목적론적 부담을 지지 않는 나의 접근은 그것의 규범적 원칙들을 특정한 내용에서 도출할 필요가 없다. 따라서 이러한 접근은 자유주의적 이상들에 관한 실질적이고 급진민주주의적인 해석을 자유롭게 설명할 수 있다. 동등한 자율성을 동등한 참여로 해석하는 나의 접근은 자유주의적 이상들이 가지는 해방적 힘을 심화시키면서 그것의 범위와 내용을 확장해 나간다. 그 결과 분파주의와 불명확성을 모두 극복한 두터운 의무론적 정의론이 주어지게 된다. 따라서 이러한 접근은 호네트의 접근과 달리 지구화 시대의 정의에 관한 비판이론을 위한 조건들을 충족하게 된다.

이제 요점을 반복하면서 논의를 종결하고자 한다. 비판이론에 활력을 부여하고자 하는 사람들은 향후 도래할 어려운 도전들에 직면하고 있다. 우리의 비판이론 전통이 지속적인 중요성을 갖는다는 사실을 입증해 보이기 위해서는 이러한 전통을 경제적 불평등의 확대와 함께 신분을 둘러싼 투쟁들이 확산되고 있는 현실에 적응시켜야만 한다. 그러한 투쟁들을 분석할 능력을 보유하고 있는 인정이라는 개념은 가속화하는 지구화 시대에 비판이론을 재구성할 수 있는 유망한 수단이다.

그럼에도 불구하고 인정 개념만으로 비판이론의 모든 짐을 감당할 수는 없다. 그 개념 하나만으로는 현대 사회의 규범적 결함들, 그러한 결함들을 산출하는 사회적 과정들, 해방적 변화를 추구하는 사람들이 직면하고 있는 정치적 도전들을 충분히 포착해낼 수 없다. 인정 개념에 이 모든 것을 요구하는 것은 그 개념을 지나치게 확장시키게 될 것이며, 결국 그 개념을 과도하게 왜곡하고 그 개념이 가지고 있는 비판적 힘을 빼앗아 버리게 될 것이다. 내가 여기서 주장한 바와 같이 그러한 접근은 적합한 경험적 준거점도, 문화에 대한 실용적인 설명도, 옹호할 만한 정의론도 제공할 수가 없다. 이와 반대로 우리에게 필요한 것은 명확하다. **비판이론은 인정을 분배 역시 포함하는 관점적 이원론의 틀에 속하는 하나의 차원으로 설정해야만 한다.**

여기서 서술한 그 어떤 내용도 인정에 대한 호네트의 강조가 가지고 있는 도덕적이고 정서적인 강력한 힘을 손상시키지 않는다. 그러나 한 개념이 가지고 있는 정서적인 호소력과 그것을 실행 가능한 비판이론적 틀로 번역해내는 일 사이에는 거리가 있는 법이다. 나는 분배와 인정을 단일한 틀 안에 통합함으로써 내가 이러한 거리를 극복할 수 있었기를 기대한다.

| 악셀 호네트 |

4부 · 인정의 요점

반론에 대한 반론

낸시 프레이저의 비판과 논쟁하면서 인정이론적 비판이론관을 발전시키려는 나의 시도에 대해 그녀는 상세한 비판을 제기했다.* 그녀의 고유한 전제들을 다시 정식화하고 그녀의 반대 논증을 투명하게 만드는 것은 우리들 사이의 토론의 속행을 용이하게 해줄 것이다. 하지만 이미 언급된 수많은 테마들과 반론의 양은 우리들의 토론을 어렵게 만들고 있으며, 내가 방어적 방식으로 대답하려 할 경우 이는 대부분의 독자들을 피곤하게 할 번거로운 정정, 수정, 해명을 필요로 한다. 그러나 광범위한 논의 경로를 뛰어넘어서 낸시 프레이저의 생각에 따라 우리들 사이에 존재하는 이견의 핵심을 이해하는 것은 쉬운 일이다. 하지만 이에 반해 특정한 곳, 특히 격렬한 곳에서 나는 내가 그토록 부조리한 결론의 원흉인지를 실제로 확인하기 위해 여러 번이나 눈을 비비고 봐야만 했다. 이런 사정을 볼 때 방어적이 아니라, 오히려 그녀의 반론에 대해 공세적으로 대답하는 것이 아주 중요할 것 같다. 내가 지금 하려는 것은 그동안 명백하게 묘사된 세 가지 차원에서 인정이론적 "일원론"과 관련된 것으로 보이는 요점들을 다시 한 번 첨예화된 방식으로 뚜렷하게 만드는 것이기 때문이다. 나의 인상에 따르면, 프레이저는 풍부한 뉘앙스를 갖는 매우 분명한 분석에도 불구하고 핵심에 있어서는 우리들의 논쟁 영역을 잘못 규정하고 있거나 불충분하게 규정하고 있다. 따라서 비판이

* 조언과 권고에 대해 라이너 포르스트(Rainer Forst), 라헬 예기(Rahel Jaeggi) 그리고 한스 요아스(Hans Joas)에게 감사한다.

론의 재활성화라는 문제 영역을 정확히 묘사하는 것이 단계적으로 그녀의 반론을 검토하는 것보다 훨씬 더 성과도 있고 도움도 많이 될 것이다.

대략 프레이저가 나의 제안과 관련하여 구분한 세 가지 분기점은 오늘날 비판이론을 지속시키려는 시도가 직면하고 있는 본질적 어려움을 규정하는 데 아주 잘 어울린다. 프레이저가 지목한 문제들 각각은 지금까지의 역사적, 이론적 변화와 관련하여 그동안 프랑크푸르트학파의 고전적이고 복합적인 요구들을 다시 한 번 회생시키려는 문제가 실제로 논란이 되었던 영역들 각각에 대한 것이다. 그 첫 번째 문제는 사회적 현실에 대한 이론적 접근 자체가 도덕적 요구에 대한 내적 정당화를 약속하기 위해서는 어떤 길이 가능한가 하는 점이다. 물론 프레이저는 이런 문제에 "내재와 초월의 변증법" 공식을 적용하지만, 내가 보기에 그녀가 이런 맥락에서 "초월"이 의미할 수 있는 것을 제대로 파악한 것 같지는 않다(1장). 두 번째 분기점이자 정말로 복잡한 분기점은 사회 비판적 문제에 관한 것으로서, 이는 새로운 자본주의의 사회적 질서가 어떻게 하면 정의론적 관점 하에서 적절하게 개념화될 수 있는가 하는 점이다. 이런 문제는 아주 확실한 것은 아니지만 "사회 통합"과 "체계 통합"의 관계와 연관된 문제인 것 같다. 그러나 내가 보기에 프레이저가 "관점적 이원론"에서 이 두 개념을 사용하는 방식은 아직도 정말 모호한 것 같다(2장). 마지막 문제는 우리 사이에 결코 연결될 수 없는 분기점이 드러나게 하는 것으로서, 이는 다시 한 번 비판적 사회이론의 규범적 토대에 대한 문제를 건드리고 있다. 여기서 내게 더욱더 불분명한 것은 순전히 의무론적 사고 단초를 통해, 특히 낸시 프레이저 자신이 도덕적 진보라는 역사적 과정을 고려할 때 염두에 두었던 모든 과제들을 어떻게 해결할 수 있겠는가 하는 점이다(3장).

1장 비판적 사회이론과 내재적 초월

비판적 사회 분석이 세계 내적 초월의 차원과 연결될 필요가 있다는 생각은 비판이론의 헤겔 좌파적 전통을 말해준다.[1] 오늘날 비판에 대한 요구를 제기하는 단지 몇몇 사고 단초들에게만 이런 요구 자체가 의미 있는 시도가 되겠지만, 더 나아가 자신이 이런 요구에 결부되어 있다고 보는 사람들에게 이러한 요구는 일련의 해결하기 어려운 문제들을 포함하고 있다. 과거 프랑크푸르트학파의 대표자들에게는 비판의 사회 내적 관점을 보여주는 것은 필연적인 것이었으며, 이 때문에 이를 혁명적 주체에 관한 문제와 밀접하게 연결시킴으로

1 Hinrich Fink-Eitel, "Innerweltliche Transzendenz. Zum gegenwärtigen Stand kritischer Gesellschaftstheorie", in: *Merkur* 528, Heft 3/47, 1993, 237-245; Axel Honneth, "Die soziale Dynamik von Mißachtung. Zur Ortsbestimmung einer kritischen Gesellschaftstheorie", in: *Das Andere der Gerechtigkeit. Aufsätze zur praktischen Philosophie*, Frankfurt am Main 2000, 88-109.

써 이런 요구의 방법론적 구조를 결코 독립적으로 다루지 말아야 한다고 믿었다. 이들에게는 프롤레타리아가 전(前)과학적 차원에서 처음부터 자본주의적 관계의 전복에 관심을 갖는 사회 계급으로 인정될 수 있었다는 점에서, 어떤 경험과 실천 행위가 기존의 사회 질서로부터의 초월 가능성을 보장할 수 있는지에 대해서는 더 이상의 설명이 필요치 않았다. 그리고 경험적 이유에서 산업 노동자의 혁명적 태도에 대한 의심이 커지자마자 일반적으로 초월 가능성에 해당하는 차원이 한 차원 더 깊어졌을 뿐이다. 왜냐하면 이제는 노동 주체 자신이 아니라, 사회적 노동 구조가 항구적 초월을 보장하는 것으로 설명되었기 때문이다. 그러나 서구 마르크스주의의 가장 내밀한 핵심을 역사철학적 형태로 결정한 이런 식의 해결 역시 오래 존속하진 못했다. 국가사회주의가 분쇄된 지 2년 후에 출간된 『계몽의 변증법』에서 이미 새로운 전환이 나타났기 때문이다. 즉 이제는 사회적 노동 과정 자체에서 사물화와 지배의 진행 원인을 찾음으로써 사회적 노동은 더 이상 초월 가능성에 대한 사회적 보장으로 간주될 수 없었다.[2] 코르넬리우스 카스토리아디스(Cornelius Castoriadis)가 50년대 프랑스에서,[3] 그리고 위르겐 하버마스가 60년대 서독에서[4] 저술한 마르크스주의 비판에 관한 글들은 이를 통해 발생한 상황을 가장

2 Max Horkheimer/Theodor W. Adorno, *Dialektik der Aufklärung*, Frankfurt am Main 1969; 이에 대해서는 Axel Honneth, *Kritik der Macht. Reflektionsstufe einer kritischen Gesellschaftstheorie*, Frankfurt am Main 1986, 2장.

3 Cornelius Castoriadis, *Sozialismus oder Barbarei*, Berlin 1980.

4 Jürgen Habermas, *Theorie und Praxis. Sozialphilosophische Studien*, Neuwied und Berlin 1963.

수준 높게 다루고 있다. 이때부터 어떤 다른 차원, 경험 혹은 실천이 전(前)과학적으로 기존 질서의 초월 가능성을 보장할 수 있는가 하는 문제가 비판적 사회이론 영역에서 새로운 구상들이 나타나는 핵심 원천이 되었다.

물론 이런 문제에 동반되는 특히 어려운 점이 비로소 밝혀지려면 아도르노와 호르크하이머까지 내려오는 헤겔 좌파의 유산 속에 전제되었던 가정들이 분명하게 설명되어야 한다. 이미 마르크스에게 의문의 여지가 없었던 사실은, 그가 자신의 이론을 지지해줄 수 있다고 믿었던 실천 행위, 즉 사용가치 지향적 노동 혹은 혁명적 활동이 분명 이미 그 자체 내에 규범적 구조를 포함하고 있으며, 전복을 통해 등장한 사회 형태의 특징 역시 이를 통해 규정되어야 한다는 점이다. 이런 점에서 기존 질서의 초월 가능성을 사회적으로 보장할 수 있는 심급이나 실천이, 대체로 이론적으로 예견된 변혁을 통해 나중에 전체 사회에서 출현해야만 할 "이성적인 것" 혹은 규범적인 것이 되었다.[5] 이런 개념적 강제는 물론 단지 마르크스의 경우에만 나타나는 것이 아니다. 이는 마르크스의 계승을 통해 비판적 사회이론의 프로젝트를 이성의 사회적 탈초월화를 지속시키는 것으로 이해하는 모든 시도들에 공통적으로 나타난다. 따라서 여기서는 시급하게 실현되어야 할 어떤 합리적 규범 혹은 조직 원리의 확장이란 점에서 항상 기존의 사회적 관계 속에서 사회적으로 구현된 이성의 계기로 인정될 수 있는 실천이나 경험을 식별해내야 했다. 하버마스

5 Daniel Brudney, *Marx's Attempt to leave Philosophy*, Cambridge, Mass. 1998.

가 그의 초기 저작에서 만들어낸 "해방적 관심" 개념은 이러한 헤겔 좌파적 사고에 가장 근접해 있다. 여기에는 분명 아주 강렬한 인상을 주는 다음과 같은 이념이 결합되어 있다. 이에 따르면, 아마도 인간은 지금까지 충분히 파악되지 않은 자생적 지배와 대상화 경험에 대해 지배 없는 관계 형성을 위한 자기반성적 노력을 통해 대처하려는 심층적 관심을 가질 수 있다는 것이다.[6]

비판적 사회이론 내에서 생산 패러다임 혹은 노동 패러다임의 붕괴에 대처하기 위해 제시된 전략들을 비록 도식적일 수밖에 없지만 간단히 개괄해본다면 프레이저와 나 사이의 토론에 도움이 될 수 있을 것이다. 사회적 노동이라는 실천 형태가 자동적으로 해방적 관심을 야기하는 것은 아니라는 통찰이 확대되면서 사회 내적 초월의 차원을 다른 곳에 위치시키려는 아마도 네 가지, 혹은 세 가지 사고 단초가 논의되었다. 비록 과도한 단순화를 피할 순 없겠지만 이는 아래와 같이 설명될 수 있을 것이다.

a) 코르넬리우스 카스토리아디스는 이미 낡아버린 생산 패러다임에 대처하기 위해 혁명적 활동의 항구적 등장을 존재론적 심층 차원으로 옮겨놓으려 하였다. 왜냐하면 그는 이를 개인적 심리 속에서 재현된 전(前)사회적 실재 자체의 충동이 표현된 것으로 이해하기 때문이다. 그가 "마그마"라고 명명한 이러한 전사회적 실재에 대한 생각에서 본질적 역할을 하는 것은 다음과 같은 정신분석학적 설명 단

6 Jürgen Habermas, *Erkenntnis und Interesse*, Frankfurt am Main 1968.

초들이다. 즉 인간 주체는 역동적 충동으로 유지되는 "완전 합일에 대한 바람"에 의해 지배되고 있으며, 여기에는 지속적 재창조를 위한 유기체적 에너지 흐름이 고도로 반영되어 있다는 것이다.[7] 카스토리아디스의 충동이론적 사고의 연장선상에서 "실천" 개념 속에 존재했던 이런 행위이론적 요소와 연계하여 한스 요아스(Hans Joas)는 미국 프래그머티즘을 계승하고, 하버마스의 행위 및 담론 이론과 논쟁하면서 창조적 행위 개념을 발전시켰다. 여기서는 탈경계화를 통해 개인에게 새로운 가치가 드러나는 비(非)일상적 상황이 지속적으로 기존의 가치 및 사회 질서를 넘어서는 의미 산출의 원천으로 이해된다.[8]

b) 카스토리아디스와 크게 다르지 않게 헤르베르트 마르쿠제(Herbert Marcuse) 역시 생산 패러다임의 붕괴에 대한 대안을 제시했다. 왜냐하면 그는 『에로스와 문명』에서 기존 사회 질서로부터의 초월을 인간의 충동 본성으로 옮겨놓았기 때문이다. 물론 그가 단지 유아기 초기의 전지전능 환상의 "깨짐" 속에서 비로소 이후의 모든 "혁명

7 Cornelius Castoriadis, *Gesellschaft als imaginäre Institution*, Frankfurt am Main 1983; 이에 대해서는 나 자신의 물론 반박되기도 한 해석이 있다. Axel Honneth, "Eine ontologische Rettung der Revolution. Zur Gesellschaftstheorie von Cornelius Castoriadis", in: ders., *Die zerrissene Welt des Sozialen. Sozialphilosophische Aufsätze*, 개정증보판, Frankfurt am Main 1999, 144-164.

8 Hans Joas, *Die Entstehung der Werte*, Frankfurt am Main 1997; ders., "Über Artikulation. Überlegungen zu einem Aufsatz von Cornelius Castoriadis", in: Holger Burskhart/Horst Gronke (Hg.), *Philosophieren aus dem Diskurs. Beiträge zur Diskurspragmatik*(Dietrich Böhler 헌정 논문집), Würzburg 2002, 230-240.

적" 표상 및 열정의 원천을 본 것은 아니며, 오히려 그는 이미 제도적으로 구체화된 현실원칙을 지속적으로 넘어서려는 쾌락원칙이라는 자연적 성향 속에서 이를 보았다.[9] 또 다른 차이점은, 마르쿠제가 자신의 충동이론이 사회 질서의 규범적 문제와 내적으로 결합할 수 있음을 제대로 보지 못했다는 데 있다. 왜냐하면 카스토리아디스가 새로운 창조가 억압되지 않고 반성적으로 이루어진 새로운 사회 형태를 특징짓는 자율성 개념을 통해 이 둘을 매개시키고 있다면, 마르쿠제에게서는 이와 비견될 만한 가교가 전적으로 결여되어 있기 때문이다. 나는 오늘날 마르쿠제와 카스토리아디스 사이에서 프로이트 충동이론의 비판적 유산을 시종일관 보존하려는 시도가 조엘 화이트북(Joel Whitebook)의 작업이라고 생각한다. 여기서는 상호주관주의에 대해 경계를 설정하고, 새로운 발달심리학을 조심스럽게 가공하면서, 리비도를 통해 동력을 받는 전지전능 환상의 순화 속에서 기존 사회 질서의 초월에 대한 사회적 보장을 발견하려는 시도가 이루어진다.[10]

c) 사회적 노동과는 다른 차원에서 사회적 초월 가능성을 보장하려

9 Herbert Marcuse, *Triebstruktur und Gesellschaft. Ein philosophischer Beitrag zu Sigmund Freud*, Schriften, Bd. 5, Frankfurt am Main 1979.

10 Joel Whitebook, *Perversion and Utopia. A Study in Psychoanalysis and Critical Theory*, Cambridge, Mass. 1995; 우리들의 논쟁에 대해서는 Joel Whitebook, "Wchselseitige Anerkennung und die Arbeit des Negativen", in: *Psyche*, Bd. 8/55, August 2001, 755-789; Axel Honneth, "Facetten des vorsozialen Selbst. Eine Erwiderung auf Joel Whitebook", in: 앞의 책, 790-802.

는 세 번째 사고 단초로 이해될 수 있는 것은 당연히 위르겐 하버마스의 상호주관주의이다. 60년대 하버마스의 저작들은 언어를 통해 매개된 상호작용을 통해 비판이론의 새로운 사회 영역을 개척하려는 목적을 명백히 따르고 있었으며, 이러한 사회 영역이 갖는 규범적 타당성 확장 경향은 체계를 넘어서는 에너지와 동기들이 지속적으로 성장하는 원동력이 된다.[11] 이러한 의사소통이론적 제안이 단지 사회학적 설명력이란 점에서만 앞서 지적한 카스토리아디스와 마르쿠제라는 두 가지 사고 단초보다 우세한 것은 아니다. 내 생각에 하버마스의 이론은 얼마만큼이나 각각의 특권화된 차원이 규범적 진술 능력을 가질 수 있는가 하는 문제에 대해서도 보다 큰 장점을 지니고 있다. 왜냐하면 의사소통의 도덕적 잠재력은 사회 발전의 추동 원천이자 동시에 방향타이기 때문이다. 세일라 벤하비브(Seyla Benhabib)에서부터 토머스 매카시(Thomas McCarthy)를 거쳐 메이브 쿡(Maeve Cooke)에 이르기까지 오늘날 비판이론의 의사소통이론적 전환을 지속적으로 추구하려는 일단의 학자들이 존재하며, 이들은 시대 진단적으로, 그렇지 않으면 토대이론적으로 사회적 상호작용의 규범적 내용을 규정하려 한다.[12] 그리고 "인정투쟁"이라는 헤겔의 모티브를 사회이론적으로 발전시키려는 나 자신의 노력 역시 무

11 Habermas, *Theorie und Praxis*, 앞의 책.

12 Seyla Benhabib, *Selbst im Kontext. Kommunikative Ethik im Spannungsfeld vpn Feminismus, Kommunitarismus und Postmoderne*, Frankfurt am Main 1995; Thomas McCarthy, *Idele und Illusionen. Dekonstruktion und Rekonstruktion in der kritischen Theorie*, Frankfurt am Main 1993; Maeve Cooke, "Between 'Objectivism' and 'Contextualism', Normative Foundation of Social Philosophy", in: *Critical Horizon*, Vol. I, No. 2(2000), 193-227.

엇보다도 하버마스의 명민한 관념을 사회 현실 속에서 강하게 뒷받침하려는 시도로 파악될 수 있다. 이런 점에서 나는 오늘날 어느 정도 생산 패러다임 붕괴로부터의 탈출구로 이해될 수 있는 네 번째 사고 단초를 언급하고 나서 다시 이리로 돌아갈 것이다.

d) 미셸 푸코(Michel Foucault)의 후기 저작 전체를 어떤 형태의 실천이 노동의 초월적 역할을 대신할 수 있는가에 대한 대답으로 이해하는 것도 비판적 사회 분석이라는 틀 속에서 아마도 의미가 있을 것 같다. 왜냐하면 칸트에 대한 그의 논문들은 전복적이고 탈코드화된 행위 수행이 비판의 필연적 조건이라는 생각을 상술하고 있으며, 이는 모든 사회 형태에서 이미 작동하고 있는 질서 규칙을 약화시키는 행위 유형을 가리킨다고 이해될 수 있기 때문이다.[13] 이런 "초월적" 독해방식은 오늘날 특히 주디스 버틀러(Judith Butler)의 작업을 통해 지지되고 있다. 이는 푸코의 흩어진 개별적 자극들을 하나의 방향으로 발전시킴으로써 권력과 전복적 실천의 연관성에 대한 사회존재론적 이론의 윤곽을 잡을 수 있게 한다. 이에 따르면 사회적 인정 질서의 정착은 항상 반복해서 일종의 필연성을 갖고 이미 주어진 사회적 존재방식을 폭파시킬 수 있는 행동방식을 초래한다. 왜냐하면 주어진 존재방식은 인간의 무규정적 주체성에 대해 너무 협소하고 너무 구속적이기 때문이다.[14] 물론 이런 생각은 그 단초가 카스토리아

13 Michel Foucault, *Was ist Kritik?*, Berlin 1992; ders., "Was ist Aufklärung?" in: E. Erdmann, R. Forst, A. Honneth (Hg.), *Ethos der Moderne. Foucaults Kritik der Aufklärung*, Frankfurt am Main/New York 1990, 35-54.

디스와 마르쿠제에게서 일정 역할을 하는 정신분석학적 가설에 의존하지 않고는 지탱될 수 없다는 점 역시 보여준다. 왜냐하면 이처럼 사회 질서와 전복과의 연관성을 주장하기 위해서는 사회적 요구에 대해 구조적으로 저항하는 인간의 심리가 추가되어야 하며, 이럴 경우에만 초월적 실천의 필연성이 이야기될 수 있기 때문이다.

이런 네 가지 사고 단초에 대한 열거가 우리의 토론 맥락에서 특히 가져야만 하는 기능은, 헤겔 좌파적 비판이론 전통을 상속할 때 직면하게 될 어려움이 어떤 것인지를 드러나게 하는 것이다. 하지만 이런 일이 단지 사회적 현실 속에서 이론이 자신의 내적 정당화를 위해 결합될 수 있는 경험적 준거점을 찾는 것으로 끝나서는 안 된다. 만약 이런 식으로 과제가 제한된다면 비판이 필요한 사회적 증거로 사용하기 위해 현재 충족되지 않은 요구를 지적하는 것만으로도 사실 충분할 것이다. 그러나 우리들에게 공통된 전통의 본래적 도전은 원래 이런 준거점, 즉 이런 요구들로부터 이것이 단지 우연적 갈등의 결과가 아니라, 인간 종의 보상되지 않은 요구의 표현임을 보여줄 수 있다는 점이다. "사회에 내재된 것 속에서의 초월"이라는 말은 종교적 기원을 갖는 것이지만 특정한 시점의 사회적 현실에서 아직 충족되지 않은, 그리고 이런 점에서 초월적 목적 표상과 관련된 것 이상을 말해주어야 한다. 오히려 이것이 뜻하는 것은 인간의 이익관심 구조와 가장 밀접하게 융합되어 있다는 점에서 모든

14 Judith Butler, *Psyche der Macht. Das Subjekt der Unterwerfung*, Frankfurt am Main 2001.

사회적 현실에서 항상 정당성을 갖는 규범적 잠재성이다. 이와 같은 사고 과정은 다음과 같은 식으로도 정식화될 수 있다. 즉 여기서 말하는 "초월"은 한편으로 사회의 재생산을 위해 포기될 수 없는 것이지만, 다른 한편 자신의 규범적 확장 경향 때문에 모든 기존의 사회적 조직 형태를 넘어서기도 하는 실천이나 경험 형태에 밀착되어 있어야 한다는 것이다. 이런 서술방식 속에서 "초월"과 "내재" 사이에 형성된 연관성은 따라서 낸시 프레이저가 보고 있는 것보다 훨씬 강한 것이다. 이렇게 "초월"은 "내재" 자체의 속성을 형성함으로써 사회적 관계라는 사실성 속에는 항상 이를 넘어서려는 차원의 요구들이 귀속되어 있다.

지금 내게 분명한 것은 이러한 연관성에 대한 생각이 오늘날의 조건 하에서는 아주 허황된 것처럼 들린다는 점이다. 따라서 나는 처음부터 단지 아주 적은 비판적 사회이론 단초만이 오늘날에도 헤겔좌파적 프로그램을 따를 수 있음을 지적했던 것이다. 다른 한편 카스토리아디스, 마르쿠제, 하버마스 그리고 푸코라는 이름과 관련된 네 가지 입장에 대한 열거가 밝혀준 것은 결코 중요치 않은 것이 아닌 일련의 시도들이 계속해서 생산 패러다임의 붕괴 때문에 등장한 틈새를 대안적 제안을 통해 메우려 한다는 점이다. 그리고 에른스트 블로흐의 저작이 유토피아적 분위기라는 사회적 현상을 다루고 있다는 힌리히 핑크-아이텔(Hinrich Fink-Eitel)의 제안을 따른다면, 이러한 목록은 계속해서 늘어날 수 있다.[15]

하지만 우리들의 토론을 위해 지금 이 자리에서 결정적인 것은, 비판의 "경험적 준거점"을 마련하기 위한 우리들의 노력을 이끄는 두 가지 아주 다른 관념 복합체이다. 즉 한편으로 프레이저가 대중적 정의 이념과 자신의 생각을 접목시킴으로써 이론을 사회적 현실에 착근시키려는 목적을 달성하려고 했다면, 나는 도덕심리학적 사고를 통해 실제로 사회적 현실의 구조로부터 흡사 비판의 초월적 정당성을 도출해내려고 했다. 이런 프로그램을 다시 수용한다는 것은 바라건대 앞의 짧은 개관이 밝혀주었으리라 생각되듯이, 사회적 과정이라는 사실성에서 동시에 항상 현재의 사회 질서를 넘어서려는 차원을 지정한다는 것을 말한다. 따라서 이런 자리를 모욕과 무시 감정으로 채우려는 나의 제안은, 이것이 사회존재론적으로 혹은 사회인간학적으로 충분한 설득력을 갖고 있는가 하는 점을 통해 평가되어야 한다. 핵심적으로 나의 생각은 다음과 같은 가설로 나아간다. 즉 모든 사회의 사회적 통합은 규율된 형태의 상호인정에 의존하고 있으며, 이러한 상호인정 형태의 불충분함과 결함은 항상 사회변혁의 추동 원천이 될 수 있는 무시 경험을 만들어낸다는 것이다. 이런 식으로 나의 생각을 정식화한다면 낸시 프레이저가 염두에 둔 것을 훨씬 넘어서는 설명적 의도가 얼마만큼이나 헤겔 좌파적 프로그램에 결합되어 있는가 하는 점 역시 잘 알 수 있을 것이다. 즉 사회적 현실 내에서 기존 질서로부터의 초월 가능성을 보장하는 차원은 동시에 어떻게 사회적 조직 형태에서 규범적 변화와 개선이 이루어지는지 역시 역사적으로 설명할 수 있어야 한다는 것이다. 나는

15 Hinrich Fink-Eitel, "Das rote Zimmer. Fragen nach dem Prinzip der Philosophie von Ernst Bloch", in: *Philosophisches Jahrbuch*, 95. Jg./1988, 2. Halbband, 320-337.

계속해서 아래와 같은 두 가지 명료화를 통해 프레이저가 나의 도덕 심리학적 사고에 반하여 제기한 비판에 대응하고자 한다.

a) 나는 무시 감정을 직접적이고 아무런 역사적 형성 과정 없이 존재하는 것으로 고찰하려는 경향으로부터는 상당히 먼 거리에 있다. 나는 본문에서 나의 설명 논리에 따라 우선적으로 사회적 질서의 규범적 정당성을 위한 이런 감정의 위상 가치를 서술했고, 이에 이어서 두 번째 부분에서는 이미 정착된 개개의 인정 원칙들을 통해 그 의미론적 특징을 설명했다. 그리고 세 번째 단계에서 나는 역사적으로 침투해온 무시 감정으로부터 등장한 사회적 요구들과 관련하여 이 인정 원칙들이 어떻게 제시되는지 그 도덕적 정당화 문제를 다루었다. 그러나 이미 두리뭉실한 만능무기가 되어버린 "이미 존재하는 것의 신화"라는 비판을 낸시 프레이저는 분명 두 가지 서로 다른 공격 방향에서 사용하고 있다. 즉 한편으로 이런 비판이 제기된 것은 내가 모욕이라는 도덕적 감정을 무언가 비역사적으로 이미 존재하는 것으로 다룬다는 이유에서이다. 그러나 다른 한편에서는 내가 가장 기초적인 인간의 정의감 구조 자체에 대해 말하고 있다는 식으로 비판이 정식화되고 있다. 사실 내가 프레이저(그리고 로티)에 반하여 믿고 있는 것은, 여기서 문제가 되는 것이 현재의 경험 지평을 보편화할 때 생기는 위험하고, 분명 반증 가능한 결과라는 점을 의식하는 한, 우리는 일관되게 모든 사회적 불의 감정에 공통된 기본 경험을 규정하려고 할 수 있다는 점이다. 이런 불의 감정의 핵심을, 정당한 것으로 간주된 인정 기대의 훼손 감정으로 규정하려는 제안은 이

와는 다른 가정들, 즉 종합적으로 볼 때 오늘날 특히 의미심장한 것으로 나타난 경험들을 일반화한 것과 다를 바 없는 사회이론적 가정들과의 연관망 속에 있다. 이런 점에서 나의 시도에 대한 비판 역시 경험적 방향을 지닌 반증 형태를 띠어야만 했을 것이다. 이 점은 낸시 프레이저가 다른 형태의 사회적 불의 감정(잔인함에 대한 혐오, 부당한(!) 특권에 대한 불쾌감, 감시에 대한 반감 등)을 다루는 곳에서 스스로 예고했던 것처럼 보이는 것이기도 하다. 이런 점에 대한 우리의 토론은 부당하게 인정이 유보되었다는 감정이 갖는 통일적 구조를 이런 식의 수많은 반감 표현 속에서 얼마만큼이나 발견해낼 수 있을까 하는 문제로 첨예화될 것이다.

b) 어떤 점에서 나의 제안이 하버마스 이론 프로젝트의 계승적 발전으로 이해될 수 있는지를 아주 간략하게 설명한다면, 아마도 우리들의 입장을 서로 분명하게 하는데 도움이 될 것이다. 내가 이미 간략한 개관을 통해 분명히 밝혔듯이, 하버마스는 비판이론 전통에 있어서 결정적 전환점을 제시했다. 왜냐하면 그는 해방과 초월의 잠재력을 노동이라는 실천 형태로부터 벗어나 언어적으로 매개된 상호작용이라는 행위 유형으로 이전시켰기 때문이다. 따라서 내가 언급한 네 명의 저자 중 하버마스는 좌초된 생산 패러다임으로부터의 탈출구를 인간의 심리나 충동 본성을 규범적으로 해석함으로써가 아니라, 이와는 다른 행위 유형을 복권시킴으로써 찾으려 했던 사람이다. 물론 내가 보기에 그의 노력에는 오늘날까지도 어떤 이중성이 존재한다. 왜냐하면 초월 잠재력이 인간의 언어나 사회적 상호작용

의 규범적 전제 속에 정착해 있는가 하는 점은 전적으로 불분명하기 때문이다.

물론 이런 식의 반론이 작위적인 것처럼 보일 수 있는 것은 인간 간의 모든 복잡한 행위들이 언어적으로 매개되기 때문이다. 그러나 사회적 상호작용 자체가 규범적 기대를 통해 수행되는지, 아니면 언어를 통해 비로소 의사소통 속에 규범적 요소가 이입되는 것인지 사이에는 결국에 가서 아주 커다란 차이가 있다.[16] 또한 하버마스가 언어적으로 제기된 타당성 요구의 사회적 지위를 인정할 뿐 아니라, 이를 변호하기 위해 "인정" 개념을 사용하면서도 이 두 가지 적극적 행위들을 항상 충분히 구별하지 않는 경우에도 이와 동일한 모호함이 나타나는 것으로 보인다. 만약 이와 같다면 나의 제안은 이런 식의 모호함을 첫 번째 의미를 통해 해소하려는 시도로 이해될 수 있다. 왜냐하면 나는 "사회존재론적"으로 주체들이 사회적 상호작용을 통해 서로에게 거는 인정 기대를 핵심으로 삼고 있기 때문이다. 이런 식의 인간 간의 의사소통의 토대가 되는 것 모두가 언어적 형태를 띠는 것은 아니다. 왜냐하면 무엇보다도 순전히 신체적 제스처나 몸짓을 통해 인정이 표현되는 경우도 허다하기 때문이다.[17] 이런 인정이론적 "일원론" 본래의 핵심 주장은 분명 다음과 같은 것이

16 Axel Honneth, "Anerkennungsbeziehungen und Moral. Eine Diskussionsbemerkung zur anthropologischen Erweiterung der Diskursethik", in: Reinhard Brunner/Peter Kebel (Hg.), *Anthropologie, Ethik und Gesellschaft* (Helmut Fahrenbach 헌정 논문집), Frankfurt am Main 2000, 101-111.

17 Axel Honneth, "Unsichtbarkeit. Über die moralische Epistemologie von Anerkennung", in: ders., *Unsichtbarkeit einer Theorie der Intersubjektivität*, Frankfurt am Main 2003, 10-28.

라 할 수 있다. 즉 사회적으로 구성된 인정 기대는 역사적으로 볼 때 어떤 점에서 사회 구성원들이 사회적으로 상호 동의에 이를 수 있는지를 공동체 속에서 규율하는 제반 원칙들에 따라 변화한다는 것이다. 이런 역사화를 통해 나는 인정 개념에서는 단지 심층적 "인정 욕구"라는 불변적 교리를 전제한 일종의 인간학화된 도덕만이 중요하다는 의혹에 맞서려고 하였다. 물론 내 인상에 따르면, 이를 통해 수행된 규범 이론과 사회 분석 간의 연결 작업을 낸시 프레이저가 도무지 인식하고 있지 않은 것 같으며, 이 점이 우리들 사이의 두 번째 차이점에 대한 토론 역시 쉽지 않게 만들고 있다.

2장 자본주의와 문화

사회 통합, 체계 통합 그리고 관점적 이원론

우선 한 걸음 후퇴하여 두 번째 차이점에 대한 우리들 사이의 토론에서 각오해야 할 다층적 문제들을 떠올려본다면, 이것은 치유할 길 없는 너무나 지나친 과제라는 불편한 감정이 나의 뒤를 쫓는다. 오늘날 자본주의 발전 과정을 사회학적으로 설명하려는 과제에 동반되는 질문들은 너무나 복잡하기 때문에 우리 둘이 이를 부차적으로 단지 몇 가지 측면만이라도 설명한다는 것은 불가능한 일이다. 여기서 요구되는 것은, 사회 통합과 체계 통합의 관계와 함께, 오늘날 자본주의의 구조 변화 속에서 차지하는 경제, 권리 그리고 문화의 역할을 규정할 것을 요구하기 때문이다. 내 생각에 구체적인 문제들로 들어가면 추가적으로 생산적 토론을 어렵게 만드는 이해하기 어려운 난점들이 등장한다. 이 난점들은 낸시 프레이저가 우리 사이의 논쟁을 계속해서 "문화주의적 전환"의 결과에 대한 논쟁으로 이해하려고 한다는 점에서 시작되어, 나의 시장 현상에 대한 분석이 단지 “문화적” 인정이라는 용어를 통해 반복되고 있다는 지적을 통해 지속되다가, 결국 내가 오늘날 자본주의의 발전 과정을 경제적 가치 증식 원칙과 이윤 추구 경향과 무관하게 설명하려 한다는 점에서 정점에 이른다. 이 모든 비판은 내가 본문에서 보여줄 수 있었듯이 정말로 근본적으로 틀린 것이다. 나는 내가 사회과학 영역에서 일어난 문화주의적 전환의 대표자로 이해된다고 보지 않으며, 또한 내가 시장 현상의 결정 인자들에 대해 진술하려고 했던 것도 아니다. 그리고 내가 지구화하는 자본주의에 대한 분석에서 오늘날 기업들이 추구하는 수익성 및 투자수익을 도외시하는 것을 적절하게 본다고 한 것은 정말로 잘못된 것이다. 프레이저의 반론을 통해 유령처럼 나타난, 정말로 나이브하고 경제적 원칙에 대해 완전히 무지몽매한 동시대인의 모습이 바로 나라는 사실을 확인하게 된 것은 도무지 꿈에서조차 한 번도 겪지 못한 일이다. 이런 지나친 과장을 통해 내가 받은 인상은 우리 사이의 토론이 이 지점에서는 더 이상 개별적이고 쉽게 극복될 수 있는 이해의 문제가 아니라, 근본적인 오해에 시달리고 있다는 점이다. 즉 우리의 토론 맥락에서 사회이론적 생각을 발전시키는 과제에 대해 프레이저와 나는 매우 다른 입장을 갖고 있는 것 같다는 것이다. 따라서 나는 무엇보다도 다시 한 번 인정이론적 사회관의 핵심을 설명하고, 이에 이어 우리의 논쟁의 개별적 문제에 대해 짧게나마 언급할 것이다.

나는 근대 자본주의 사회의 인정 질서를 재구성하려고 시도하면서 어떤 설명적 의도를 갖고 있지는 않았다. 따라서 이런 사회 내에서의 발전 과정을 적절하게 설명할 수 있게 하는 어떤 범주적 기본 틀을 설정하는 것은 중요한 것이 아니었다. 오히려 나의 목적은 무엇보다도 이런 조직 형태의 사회에서 다양한 차원의 사회적 상호작용이 복종해야 하는 도덕적 "강제"의 문제를 열어놓으려 했다는 점에서 정말로 소박한 것이었다. 여기서 나를 주도했던 일반적 생각은, 사회 구성원의 사회적 편입은 항상 상호인정이라는 메커니즘을 통해 이루어지며, 따라서 이를 통해 개인들은 자신의 개성의 특정한 측면이나 단면을 상호주관적으로 긍정할 줄 알게 된다는 것이었다. 데이비드 로크우드 이후 "체계 통합"과 대립하여 "사회 통합"으로 지칭된 것은[18] 나의 관점에 따를 때 주체들이 규범적으로 사회에 편입되게 하는 인정 과정의 결과로 이해될 수 있다. 왜냐하면 주체들은 이를 통해 자신의 특정한 속성과 관련하여 자신을 사회적으로 인정된 구성원으로 이해할 줄 알게 되기 때문이다. 다른 곳에서 나는 그동안 이런 포함 과정 역시 몸짓, 언어 혹은 대중매체를 통해 매개된 메커니즘으로 파악될 수 있으며, 이를 통해 개인들은 공적 "가시성"에 도달한다는 점을 보여주려고 하였다.[19] 이런 생각을 따른다면, 사회적 상호작용은 항상 한 사회의 인정 질서 각각에 반영된 특정한 규범적 강제를 따르고 있다는 점이 분명해진다. 즉 어떤 점에서 개인들이 사회적 인정을 확신할 수 있으며, 또한 "사회적 실존"(주디스 버틀러)에 이를 수 있는지를 서로 종합되어 확정하는 제도화

18 David Lockwood, "Soziale Integration und Systemintegration", in: Wolfgang Zapf (Hg.), *Theorien des sozialen Wandels*, Köln/Berlin 1970, 124-140.

19 Honneth, "Unsichtbarkeit", 앞의 책; 이와 유사한 생각은 한나 아렌트에게도 있다. Hannah Aredt, *Vita Activa oder vom tätigen Leben*, Stuttgart 1960, §§ 7, 24, 25.

된 원칙들은 사회 구성원들 사이의 사회적 상호작용이 종속되어 있는 도덕적 가치관이나 도덕적 주도 이념을 나타낸다는 것이다. 이런 점에서 근대 자본주의 사회의 인정 구조를 재구성하려는 시도가 갖는 의도는 내적으로 사회적 의사소통 과정을 고도로 구조화시키는 규범적 원칙들을 발굴해내는 데 있을 뿐이다.

그러나 이제 보면 내가 이런 과정을 통해 특히 나아가고자 했던 지점을 낸시 프레이저는 전혀 보지 못했던 것 같다. 그녀 자신과 마찬가지로 나 역시도 사회적 불의 감정은 항상 공적 담론의 작용을 통해 규정되며, 이 때문에 한 사회의 의미론적 작용 공간으로부터 아무런 영향도 받지 않은 채 등장하는 것은 아니라고 생각한다. 그러나 내가 그녀와 다르게 생각하는 것은, 이런 담론이 결코 임의적으로 오고가는 것이 아니라, 심층적 레퍼토리의 규범적 원칙들에 결합되어 있으며, 이 원칙들이 특정한 사회 형태 각각에서 사회도덕적 사고와 감정의 언어적 지평을 결정한다는 점이다. 바로 이렇게 시대에 특수한 사회 정의와 불의의 문법 층을 겨냥한 개념이 바로 내가 근대 자본주의의 사회 통합에 대한 설명에서 토대로 삼은 "인정 질서" 개념이다. 모든 사회 형태에서와 마찬가지로 이런 사회 질서 구조에서도 사회도덕적 표상의 작용 공간은 각기 사회적 인정 요구의 정당성을 규율하는 제반 원칙들을 통해 제한된다. 물론 이런 식의 개념이 오늘날 자본주의의 발전 동학을 설명하는 데 충분한 것은 아니다. 그럼에도 이런 개념은 주체들이 특정한 인정 기대를 갖고 이러한 과정들을 대한다는 점에서 자본주의 발전 과정과 관련된 규범적 제한들이 무엇인지를 분명하게 밝혀줄 것이다. 최근 급여 노동의 구조 변화가 유발한 불의 감정은 역사적으로 쟁취된 해석 형식을 통해 사회적 노동 분업 영역을 규율하는 제반 인정 원칙에 의해 "의미론적"으로 규정되는 것이다.

물론 나는 이런 식의 생각을 통해 데이비드 로크우드의 개념 언어에 머무르면서 "체계 통합"에 대해 "사회 통합"에 우선성을 부여했다. 더 나아가 나는 경제적 영역에서의 구조 변화 역시 관련자들의 규범적 기대로부터 독립적인 것이 아니라, 적어도 이들의 암묵적인 동의에 의존하고 있다고 생각한다. 따라서 모든 다른 영역에서의 통합과 마찬가지로 자본주의적 시장 현상의 전개 과정 역시 그 토대가 되는 규범적 원칙에 대한 해석을 겨냥한 상징적으로 매개된 협상의 형태 속에서만 진행된다. 분명 바로 여기에 프레이저의 아주 중대한 오해가 있다. 그녀는 흡사 내가 자본주의적 노동시장을 오직 업적 정의의 규범적 원칙과 결부시켜 본다고 가정하는 것 같다. 하지만 나는 사회국가적 규칙으로의 이행 과정에 대한 별도의 논의를 통해 다음과 같은 점을 충분히 밝혀주었다고 생각한다. 즉 오늘날 참여자의 관점에서 볼 때 시장 현상의 정당성은 적어도 특수한 업적 원칙을 통해 측정되는 것과 마찬가지의 강도로 대부분 역사적으로 쟁취된 특정한 법 규범에 따라 측정된다는 것이다. 바로 오늘날 일어난 급여 노동의 구조 변화, 즉 유연화와 탈규제화는 얼마나 이를 둘러싼 법적 협상이 노동 영역의 체계 통합이 아니라, 사회 통합에 기여했는지를 인상적으로 보여준다. 관련자들의 시각에서 볼 때 노동 계약에 사회권적 보호막을 치는 것은 이들의 노동능력 보호를 단지 기능적으로 보장하는 것이 아니라, 이들의 존엄과 지위에 대한 사회적 인정을 도덕적으로 보장한다.[20] 물론 경제적 영역의 이런 규범적 요소들 자체가 지각될 수 있기 위해서는 주체의 권리에 대한 국가적 보장이 사회적 인정의 독자적 원천을 형성한다는 점이 명백해져야 한다. 그리고 이 점에 대해서는 프레이저와 나는 아직까지도 서로 엇갈리게 말하고 있는 것 같다.

프레이저가 우리 논쟁의 두 번째 라운드에서 제시했던 자신의 사고 단초에 대한 수정본에서는 권리가 항상 분석의 범주적 평가 기준으로 등장한다. 즉 "태너 강연" 자체에서는 등장하지 않았던 권리가 이제는 다른 곳에서 쟁취된 요구를 이차적으로 보장하는 가엾은 존재로 연명하고 있다는 것이다. 더욱이 프레이저는 근대의 평등한 권리 체계의 핵심 구성요소인 주체의 권리에 자신의 이론 프로그램을 위한 어떠한 독립적 의미도 부여하려 하지 않는다. 그 대신 국가가 비준한 권리는 앞서서 이미 쟁취된 문화적 인정과 경제적 분배를 위한 인정에 사후적 실행력을 갖추게 하는 단지 순전히 도구적 기능만을 수행한다. 그러나 이에 반해 내 생각에 따르면 이런 식의 도구화는 권리가 기본적으로 행위자 사이의 관계를 규율함으로써 사회적 상호작용관계를 위한 기능적 의미 이상으로 중요하다는 점을 망각하게 함으로써 이를 제대로 조명하지 못하게 만들 것이다. 오늘날 법치국가적 정당화를 통해 상호적으로 부여된 주체의 권리 속에 반영된 것은 개개인의 개인적 자율성을 보장하기 위하여 우리들의 요

20 Robert Castel, *Die Metamorphosen der sozialen Frage. Eine Chronik der Lohnarbeit*, Konstanz 2000.

구 중 어떤 것이 공통적으로 국가가 보장하는 것으로 간주되는가 하는 점이다. 바로 권리의 이러한 상호작용적 특징은 왜 근대 사회에서 권리가 사회적 인정의 독립적이고 근원적인 원천으로 이해되어야 하는지 역시 해명해줄 수 있다. 만약 주체의 권리가 어떤 점에서 우리가 민주적 권리 공동체의 구성원으로서 서로를 자율적 존재로 간주하는지를 표현하고 있다면, 이를 보장하거나 유보하는 것은 주체가 사회에서 자신의 지위를 지각하는 데 결정적 역할을 한다. 내 생각에 따르면 오직 헤겔을 계승하면서 동등한 권리와 사회적 인정 간의 이런 연관성을 뒤쫓는 사회이론만이 근대 사회의 규범적 특징을 제대로 평가할 수 있다. 그러나 인정이론의 구성 양식에 대한 문제, 즉 어떤 형태의 사회적 인정이 각각의 사회 질서와의 연관 속에서 구별되어야 하는가 하는 문제에는 낸시 프레이저가 전혀 관심을 기울이지 않은 것 같다. 그녀는 처음부터 마지막까지 문화적 인정과 경제적 분배라는 선입견적 이원론을 통해 논의를 진행했기 때문에 또 다른 사회적 인정 유형이 존재하느냐 하는 점을 범주적으로 검토하지 않았다. 따라서 프레이저가 권리 평등과 사실적 불평등 사이의 긴장이 법적 인정투쟁이라는 독자적 특징을 가진 사회적 논쟁의 원천임을 알 수는 없었다.

이처럼 그동안 미뤄진 근대적 권리의 인정 관련 내용에 대한 고려가 필요했던 것은, 무엇보다도 오늘날 자본주의의 확장 속에서 일어난 경제적 변화 과정에서도 관건이 되는 것이 단지 규범적으로 매개되지 않는 사건들만이 아니라는 점을 밝혀주기 위해서이다. 비록 경제적 가치증식 원칙이 문화적으로 영향 받지 않는 순수한 형태를 갖는다는 잘못된 가정을 따를지라도, 이것이 항상 투쟁을 통해 얻어진 권리 보장에 기원하는 규범적 제한으로부터 영향 받고 있음은 인정해야 한다. 흡사 익명적이고 규범과 무관해 보이는 시장 현상들 속에는 그 정당성을 주장할 수 있는 기대 태도들이 항상 아래로부터 개입되어 있으며, 해당 관련자들이 이를 정당화시킬 수 있는 것은 사회적 인정에 대한 요구가 개개의 법적 규정이나 보상 체계 속에 어떤 식으로든 이미 내적으로 제도화되어 있기 때문이다. 따라서 노동시장의 변화 과정을 분석함에 있어서 권리나 업적과 관련된 인정 기대를 고려하지 않는다면, 이는 "호모 에코노미쿠스"(homo oeconomicus)라는 경제이론적 허구의 전형적 산물로 보인다.[21]

이런 점에서 낸시 프레이저에게는 비판적 사회이론의 구성 문제가 갖는 중요성 때문에 엄밀히 고찰을 해볼 만한 딜레마가 등장한다. 프레이저는 "관점적 이원론"으로 자신을 한정짓지만, 이에 반해 많은 곳에서는 본질주의적 의미에서 "사회 통합"과 "체계 통합"을 이야기한다. 왜냐하면 이런 곳에서는 "비인격적 체계 메커니즘"과 "문화적 평가 도식"이 흡사 어떤 식으로든 실제로 사회적 현실 속에서 서로 융합되는 것처럼 이야기되고 있기 때문이다. 그러나 사실 이는 하나의 동일한 변화 과정이 이 두 가지 분석적 관점에서 동등하게 서술될 수 있음을 말해주는 것이어야만 했을 것이다. 아마도 이렇게 자신의 의도를 곡해시킨 것은 그녀가 나에게 반하여 경제적

21 Robert Lane, *The Market Experience*, Cambridge, UK 1991; Friedrich Kambartel, *Philosophie und Politische Ökonomie*, Essener Kulturwissenschaftliche Vorträge I, Göttingen 1998.

영역 고유의 법칙성이 갖는 경험적 중요성을 강조함으로써 분명 내가 이를 도외시하고 있다는 식으로 나의 사고 단초를 비판하기 위함이다. 프레이저는 이런 비판 의도에 현혹되어 두 가지 서로 다른 방식의 사회적 행위 통합에 대한 상을 구상한 것이다. 즉 한 번은 체계 통합을, 그리고 또 한 번은 가치를 통한 통합을. 물론 이는 서로 영향을 끼치지만 우선적으로 한 번은 서로 분리된 현실 영역이어야만 한다. 그러나 이런 사고 모델은 또다시 프레이저의 출발점과 모순된다. 이에 따르면 원래 단지 분석적 차원에서만 서로 구별되는 이 두 가지 사회 영역에는 경제적 정의와 문화적 정의라는 두 가지 규범적 원칙이 반영되어야 한다. 왜냐하면 이런 기본 원칙은 아마도 "체계 통합적" 과정을 특정한 유형의 규범적 원칙, 즉 분배 정의라는 규범적 원칙이 이미 침전되어 있거나 침전될 수 있는 사회적 과정으로 분석할 것을 요구하기 때문이다. 따라서 프레이저가 자신의 규범적 이원론을 사회이론의 기본 개념으로까지 관철시키기 위해서는 비규범적 통합 과정이라는 체계이론적 관점을 사용해선 안 된다. 왜냐하면 이렇게 되면 경제적 과정을 규범적 변형을 위해 충분히 개방된 영역으로 기술할 수 없기 때문이다. 내가 보기에 이 때문에 프레이저는 딜레마에 사로잡힌 것 같다. 즉 한편으로는 사회이론적으로 마르크스주의의 유산을 수용하면서 익명적인 경제적 가치증식 과정에 대해 이야기하려고 하지만, 이와 반대로 그녀는 동시에 동일한 과정을 가치 매개적 소통에 아주 강하게 종속된 것으로 이해함으로써 이러한 과정에 도덕적 분배 요구를 내재화시키고 있기 때문이다.

내 생각에 이런 딜레마로부터 프레이저와 나에게 있어서 규범적 목적을 강력하게 충족시킬 수 있는 사회이론의 범주적 구조와 관련된 어떤 결론이 도출될 수밖에 없다. 존 롤스의 표현을 사용한다면 "사회의 기본 구조"는[22] 가능한 규범적 개선을 위한 잠재적 단초들을 전망해볼 수 있게 하는 사회이론적 개념 틀 속에서 분석되어야 한다는 것이다. 이런 목적을 위해서는 불가피하게 제도화된 영역 각각에서 규범을 통해 매개된 의사소통의 성과를 표현할 수 있는 지층을 범주적으로 드러내야 한다. 만약 이런 주도 이념을 따른다면 금방 분명해지는 것은, 낸시 프레이저가 체계 통합적 과정에 대한 표상을 통해서는 이런 이념에 결코 호응할 수 없을 것이란 점이다. 왜냐하면 이 때문에 그녀는 바로 자신이 염두에 두었던 가능성, 즉 경제적 영역을 분배 정의에 대한 특정한 해석이 제도화된 것으로 이해하듯이, 이와 마찬가지로 지위 질서 역시 특정한 형태의 문화적 인정이 침전된 것으로 환원시킬 수 있는 가능성을 포기해야 하기 때문이다. 이미 서양 사회의 관련자들이 오늘날 급여 노동의 탈규제화 과정을 대부분 "탈권리화"로 경험함으로써 이에 대한 내적 수정을 강제할 수 있다는 사실 자체는 흡사 "익명적"인 것처럼 보이는 경제적 가치증식 과정이 얼마만큼이나 규범적 규칙을 통해 관철되고 있는가 하는 점을 너무나 명백하게 알게 해준다. 분명 "탈규제화"란 표현 자체는 노동시장이 피고용자들의 도덕적 관심이 표현된 법적 규범을 통해 조직되어 있다는 사정을 직접적으로 가리키고 있다.[23]

22 John Rawls, "Die Grundstruktur als Gegenstand", in: ders., *Die Idee des politischen Liberalismus. Aufsätze von 1978-1989*, Wilfried Hinsch (Hg.), Frankfurt am Main 1992, 2장, 48-71.

이런 이유 때문에 나는 낸시 프레이저에 대한 반론에서 "문화주의적"이 아니라, "도덕적" 일원론이 주도적 역할을 해야 할 필요성을 거론했었다. 우리가 규범적 사회이론 이념을 따른다면, 마땅히 우리는 제도화된 사회 영역 속에서 항상 희망적 개선에 대한 전망을 열어주는 규범적 통합의 원리들을 통찰해내려고 해야 한다.

하지만 이와 같은 이론 전략적 생각이 규범적 통합 원칙을 상호인정이라는 도덕적 규범으로 환원하려는 보다 진전된 시도를 위해서는 충분한 근거가 되지 못한다. 이를 위해 중요한 것은 이 글의 첫 번째 부분에서 사회 통합과 인정 사이의 내적 연관성 문제를 다루면서 상술했던 논증이다. 하지만 이를 넘어서 흡사 내가 제도화된 영역들 각각이 단지 어떤 하나의 인정 원칙에 종속되는 것처럼 주장한다는, 프레이저가 반복적으로 만들어낸 오해가 다시 등장해서는 안 된다. 예를 들어 오늘날 국립학교 체계는 두 가지 서로 경쟁하는 사회적 인정 이념을 통해 규범적으로 통합되어 있으며,[24] 이와 마찬가지로 당연히 가족 역시 그사이 정당한 이유에서 더 이상 단지 사랑이라는 규범적 원칙에 의해 지배되는 것이 아니라, 오히려 점차 권리 형태의 인정을 통해 조직되고 있다.[25] 물론 이러한 지적 역시, 내

23 Castel, *Die Metamorphosen der sozialen Frage*.

24 Francois Dubet, "L'égalité et le mérite dans l'école démocratique de masse", in: *L'Année Sociologique*, 2000, 50, Nr. 2, 383-408.

25 Axel Honneth, "Zwischen Gerechtigkeit und affektive Bindung. Die Familie im Brennpunkt moralischer Kontroversen", in: *Das Andere der Gerechtigkeit. Aufsätze zur praktischen Philosophie*, 같은 책, 193-215; 내가 첫 번째 반론에서 시도한 헤겔의 『법철학』에 대한 별도의 논의는 이런 식의 오해를 불식시키는 데 도움이 될 것이다.

가 규범적 통합의 우선성 관념을 설명적 의도로 바꾸어 생각할 때, 예를 들어 자본주의 사회의 가속화된 시장화라는 오늘날의 현상을 어떻게 설명할 수 있을지를 아직도 제대로 인식하게 해주지는 않는다. 여기서 단지 자본 증식이라는 "비인격적 체계 메커니즘"만이 작동되고 있음을 보려는 낸시 프레이저의 전략은 어떤 점에서 사회적인 것을 일면적으로 재구조화시키는 것으로서 나는 앞서 지적한 이유 때문에 이를 잘못된 것으로 본다. 그렇다고 실제로 내가 규범적 통합의 요구들을 충분히 고려한 대안적 설명 단초가 어떤 것이라고 생각하는지를 충분히 묘사할 수 있다는 것은 아니다. 이런 점에서 나는 이 글의 끝에서 몇 가지 문장만으로 만족하려고 한다.

아마도 무엇보다 중요한 것은 사회 통합과 체계 통합을 완전히 대립시키는 것은 문제가 있다는 점을 분명히 하는 데 있을 것이다. 물론 돈이나 정치권력 같이 사회적으로 일반화된 매체들이 실제로 사회적 상호작용을 상대적으로 별다른 문제제기 없이 통합할 수 있지만, 이것 역시 효력을 상실하거나 무너져 버릴 수 있는 일종의 "정당성 믿음"에 의존하고 있다. 따라서 무엇보다도 자본주의적 기업의 존립 전제를 규정하는 자본 증식 원칙 역시 단순히 하나의 사회적 영역 전체를 등장시키는 기능 요구로 이해되어서는 안 된다. 이러한 원칙이 비로소 사회적 행위의 "하위 체계"가 되기 위해서는, 개인적 행위의 복잡한 망을 겉보기에 단순한 유용성 기대라는 상호작용을 통해 자율적으로 통합시키는 제도들을 법적 규정에 의해 형성시킬 수 있을 만큼 충분한 규범적 동의에 도달해야 한다. 그러나 기업가적 가치증식 관점이 모든 다른 이해나 의도에 대해 우세한 것처럼 보일지라도 규범적 차원뿐 아니라 사실적으로도 경제적 과정 자체는 여전히 규범적으로 구조화된 사회 질서 속에 "깊이 파묻혀" 있다. 왜냐하면 일반화된 규범, 정착된 행위 습관 그리고 사회적 망과 연결되지 않고는 경제적 수단의 효과적 분배를 위해 필요한 정도의 협력, 안전 그리고 혁신을 보장할 수 없기 때문이다.[26] 이렇게 시장을 사회적으로 제한하는 요소들은 경제적 변화 과정을 설명하려는 시도에 있어서 어쩔 수 없이 독립적 변수 역할을 수행해야 한다. 따라서 규범적 기대와 행위 경로에서 일어난 변화가 자본주의적 가치증식 관점의 작동 공간에 대한 사회적 협상 전제들을 얼마만큼 변화시켜왔는지를 고려하지 않은 채 단순히 이 가치증식 원칙의 중요성만을 호소하는 것은 별로 도움이 되지 못한다. 아마 이렇게 오늘날 일어난 변화 과정에 대해 단지 개략적으로만 설명을 제시하는 것이 주제넘은 일일 수 있다. 그러나 고려되어야 할 다양한 변수 중에서 사회적 인정 질서가 아주 결정적 역할을 한다면 이러한 시도가 성공할 수 있을 것이라는 점은 분명할 것이다.

26 Jens Beckert, *Grenzen des Marktes. Die sozialen Grundlage wirtschaftlicher Effizienz*, Frankfurt am Main 1997, 403 이하.

3장

역사와 규범성

의무론의 한계들에 대하여

나와 낸시 프레이저가 이런 사회이론적 기본 개념을 구상할 때 직면한 문제들 중 많은 것들은 우리 둘이 규범적 사회이론이라는 확고한 목표를 잡고 있다는 특수한 사정에 기인한다. 내가 이러한 의도 하에 염두에 둔 것은 사회적 상황에 대한 규범적 판단 기준에 대한 요구가 제기될 때 오늘날 흔히 생각하는 것 이상이다. 즉 규범적 사회이론이란 우리가 그 자체로 정당한 것으로 간주하는 규범적 원칙들을 단순히 기존의 사회 질서에 적용함으로써 도덕적으로 정당한 수정이나 개선 방안에 도달하는 것이 아니라, 정당화된 규범이나 원칙들이 얼마만큼이나 실제 사회적 현실 속에서 이미 사회적 효력을 발휘할 수 있느냐 하는 점이 밝혀지도록 사회 현실이 기술되어야 함을 말해준다. "규범적"이란 말이 이런 강한 의미로 이해된다면 사회이론적 기본 개념만이 아니라, 여기에 토대가 되는, 즉 규범적 기준들로 사용되는 원칙들과 관련하여 방법론적 제한이 있게 된다. 즉 사회 현실을 기술하는 데 있어서 항상 도덕적 경험과 통찰이 구체화된 것으로 이해될 수 있는 제반 차원에 대한 범주적 고찰이 이루어져야 한다는 것이다. 그리고 역으로 말한다면 해당 사회의 제도적 질서 속에 이미 어떤 식으로든 침전되어 있는 그런 규범이나 원칙들만이 도입될 수 있어야 한다. 물론 이런 메타 이론적 생각은 이 글의 첫 번째 두 부분에서 이미 핵심적 역할을 했던 것이지만, 여기서 다시 한 번 이렇게 명백하게 밝히는 것은 이런 생각이 우리들의 세 번째 논쟁점을 위해 결정적 중요성을 갖기 때문이다. 내가 이미 첫 번째 반론에서 "사회적 인정 질서" 개념 때문에 치를 수밖에 없었던 엄청난 비용은 단지 내가 사회이론과 이에 상응한 정의관 사이를 범주적으로 연결하려 한다는 점으로밖에 설명될 수 없다. 나는 우선 내 제안과 관련된 특수한 요점을 다시 한 번 분명하게 밝히고, 이에 이어서 정의이론의 문제와 관련하여 낸시 프레이저와 나 사이에 여전히 존재하는 차이점에 대해 거론할 것이다.

물론 오늘날에는 우리 사회를 규정하는 개인 동등대우 원칙이 더욱더 분화되면서 광범위하고 인상적인 규범적 이론들이 발견된다. 즉 사회적 평등이 개인적으로 사용 가능한 자원이나 이에 상응하는 기회에 따라 규정되느냐, 아니면 여기서 제한적으로 업적 원칙이 효력을 발휘하거나 평등 원칙이 모든 업적 차이와 무관하게 적용되느냐 등 이 모든 것은 이러한 사고 단초들 사이에서 아주 인상적으로 예리하게 논의되는 문제들이다. 그러나 내가 이런 논의들과 간단히 연결되는 것을 막은 것은 무엇보다도 내가 근대 사회의 도덕적 인프라 구조를 출발점으로 삼으려 한다는 점에 있다. 즉 이론에 비판적 추동력을 부여하는 규범적 원칙들은 가능한 오늘날 사회 질서 속에서 사회적 타당성을 갖는 도덕적 요구의 표현으로 이해될 수 있어야 한다는 것이다. 물론 이미 인정된 원칙들이 규범적 의미에서 구성적 "확장 가능성"을 갖는다면 사회적 타당성과 규범적 타당성의 이런 결합이 단지 현상 유지 방향으로 나아가지는 않는다. 왜냐하면 이런 원칙들이 삶의 현실을 정당하게 형성하는 것과 관련하여 포함하고 있는 도덕적 요구들은 각기 현재의 상황에서 이미 사회적 현실 속에서 실현된 것보다 더 포괄적이고 더 요구 수준이 높기 때문이다. 이런 메타 이론적 생각을 따른다면, 무엇보다도 사실적으로 재구성된 근대 사회의 인정 질서를 규범적 정의관의 출발점으로 삼는 것 역시 아주 자명한 것으로 입증될 것이다. 즉 데이비드 밀러의 이론과 일치하여, 동등대우를 통한 근대적 정의 이념은 실제로 세 가지 방식, 즉 개인적 욕구, 개인적 자율성, 개인적 성과에 대한 고려를 차례로 요구하는 방식으로 "제도화"되었음을 보여줄 수 있다는 것이다. 이런 점에서 내가 비판적 사회이론의 토대로 삼으려는 정의관은 다원주의적 형태를 갖는다. 왜냐하면 여기서는 단지 하나의 원칙이 아니라 세 가지 원칙이 사회적 투쟁과 변혁 과정에 대한 분석에서 어떤 도덕적 요구가 정당한 것으로 간주될 수 있는지에 대한 규범적 전망을 제시하기 때문이다. 이런 다원주의적 관념이 함축하는 의미에 대해 계속해서 논의하기에 앞서서, 이와 관련하여 내가 낸시 프레이저의 사고 단초와 얼마나 가까이 혹은 멀리 서 있는지를 먼저 밝힐 것이다.

나는 낸시 프레이저가 나의 제안에서 도덕심리학의 위상 가치뿐 아니라 윤리적 출발점의 중요성을 과도하게 극화시키고 있다고 본다. 아마도 인정의 기능에 관한 도덕심리학적 사고가 오직 상호인정을 통한 사회 통합이라는 사회이론적 테제를 지지한다는 점 때문에 정의관 속에서 일정 역할을 한다는 것은 프레이저에게도 명백한 사실일 수 있다. 그리고 주체들이 자신들의 개인적 정체성 형성에 있어서 규율된 인정 유형에 의존하고 있기 때문에, 이들에게 사회의 규범적 정당성이나 질적 수준이 이런 인정관계의 사회적 보장에 따라 측정된다는 추측은 결코 설득력 없는 것이 아니다. 이런 사회이론적 테제와 도덕심리학 자체는 이제 내가 사회 정의가 무엇 때문에 필요한 것인지를 규정할 수 있게 하는 열쇠이다. 나는 우리가 정의로운 사회관계 형성에 관심을 가져야 하는 이유가 주체들이 가능한 훼손되지 않는 자기관계와 이를 통한 개인적 자율성에 도달할 수 있게 하는 사회적 조건을 형성하는 데 있다고 본다. 롤스가 자신의 이론의 토대로 삼았던 개념적 구별의 틀 속에서 관건이 된 것은 좋음에 대한 약한 관념으로서 이것이 없다면 규범적 정의관은 아무런 목적도 가질 수 없다.[27] 물론 내가 방금 말한 윤리적 이념 속에는 이미 상호주관주의적 규정이 흘러들어가 있다. 왜냐하면 주체들이 타인으로부터 사회적 인정을 기대하듯이 타인의 자유에 대해서도 관심을 갖는다고 가정할 수 있기 때문이다. 롤스와는 달리 인정이론적 정의관의 토대가 되는 좋음에 대한 관념은 근본적으로 인간들의 삶

27 John Rawls, "Der Vorrang des Rechten und die Ideen des Guten", in: ders., *Die Idee des politischen Liberalismus*, 364-397.

의 관계가 갖는 상호주관성에 적합하도록 재단된 것이다. 왜냐하면 정의로운 사회관계 형성에 관심을 갖는 주체들에게는 자신의 자율성이 자신의 상호작용 상대자의 자율성에 의존해 있다는 의식이 가정되어 있기 때문이다.[28]

따라서 내가 믿고 있는 이런 상호주관주의적 태도는 낸시 프레이저와 나 사이의 수렴점이다. 물론 여전히 나는 프레이저가 참여주의적 평등 이념을 도입하려 하면서 이런 태도를 좋음에 대한 특정한 버전으로 이해하지 않는 것은 옳지 않다고 본다. 하지만 프레이저의 사고의 많은 곳에서 나는 정말로 좋음에 대한 실체적 이념이 관건이 되고 있다는 인상을 불러일으킬 수 있는 정식화된 진술을 발견할 수 있다. "왜냐하면 민주적 정치에 정치적으로 참여하는 것은 그것이 좋은 삶을 위한 우선적 장소라고 간주되기 때문이다."[29] 그러나 이런 내적 모호함에 주목하지 않는다면 우리 사이에는 일치점이 존재한다. 즉 주체들은 부끄러움과 모욕감이 없어야 자신의 삶의 목적을 주장하고 실행할 수 있다는 의미에서 주체들을 완전한 구성원으로 편입시키는 사회관계의 형성이 사회 정의의 목적으로 이해되어야 한다는 것이다. 이 한 가지 지점에서 볼 때 인정의 핵심 요지는 "참여주의적 평등"과 동일하다. 즉 개인의 자율성의 동등한 발전과 실행은 오직 모든 주체들에게 자신의 삶의 목적을 부당한 차별 없이

28 Axel Honneth, *Leiden an Unbestimmtheit. Eine Reaktualisierung der Hegelschen Rechtsphilosophie*, Stuttgart 2001.

29 Rawls, "Der Vorrang des rechten und die Idee des Guten", 앞의 책, 392.

최대한의 자유를 통해 실현할 수 있게 하는 사회적 전제가 허용될 때 가능하다는 것이다.

물론 이 마지막 문장에서 결정적 역할을 하는 평등 원칙은 내가 볼 때 역사적 발전의 성과로 작동하게 된 것이다. 즉 프레이저는 "참여주의적 평등" 이념이 개인 개념으로부터 의무론적으로 도출될 수 있음을 명백히 믿고 있지만, 이에 반해 무엇보다도 나는 근대에 이르러 사회적 인정 질서가 위계에서 평등으로, 배제에서 포함으로 변형되었다는 역사적 사실을 확인하는 것에 만족한다. 따라서 이때부터 모든 사회 구성원은 평등하게 사회 전체를 사회적으로 통합시키는 인정관계 망 속에 편입되어야만 했다. 그러나 이런 단순한 증거가 사회적 사실로부터 도덕적으로 정당한 출발점 역시 만들어낼 수 있게 할 만큼 충분한 것은 아니다. 이를 위해서는 또 다른 정당화 단계가 필요하다. 평등 원칙이라는 사실로부터 드러날 수 있어야 하는 것은, 이것이 사회 통합의 질적 수준을 확립하는 기준에서 볼 때 도덕적으로 우월한 사회적 인정 질서 형태를 나타낸다는 점이다. 이런 목적을 위해 나는 아마도 특이하게 보일지 모르는 시도를 해왔다. 즉 어떤 점에서 나는 상호인정을 통해 진행된 사회 통합의 구조로부터 내적으로 도출되는 도덕적 진보의 척도를 발전시키려 했다는 것이다. 그리고 일련의 다른 사회이론들과 일치하여 내가 도달했던 결론은, 이런 척도가 사회적 인정 질서를 통해 가능해진 사회적 포함과 개성화 정도 속에서 발견될 수 있다는 점이다. 이런 두 가지 척도에서 볼 때 근대적 평등 원칙을 통해 규정된 사회 통합 형태는 도덕적으로 우월한 인정 질서로 입증되며, 따라서 이는 내 관점에서 볼 때 정의관을 구성하는 데 있어서 정당한 출발점으로 취급될 수 있다. 따라서 나는 사랑, 권리 평등, 업적 정의라는 규범적으로 동등한 서열의 세 가지 원칙에서 출발하는 것이 그 토대가 되는 사회이론과 정의관 사이에 내적 결합을 형성하는 데 가장 적합한 길이라고 본다.

이에 반해 낸시 프레이저가 자신의 참여주의적 평등 이념을 의무론적으로 정당화시킬 수 있다고 믿을 때, 어떤 난점에 빠질 수 있는지는 그녀 스스로 갑자기 도덕적 진보의 기준들을 넌지시 도입하려고 한 지점에서 드러난다. 나는 자신의 정의이론을 규범적으로 정당화하려는 그녀의 전략을 제대로 이해하는 데 정말 어려움을 겪고 있음을 고백해야만 하겠다. 한편에서 프레이저는 자신의 사고 단초가 의무론적 절차주의의 모형에 따라 이해되길 바란다. 이 모형에서 사회 정의에 대한 의무는 모든 사회 구성원이 평등한 자율성을 토대로 참여할 수 있어야 할 공적 논쟁의 성과로부터 도출되어야 한다. 물론 이런 식의 프로그램을 정당화하는 데 있어서 왜 개인적 자율성 행사가 공적 토론에의 참여와 연결되어야 하는가 하는 문제에 대한 고찰은 결여되어 있다. 그러나 여기서 프레이저가 이에 상응하는 하버마스의 생각에서 넌지시 지원을 받는 것도 가능할 것이다.[30] 그런데 프레이저가 생각하는 절차를 이런 식으로 이해할 때 생기는 본래의 문제는 분명 프레이저가 절차적으로 이해된 논쟁의 성과 자체를 항상 사전에 파악한 것처럼 보인다는 데 있다. 왜냐하면 프레이저는

30 Jürgen habermas, *Faktizität und Geltung*, Frankfurt am Main 1992, 특히 II, III.

사회 정의의 구체적 내용이 무엇이어야 하는지를 자발적으로 상세히 설명하고 있기 때문이다. 그러나 엄밀한 의미에서 절차주의는 이런 식의 사전적 파악과 양립할 수 없다. 왜냐하면 내용을 규정한다는 것은 바로 절차의 진행에 맡겨져야 하기 때문이다. 아마도 구체적 정의 원칙이 모든 사회 구성원들의 강제 없는 공적 토론 참여를 위해 있어야 할 사회적 전제 속에 함축되어 있다는 생각이 탈출구가 될 수도 있을 것이다.[31] 그러나 프레이저가 이런 해법을 의도한 것 같지는 않다. 왜냐하면 그녀는 평등한 참여 개념을 단지 민주주의적 토론에의 참여만이 아니라, 오히려 "사회생활" 또는 "사회 현실" 전체에 대한 참여와 연결시키려고 하기 때문이다. 따라서 이미 낸시 프레이저의 정의이론적 단초를 올바로 이해하는 데 문제를 갖고 있었던 나로서는 왜 "동등한 참여"라는 그녀의 주도 개념이 목적론적 관점을 포함하지 말아야 하는지 역시 실제로 알지 못한다. 이런 점에서 프레이저가 역사적 변화 과정을 갑자기 아무런 근거제시 없이 그녀의 정당화 프로그램에 포함시킨다면 이러한 모든 난점들은 다시 한 번 증폭된다(본문 346쪽 이하). 이런 역사적 고찰이 의무론적 전제들과 양립하기 어렵다는 점을 완전히 도외시하더라도, 내가 보기에 무엇보다도 불분명한 것은, 프레이저가 평등한 자유 이념의 역사적 "확장"에 대한 이야기를 어떻게 자신의 이론적 전제들을 통해 정당화하려고 하는가 하는 점이다.

31 이러한 나의 본래 제안은 "Diskursethik und implizites Gerechtigkeitskonzept", Emil Angehrn/Georg Lohmann (Hg.), *Marx und Ethik*, Frankfurt am Main 1986, 268-274.

분명 지난 200년 동안 일어난 평등 개념의 발전을, 이 개념이 사회적 투쟁의 압력으로 단계적으로 새롭고, 물리치기 어려운 내용으로 채워졌던 일종의 학습 과정으로 이해하는 것은 아주 의미 있는 일이다. 따라서 우리는 오늘날 문화적 소수 집단의 구성원이란 점 역시 사회적 평등이란 이름으로 법적으로 보호하고 지원해야 하는 문제가 최초로 제기된 것처럼 보이는 문턱에 서 있다.[32] 그러나 이런 과정의 성과를 정의관의 전제로 수용한다 하더라도 역사적 사실이 의무론적 전제들에 반하여 뜻밖에도 규범적 사태가 되는 것은 아니다. 무엇보다도 낸시 프레이저는 평등 개념의 사실적 발전을 도덕적 진보로 이야기하는 것을 정당화하는 제반 논증에 책임이 있다. 내가 보기에 이런 식의 불분명함은 프레이저가 두 가지 정당화 방식 사이에서 올바른 결단을 내릴 수 없음을 보여주는 분명한 표시이다. 한편으로 그녀는 담론 윤리적 절차주의에 경도되었지만, 이를 위해 정의에 대한 구체적 진술을 포기하는 대가를 치르려 하지 않았다. 따라서 그녀는 다른 한편에서 항상 목적론적 윤리에 경도되지만, 좋음의 관념에 대한 유보 때문에 이 목적론적 윤리의 실체적 잔재에 대해 어떠한 정당화 의무도 넘겨받으려 하지 않는다. 그러나 이 둘, 즉 사회 참여에 대한 실체적 이념과 가능한 최소한의 절차적 정당화 프로그램은 내가 보기에 결코 하나의 이론으로 함께 묶일 수 없다.

따라서 나는 시작부터 정의관을 좋음에 대한 약한 관념과 결합시켜야 한다고 판단했으며, 또한 이 정의관은 사회적 통합의 구조적

32 Will Kymlicka, *Multicultural Citizenship*, Oxford 1995.

조건들에 적합해야 한다고 생각했다. 상호인정을 통한 통합이라는 사실을 동시에 우리가 사회 정의의 관철에 관심을 갖게 하는 목적으로 취급하자는 제안은 바로 이런 의도에서 등장한 것이다. 왜냐하면 이런 사회 통합이 사회 구성원의 규범적 기대를 제대로 수용하면 할수록, 그리고 이에 따라 "보다 더" 잘 수행되면 될수록, 이는 보다 강하게 모든 개인을 인정관계 속에 편입시키고 이들이 자신의 개성을 실현시킬 수 있도록 하기 때문이다. 이런 전제 하에서 볼 때 이제 역사적으로 등장한 근대 사회의 인정 질서를 평등적 정의관의 규범적 전제로 수용함으로써 이로부터 현재 일어나는 변화 과정에 대한 평가 기준을 도출하려는 것은 정당한 것 같다. 물론 여기서 드러나는 것은 우리가 하나가 아니라, 세 가지 정의의 원칙에서 출발해야 한다는 점이다. 왜냐하면 우리 사회에서 주체들에 대한 사회적 인정은 이들의 잠재적 속성(욕구, 자율성, 업적)을 통해 측정되기 때문이다. 당연히 프레이저가 이 지점에서 규범적 문제가 이미 해결된 것이 아니라, 어떤 방식으로든 비로소 시작된다고 본 것은 옳다. 즉 이제 이런 다원주의적 정의관으로부터 오늘날의 사회적 갈등을 적어도 시험적이고 임시적이나마 평가할 수 있는 척도들이 어떻게 획득되느냐 하는 점이 밝혀져야 한다. 이런 과제를 해결할 수 있는 열쇠는 내가 보기에, 이미 이야기한 것이지만, 도덕적 규범이나 원칙들이 갖는 "타당성 확장 경향"에 있다. 비록 프레이저가 자신의 반론에서 이런 제안을 명시적으로 다루지는 않지만, 그녀에게 이런 제안이 전적으로 낯선 것은 아닐 수 있다. 왜냐하면 프레이저는 스스로도 평등 원칙의 지속적 "확장"이란 생각을 통해 이런 타당성 확장 경향이라는 제안을 사용하고 있기 때문이다. 또한 이런 제안은 사회적 평등 이념이 특히 완전하거나 결정적으로 규정될 수 없다는 점에서 혁신적 해석을 통해 단계적으로 해명되는 의미론적 확장이란 특성을 갖고 있다는 것이나 마찬가지일 수 있기 때문이다. 나는 그동안 잘 증명되었던 이런 사고 모델을 나 자신의 것으로 만듦으로써 이를 "사랑"과 "업적"이라는 두 가지 다른 인정 원칙에도 적용했다. 이에 따르면 근대 사회를 이해하기 위해서는, 평등 원칙뿐 아니라 개인 상호 간의 사랑이라는 이념과 개인적 업적 원칙을 포괄하는 의미 내용들이 아주 경험적인 논증의 압력 하에 지속적으로 확장되는 규범적 발전 과정으로부터 출발해야 한다. 나는 나의 정의관을 전향적으로 적용하기 위해서 이러한 사실로부터 어떤 결과가 도출되어야 하는지를 나의 반론의 마지막 부분에서 지적하려고 하였다. 즉 오늘날 각각의 원칙에 특수한 기준들을 따를 때 세 가지 인정 원칙의 규범적 확장으로 인정될 수 있는 의미론적 확장은 사회 변혁의 희망에 대한 전망을 제시한다는 점에서 도덕적 진보의 표시로 해석되어야 한다는 것이다.

아마도 가장 어려운 것은 내가 "업적"이라는 개념을 통해 사회적 재생산을 위한 개인적 기여 척도와 결합시켰던 인정 원칙과 관련하여 이런 생각을 구체화하는 일일 것이다. 그러나 낸시 프레이저의 경고 때문에 비로소 내 스스로 개인적 업적이라는 규범적 원칙이, 무엇이 얼마만큼이나 사회적 재생산을 위한 기여로 인정되어야 하는지를 확정하는 제반 가치들로부터 독립적인 것이 아니라는 점을 밝히려는 것은 아니다. 근본적으로 업적 원칙 자체에 대해 이야기하는 곳에서 나의 반론이 논의한 것은 다름 아닌 바로 이러한 윤리적 목적과 엮일 때 등장한 난점들이다. 따라서 문제는 바로 규범적 핵심 원칙(업적) 자체가 가치에 기반한 해석을 통해 사회적으로 적용될 수 있는 곳에서도 단계적으로 충족되는 타당성 확장 경향을 이야기할 수 있겠느냐 하는 점이다. 내 생각에 이런 사고가 가능하려면, 적극적 과정("확장") 대신에 일면적 해석 지평이 극복되는 소극적 과정에서 출발해야 한다. 즉 비록 파편적이지만 우리가 생각할 수 있었던 것은, 도덕적 진보가 실제로 성취된 재생산 업적에 대한 고도의 특수한 인정을 가능하게 한 윤리적 가치설정의 배후를 생산적 방식으로 논증적으로 문제 삼는 데 있다는 것이다. 당연히 이런 식의 비판을 위해서는, 앙겔리카 크렙스(Angelika Krebs)가 전형적으로 보여주듯이,[33] 지금까지 부정된 특정한 활동이 왜 "노동"으로 평가되고, 이에 따라 사회적으로 인정되어야 하는지를 보여줄 수 있는 범주적 상상을 투입하는 것이 필요하다. 그러나 이런 개념적 혁신을 단지 철학자의 일로만 간주하고, 관련자들 역시 항상 개념 비판이라는 수단을 혁신적으로 사용해왔다는 점을 깨닫지 못하는 것은 잘못이다. 우리는 업적 원칙과 관련해서도 도덕적 동기를 갖는 투쟁, 즉 사회적 무시 경험에 그 뿌리를 두고 있으며 "차이"를 논증적으로 호소하는 방식으로 진행되는 투쟁에 대해 이야기할 수 있다. 따라서 비판적 사회이론이 이런 경험을 변호론적으로 구체화시킬 수 있다면 당

33 Angelika Krebs, *Arbeit und Liebe. Die philosophischen Grundlagen sozialer Gerechtigkeit*, Frankfurt am Main 2002, 특히 VII장.

면한 시대마다 규범적 힘을 발휘할 것이다.

이렇게 특히 낸시 프레이저와 내가 논쟁의 두 번째 라운드에서 또 다시 서로 엇갈렸던 부분들을 하나씩 하나씩 정리한다면, 이제 나는 다음과 같은 테제를 통해 근본적으로 우리들의 출발점을 이루었던 문제로 되돌아갈 수 있다고 본다. 즉 비판적 사회이론의 정의관은 그 수혜자들이 제시한 정당화 가능한 목적을 구체화한 것으로 이해될 수 있어야 한다는 것이다. 왜냐하면 특정한 시점에서 해방적 진보의 표시로 간주되어야 할 것을 규범적으로 규정하는 작업은 사회적 재생산 맥락에서 이런 변혁적 실천의 원천에 대한 사전 고려 없이는 불가능하기 때문이다. 프레이저와 내가 속한 전통 속에서 정의관과 사회이론 사이에는 오늘날 다양한 자유주의적 이론이 목표로 삼고 있는 것보다 더 밀접한 연관성이 존재한다. 여기서 관건이 되는 것은 규범적 기준을 이론에 독립적으로 존재하는 현실에 적용하는 외적 관계가 아니라, 이런 현실을 이미 "사회학적" 혹은 "사회이론적" 내용을 갖는 규범적 범주를 통해 해명하는 것이기 때문이다. "인정"의 삼중적 "요점"은, 여기서 다시 한 번 분명히 한다면, 바로 이런 내적 결합을 형성하는 데 있다. 즉 근본 개념상 사회 현실을 해명하는 개념은(사회이론), 그 규범적 내용을 토대로 결국 사회 변혁에 대한 평가 역시 수행할 수 있으며(정의관), 그 방식은 관련자들의 관점이 생산적으로 표현되는 것이어야 한다는 것이다(도덕심리학). 이런 기획이 적어도 맹아적으로나마 의미 있는 것인가 하는 문제는 아마도 낸시 프레이저와 내가 그 오랜 중요성에도 불구하고 항상 간접적으로만 다루었던 문제의 해결에 달려 있다. 즉 이는, 마르크스에서 루카치를 거쳐 하버마스에 이르기까지 이론적 아버지들이 의연하게 논쟁해왔던, 이론과 실천의 연관성이 변화된 조건 하에서 어떻게 다시 한 번 새롭게 개념화될 수 있는가 하는 문제이다.

감사의 말

모든 책이 그렇듯이 이 책이 세상에 나오게 된 것 역시 단지 저자들의 노력만이 아니라 수많은 사람들의 도움이 있었기 때문이다. 우리는 주어캄프 출판사의 알렉산더 뢰슬러와 베른트 슈티글러가 원고가 완성되기까지 긴 시간에 걸렸음에도 지속적인 신뢰를 보여준 것에 감사한다. 또한 본문에 대한 논평과 비판을 통해 우리를 고무시켜준 동료들에게도 일일이 감사를 표하고 싶다. 더욱이 낸시 프레이저는 맡은 부분을 집필하는 데 생산적인 분위기를 만들어준 여러 초청기관들, 프랑크푸르트의 사회연구소, 베를린사회과학연구센터, 런던정경대학의 젠더연구소, 빈의 인간과학연구소에 감사한다. 또한 뉴스쿨 대학원의 제도적 지원과 부르크하르트 볼프, 크리스티안 빌케가 보여준 인내와 신중함에도 감사한다. 덕분에 번역상의 어려운 문제를 풀 수 있었다. 무엇보다도 엘리 자레스키가 저술 과정 내내 적극 참여해주고 끈기 있게 함께해준 데 감사한다. 악셀 호네트는 특히 모니카 덴츠, 노라 지버딩이 마지막 작업 과정에서 보여준 노고에 감사한다. 또한 크리스티네 프리스가 오랫동안 끝나지 않는 토론을 함께하며 보여준 인내는 더할 나위 없이 소중한 것이었다.

지은이 **낸시 프레이저** Nancy Fraser

1947년 미국 볼티모어에서 태어나 뉴욕시립대학 대학원에서 철학 박사학위를 받았다. 조지아, 스탠퍼드, 노스웨스턴 대학을 거쳐 1995년부터 뉴욕에 있는 뉴스쿨 사회과학 대학원의 정치학, 사회과학 교수로 재직 중이다. 가장 저명한 미국의 비판이론가이자 정치철학자, 여성주의 이론가로 평가받으며, 롤스와 하버마스의 정의론을 종합, 재구성하는 독창적인 정의관으로 널리 알려져 있다. 주요 저서로 『다루기 힘든 실천』 『정의의 중단』 『지구화 시대의 정의』 『여성주의의 성쇠』 등이 있다.

지은이 **악셀 호네트** Axel Honneth

1949년 독일 에센에서 태어나 본 대학, 보훔 대학, 베를린 대학 등에서 철학, 사회학, 독문학을 수학했다. 콘스탄츠, 베를린 대학을 거쳐 1996년부터 위르겐 하버마스로부터 프랑크푸르트 대학 철학교수직을 물려받았다. 1세대인 호르크하이머와 아도르노, 2세대인 하버마스의 뒤를 잇는 3세대 프랑크푸르트학파 철학자로 평가받으며, 2001년부터 프랑크푸르트학파의 산실인 사회연구소 소장직을 맡고 있다. 주요 저서로 『권력 비판』 『인정투쟁』 『정의의 타자』 『물화』 『우리 안의 나』 『자유의 권리』 등이 있다.

옮긴이 **김원식**

연세대 철학과를 졸업하고 같은 대학원에서 하버마스의 의사소통 이성에 관한 연구로 박사학위를 받았다. 국가안보전략연구소 연구위원으로 재직 중이다. 공저로 『철학과 합리성』 『이성의 다양한 목소리』 『베스텐트 2012』 『프랑크푸르트학파의 테제들』 『포스트모던의 테제들』 등이 있으며, 역서로 『이성의 힘』 『하버마스와 현대사회』 『지구화 시대의 정의』 등이 있다.

옮긴이 **문성훈**

연세대 철학과를 졸업하고 프랑크푸르트 대학 철학과에서 악셀 호네트 교수의 지도로 박사학위를 받았다. 서울여대 교양학부 현대철학 담당 교수로 재직 중이며, 『베스텐트』 한국판 책임 편집자를 맡고 있다. 저서로 『미셸 푸코의 비판적 존재론』 『프랑크푸르트학파의 테제들』(공저) 『포스트모던의 테제들』(공저) 등이 있으며, 역서로 『정의의 타자』 『인정투쟁』 등이 있다.